JN418652

東洋古典譯註叢書 7-1

譯註 春秋左氏傳 8

鄭 太 鉉 譯註

傳統文化研究會

國譯委員

譯　註　鄭太鉉
索　引　이라나
潤　文　이라나
校　正　南賢熙 李孝宰
出　版　權永順
企　劃　田好根
編　輯　朴勝珠
管　理　咸明淑
普　及　徐源英

東洋古典譯註叢書를 발간하면서

우리의 古典國譯事業은 민족문화 진흥의 기초사업으로 1960년대부터 政府 支援으로 古文獻 現代化 작업을 추진하여 많은 成果를 거두었다. 당시 이 사업 추진의 先行課題로 東洋古典이라 일컬어지는 중국의 基本古典을 먼저 飜譯하여야 한다는 學界의 주장이 있었음에도 불구하고 우리 고전이 아니라는 일부의 偏狹한 視角과 財政 事情 등으로 인하여 배제되어 왔다.

전통적으로 중국의 기본고전은 우리 歷史와 함께 숨 쉬며 각종 교육기관의 教科書로 활용됨은 물론이고 지식인들의 必讀書가 되어 왔으며, 우리 文化의 基底에 자리 잡고 거의 모든 방면의 體系와 根幹을 형성하여 왔다. 그래서 학문연구의 기본서 역할을 해 왔을 뿐만 아니라 오늘날에도 우리의 國學徒 및 東洋學 研究者들에게 같은 역할을 하고 있음은 주지의 사실이다. 그럼에도 불구하고 中國古典은 우리 것이 아니라 하여 專門機關의 飜譯對象에 포함하지 않음으로써, 대부분 原典에서의 직접 번역이 아닌 重譯이나 拔萃譯의 방식이 주를 이루면서 教養水準으로 出版되어 왔다.

오늘날 東洋 三國 중에서 우리의 東洋學 연구가 가장 부진한 이유는, 東洋基本古典에 대한 폭넓은 이해의 부족과 漢文古典 讀解力의 저하에 기인함을 우리는 솔직히 인정하여야 한다. 따라서 이들 중국고전에 대한 신뢰할 만한 國譯이 이루어지는 것이 한국학 연구를 촉진시키는 시급한 先行課題라 할 수 있다.

이에 韓國學 및 東洋學의 연구와 古典現代化의 基盤構築을 위해서는, 전문기관으로 하여금 동양고전을 단기간에 각 분야의 專門 研究者와 漢學者가 상호 협동하여 연구번역하여 飜譯의 傳統性과 效率性, 研究의 專門性을 높일 수 있도록 政策的 配慮가 있어야 한다.

이에 本會에서는 元老 및 中堅 漢學者와 斯界의 專攻者로 하여금 協同研究飜譯하여 공부하는 사람들이 믿고 引用하거나 깊이 있는 註釋 등을 활용할 수 있게 하고, 知識人들의 教養을 증진시켜 줄 수 있는 東洋古典의 國譯書 간행을 지속적으로 추진해 왔다. 근래에 다행히 이 사업에 대하여 각계 지도층의 폭넓은 이해와 지원에 힘입어 2001년도부터 國庫補助를 받아 東洋古典譯註叢書를 간행하게 되었다. 이를 계기로 우리 先學의 註釋과

見解를 반영하는 등 국역사업의 內實을 기하게 되었음을 이 자리를 빌려 衷心으로 감사드리며, 아울러 國譯에 參與하신 관계자 여러분의 勞苦에 깊은 謝意를 표한다.

끝으로 우리의 이러한 작업은 오랜 역사 위에 축적된 先賢들의 業績과 現代學問을 이어주는 튼튼한 架橋와 礎石이 되어 진정한 韓國學과 東洋學 발전에 기여할 것을 굳게 믿으며, 21세기를 우리 文化의 世紀로 열어 가는 밑거름이 되도록 우리의 力量을 本 事業에 경주하고자 한다. 江湖諸賢의 부단한 관심과 지원을 기대해 마지않는다.

社團法人 傳統文化硏究會 會長 李 啓 晃

凡 例

1. 本書는 東洋古典譯註叢書 ≪春秋左氏傳≫의 제8책이다.
2. 본서의 國譯底本은 ≪春秋經傳集解≫(국립중앙도서관 소장, 保景文化社 影印本)이며, ≪春秋左傳正義≫(十三經注疏本), ≪春秋左傳杜林合注≫(四庫全書本), ≪春秋≫(學民文化社 影印本), ≪春秋≫(韓國經學資料集成 成均館大學校 大東文化硏究院 編)와 ≪韓國文集叢刊≫(民族文化推進會 編) 등을 참고하였다.(참고도서 목록 별첨)
3. ≪春秋≫의 經과 傳, 杜注, 附注는 完譯하고 原文도 함께 실었다. 다만 '音訓'은 제외하고 필요한 경우에는 譯文에 직접 반영하였다.
4. 飜譯은 原義에 充實하도록 하였다. 다만 難解한 부분은 意譯 또는 補充譯을 하였다.
5. ≪春秋≫의 經과 傳에는 ≪春秋經傳集解≫(서울大 奎章閣 所藏本)의 懸吐를 참고하여 譯者가 懸吐하였다.
6. 註釋은 '杜注'(杜預)와 '附注'(林堯叟, 朱申)와 '譯註'로 구분하였다.
7. '譯註'는 중국 歷代 註釋家들과 우리나라 先學들의 註說을 반영하였다.
8. 原文의 誤字와 脫字는 參考本과 校勘하여 譯註로 처리하였다.
9. 經文과 傳文은 큰 活字를, 註釋은 작은 活字를 사용하여 區分하였다.
10. 찾아보기에 편리하도록 紀年을 〈 〉 안에 넣어 小題目으로 삼았다.
11. 본서에 사용된 주요 符號와 略號는 다음과 같다.

“ ” : 각종 引用
‘ ’ : 再引用, 强調
≪ ≫ : 書名이나 出典
〈 〉 : 篇章節名, 作品名 또는 補充
＊), ＊1) : 原註의 譯註
林: : 林(林堯叟)曰
朱: : 朱(朱申)曰
역주〕 : 譯者의 註
( ) : 漢字의 音, 간단한 註釋
〔 〕 : 原文 誤字에 대한 正字, 音이 다른 漢字 倂記
「 」 : 原文에서 衍文

參考書目

≪十三經注疏≫ 北京大學 出版社 刊, 整理本 / 十三經注疏整理委員會 整理, 2000.

≪論語正義≫, 何晏(魏) 集解, 邢昺(北宋) 疏.

≪孟子正義≫, 趙岐(前漢) 註, 孫奭(北宋) 疏.

≪毛詩正義≫, 毛亨(前漢) 傳, 鄭玄(後漢) 箋, 孔穎達(唐) 疏.

≪尙書正義≫, 孔安國(前漢) 傳, 孔穎達(唐) 疏.

≪周易正義≫, 王弼(魏)・韓康伯(晉) 註, 孔穎達(唐) 疏.

≪禮記注疏≫, 鄭玄(後漢) 註, 孔穎達(唐) 疏.

≪周禮注疏≫, 鄭玄(後漢) 註, 賈公彦(唐) 疏.

≪儀禮注疏≫, 鄭玄(後漢) 註, 賈公彦(唐) 疏.

≪春秋左傳正義≫, 杜預(晉) 注, 孔穎達(唐) 疏.

≪春秋公羊傳注疏≫, 何休(後漢) 解詁, 徐彦(唐) 疏.

≪春秋穀梁傳注疏≫, 范寧(晉) 集解, 楊士勛(唐) 疏.

≪春秋釋例≫, 杜預(晉), 四庫全書 文淵閣本 電子版, 迪志文化出版有限公司, 2006.

≪胡氏春秋≫, 胡安國(宋) 撰, 四庫全書 文淵閣本 電子版, 迪志文化出版有限公司, 2006.

≪左傳杜林合注≫, 杜預(晉) 註釋, 四庫全書 文淵閣本 電子版, 迪志文化出版有限公司, 2006.

≪四庫全書總目提要≫, 紀昀(淸), 河北人民出版社, 2000.

≪史記≫, 司馬遷(前漢), 四庫全書 文淵閣本 電子版, 迪志文化出版有限公司, 2006.

≪漢書≫, 班固(後漢), 四庫全書 文淵閣本 電子版, 迪志文化出版有限公司, 2006.

≪通志堂經解≫ 春秋部, 納蘭成德(淸) 輯, 江蘇廣陵古籍刻印出版社, 1996.

≪春秋尊王發微≫, 孫復(宋) 撰.

≪左氏傳說≫, 呂祖謙(宋) 撰.

≪春秋通說≫, 黃仲炎(宋) 撰.

≪春秋集注≫, 張洽(宋) 撰.

≪春秋或問≫, 呂大圭(宋) 撰.

≪春秋詳說≫, 家鉉翁(宋) 撰.

≪春秋經解≫, 孫覺(宋) 撰.

≪春秋酤問≫, 程端學(元) 撰.

≪春秋集傳≫, 張洽(宋) 撰.

≪春秋左氏傳補註≫, 趙汸(元) 撰.

≪春秋會通≫, 李廉(元) 撰.

≪春秋集傳釋義≫, 兪皐(元) 撰.

≪皇淸經解≫ 春秋部, 學海堂, 復興書局, 台北, 1961.
≪左傳杜解補正≫, 顧炎武(明-淸) 編.
≪春秋稗說≫, 王夫之(明-淸) 編.
≪春秋大事表≫, 顧棟高(淸) 編.
≪春秋左傳詁≫, 洪亮吉(淸) 編.
≪左氏傳補注≫, 沈欽韓 編.

崔述, ≪考信錄≫, 世界書局, 台北, 1960.
楊伯峻, ≪春秋左傳注≫, 中華書局, 1990.
楊伯峻, ≪春秋左氏詞典≫, 中華書局, 1990.
竹添鴻光, ≪左氏會箋≫, 杜預(晋) 撰, 新文豊出版公司, 1978.

≪韓國文集叢刊≫, 民族文化推進會 刊, 2005.
張維, ≪谿谷漫筆≫, ≪韓國文集叢刊≫ 제92집, 民族文化推進會 刊, 2005.
任聖周, ≪鹿門集≫〈讀左傳晉文公逆王事〉, ≪韓國文集叢刊≫ 제228집, 民族文化推進會 刊, 2005.

≪韓國經學資料集成≫〈春秋篇〉, 成均館大學校 大東文化硏究院 編, 1989.
李恒福, ≪魯史零言≫, ≪韓國經學資料集成≫〈春秋篇〉, 上同.
李惟樟, ≪春秋輯註≫, ≪韓國經學資料集成≫〈春秋篇〉, 上同.
丁若鏞, ≪春秋考徵≫, ≪韓國經學資料集成≫〈春秋篇〉, 上同.
李圭景, ≪五洲衍文長箋散稿≫, ≪韓國經學資料集成≫〈春秋篇〉, 上同.
李震相, ≪春秋集傳≫, ≪韓國經學資料集成≫〈春秋篇〉, 上同.
南九萬, ≪藥泉集≫〈春王正月記疑〉, ≪韓國經學資料集成≫〈春秋篇〉, 上同.
朴致遠, ≪雪溪隨錄≫〈春秋〉, ≪韓國經學資料集成≫〈春秋篇〉, 上同.
徐壽錫, ≪潁水全集≫〈春秋傳註抄纂〉, ≪韓國經學資料集成≫〈春秋篇〉, 上同.

顧宝田, ≪左氏春秋譯註≫, 吉林文化史出版社 刊, 1995.
張文學, ≪春秋左傳全釋≫, 中州古籍出版社 刊, 1993.
王維堤・唐書文, ≪春秋譯註≫, 上海古籍出版社 刊, 1997.
朱宏達, ≪左傳直解≫, 浙江文藝出版社 刊, 2000.

學民文化社 影印本
≪論語集註≫, 學民文化社, 2008.
≪書傳集註≫, 學民文化社, 2008.
≪孟子集註≫, 學民文化社, 2008.
≪周易大全≫, 學民文化社, 2008.
≪詩傳集註≫, 學民文化社, 2008.
≪禮記集說≫, 學民文化社, 2008.

目 次

東洋古典譯註叢書를 발간하면서

凡 例

參考書目

目 次

鲁哀公 下

十四年(庚申 B.C.481) … 9

十五年(辛酉 B.C.480) … 28

十六年(壬戌 B.C.479) … 43

十七年(癸亥 B.C.478) … 61

十八年(甲子 B.C.477) … 74

十九年(乙丑 B.C.476) … 76

二十年(丙寅 B.C.475) … 78

二十一年(丁卯 B.C.474) … 82

二十二年(戊辰 B.C.473) … 84

二十三年(己巳 B.C.472) … 85

二十四年(庚午 B.C.471) … 88

二十五年(辛未 B.C.470) … 92

二十六年(壬申 B.C.469) … 101

二十七年(癸酉 B.C.468) … 110

索引

凡例 … 121

一般 索引 … 125

類例 索引 … 293

故事・熟語 索引 … 321

附錄

1. 諸侯名號 年表 … 335

2. 韓・中・日 春秋左氏傳 研究圖書 및 論文 目錄 … 361

春秋左氏傳 제30권

魯哀公 下

〈十四年, 庚申 B.C.481〉

【經】 十有四年春에 **西狩獲麟**[1])하다

14년 봄에 서쪽 大野에서 사냥하다가 麒麟을 잡았다.

1) 麟者 仁獸 聖王之嘉瑞也 時無明王 出而遇獲 仲尼傷周道之不興 感嘉瑞之無應 故因魯春秋而修中興之敎 絶筆於獲麟之一句 所感而作 固所以爲終也 冬獵曰狩 蓋虞人修常職 故不書狩者 大野在魯西 故言西狩 得用曰獲

麒麟은 仁慈한 짐승으로 聖王의 아름다운 祥瑞이다. 이때 聖明한 王이 없었는데도 麒麟이 나왔다가 잡혔으니, 仲尼께서 周나라의 道가 興盛하지 않는 것에 가슴 아파하고, 아름다운 상서가 應驗이 없는 것에 感憤하였다. 그러므로 ≪魯春秋≫에 의거하여 中興의 敎化를 修明하셨다. '獲麟'하였다는 한 句에서 붓을 멈춘 것은 〈본래 麒麟이 잡힌 것을 보고서〉 느낀 바가 있어서 짓기를 시작하였기 때문에 〈獲麟으로〉 끝마친 것이다. 겨울 사냥을 '狩'라 한다. 대개 虞人(山澤을 맡은 官吏)이 固有의 職務를 修行하였기 때문에 사냥한 자를 기록하지 않은 듯하다. 大野가 魯나라 서쪽에 있기 때문에 '西狩'라 한 것이다. 〈器具를 만드는 材料로 그 皮革・骨角・羽毛를〉 쓸 수 있는 짐승을 잡는 것은 '獲'이라 한다.

【經】 小邾射(역)**以句繹來奔**[1])하다

小邾의 射이 句繹을 가지고 魯나라로 도망해 왔다.

1) 射 小邾大夫 句繹 地名 春秋止于獲麟 故射不在三叛人之數[*]) 自此以下至十六年 皆魯史記之文 弟子欲存孔子卒 故幷錄以續孔子所修之經

射은 小邾國의 大夫이다. 句繹은 地名이다. ≪春秋≫가 '獲麟'에서 그쳤기 때문에 射이 三叛人의 數에 들지 않은 것이다. 이로부터 아래의 16년까지는 모두 魯나라 史記의 글인데, 弟子들이 孔子의 卒을 기록으로 남기고자 하였기 때문에 아울러 기록하여 孔子께

서 編修하신 經의 뒤에 이어 붙인 것이다.

*) 역주] 三叛人 : 襄公 21년에 漆·閭丘를 가지고 魯나라로 도망해 온 邾나라 庶其와 昭公 5년에 牟婁·防·玆를 가지고 魯나라로 도망해 온 莒나라 牟夷와 昭公 31년에 濫을 가지고 魯나라로 도망해 온 邾나라 黑肱을 이른다.

【經】 夏四月에 **齊陳恒執其君**하야 **寘于舒州**하다

여름 4월에 齊나라 陳恒이 그 임금을 잡아 舒州에 留置하였다.

【經】 庚戌에 **叔還卒**[1)]하다

庚戌日에 叔還이 卒하였다.

1) 無傳

傳이 없다.

【經】 五月庚申朔에 **日有食之**[1)]하다

5월 초하루 庚申日에 日食이 있었다.

1) 無傳

傳이 없다.

【經】 陳宗豎出奔楚[1)]하다

陳나라 宗豎가 楚나라로 出奔하였다.

1) 無傳

傳이 없다.

【經】 宋向魋入于曹以叛[1)]하다

宋나라 向魋가 曹邑으로 들어가서 〈宋나라를〉 背叛하였다.

1) 曹 宋邑

曹는 宋나라의 邑이다.

【經】 莒子狂卒[1)]하다

莒子 狂이 卒하였다.

1) 無傳

傳이 없다.

【經】 六月에 宋向魋自曹出奔衛하다

6월에 宋나라 向魋가 曹邑에서 衛나라로 出奔하였다.

【經】 宋向巢來奔하다

宋나라 向巢가 魯나라로 도망해 왔다.

【經】 齊人弑其君壬于舒州하다

齊人이 그 임금 壬을 舒州에서 弑害하였다.

【經】 秋에 晉趙鞅帥師伐衛[1)]하다

가을에 晉나라 趙鞅이 군대를 거느리고 가서 衛나라를 토벌하였다.

1) 無傳

傳이 없다.

【經】 八月辛丑에 仲孫何忌卒하다

8월 辛丑日에 仲孫何忌가 卒하였다.

【經】 冬에 陳宗豎自楚復入于陳하니 陳人殺之[1)]하다

겨울에 陳나라 宗豎가 楚나라에서 다시 陳나라로 들어가니 陳人이 그를 죽였다.

1) 無傳

傳이 없다.

【經】 陳轅買出奔楚[1)]하다

陳나라 轅買가 楚나라로 出奔하였다.

1) 無傳
傳이 없다.

【經】 有星孛[1]하다

彗星이 出現하였다.

1) 無傳 不言所在 史失之
傳이 없다. 彗星이 出現한 곳을 말하지 않은 것은 史官이 잊었기 때문이다.

【經】 饑[1]하다

饑饉이 들었다.

1) 無傳
傳이 없다.

【傳】 十四年春에 西狩於大野할새 叔孫氏之車子鉏商獲麟[1]하니 以爲不祥以賜虞人[2]하다 仲尼觀之曰 麟也라 然後取之[3]하다

14년 봄에 〈哀公이〉 서쪽의 大野에서 사냥할 때 叔孫氏의 車子(御者) 鉏商이 麒麟을 잡으니, 〈哀公은〉 상서롭지 못한 물건으로 여겨 虞人에게 주었다. 仲尼가 보시고서 "麒麟이다."라고 하신 뒤에 取하였다.

1) 大野 在高平鉅野縣東北大澤是也 車子 微者 鉏商 名 〔附注〕 朱曰 車士 子姓 名 鉏商者
大野는 高平 鉅野縣 동북쪽에 있는 大澤이 그곳이다. 車子는 微賤한 자이다. 鉏商은 그의 이름이다.
〔부주〕 朱: 車士는 姓이 子이고, 이름이 鉏商인 자이다.

2) 時所未嘗見 故怪之 虞人 掌山澤之官
당시에 본 적이 없는 짐승이었으므로 그것을 怪物로 여긴 것이다. 虞人은 山澤을 맡은 官吏이다.

3) 言魯史所以得書獲麟
魯史에 獲麟을 기록한 까닭을 말한 것이다.

【傳】小邾射以句繹來奔曰 使季路要我면 吾無盟矣[1)2)]리라 使子路한대 子路辭하다 季康子使冉有謂之曰 千乘之國이어늘 不信其盟하고 而信子之言이어늘 子何辱焉[3)4)]가 對曰 魯有事于小邾면 不敢問故[5)6)]하고 死其城下可也[7)]어니와 彼不臣而濟其言이면 是義之也니 由弗能[8)]이로라

小邾의 射이 句繹을 가지고 魯나라로 도망해 와서 말하기를 "季路를 보내어 나와 〈口頭로〉 約定하게 하면 나는 〈魯나라와〉 結盟하지 않겠습니다."라고 하였다. 〈이에 魯나라가〉 子路를 보내려 하자 子路가 사절하였다. 季康子가 冉有를 子路에게 보내어 말하기를 "〈魯나라는〉 千乘의 나라인데, 魯나라의 盟約을 믿지 않고 그대의 한마디 말을 믿겠다고 하는데, 그대는 어찌 恥辱으로 여기십니까?"라고 하니, 子路가 대답하기를 "魯나라가 小邾國과 戰爭을 한다면 감히 그 까닭을 묻지 않고 그 城下에서 싸우다가 죽을 수 있지만 저 사람은 신하로서 신하의 도리를 다하지 않았는데 그 말을 들어준다면 이는 그의 行爲를 옳게 여기는 것이니, 나는 그리할 수 없습니다."라고 하였다.

1) 子路信誠 故欲得與相要誓 而不須盟 孔子弟子旣續書魯策以繫於經 丘明亦隨而傳之 終於哀公 以卒前事 其異事則皆略而不傳 故此經無傳者多

子路는 信誠(誠實하여 남을 속이지 않음)하기 때문에 그와 서로 要誓(誓約)하고자 하였고, 〈魯나라와〉 盟約을 必要로 하지 않은 것이다. 孔子의 弟子가 이미 魯나라 史策의 글을 續錄하여 經 뒤에 매어놓았고, 左丘明도 이에 따라 傳을 내어 哀公에서 끝마쳐 前事를 종결하였다. 그중에 이상한 일들은 모두 생략하고 傳을 내지 않았기 때문에 이 經에는 傳이 없는 것이 많다.

2) 역주〕使季路要我 吾無盟矣 : 季路는 子路이다. 子路는 평소부터 誠信이 드러났기 때문에 射이 차라리 子路와 서로 約定할지언정 魯나라와 盟約하고자 하지 않은 것이다. 要는 約이다. 〈楊注〉

3)〔附注〕林曰 何辱於子 而不與邾射要言

〔부주〕林: 그대에게 무슨 辱이 되기에 邾射과 要言(約定)하려 하지 않느냐는 말이다.

4) 역주〕子何辱焉 : 그대의 말을 魯나라의 盟約보다 重하게 여기는 것은 光榮이니 그대에게 辱이 될 것이 없다는 말이다. 〈楊注〉

5)〔附注〕林曰 不敢問其伐之之故 言魯若有征伐之事于小邾

〔부주〕林: 감히 小邾國을 토벌하는 까닭을 묻지 않겠다는 것은 '魯나라가 만약 小邾國을 征伐하는 전쟁이 있다면'이라는 말이다.

6) 역주〕有事 : 戰爭이다.

7)〔附注〕林曰 〈雖〉[*)]使我死戰于小邾之城下 其亦可也

〔부주〕 林: 비록 나에게 小邾의 城下에서 戰死하게 하더라도 그 또한 할 수 있다는 말이다.

*) 역주〕 저본에는 '雖'가 없지만 ≪四庫全書 左傳杜林合注≫本에 의거하여 보충하였다.

8) 濟 成也〔附注〕林曰 彼 謂邾射 竊地叛君 不臣於小邾 而使我成要其言 是以邾射爲義也 由 子路名

濟는 成이다.

〔부주〕 林: 彼는 邾射을 이른다. 임금을 배반하고 땅을 훔쳐 小邾 임금에게 신하의 도리를 하지 않은 자인데, 내가 가령 그의 말대로 그와 約定한다면 이는 邾射을 義롭게 여기는 것이라는 말이다. 由는 子路의 이름이다.

【傳】 齊簡公之在魯也에 **闞止有寵焉**[1]이러니 **及卽位**하야 **使爲政**한대 **陳成子憚之**하야 **驟顧諸朝**[2]하다 **諸御**[3]**鞅言於公**[4]**曰 陳闞不可竝也**니 **君其擇焉**[5]하라 **弗聽**하다

齊簡公이 魯나라에 있을 때 闞止를 寵愛하였더니, 卽位함에 미쳐 闞止에게 국정을 맡기니 陳成子가 그를 두려워하여 朝廷에서 자주 그를 돌아보았다. 諸御 鞅이 簡公에게 말하기를 "陳成子와 闞止는 竝立할 수 없으니, 임금님께서는 두 사람 중에 한 사람을 選擇하소서."라고 하였으나, 簡公은 듣지 않았다.

1) 簡公 悼公陽生子壬也 闞止 子我也 事在六年

簡公은 悼公 陽生의 아들 壬이다. 闞止는 子我이다. 이 일은 6년에 있었다.

2) 成子 陳常 心不安 故數顧之

成子는 陳常이다. 마음이 불안하기 때문에 자주 돌아본 것이다.

3) 역주〕 諸御 : 軍中의 일을 처리하는 官職의 이름이다.

4) 鞅 齊大夫

鞅은 齊나라 大夫이다.

5) 擇用一人

한 사람을 選擇해 쓰라는 말이다.

子我夕[1]에 **陳逆殺人**이어늘 **逢之**[2]하야 **遂執以入**[3][4]하다 **陳氏方睦**[5]이라 **使疾而遺之潘沐**하고 **備酒肉焉**[6]하니 **饗守囚者**하고 **醉而殺之**하고 **而逃**[7]하니 **子我盟諸陳于陳宗**[8]하다

子我가 저녁에 政事를 보기 위해 朝廷으로 가는 길에 陳逆이 사람을 죽이는 것을 보

고서 陳逆을 逮捕하여 朝廷으로 데리고 들어갔다. 陳氏 一族이 바야흐로 親睦하였다. 〈陳逆의 族人이〉 陳逆에게 病을 詐稱하게 하고서 쌀뜨물을 보내어 머리를 감게 하고, 그편에 酒肉을 갖추어 들여보내니, 〈陳逆이 그 酒肉을〉 자기를 지키는 사람에게 먹이고서 그자가 술에 취하자 그자를 죽이고서 逃走하니, 子我는 여러 陳氏와 陳氏의 宗家에서 結盟하였다.

1) 夕視事
저녁에 政事를 살피러 간 것이다.
2) 陳逆 子行 陳氏宗也 子我逢之
陳逆은 子行으로 陳氏의 宗族이다. 子我가 그것을 본 것이다.
3) 執逆至朝
陳逆을 逮捕해 朝廷으로 데리고 간 것이다.
4) 역주〕子我夕……遂執以入 : 闞止가 公事로 인해 저녁에 齊簡公을 뵈러 가는 途中에 陳逆이 殺人하는 것을 보고서 陳逆을 逮捕해 公宮으로 데리고 들어간 것이다. 〈楊注〉
5) 欲謀齊國 故宗族和
齊나라를 圖謀하고자 하였기 때문에 宗族이 親睦한 것이다.
6) 使詐病 因內(납)潘沐 幷得內酒肉 潘 米汁 可以沐頭〔附注〕林曰 使陳逆詐病
陳逆으로 하여금 病을 詐稱하게 하고서 쌀뜨물을 들여보내는 틈을 이용해 酒肉을 아울러 들여보낸 것이다. 潘은 쌀뜨물이니 머리를 감을 수 있다.
〔부주〕林: 陳逆으로 하여금 病을 詐稱하게 한 것이다.
7) 역주〕饗守囚者……而逃 : 陳逆이 酒肉을 看守하는 자에게 먹여 醉하게 하고서 그를 죽이고 도주한 것이다. 〈楊注〉
8) 失陳逆 懼其反爲患 故盟之
陳逆을 놓쳤기 때문에 그가 도리어 患亂을 일으킬 것을 두려워하였다. 그러므로 陳氏와 盟約한 것이다.

初에 陳豹欲爲子我臣[1)]하야 使公孫言己[2)3)]하다 已有喪而止[4)]라가 既而言之[5)]曰 有陳豹者하니 長而上僂[6)]하야 望視[7)8)]나 事君子必得志[9)]하리라 欲爲子臣이나 吾憚其爲人也[10)]라 故緩以告하노라 子我曰 何害리오 是其在我也라하고 使爲臣하다 他日에 與之言政하고 說[11)]하야 遂有寵하야 謂之曰 我盡逐陳氏而立女하노니 若何오 對曰 我遠於陳氏矣[12)]오 且其違者는 不過數人[13)]이니 何盡逐焉이리오하고 遂告陳氏하다 子行曰 彼得君하니 弗先이면 必禍子[14)15)]하리라하고 子行舍於公宮[16)17)]하다

당초에 陳豹가 子我(闞止)의 家臣이 되고자 하여 公孫에게 자기를 推薦하게 하였다. 오래지 않아 陳豹가 喪을 당하자, 公孫은 推薦하는 일을 중지하였다가 陳豹가 상을 마치자, 子我에게 말하기를 "陳豹라는 자가 있는데 키가 크고 등이 구부정하여 눈을 위로 향해 뜨지만 君子를 섬긴다면 반드시 군자의 뜻을 얻을 것입니다. 그대의 家臣이 되고자 하지만 나는 그 사람됨이 께름칙합니다. 그러므로 이렇게 늦게 고하는 바입니다."라고 하니, 子我가 말하기를 "해로울 게 뭐 있겠습니까? 이는 내가 부리기에 달렸습니다."라고 하고서 그를 家臣으로 삼았다. 얼마 뒤에 子我가 그와 政事를 談論하고는 기뻐하여서 드디어 寵愛하여, 그에게 "내가 陳氏를 다 逐出하고서 너를 陳氏의 承繼者로 세우려 하는데 너의 생각은 어떠하냐?"고 하자, 陳豹가 대답하기를 "저는 陳氏의 宗家와 疏遠합니다. 그리고 당신의 명을 따르지 않는 陳氏는 몇 사람에 지나지 않으니, 다 逐出할 게 뭐 있습니까?"라고 하고서, 드디어 〈이 말을〉 陳氏에게 告해바쳤다. 子行(陳逆)이 〈陳成子(陳常)에게〉 말하기를 "闞止〔彼〕가 임금의 信任을 얻었으니 先手를 치지 않으면 반드시 당신께 禍를 입힐 것입니다."라고 하고서, 子行은 〈內應하기 위해 먼저〉 公宮으로 가서 머물렀다.

1) 豹 亦陳氏族
   豹도 陳氏의 宗族이다.
2) 言己 介達之
   言己는 자기를 紹介하여 뜻을 達成하도록 하라는 것이다.
3) 역주〕 言己 : 公孫으로 하여금 자기를 推薦하게 한 것이다. 〈楊注〉
4) 〔附注〕 林曰 陳豹有喪而止
   〔부주〕 林: 陳豹가 喪을 당하였기 때문에 推薦하는 일을 中止한 것이다.
5) 旣 終喪也
   旣는 喪을 마침이다.
6) 肩背僂 〔附注〕 林曰 身材長大而肩背僂曲
   어깨와 등이 구부정한 것이다.
   〔부주〕 林: 身體가 長大하여 어깨와 등이 구부정하다는 말이다.
7) 目望陽
   눈은 먼 곳을 볼 수 있다는 말이다.
8) 역주〕 望視 : 등이 駱駝의 등처럼 구부정하기 때문에 눈을 위로 향해 뜨는 것이다.
9) 得君子意
   君子의 뜻을 얻을 것이라는 말이다.
10) 恐多詐

속이는 일이 많을까 두렵다는 말이다.

11)〔附注〕林曰 子我與陳豹言及政事 子我悅之

〔부주〕林: 子我가 陳豹와 政事에 대해 言及하고는 子我가 陳豹를 좋아한 것이다.

12) 言己疏遠

자기는 陳氏의 宗家와 疏遠하다는 말이다.

13) 違 不從也〔附注〕林曰 不從子之命

違는 따르지 않음이다.

〔부주〕林: 子我의 命을 따르지 않는 사람이다.

14)〔附注〕林曰 彼 謂闞止

〔부주〕林: 彼는 闞止를 이른다.

15) 역주〕彼得君 弗先 必禍子 : 彼는 闞止(子我)를 이르고, 子는 陳恒(成子)을 이른다. 〈楊注〉

16) 子行逃而隱於陳氏 今又隱於公宮

子行이 〈전에는〉 逃走하여 陳氏의 집에 숨었더니, 지금은 또 公宮에 숨었다.

17) 역주〕子行舍於公宮 : 子行이 居處를 公宮으로 옮긴 것이다. 子行이 侍人을 죽였다는 下文에 依據하면 장차 內應하기 위해 〈거처를 옮긴 것이다.〉 '公宮에 숨었다.'고 한 〈杜注〉는 옳지 않다. 〈楊注〉

夏五月壬申에 **成子兄弟四乘如公**[1)]하니 **子我在幄**[2)]이라가 **出逆之**하다 **遂入**하야 **閉門**[3)]하다 **侍人禦之**[4)5)]하니 **子行殺侍人**[6)]하다 **公與婦人飮酒于檀臺**러니 **成子遷諸寢**[7)]한대 **公執戈**하야 **將擊之**[8)]하니 **大史子餘曰 非不利也**오 **將除害也**[9)]라 **成子出舍于庫**[10)]하야 **聞公猶怒**하고 **將出曰 何所無君**이리오 **子行抽劍曰 需**는 **事之賊也**[11)12)]라 **誰非陳宗**[13)14)]이리오 **所不殺子者**ㄴ댄 **有如陳宗**[15)16)]이라하니 **乃止**[17)]하다

여름 5월 壬申日에 成子의 兄弟 여덟 사람이 네 채의 수레에 나누어 타고서 齊簡公에게 가니, 子我가 朝廷〔幄〕에 있다가 나와서 그들을 맞이하였다. 〈成子의 형제들은〉 들어간 뒤에 〈子我가 들어오지 못하도록〉 문을 닫았다. 簡公의 侍人이 成子를 막으니 子行이 侍人을 죽였다. 이때 簡公은 婦人과 檀臺에서 술을 마시고 있었는데, 成子가 簡公을 寢殿으로 옮기게 하자, 簡公은 창을 들고 成子를 攻擊하려 하였다. 그러자 太史子餘가 말하기를 "저들은 임금님께 不利한 짓을 하려는 것이 아니고 임금님을 위해 害惡을 除去하려는 것입니다."라고 하였다. 成子가 公宮 밖으로 나가서 府庫 안에 머물면서 簡公이 여전히 怒하고 있다는 말을 듣고 出奔하려 하며 말하기를 "어디를 간들 섬길

임금이 없겠는가?"라고 하니, 子行이 칼을 빼어 들고 말하기를 "망설이고 결정을 하지 못하는 것은 일을 그르치는 賊입니다. 〈당신께서 出奔한다면〉 누군들 陳氏의 宗子(家門의 承繼人)가 될 수 없겠습니까? 만약〔所〕 당신을 죽이지 않는다면 陳氏의 祖上이 내게 벌을 내릴 것입니다."라고 하니, 成子는 즉시 중지하였다.

1) 成子之兄弟 昭子莊簡子齒宣子夷穆子安廩丘子意茲子芒〔芒子〕[*]盈惠子得 凡八人 二人共一乘

成子의 兄弟는 昭子莊, 簡子齒, 宣子夷, 穆子安, 廩丘子意茲, 芒子盈, 惠子得 등 모두 여덟 사람인데, 두 사람씩 나누어 한 수레를 탄 것이다.

*) 역주〕 저본에는 '子芒'으로 되어 있으나 ≪十三經注疏≫本에 의거하여 '芒子'로 순서를 바로잡았다.

2) 幄 帳也 聽政之處

幄은 휘장이니, 정사를 처리하는 곳이다.

3) 成子入 反閉門 不納子我

成子가 들어가서는 도리어 문을 닫아 子我를 들어오지 못하게 한 것이다.

4) 子我侍人

子我의 侍人이다.

5) 역주〕 侍人 : 簡公의 侍人이다. 簡公의 侍者가 陳恒 등이 오는 기세가 좋지 않을 것을 보고서 막은 것이다. '子我의 侍人이다.'라고 한 〈杜注〉는 옳지 않다. 〈楊注〉

6) 素在內 故得殺之

본디 門內에 있었기 때문에 侍人을 죽일 수 있었다.

7) 徙公使居正寢

齊簡公을 옮겨 正寢에 居處하게 한 것이다.

8) 疑其欲作亂

陳成子가 반란을 일으키려는 것으로 의심해서이다.

9) 言將爲公除害

齊簡公을 위해 害惡을 제거하려는 것이라는 말이다.

10) 以公怒故

齊簡公이 怒하였기 때문이다.

11) 言需疑則害事

기다리고 의심하면 大事를 해친다는 말이다.

12) 역주〕 需 : 哀公 6년 傳에 '需 事之下也'라는 말이 보이는데, ≪左氏會箋≫에 "需는 망설이며 결정을 하지 못하고 기다림이다.〔遲疑需待〕"라고 하였다.

13) 言陳氏宗族衆多

陳氏의 宗族이 많음을 말한 것이다.

14) 역주] 誰非陳宗 : ≪左氏會箋≫에는 "陳氏는 宗族이 많으니 모두 당신을 대신해 宗子가 될 수 있다는 말이다. 〈杜注〉는 옳지 않다."고 하였고, 〈楊注〉에는 "이때 陳恒이 陳氏의 宗主(宗子)였다. 子行이 陳恒의 出奔을 막고자 하였다. 그러므로 '사람마다 陳氏의 宗主가 될 수 있다.'고 말한 것이다."라고 하였다. 이 두 說을 취하여 번역하였다.

15) 言子若欲出 我必殺子 明如陳宗

당신이 만약 出奔하고자 한다면 나는 반드시 당신을 죽이겠다는 것을 陳宗(陳氏의 宗廟)에 盟誓하겠다는 말이다.

16) 역주] 所不殺子者 有如陳宗 : '所…者'와 '有如'는 盟辭에 常用하는 套式語이다. 내가 만약〔所〕 당신을 죽이지 않는다면 陳氏의 祖上이 내게 罰을 내릴 것이라는 뜻이다.

17) 〔附注〕 林曰 成子乃止不奔

〔부주〕 林: 成子가 즉시 중지하고 出奔하지 않은 것이다.

子我歸하야 **屬徒**하야 **攻闈與大門**[1]이나 **皆不勝**하니 **乃出**[2]하다 **陳氏追之**하니 **失道于弇中**하야 **適豐丘**[3]하니 **豐丘人執之**하야 **以告**한대 **殺諸郭關**[4]하다 **成子將殺大陸子方**[5]이어늘 **陳逆請而免之**하다 **以公命取車於道**[6]하야 **及耏**하니 **衆知而東之**[7][8]하다 **出雍門**[9]하니 **陳豹與之車**어늘 **弗受曰 逆爲余請**하고 **豹與余車**하니 **余有私焉**[10]이라 **事子我而有私于其讐**하니 **何以見魯衛之士**[11]리오 **東郭賈奔衛**[12]하다

子我가 집으로 돌아가서 그 私兵을 불러 모아 宮中의 小門〔闈〕과 大門을 공격하였으나 모두 勝利하지 못하자, 이에 出奔하였다. 陳氏가 追擊하자 子我는 弇中에서 길을 잃어 豐丘로 가니, 豐丘人이 子我를 逮捕하여 陳氏에게 報告하자, 陳氏는 그를 郭關에서 죽였다. 成子가 大陸子方(東郭賈)을 죽이려 하자, 陳逆이 要請하여 그를 赦免시켰다. 子方이 齊簡公의 命을 假託해 도중에서 行人의 수레를 奪取하여 타고서 耏로 가니, 陳氏의 무리가 〈君命을 假託한〉 것을 알고서 동쪽으로 가게 하였다. 子方이 雍門을 나오니 陳豹가 그에게 수레를 주었다. 子方은 받지 않으며 말하기를 "陳逆은 나를 위해 사면을 청하고 陳豹는 나에게 수레를 주었으니, 이는 내가 陳氏와 사사로이 交分을 맺었기 때문입니다. 子我를 섬기면서 그 원수와 사사로이 교분을 맺었으니, 무슨 낯으로 魯나라와 衛나라의 人士들을 볼 수 있겠습니까?"라고 하고서 東郭賈는 衛나라로 出奔하였다.

1) 闈 宮中小門 大門 公門也〔附注〕林曰 屬 會也

闈는 宮中의 小門이고, 大門은 公門이다.

〔부주〕林: 屬은 會(모음)이다.

2)〔附注〕林曰 闞止出奔

〔부주〕林: 闞止가 出奔한 것이다.

3) 弇中 狹路 豐丘 陳氏邑〔附注〕林曰 闞止於弇中狹路 迷失其道

弇中은 좁은 길이다. 豐丘는 陳氏의 邑이다.

〔부주〕林: 闞止가 弇中의 좁은 길에서 헤매다가 길을 잃은 것이다.

4) 齊關名

齊나라 關門의 이름이다.

5) 子方 子我臣

大陸子方은 子我의 家臣이다.

6) 子方取道中行人車

大陸子方이 道中에서 行人의 수레를 奪取한 것이다.

7) 知其矯命奪車 逐使東〔附注〕林曰 子方行及郪地

그가 君命을 假託하여 수레를 탈취한 것을 알고서 그를 逐出해 동쪽으로 가게 한 것이다.

〔부주〕林: 大陸子方의 발길이 郪地에 미친 것이다.

8) 역주〕及郪 衆知而東之 : 郪는 齊나라와 魯나라의 接境地域이다. 大陸子方이 魯나라나 衛나라로 出奔하려 하였기 때문에 서쪽을 향해 간 것이다. 衆은 陳氏의 사람들을 이른다. 子方이 簡公의 命을 假託하여 수레를 奪取한 것을 알았기 때문에 그를 위협하여 동쪽(齊나라)으로 돌아가게 한 것이다. 〈楊注〉

9) 齊城門也

齊나라 城門이다.

10)〔附注〕林曰 陳逆爲我請免罪 陳豹以車送我出奔 是我有私於陳氏

〔부주〕林: 陳逆은 나를 위해 罪를 赦免하기를 청하였고, 陳豹는 나에게 수레를 주어 出奔하게 하니, 이는 내가 陳氏와 사사로이 交分을 맺었기 때문이라는 말이다.

11) 傳言陳氏務施〔附注〕林曰 子方欲奔衛 故言無以見魯衛之士

傳文은 陳氏가 은혜 베풀기를 좋아했음을 말한 것이다.

〔부주〕林: 子方이 衛나라로 出奔하고자 하였기 때문에 魯나라와 衛나라의 人士들을 볼 수 없다고 말한 것이다.

12) 賈 卽子方

賈는 바로 子方이다.

庚辰에 **陳恒執公于舒州**하니 **公曰 吾早從鞅之言**이면 **不及此**[1)]리라

庚辰日에 陳恒이 舒州에서 齊簡公을 逮捕하니, 簡公이 말하기를 "내 일찍이 鞅의 말을 따랐더라면 이런 지경에 이르지 않았을 것이다."라고 하였다.

1) 悔不誅陳氏〔附注〕林曰 悔不從諸御鞅之言
陳氏를 죽이지 않은 것을 후회한 것이다.
〔부주〕林: 諸御 鞅의 말을 따르지 않은 것을 후회한 것이다.

【傳】宋桓魋之寵害於公[1)2)]하니 **公使夫人驟請享焉**하야 **而將討之**[3)4)]하다 **未及**에 **魋先謀公**[5)]하야 **請以鞍易薄**[6)]한대 **公曰 不可**하다 **薄**은 **宗邑也**[7)]라하고 **乃益鞍七邑**[8)]하니 **而請享公焉**[9)]하야 **以日中爲期**하고 **家備盡往**[10)11)]하다 **公知之**하고 **告皇野曰 余長魋也**[12)]어늘 **今將禍余**하니 **請卽救**하노라 **司馬子仲曰 有臣不順**은 **神之所惡也**온 **而況人乎**아 **敢不承命**이리오 **不得左師**면 **不可**[13)]하니 **請以君命召之**하노라 **左師每食**에 **擊鐘**하니 **聞鐘聲**하고 **公曰 夫子將食**이라 **旣食**에 **又奏**[14)]하니 **公曰 可矣**라 **以乘車往曰 迹人來告**[15)]**曰 逢澤有介麇焉**[16)17)]이라하니 **公曰 雖魋未來**나 **得左師**하니 **吾與之田**이면 **若何**[18)]오 **君憚告子**[19)]ㄹ새 **野曰 嘗私焉**[20)]이라하니 **君欲速**이라 **故以乘車逆子**로라 **與之乘**하야 **至**[21)]하니 **公告之故**한대 **拜不能起**[22)]하니 **司馬曰 君與之言**[23)]하라 **公曰 所難子者**ㄴ댄 **上有天**하고 **下有先君**[24)25)]하니라 **對曰 魋之不共**은 **宋之禍也**니 **敢不唯命是聽**이리오 **司馬請瑞焉**[26)]하여 **以命其徒攻桓氏**[27)]하니 **其父兄故臣曰不可**[28)]라하고 **其新臣曰 從吾君之命**이라하니 **遂攻之**하다 **子欣驕而告桓司馬**[29)]한대 **司馬欲入**[30)]이어늘 **子車止之**[31)]**曰 不能事君**하고 **而又伐國**이면 **民不與也**니 **祗取死焉**이라 **向魋遂入于曹以叛**[32)]하다

宋나라 桓魋의 寵恣가 宋景公에게 危害가 되니, 景公은 夫人에게 급히 享宴을 열어 桓魋를 접대하기를 청하고서 〈그 기회를 이용해〉 그를 討殺(誅殺)하려 하였다. 宴饗日이 되기 전에 桓魋가 먼저 景公을 공격하기를 꾀하여 〈자기의 封邑인〉 鞍邑을 〈景公의〉 薄邑과 交換하기를 청하자, 景公은 "안 된다. 薄은 宗廟가 있는 邑이다."라고 하고서, 鞍邑에 일곱 개의 邑을 보태어주니, 桓魋는 享宴을 열어 景公에게 謝禮하겠고 하고서 正午로 시간을 정하고는 家兵〔家備〕을 모두 享宴하는 곳으로 보내었다. 景公은 그 陰謀를 알고서 皇野에게 告하기를 "내가 桓魋를 길러주었는데, 이제 나를 해치려 하니,

즉시 〈군대를 일으켜〉 나를 救援하기 바라오."라고 하니, 司馬 子仲이 말하기를 "신하로서 順從하지 않는 자는 鬼神도 미워하는 바인데, 하물며 사람이겠습니까? 감히 命을 따르지 않겠습니까? 그러나 左師의 도움을 얻지 못하면 성공할 수 없으니 君命으로 그를 부르소서."라고 하였다. 左師는 매 끼니 때마다 鍾을 쳤다. 이때 鍾소리를 듣고 景公이 말하기를 "저 사람이 밥을 먹으려 한다."고 하였다. 左師가 食事를 마치고 또 음악을 연주하니, 景公이 말하기를 "이제 가면 될 것이오."라고 하였다. 皇野가 乘車를 타고 가서 말하기를 "迹人이 와서 '逢澤에 순록 한 마리가 있다.'고 報告하니, 景公께서 '비록 桓魋는 아직 오지 않았으나 左師는 갈 수 있으니, 내가 그와 함께 사냥을 하면 어떻겠느냐?'고 하셨습니다. 그러면서도 임금님께서 직접 左師께 말하기를 어려워하시기에, 내가 '한번 사사로이 말해보겠습니다.'라고 하였더니, 임금님께서는 속히 다녀오기를 바라셨습니다. 그러므로 乘車로 左師를 맞이하러 온 것입니다."라고 하였다. 左師가 皇野와 함께 수레를 타고 오니, 景公이 左師에게 부른 까닭을 말하자, 左師는 절을 하고는 엎드려 일어나지를 못하였다. 그러자 司馬(皇野)가 "임금님께서는 左師와 盟約하소서."라고 하니, 景公이 盟誓해 말하기를 "만약 그대에게 禍難이 미치게 한다면 위에 하늘이 계시고 아래에 先君이 계시다."고 하였다. 그러자 左師가 대답하기를 "桓魋의 不恭함은 宋나라의 禍이니 감히 命하시는 대로 따르지 않겠습니까?"라고 하였다. 司馬(皇野)가 兵符〔瑞〕를 청하고 아울러 자기의 私兵에게 명하여 桓氏를 공격하게 하니, 그 父兄과 舊臣들은 "안 된다."고 하고 그 新臣들은 "우리 임금의 명을 따르겠다."고 하니, 드디어 桓氏를 공격하였다. 子欣이 달려가서 桓司馬에게 고하자, 司馬(桓魋)가 임금을 공격하기 위해 들어가려 하였다. 子車가 막으며 말하기를 "임금을 잘 섬기지 못하고 또 그 나라를 친다면 백성들이 지지하지 않을 것이니, 단지 죽음만을 취할 뿐입니다."라고 하였다. 向魋는 드디어 曹邑으로 들어가서 叛亂을 일으켰다.

1) 恃寵驕盈 〔附注〕 林曰 桓魋恃寵驕盈 爲景公之患害

寵愛를 교만하게 믿고 남을 업신여기며 스스로 만족해한 것이다.

〔부주〕 林: 桓魋가 총애를 믿고 교만하게 굴며 스스로 만족해하는 것이 宋景公의 患害가 된 것이다.

2) 역주) 桓魋之寵害於公 : 桓魋가 임금의 寵愛를 믿고서 세력을 키워 景公을 威脅하는 데 이르렀다는 뜻이다.

3) 夫人 景公母也 數請享飮 欲因請討之

夫人은 宋景公의 母親이다. 잔치를 열어 桓魋를 招請해 술을 마시게 하기를 자주 要請하여 그 기회를 이용해 그를 죽이고자 한 것이다.

4) 역주] 驟請享焉 : 驟의 訓은 急이다. 〈杜注〉에 數(삭)으로 訓한 것은 옳지 않다. 〈楊注〉

5) 〔附注〕 林曰 桓魋先謀害公

〔부주〕 林: 桓魋가 먼저 宋景公을 殺害하기를 꾀한 것이다.

6) 鞍 向魋邑 薄 公邑 欲因易邑 爲公享宴而作亂

鞍은 向魋의 邑이고, 薄은 宋景公의 邑이다. 邑을 交換하는 기회를 이용하여 景公을 위해 享宴을 베풀고서 叛亂을 일으키려 한 것이다.

7) 宗廟所在

宗廟가 있는 곳이다.

8) 〔附注〕 林曰 乃以七邑 增益向魋鞍邑

〔부주〕 林: 이에 일곱 개의 邑을 向魋의 鞍邑에 보태준 것이다.

9) 僞喜於受賜

下賜받은 것을 기뻐하는 것처럼 위장한 것이다.

10) 甲兵之備 〔附注〕 林曰 盡往享所

준비한 甲兵이다.

〔부주〕 林: 모두 享宴하는 곳으로 간 것이다.

11) 역주] 家備 : 家兵이다.

12) 少長育之 皇野 司馬子仲

桓魋가 어렸을 때부터 내가 그를 길렀다는 말이다. 皇野는 司馬 子仲이다.

13) 左司〔師〕[*] 向魋兄向巢也

左師는 向魋의 兄 向巢이다.

*) 역주] 저본에는 '司'로 되어 있으나 ≪十三經注疏≫本에 의거하여 '師'로 바로잡았다.

14) 奏樂

音樂을 演奏한 것이다.

15) 主迹禽獸者

짐승을 追跡하는 일을 맡은 자이다.

16) 地理志言 逢澤在滎陽開封縣東北 遠 疑非 介 大也

≪地理志≫에 '逢澤은 滎陽 開封縣 동북쪽에 있다.'고 하였다. 〈宋都에서 開封까지는 4백여 리여서〉 거리가 머니 〈이곳에 말한 '逢澤은'〉 아마도 ≪地理志≫에서 말한 '逢澤'이 아닌 듯하다. 介는 大이다.

17) 역주] 介 : ≪放言≫에 '事物 중에 짝이 없는 것을 特이라 하고, 짐승 중에 짝이 없는 것을 介라 한다.〔物無耦曰特 獸無耦曰介〕'라 하였다. 〈楊注〉

18) 皇野稱公命

皇野가 宋景公의 命이라고 칭한 것이다.

19) 難以游戱煩大臣

游戱하는 일로 大臣을 번거롭게 하기를 어렵게 여긴다는 말이다.

20) 嘗 試也〔附注〕林曰 嘗試私請焉

嘗은 試이다.

〔부주〕林: 한번 사사로이 요청해보겠다는 말이다.

21)〔附注〕林曰 向巢乃與皇野共載 至於公宮

〔부주〕林: 向巢가 곧 皇野와 함께 수레를 타고서 公宮으로 온 것이다.

22)〔附注〕林曰 向巢下拜 懼不能起

〔부주〕林: 向巢가 堂下에서 절을 하고는 두려워서 일어나지 못한 것이다.

23) 使公與要誓

宋景公에게 向巢와 盟誓〔要誓〕하게 한 것이다.

24) 言雖誅魋 要不負言 使禍難及子

비록 桓魋를 誅殺하더라도 言約을 저버리고 禍難이 그대에게 미치게 하지 않겠다고 盟誓〔要〕한 것이다.

25) 역주〕所難子者 上有天 下有先君 : 만약 그대에게 禍難이 미치게 한다면 하늘과 先君이 나에게 罰을 내릴 것이라고 盟誓한 말이다.

26) 瑞 符節 以發兵

瑞는 符節이니 이것으로 군대를 動員한다.

27) 桓氏 向魋

桓氏는 向魋이다.

28) 司馬故臣與桓魋無怨者

司馬(皇野)의 故臣으로 桓魋와 怨恨이 없는 자들다.

29) 子頎 桓魋弟 桓司馬 卽魋也

子頎는 桓魋의 아우고, 桓司馬는 바로 桓魋이다.

30) 入攻君

들어가서 임금을 공격하려 한 것이다.

31) 車亦魋弟

子車도 桓魋의 아우이다.

32) 哀八年 宋滅曹以爲邑

哀公 8년에 宋나라가 曹나라를 擊滅하고서 宋나라의 邑으로 만들었다.

六月에 **使左師巢伐之**한대 **欲質大夫以入焉**[1)2)]이나 **不能**하니 **亦入于曹**하야 **取質**[3)4)]하다

魋曰 不可라 旣不能事君이어늘 又得罪于民이면 將若之何오하고 乃舍之[5)]하다 民遂叛之하니 向魋奔衛하고 向巢來奔하다 宋公使止之曰 寡人與子有言矣니 不可以絶向氏之祀라한대 辭曰 臣之罪大하니 盡滅桓氏可也니라 若以先臣之故로 而使有後면 君之惠也어니와 若臣則不可以入矣니라

6월에 左師 向巢를 보내어 桓魋를 토벌하게 하자, 左師는 大夫들을 人質로 데리고서 曹邑으로 돌아가고자 하였으나 大夫들을 人質로 삼을 수 없자, 그 또한 曹邑로 들어가서 〈曹邑의 子弟들을〉 人質로 잡았다. 桓魋가 말하기를 "옳지 않습니다. 이미 임금을 잘 섬기지 못하였는데, 또 백성에게 罪를 얻는다면 장차 어찌하겠습니까?"라고 하고서 人質들을 풀어주었다. 백성들이 드디어 背叛하니 向魋는 衛나라로 出奔하고 向巢는 魯나라로 도망해 왔다. 宋公이 사람을 보내어 向巢의 出奔을 말리며 말하기를 "寡人이 그대와 盟約하였으니, 向氏의 祭祀가 끊기게 할 수 없다."고 하니, 向巢가 사양하며 말하기를 "臣의 罪가 크니 桓氏를 다 滅亡시켜도 지나치지 않습니다. 만약 先臣을 생각하시어 桓氏의 承繼者를 세워주신다면 이는 임금님의 恩惠입니다만 臣은 들어갈 수 없습니다."라고 하였다.

1) 巢不能克魋 恐公怒 欲得國內大夫爲質 還入國
向巢는 桓魋를 이기지 못하면 宋景公이 노할 것을 두려워하여, 國內의 大夫들을 人質로 삼아 〈데리고 가서〉 나라로 돌아오고자 한 것이다.

2) 역주〕 欲質大夫以入焉 : 大夫들을 人質로 데리고 曹邑으로 들어가려 한 것이다. 向巢는 본래 桓魋를 토벌하고자 하지 않았으므로 宋景公이 자기를 토벌할 것을 두려워하였다. 그러므로 大夫들을 人質로 삼아 曹邑으로 데리고 가려 한 것이다. 參考文獻 ≪左氏會箋≫

3) 不能得大夫 故入曹 劫曹人子弟而質之 欲以自固
大夫들을 人質로 삼을 수 없기 때문에 曹로 들어가서 曹人의 子弟들을 劫迫해 人質로 삼아 자신의 〈安全을〉 堅固히 하고자 한 것이다.

4) 역주〕 亦入于曹 取質 : 向巢 또한 曹邑으로 들어갔으니 이는 임금을 背叛하고서 桓魋와 한편이 된 것이다. 曹人을 人質로 잡은 것은 자기를 背叛하지 못하게 하기 위해서이다. 參考文獻 ≪左氏會箋≫

5) 舍曹子弟
曹人의 子弟들을 풀어준 것이다.

司馬牛致其邑與珪焉而適齊[1)]하다 **向魋出于衛地**[2)]하니 **公文氏攻之**[3)]하야 **求夏后氏之璜焉**[4)]이어늘 **與之他玉而奔齊**하다 **陳成子使爲次卿**하니 **司馬牛又致其邑焉而適吳**[5)]하다 **吳人惡之**어늘 **而反**[6)]하다 **趙簡子召之**하고 **陳成子亦召之**[7)]하다 **卒于魯郭門之外**하니 **阬氏葬諸丘輿**[8)]하다

司馬牛는 자기의 邑과 珪(符信)를 돌려주고서 齊나라로 갔다. 向魋가 衛나라 땅에서 다른 곳으로 나가려 하니, 公文氏가 그를 공격하여 夏后氏의 璜을 요구하자 向魋는 다른 玉을 주고서 齊나라로 逃走하였다. 陳成子가 그를 次卿으로 삼으니 司馬牛는 또 자기의 封邑을 齊나라에 되돌려주고서 吳나라로 갔다. 吳人이 자기를 미워하니, 宋나라로 돌아왔다. 趙簡子가 그를 부르고 陳成子도 그를 불렀으나, 〈가지 않고〉 魯나라 郭門 밖에서 죽으니, 阬氏가 그를 丘輿에 장사 지냈다.

1) 牛 桓魋弟也 珪 守邑符信
 牛는 桓魋의 아우이다. 珪는 邑을 지키는 자가 지니는 符信(兵符와 印章)이다.

2) 〔附注〕林曰 將自衛出奔
 〔부주〕林: 衛나라에서 다른 곳으로 出奔하려 한 것이다.

3) 公文氏 衛大夫
 公文氏는 衛나라 大夫이다.

4) 역주〕夏后氏之璜 : 周나라가 魯公에게 나누어준 夏后氏의 璜(半月形의 佩玉)이니, 이는 세상에 하나밖에 없는 寶物이다. 〈楊注〉

5) 示不與魋同 〔附注〕林曰 司馬牛又致齊與邑而適吳
 桓魋와 같지 않은 것을 보인 것이다.
 〔부주〕林: 司馬牛는 또 齊나라가 자기에게 준 邑을 되돌려주고서 吳나라로 간 것이다.

6) 〔附注〕林曰 司馬牛與吳相惡而歸
 〔부주〕林: 司馬牛가 吳나라와 서로 사이가 나빠서 宋나라로 돌아온 것이다.

7) 역주〕趙簡子召之 陳成子亦召之 : 두 사람의 부름에 모두 가지 않고 魯나라에서 죽은 것이다. 《左氏會箋》

8) 阬氏 魯人也 泰山南城縣西北有輿城 錄其卒葬所在 愍賢者失所
 阬氏는 魯나라 사람이다. 泰山 南城縣 서북쪽에 輿城이 있는데, 司馬牛의 卒과 葬地가 있는 곳을 기록하여 賢者가 處所를 얻지 못한 것을 가엾게 여겼다.

【傳】甲午에 **齊陳恒弑其君壬于舒州**[1)]하다 **孔丘三日齊而請伐齊三**[2)]한대 **公曰**

魯爲齊弱久矣어늘 **子之伐之**는 **將若之何**오 **對曰 陳恒弑其君**하니 **民之不與者半**이라 **以魯之衆加齊之半**이면 **可克也**라 **公曰 子告季孫**하라 **孔子辭**[3]하고 **退而告人曰 吾以從大夫之後也**라 **故不敢不言**[4]이라하다

甲午日에 齊나라 陳恒이 그 임금 壬을 舒州에서 弑害하였다. 孔子가 3일 동안 齋戒하고 〈朝廷으로 나아가 哀公에게〉 齊나라 토벌하기를 세 차례 청하자, 哀公이 말하기를 "우리 魯나라는 齊나라에 의해 弱化된 지 오래인데, 그대가 齊나라를 토벌하라고 하는 것은 장차 무슨 방법이 있다는 것이오."라고 하였다. 孔子가 대답하기를 "陳恒이 그 임금을 弑害하였으니 백성 중에 그에게 親附하지 않는 자가 반은 될 것입니다. 魯나라 무리(군대)를 〈그에게 親附하지 않는〉 齊나라 백성의 반에 보태면 勝利할 수 있습니다."라고 하니, 哀公이 "그대는 季孫에게 가서 告하시오."라고 하였다. 孔子는 사절하고서 물러나와 어떤 사람에게 말하기를 "나는 大夫의 뒤를 따르기 때문에 감히 말하지 않을 수 없었노라."고 하였다.

1) 壬 簡公也

壬은 簡公이다.

2) 〔附注〕 林曰 請魯師以伐齊 凡三言之

〔부주〕 林: 魯나라 군대로 齊나라 토벌하기를 요청하는 말을 모두 세 차례 한 것이다.

3) 辭不告

사절하고 告하지 않은 것이다.

4) 嘗爲大夫而去 故言後

일찍이 大夫가 되었던 身分으로 갔기 때문에 '後'라고 말한 것이다.

【傳】 初에 **孟孺子洩將圉馬於成**[1]한대 **成宰公孫宿不受曰 孟孫爲成之病**하야 **不圉馬焉**[2][3]이라하니 **孺子怒**하야 **襲成**이나 **從者不得入**하니 **乃反**[4]하다 **成有司使**어늘 **孺子鞭之**[5]하다 **秋八月辛丑**에 **孟懿子卒**커늘 **成人奔喪**[6]하니 **弗內**[7]이어늘 **袒免哭于衢**하야 **聽共**이나 **弗許**[8][9]하니 **懼**하야 **不歸**[10]하다

당초에 孟孺子 洩이 成邑에서 말을 기르고자 하자, 成의 邑宰 公孫 宿이 그 요구를 받아들이지 않으며 말하기를 "孟孫(孟懿子)께서는 成邑의 백성들이 貧困〔病〕해질 것을 憂慮하여 이곳에 말을 기르지 않으셨습니다."라고 하니, 孺子가 노하여 成邑을 襲擊하였으나 從者들이 成邑으로 쳐들어가지 못하니 곧 돌아갔다. 成邑의 有司가 使者를 보내자 孺子는 그 使者에게 채찍질을 하였다. 가을 8월 辛丑日에 孟懿子가 卒하자, 成人

(成의 邑宰)이 奔喪하니 孺子는 그를 안으로 들이지 않았다. 그러자 成人은 上衣와 冠을 벗고서 大路에서 號哭하면서 喪事에 이바지하기 위해 命을 기다리겠다고 하였으나 허락하지 않으니, 成人은 두려워서 돌아가지 못하였다.

1) 洩 孟懿子之子孟武伯也 圉 畜養也 成 孟氏邑
 洩은 孟懿子의 아들 孟武伯이다. 圉는 짐승을 기름이다. 成은 孟氏의 邑이다.

2) 病 謂民貧困
 病은 백성의 貧困을 이른다.

3) 역주〕孟孫 : 孟懿子를 가리킨다.〈楊注〉

4)〔附注〕林曰 成備禦嚴固 孺子之從者 不得入成
 〔부주〕林: 成邑의 守備와 防禦가 嚴密하고 堅固하여 孺子의 從者들이 成邑으로 쳐들어가지 못한 것이다.

5) 恨恚 故鞭成有司之使人
 憤怒하였기 때문에 成邑의 有司가 보낸 使者에게 채찍질을 한 것이다.

6) 역주〕成人 : 成의 邑宰이다.〈楊注〉

7)〔附注〕林曰 孟氏不內(납)
 〔부주〕林: 孟氏가 안으로 들이지 않은 것이다.

8) 謂聽命共使
 命을 듣고 시키는 일을 공손히 奉行함을 이른다. ≪左氏會箋≫

9) 역주〕聽共 : 聽은 命을 기다림이니, 喪事에 이바지하기 위해 命을 기다림이다.

10) 不敢歸成 爲明年成叛傳
 감히 成邑으로 돌아가지 못한 것이다. 明年에 成邑이 배반한 傳의 배경이다.

〈十五年, 辛酉 B.C.480〉

【經】 十有五年春王正月에 **成叛**하다

15년 봄 周王 正月에 成邑이 背叛하였다.

【經】 夏五月에 **齊高無丕出奔北燕**[1)]하다

여름 5월에 齊나라 高無丕가 北燕으로 出奔하였다.

1) 無傳
 傳이 없다.

【經】 鄭伯伐宋[1)]하다

鄭伯이 宋나라를 토벌하였다.

1) 無傳

傳이 없다.

【經】 秋八月에 大雩[1)]하다

가을 8월에 雩祭를 지냈다.

1) 無傳

傳이 없다.

【經】 晉趙鞅帥師伐衛[1)]하다

晉나라 趙鞅이 군대를 거느리고 가서 衛나라를 토벌하였다.

1) 無傳

傳이 없다.

【經】 冬에 晉侯伐鄭[1)]하다

겨울에 晉侯가 鄭나라를 토벌하였다.

1) 無傳

傳이 없다.

【經】 及齊平[1)]하다

魯나라가 齊나라와 和平하였다.

1) 魯與齊平

魯나라가 齊나라와 和平한 것이다.

【經】 衛公孟彄出奔齊[1)]하다

衛나라 公孟彄가 齊나라로 出奔하였다.

1) 無傳

傳이 없다.

【傳】十五年春에 成叛于齊하다 武伯伐成이나 不克하고 遂城輸[1)]하다

15년 봄에 成邑이 孟氏를 背叛하고 齊나라에 붙었다. 武伯이 成邑을 토벌하였으나 陷落하지 못하고 드디어 輸에 城을 쌓았다.

1) 以偪成

城을 쌓아 成邑을 威脅한 것이다.

【傳】夏에 楚子西子期伐吳하야 及桐汭[1)]한대 陳侯使公孫貞子弔焉[2)]이러니 及良而卒[3)]하니 將以尸入[4)]하다 吳子使大宰嚭勞하고 且辭曰 以水潦之不時[5)]로 無乃廪然隕大夫之尸[6)7)]하야 以重寡君之憂[8)]아 寡君敢辭하노라 上介芋尹蓋對[9)]曰 寡君聞楚爲不道하야 荐伐吳國[10)]하야 滅厥民人하고 寡君使蓋備使하야 弔君之下吏[11)]러니 無祿하야 使人[12)13)]逢天之慼하야 大命隕隊하야 絶世于良[14)]하니 廢日共積[15)]하야 一日遷次[16)17)]어늘 今君命逆使人曰 無以尸造于門하라하니 是我寡君之命을 委于草莽也라 且臣聞之컨대 曰 事死如生이 禮也라하니 於是乎有朝聘而終이면 以尸將事之禮[18)19)]하고 又有朝聘而遭喪之禮[20)]하니 若不以尸將命이면 是遭喪而還也[21)]니 無乃不可乎아 以禮防民이라도 猶或踰之어든 今大夫曰 死而棄之라하니 是棄禮也라 其何以爲諸侯主[22)]리오 先民有言曰 無穢虐士[23)]하라하니 備使奉尸將命[24)25)]하야 苟我寡君之命達于君所면 雖隕于深淵이라도 則天命也[26)]니 非君與涉人之過也라 吳人內之[27)]하다

여름에 楚나라 子西와 子期가 吳나라를 토벌하여 桐汭에 到達하자, 陳侯가 公孫 貞子를 吳나라에 보내어 慰問하게 하였는데, 良邑에 이르러 公孫 貞子가 갑자기 죽으니, 陳人은 그 尸身을 가지고 吳나라 國都로 들어가려 하였다. 그러자 吳子가 大宰 嚭를 보내어 弔慰하고, 또 〈國都로 들어오는 것을 사절하게 하였다.〉 大宰 嚭가 가서 사절하며 말하기를 "우리나라에 때 없이 큰비가 내림으로 인해 혹시 물이 汎濫〔廪然〕하여 大夫의 尸柩를 물에 빠뜨려 우리 임금의 걱정을 加重시키는 일이 없겠습니까? 그러므로 우리 임금님께서 감히 사절하십니다."라고 하니, 上介 芋尹 蓋가 대답하기를 "우리 임금님께서 楚나라가 無道하여 자주 吳나라를 侵伐하여 吳나라 人民들을 殺傷한다는 말을

듣고서, 우리 임금님께서 나 蓋를 副使로 삼아 임금님(吳君)의 下吏를 慰勞하게 하셨는데, 불행〔無祿〕하게도 使臣(公孫 貞子)이 하늘이 내리신 憂患을 만나 목숨이 끊어져서 良에서 세상을 떠나니, 우리들은 하루 동안 길을 멈추고서 殯殮에 필요한 물건을 마련하여 〈入棺해 가지고 길을 재촉하여〉 매일 舍次(宿營地)를 옮겨가며 왔습니다. 그런데 지금 吳나라 임금께서 使臣을 맞으라고 명하시면서 尸柩를 國門 안으로 들이지 말라고 하시니, 이는 우리나라 임금님의 命을 풀밭에 버리는 것입니다. 그리고 또 臣이 듣건대 '죽은 사람을 섬기기를 산 사람과 같이하는 것이 禮이다.'라고 하였습니다. 그러므로 朝聘 중에 使臣이 죽으면 尸柩를 가지고 가서 行事하는 禮가 있고, 또 朝聘 중에 受聘國이 喪을 당하면 〈尸柩를 가지고 가서 行事하지 않고 本國으로〉 돌아가는 禮가 있습니다. 만약 尸柩를 가지고 가서 使命을 傳達〔將命〕하지 않는다면 이는 受聘國에 喪이 나서 使臣이 그냥 돌아가는 것과 같으니 禮에 어긋나지 않습니까? 禮로써 백성들의 堤防을 삼아 限界를 넘지 못하도록 막더라도 백성들은 오히려 그 堤防을 넘는 것인데, 지금 大夫께서 '〈使臣이〉 죽었으니 〈使命을 전하는 것을〉 廢止하라.'고 하시니, 이는 禮를 버리는 것입니다. 이러고서야 어찌 諸侯의 盟主가 될 수 있겠습니까? 先民이 말하기를 '死者를 더럽게 여기지 말라.'고 하였으니, 副使가 尸柩를 가지고 가서 使命을 전하여 우리 임금님의 命을 吳나라 임금의 處所에 전달할 수 있다면 그 尸柩가 비록 깊은 물속에 빠진다 하더라도 이 또한 天命이니 吳君과 涉人(사공)의 잘못이 아닙니다." 라고 하니, 吳人이 그들을 받아들였다.

1) 宣城廣德縣西南有桐水 出白石山西北入丹陽湖

宣城 廣德縣 서남쪽에 桐水가 있는데, 白石山에서 出源하여 서북쪽으로 흘러 丹陽湖로 들어간다.

2) 弔爲楚所伐

楚나라의 토벌을 받은 것을 慰問한 것이다.

3) 良 吳地

良은 吳나라 땅이다.

4) 聘禮 若賓死未將命 則旣斂於棺 造於朝 介將命

〈聘禮〉에 "만약 賓(使臣)이 使命을 傳達하기 전에 죽으면 〈그 尸身을〉 殮襲하여 棺에 넣어 가지고 朝廷(受聘國의 朝廷)으로 가서 介使(副使)가 使命을 傳達한다."고 하였다.

5) 역주] 水潦 : 大雨이다.

6) 廩然 傾動貌

廩然은 기울어져서 搖動하는 모양이다.

7) 역주〕 廩然隕大夫之尸 : 廩은 '濫'으로 읽어야 마땅하니, 혹시 물이 汎濫하여 大夫의 尸柩를 물에 빠뜨릴까 두렵다는 말이다.〈楊注〉

8)〔附注〕 林曰 貞子之死 已爲吳憂 若隕其棺 是重憂慮

〔부주〕 林: 貞子의 죽음만으로도 이미 吳나라의 근심이 되고 있는데, 만약 그 棺을 水中에 빠뜨린다면 이는 憂慮가 加重된다는 말이다.

9) 蓋 陳大夫 貞子之上介〔附注〕林曰 敢辭勿以貞子尸入

蓋는 陳나라 大夫로 貞子의 上介이다.

〔부주〕 林: 감히 사절하노니, 貞子의 尸柩를 가지고 들어오지 말라는 말이다.

10) 荐 重也

荐은 重(거듭)이다.

11) 備 猶副也

備는 副와 같다.

12)〔附注〕林曰 貞子無福祿

〔부주〕 林: 貞子가 福祿이 없다는 말이다.

13) 역주〕 無祿 : 不幸과 같은 말이다.

14) 絶世 猶言棄世

絶世는 棄世(인간 세상을 버리고 떠남)와 같은 말이다.

15) 廢行道之日 以共具殯斂所積聚之用

길 가는 시간을 버리고서 殯斂에 所用되는 물건을 모아서 마련했다는 말이다.

16) 一日便遷次 不敢留君命

매일 舍次를 옮기고 감히 君命을 滯留시키지 않았다는 말이다.

17) 역주〕 廢日共積 一日遷次 : '廢日'은 하루 동안 길을 멈춤이고, '共積'은 錢財를 마련함이니, 하루 동안 길을 멈추고서 殯殮에 필요한 物資를 마련하여 入棺해 가지고 길을 재촉하여 날마다 宿營地를 옮겨가면서 급히 달려왔다는 말이다.

18) 朝聘道死 以尸行事

朝會나 聘問 가는 道中에 〈正使가〉 죽으면 〈副使가〉 그 尸柩를 가지고 가서 行事한다.

19) 역주〕 將事 : 行事와 같다. 여기서는 使臣이 本國의 王命을 相對國에 傳하는 儀式을 擧行함을 이른다.

20) 遭所聘之喪

聘問을 받는 나라가 喪事를 당한 것이다.

21) 역주〕 若不以尸將命 是遭喪而還也 : 朝聘을 받는 나라에 喪事가 났을 경우에는 尸柩를 가지고 가서 使命을 傳達하지 않고, 오직 聘問하기 위해 오는 使臣이 죽은 경우에만 尸柩를 가지고 가서 使命을 전달한다.〈楊注〉

22) 謂主盟也
盟主를 이른다.

23) 虐士 死者〔附注〕林曰 無以死者爲穢惡
虐士는 死者이다.
〔부주〕林: 死者를 더럽게 여기지 말라는 말이다.

24)〔附注〕林曰 備使 蓋自謂 副使奉尸以將命
〔부주〕林: 備使는 蓋가 자신을 이른 것이다. 副使로서 尸柩를 받들고 가서 行事하겠다는 것이다.

25) 역주〕備使奉尸將命 : ≪儀禮≫ 〈聘禮〉에 의하면 賓이 境內로 들어왔으나 아직 國都에 이르기 전에 죽으면 主人이 그를 위해 殯殮에 필요한 물건을 갖추어 入棺한 뒤에 賓館에 殯(棺을 安置함)하고서 副使가 使命을 대신 傳達하게 하고, 賓이 이미 朝廷에 當到하여 主人이 禮를 행하려 할 때 賓이 잠시 시간을 청한 뒤에 賓이 죽으면 尸柩를 가지고 朝廷으로 가서 尸柩가 使命을 전달하게 하고, 만약 境內로 들어왔으나 國都에 이르기 전에 죽으면 단지 尸를 入棺하여 賓館에 안치할 뿐이다. 지금 貞子가 國門을 들어오기 전에 良에서 죽었으니, 원래 그 尸柩를 가지고 조정으로 가는 禮는 없다. 그러므로 吳人이 國門으로 들어오지 못하도록 사절한 것이다. 芋尹 蓋의 대답 또한 단지 國都로 들어가서 賓館에 棺을 安置하고자 한 것뿐이다. 芋尹이 '奉尸將命'하겠다고 한 것은 그 尸柩를 賓館에 안치하고서 副使가 賓을 대신해 使命을 전달한다면 '奉尸將命'하는 것과 같지만 만약 尸柩를 國門 밖에 버려둔다면 이는 副使가 命을 전달하는 것이고 尸柩에 있는 賓의 뜻을 펴는 것이 아니라고 여긴 것이다. 參考文獻 ≪左氏會箋≫

26)〔附注〕朱曰 雖遇水潦 而隕其柩於深淵 亦是天之所命 無可怨也
〔부주〕朱: 비록 큰비를 만나 그 尸柩를 깊은 물에 빠뜨린다 하더라도 이 또한 天命이니 원망하지 않겠다는 말이다.

27) 傳言芋尹蓋知禮〔附注〕林曰 非吳君與舟人濟涉之過
傳文은 芋尹 蓋가 禮를 알았음을 말한 것이다.
〔부주〕林: 吳君과 舟人(사공)이 물을 잘못 건넌 허물이 아니라는 말이다.

【傳】 秋에 齊陳瓘如楚[1)]에 過衛러니 仲由見(현)之[2)]하고 曰 天或者以陳氏爲斧斤하야 旣斲喪公室하고 而他人有之를 不可知也[3)]며 其使終饗之를 亦不可知也니 若善魯以待時면 不亦可乎아 何必惡焉[4)]이리오 子玉曰 然하다 吾受命矣[5)6)]로니 子使告我弟[7)]하라

가을에 齊나라 陳瓘이 楚나라에 갈 때 衛나라를 지나는데, 仲由가 그를 뵙고 말하기를 "하늘이 혹시 陳氏를 도끼와 자귀로 삼아 齊나라 公室을 찍어 망하게 한 뒤에 다른 사람에게 그 公室을 所有하게 하려는 것인지를 알 수 없고, 아니면 陳氏로 하여금 끝내 그 齊나라를 享有하게 하려는 것인지를 또한 알 수 없으니, 만약 魯나라와 사이좋게 지내면서 때를 기다린다면 좋지 않겠습니까? 무엇 때문에 서로 나쁘게 지낼 필요가 있습니까?"라고 하니, 子玉이 말하기를 "그렇습니다. 하지만 나는 使命을 받고서 楚나라에 使者로 가는 길이니, 그대가 사람을 보내어 이 말을 내 아우에게 告하시오."라고 하였다.

1) 瓘 陳恒之兄子玉也
   瓘은 陳恒의 兄 子玉이다.
2) 仲由 子路
   仲由는 子路이다.
3) 饗 受也〔附注〕林曰 使他人奄有齊國 不可預知 其使陳氏終有齊國 亦不可預知
   饗은 受이다.
   〔부주〕林: 다른 사람으로 하여금 齊나라를 다 所有하게 하려는 것인지를 미리 알 수 없고, 아니면 陳氏로 하여금 끝내 齊나라를 소유하게 하려는 것인지를 또한 미리 알 수 없다는 말이다.
4) 仲由事孔子 故爲魯言〔附注〕林曰 若親善魯國 以待天時之終定 何必與魯爲惡
   仲由가 孔子를 섬겼기 때문에 魯나라를 위해 말한 것이다.
   〔부주〕林: 만약 魯나라를 가까이하여 사이좋게 지내면서 天時(天命)가 決定될 때를 기다린다면 〈齊나라를 享有하게 될 것인데,〉 무엇 때문에 魯나라와 좋지 않게 지낼 필요가 있겠느냐는 말이다.
5)〔附注〕林曰 我受命使楚矣 朱曰 言我已從命矣
   〔부주〕林: 나는 使命을 받고 楚나라에 使者로 가는 길이라는 말이다.
   〔부주〕朱: 나는 이미 그대의 명을 따르기로 하였다는 말이다.
6) 역주〕吾受命矣 : 나는 使命을 받고 楚나라에 使者로 가는 길이라서, 齊나라와 魯나라의 講和를 생각할 겨를이 없으니, 그대가 사람을 보내어 내 아우에게 告하여 이 일을 計劃하게 하라는 말이다. 參考文獻 《左氏會箋》
7) 弟 成子也
   弟는 成子이다.

冬에 及齊平하다 子服景伯如齊[1]에 子贛爲介러니 見公孫成[2]曰 人皆臣人이로되 而

有背人之心[3)]이어든 況齊人가 雖爲子役이나 其有不貳乎[4)]아 子周公之孫也[5)]라 多饗大利오도 猶思不義하니 利不可得하고 而喪宗國이면 將焉用之[6)]리오 成曰 善哉라 吾不早聞命[7)]이로다

겨울에 魯나라와 齊나라가 和平하였다. 子服景伯이 齊나라에 갈 때 子贛(子貢)이 副使〔介〕가 되었는데, 公孫 成을 뵙고 말하기를 "사람들은 모두 남의 신하가 되고서도 섬기는 사람을 배반할 마음을 갖는데, 하물며 齊나라 사람이겠습니까? 비록 당신을 위해 服役한다 하더라도 어찌 背叛〔貳〕할 마음이 없겠습니까? 당신은 周公의 後裔로 큰 이익을 많이 누리고도 오히려 의롭지 못한 일을 하기로 생각하셨으니, 이익은 얻지도 못하고 宗國(祖國)을 亡〔喪〕하게 한다면 장차 무슨 소용이 있겠습니까?"라고 하니, 公孫 成이 말하기를 "좋은 말씀입니다. 내 일찍이 이런 가르침〔命〕을 듣지 못하였습니다."라고 하였다.

1)〔附注〕朱曰 齊從子路之言 與魯講和
〔부주〕朱: 齊나라는 子路의 말에 따라 魯나라와 講和하였다.

2) 公孫成 成宰公孫宿也〔附注〕林曰 子貢爲景伯之副介
公孫 成은 成의 邑宰인 公孫 宿이다.
〔부주〕林: 子貢이 子服景伯의 副介(副使)가 된 것이다.

3)〔附注〕林曰 言人皆臣事於人 而反有背所事之心
〔부주〕林: 사람들은 누구나 모두 남의 신하가 되어 섬기면서도 도리어 섬기는 사람을 배반할 마음을 갖는다는 말이다.

4) 言子叛魯 齊人亦將叛子
당신이 魯나라를 배반한다면 齊人 또한 장차 당신을 배반할 것이라는 말이다.

5)〔附注〕林曰 宿 魯之公孫 故言周公之孫
〔부주〕林: 公孫 宿은 魯나라의 公孫이므로 '周公의 후예'라고 말한 것이다.

6) 喪宗國 謂以邑入齊 使魯有危亡之禍
喪宗國은 成邑을 가지고 齊나라로 들어가서 魯나라로 하여금 危亡의 禍가 있게 하는 것을 이른다.

7) 傳言仲尼之徒 皆忠于魯國
傳文은 孔子의 弟子들이 모두 魯나라에 忠誠하였음을 말한 것이다.

陳成子館客[1)2)]曰 寡君使恒告曰 寡人願事君如事衛君[3)]하노라 景伯揖子贛而進之[4)]하니 對曰 寡君之願也라 昔晉人伐衛[5)]에 齊爲衛故로 伐晉冠氏라가 喪車五

百[6)]하고 **因與衛地**[7)]호되 **自濟以西**로 **禚媚杏以南**과 **書社五百**[8)]하고 **吳人加敝邑以亂**[9)]에 **齊因其病**[10)]하야 **取讙與闡**[11)]하니 **寡君是以寒心**[12)]이라 **若得視衛君之事君也**면 **則固所願也**[13)]라 **成子病之**하야 **乃歸成**[14)]하다 **公孫宿以其兵甲入于嬴**[15)]하다

陳成子가 賓館으로 가서 賓客(魯나라 使臣)을 보고서 말하기를 "우리 임금께서 나를 보내시며 말씀하기를 '寡人은 魯君 섬기기를 衛君 섬기는 것과 같이 섬기기를 원한다.' 고 하셨습니다."라고 하니, 子服景伯이 子贛(子貢)에게 揖하고서 앞으로 나아가 대답하게 하니, 子贛이 나아가 대답하기를 "이는 우리 임금께서 원하는 바입니다. 전에 晉人이 衛나라를 토벌할 때 齊나라는 衛나라를 위한다는 이유로 晉나라 冠氏를 공격하였다가 兵車 5백 乘을 잃었고, 이로 인해 衛나라에게 濟水 이서로부터 禚·媚·杏 이남의 땅과 書社 5백 戶를 주었으며, 吳人이 우리나라에 兵亂을 입혔을 때에 齊나라는 우리나라가 困難한 틈을 이용하여 讙과 闡을 취하였으니, 우리 임금께서는 이로 인해 두려운 마음을 가지고 계십니다. 만약 우리 임금께서 衛君이 임금님을 섬기는 것처럼 임금님을 섬기게 된다면 이는 본래 원한 바입니다."라고 하니, 成子는 부끄럽게 여겨 즉시 成邑을 돌려주었다. 公孫 宿이 그 兵甲(군대)을 거느리고서 嬴으로 들어갔다.

1) 使景伯子贛就館

子服景伯과 子贛에게 賓館으로 가게 한 것이다.

2) 역주〕陳成子館客 : 陳成子가 賓館으로 가서 賓客(魯나라 使臣)을 만나본 것이다. ≪左氏會箋≫

3) 言衛與齊同好而魯未肯

衛나라는 齊나라와 서로 友好하였으나, 魯나라는 齊나라와 友好하려 하지 않는다는 말이다.

4)〔附注〕林曰 景伯不答 揖子貢使之代對

〔부주〕林: 子服景伯이 대답하지 않고 子貢에게 揖하고서 子貢에게 대신 대답하게 한 것이다.

5) 在定八年

定公 8년에 있었다.

6) 在定九年 冠氏 陽平館陶縣

定公 9년에 있었다. 冠氏는 陽平 館陶縣이다.

7)〔附注〕林曰 因以齊地與衛

〔부주〕林: 이어 齊나라 땅을 衛나라에 준 것이다.

8) 二十五家爲一社 籍書而致之〔附注〕林曰 禚媚杏三邑

25家가 1社이다. 戶籍과 地籍을 文書로 만들어서 衛나라에 준 것이다.

〔부주〕林: 䢵·媚·杏 세 邑이다.

9) 在八年

8년에 있었다.

10)〔附注〕林曰 齊因魯人之病於吳

〔부주〕林: 齊나라가 魯人이 吳나라에게 괴롭힘을 당할 때를 이용하여 〈세 邑을 取한 것이다.〉

11) 亦在八年

이 또한 8년에 있었다.

12)〔附注〕林曰 齊待衛厚待魯薄 魯君是以寒心而恐懼

〔부주〕林: 齊나라가 衛나라는 厚하게 대우하고 魯나라는 薄하게 대우하기 때문에 魯君이 떨면서 두려워한다는 말이다.

13)〔附注〕林曰 若魯之事齊 齊之待魯 得比於衛 則固魯君之所願望

〔부주〕林: 만약 魯나라가 齊나라를 섬기는 것과 齊나라가 魯나라를 대우하는 것이 衛나라와 같을 수 있다면 이는 본래 魯君이 바라는 바라는 말이다.

14) 病其言也〔附注〕林曰 乃以成邑歸魯

그 말을 듣고서 부끄러워한 것이다.

〔부주〕林: 즉시 成邑을 魯나라에 돌려준 것이다.

15) 嬴 齊邑〔附注〕林曰 避魯也

嬴은 齊나라 邑이다.

〔부주〕林: 魯나라를 피해 간 것이다.

【傳】 **衛孔圉取大子蒯聵之姊**하야 **生悝**[1]하다 **孔氏之豎渾良夫長而美**[2]러니 **孔文子卒**에 **通于內**[3]하다 **大子在戚**에 **孔姬使之焉**[4]한대 **大子與之言曰 苟使我入獲國**이면 **服冕乘軒**하고 **三死無與**(예)[5][6]하리라하고 **與之盟**하니 **爲請于伯姬**[7]하다

衛나라 孔圉가 太子 蒯聵의 누이를 아내로 취하여 悝를 낳았다. 孔氏의 奴僕 渾良夫가 키가 크고 얼굴이 아름다웠는데, 孔文子가 죽은 뒤에 渾良夫가 孔文子의 아내 孔姬와 姦通하였다. 太子가 戚에 있을 때 孔姬가 渾良夫를 太子에게 보내니, 太子가 渾良夫에게 말하기를 "만약 나로 하여금 國內로 들어가서 나라를 얻게 한다면 너를 大夫로 삼아 冕冠을 쓰고 大夫의 수레〔軒〕를 타게 할 것이고, 死罪를 짓더라도 세 번은 용서할 것이다."라고 하고서 그와 盟約을 맺으니, 渾良夫는 太子를 위하여 伯姬(孔姬)에게 요

청하였다.

1) 孔圉 孔文子也 蒯聵姊 孔伯姬

孔圉는 孔文子이다. 蒯聵의 누이는 孔伯姬이다.

2) 〔附注〕 林曰 豎 小臣也 身長而貌美

〔부주〕 林: 豎는 小臣(卑賤한 下級官吏)이다. 키가 크고 용모가 아름다웠다.

3) 通伯姬

伯姬와 姦通한 것이다.

4) 使良夫詣大子所

渾良夫를 보내어 太子가 있는 곳으로 가게 한 것이다.

5) 冕 大夫服 軒大夫車 三死 死罪三

'冕'은 大夫의 服裝이고, '軒'은 大夫의 수레이다. '三死'는 죽을죄를 세 번 짓는 것이다.

6) 역주〕 三死無與 : 無與는 刑罰에 參與시키지 않는다는 말이니, 곧 용서하겠다는 뜻이다.

7) 良夫爲大子請

良夫가 太子를 위해 要請한 것이다.

閏月에 良夫與大子入하야 舍於孔氏之外圃[1)]라가 昏에 二人蒙衣而乘[2)]하고 寺人羅御[3)]하야 如孔氏하다 孔氏之老欒寧問之[4)]어늘 稱姻妾以告[5)6)]하고 遂入하야 適伯姬氏하다 旣食에 孔伯姬杖戈而先하고 大子與五人介하야 輿豭從之[7)8)]하야 迫孔悝於厠[9)10)]하야 强盟之[11)]하고 遂劫以登臺하다 欒寧將飮酒나 炙未熟이러니 聞亂하고 使告季子[12)]하고 召獲駕乘車[13)14)]하야 行爵食炙하고 奉衛侯輒來奔하다

閏月에 渾良夫가 太子와 함께 衛나라로 들어가서 孔氏의 外圃에 머물다가 날이 어두워지자, 두 사람은 옷을 뒤집어써 얼굴을 가리고서 수레에 오르니 寺人 羅가 수레를 몰고서 孔氏의 집으로 갔다. 孔氏의 家老 欒寧이 누구냐고 묻자, 寺人은 姻戚의 妾이라고 詐稱해 告하고서 드디어 孔氏의 집으로 들어가서 伯姬氏의 處所로 갔다. 食事를 마친 뒤에 孔伯姬는 창을 짚고 앞장서고, 太子와 다섯 사람은 갑옷을 입고 수레에 수퇘지를 싣고 뒤따라가서 孔悝를 담장 모퉁이로 몰아붙여 强要해 盟約을 맺고서 드디어 그를 劫迫해 臺로 올라갔다. 欒寧은 이때 술을 마시려 하였으나 아직 고기가 덜 익어 기다리고 있었는데, 變亂이 일어났다는 말을 듣고서 사람을 보내어 季子에게 알리고, 獲을 불러 乘車에 말을 메우게 하고서 술과 고기를 먹고서 衛侯 輒을 모시고 魯나라로 도망해 왔다.

1) 圃 園

圃는 菜園이다.

2) 二人 大子與良夫 蒙衣 爲婦人服也

두 사람은 太子와 渾良夫이다. '蒙衣'는 婦人의 服裝을 한 것이다.

3) 〔附注〕 林曰 使侍人御車

〔부주〕 林: 侍人에게 수레를 몰게 한 것이다.

4) 〔附注〕 林曰 問所載何人

〔부주〕 林: 타고 있는 사람이 누구냐고 물은 것이다.

5) 自稱婚姻家妾

婚姻家의 妾이라고 自稱한 것이다.

6) 역주〕 稱姻妾以告 : 두 사람은 女人으로 變裝하였는데, 어찌 말을 하여 자기들의 正體를 綻露시키려 하였겠는가? 欒寧이 묻자 寺人이 告한 것이다. ≪左氏會箋≫에도 "婚姻家妾의 名氏를 들어 告한 것이다. 寺人이 이름을 들어 告한 것이다."라고 하였다.

7) 介 被甲 輿豭豚 欲以盟

'介'는 갑옷을 입은 것이다. 수퇘지를 싣고 간 것은 盟約하고자 해서이다.

8) 역주〕 豭 : 수퇘지이다. 맹약에는 소의 피를 마시는 것인데, 지금 일이 너무 急迫하기 때문에 소 피 대신 수퇘지 피를 사용하려 한 것이다. ≪左氏會箋≫

9) 〔附注〕 林曰 迫逼孔悝於溷厠

〔부주〕 林: 孔悝를 측간에서 逼迫한 것이다.

10) 역주〕 迫孔悝於厠 : 厠間은 盟約할 수 있는 場所가 아니니, 厠은 邊側(한쪽 구석)의 '側'으로 보아야 한다. 孔悝가 도망가지 못하도록 한쪽 구석으로 몰고 가서 盟約한 것이다. 參考文獻 ≪左氏會箋≫ 및 〈楊注〉 등.

11) 孔氏專政 故劫孔悝 欲令逐輒

孔氏가 政權을 獨占하였기 때문에 孔悝를 劫迫하여 輒을 逐出하게 하고자 한 것이다.

12) 季子 子路也 爲孔氏邑宰

季子는 子路이다. 孔氏의 邑宰가 되었다.

13) 召獲 衛大夫 駕乘車 言不欲戰

召獲은 衛나라 大夫이다. 乘車에 말을 메운 것은 싸우고자 하지 않았다는 것을 말한 것이다.

14) 역주〕 召獲 : 獲은 바로 人名인데, 그 姓은 알 수 없다. 欒寧이 獲을 부른 것이다. 召獲을 衛나라 大夫의 姓名이라고 한 〈杜注〉는 옳지 않다. 〈楊注〉

季子將入[1)]에 遇子羔將出[2)]하니 曰 門已閉矣라 季子曰 吾姑至焉[3)]하리라 子羔曰 弗及이니 不踐其難[4)5)]하라 季子曰 食焉이면 不辟其難[6)]이니라 子羔遂出하고 子路入하다 及門[7)]하니 公孫敢門焉[8)]이라가 曰 無入爲也[9)10)]하라 季子曰 是公孫也[11)12)]로다 求利焉而逃其難[13)]이어니와 由不然이라 利其祿하니 必救其患하리라 有使者出하야 乃入[14)] 曰 大子焉用孔悝[15)]리오 雖殺之[16)]라도 必或繼之[17)]리라 且曰 大子無勇하니 若燔臺半이면 必舍孔叔[18)]하리라 大子聞之하고 懼하야 下石乞盂黶敵子路[19)]하니 以戈擊之하야 斷纓[20)]이어늘 子路曰 君子死라도 冠不免(문)[21)]이라하고 結纓而死[22)]하다 孔子聞衛亂하고 曰 柴也其來어니와 由也死矣리라

季子가 들어가려 할 때 出奔하려는 子羔를 만나니, 子羔가 말하기를 "城門이 이미 닫혔을 것이오."라고 하자, 季子가 말하기를 "나는 일단 들어가보겠소."라고 하였다. 그러자 子羔가 말하기를 "들어가도 미칠 수 없으니 그 患難에 뛰어들지 마시오."라고 하니, 季子가 말하기를 "그 사람의 祿을 먹었으면 그 사람의 患難을 피하지 않는 것이오."라고 하였다. 子羔는 드디어 出奔하고 子路는 들어갔다. 孔氏의 門에 이르니 公孫敢이 문을 지키고 있다가 "들어오지 마시오."라고 하자, 季子가 말하기를 "목소리를 들어보니 바로 公孫敢이구려. 그대는 이익을 위하여 이곳에서 孔氏의 患難을 피하고 있지만 나는 그렇게 할 수 없소. 나는 孔氏의 祿을 이익으로 여겼으니 반드시 孔氏를 患難에서 救濟하겠소."라고 하였다. 이때 마침 나오는 使者가 있어서 〈문이 열리니〉 子路는 들어가서 말하기를 "太子는 무엇 때문에 孔悝를 劫迫하십니까? 비록 그를 죽이더라도 반드시 누군가가 그 뒤를 이어 〈太子를 攻擊할〉 것입니다."라고 하고서, 또 말하기를 "太子는 勇氣가 없으니 만약 臺에 불을 놓아 臺를 반쯤 태우면 반드시 孔叔을 놓아줄 것이오."라고 하니, 太子는 그 말을 듣고 겁이 나서 石乞과 孟黶을 내려보내어 子路를 對敵하게 하니, 이들이 창으로 子路를 쳐서 갓끈을 자르자, 子路는 "君子는 죽어도 갓을 벗지 않는다."고 하고서 갓끈을 매면서 죽었다. 孔子는 衛나라에 變亂이 일어났다는 말을 듣고 말하기를 "柴는 아마도 살아서 올 것이지만 由는 죽을 것이다."라고 하였다.

1) 〔附注〕 林曰 子路將入救孔氏

〔부주〕 林: 子路는 들어가서 孔氏를 救濟하려 한 것이다.

2) 子羔 衛大夫高柴 孔子弟子 將出奔

子羔는 衛나라 大夫 高柴이다. 孔子의 弟子이다. 出奔하려 한 것이다.

3) 且欲至門

우선 門으로 가고자 한 것이다.

4) 言政不及己 可不須踐其難

일〔政〕이 그대와 관계가 없으니 그 患難에 뛰어들 필요가 없다는 말이다.

5) 역주〕不及 : "이때 이미 孔悝가 사로잡혔기 때문에 〈들어가도 일에〉 미칠 수 없다고 말한 것이다."라고 한 ≪左氏會箋≫의 해석에 따라 번역하였다.

6) 謂食孔氏祿

孔氏의 祿을 먹었음을 이른다.

7) 역주〕及門 : 孔氏의 門에 이른 것이다. 〈楊注〉

8) 守門

門을 지킨 것이다.

9) 言輒已出 無爲復入[*)]

輒이 이미 出奔하였으니 復入하지 말라는 말이다.

*) 역주〕復入 : 成公 18년 傳에 의하면 쫓겨난 임금이 外國의 兵力을 빌려 本國으로 쳐들어와서 復位하는 것이다.

10) 역주〕無入爲也 : 子路가 孔悝를 救援하기 위해 왔으나, 孔悝는 이미 劫迫당하여 외로운 몸으로 敵에게 잡혔으니, 들어가도 소용이 없기 때문에 들어가지 말라고 말린 것이지, 輒이 이미 나갔기 때문에 이렇게 말한 것이 아니다. 參考文獻 ≪左氏會箋≫

11) 〔附注〕林曰 言此公孫敢也

〔부주〕林: 이는 公孫敢이라는 말이다.

12) 역주〕是公孫也 : 문 안에서 나는 音聲을 듣고서 子路는 그것이 누구의 音聲인지를 알았기 때문에 이는 바로 公孫敢의 音聲이라고 한 것이다. ≪左氏會箋≫

13) 역주〕求利焉而逃其難 : 蒯聵를 위하여 문을 지키고 있는 것을 가리켜 말한 것이다. 〈楊注〉

14) 因門開而入

門이 열린 기회를 이용해 들어간 것이다.

15) 〔附注〕林曰 言大子蒯聵安用劫孔悝以求立

〔부주〕林: 太子 蒯聵는 무엇 때문에 孔悝를 劫迫하여 임금이 되기를 구하느냐는 말이다.

16) 〔附注〕林曰 殺孔悝

〔부주〕林: 孔悝를 죽임이다

17) 言己必繼孔悝爲難 攻大子

내가 반드시 孔悝의 뒤를 이어 變亂을 일으켜서 太子를 공격하겠다는 말이다.

18) 〔附注〕林曰 孔叔 卽孔悝 若燔燒所居臺之半 必懼而舍孔悝

〔부주〕林: 孔叔은 바로 孔悝이다. 만약 불을 놓아 太子가 있는 臺의 반을 태우면 太子는 반드시 겁이 나서 孔悝를 풀어줄 것이라는 말이다.

19) 二子 蒯聵黨 敵 當也〔附注〕朱曰 使二子下臺 與子路鬪

두 사람은 蒯聵의 黨이다. 敵은 當(對敵)이다.

〔부주〕朱: 두 사람에게 臺 아래로 내려가서 子路와 싸우게 한 것이다.

20)〔附注〕林曰 擊子路 斫斷冠纓

〔부주〕林: 子路를 쳐서 갓끈을 자른 것이다.

21) 不使冠在地

冠이 땅에 떨어지지 않게 한 것이다.

22) 역주〕結纓而死 : 모자의 끈을 단단히 매어 죽어서 땅에 쓰러져도 모자가 벗겨지지 않게 하는 것이 바로 '不免'이다. 〈楊注〉

孔悝立莊公[1]하다 **莊公害故政**하야 **欲盡去之**[2]하야 **先謂司徒瞞成曰 寡人離病于外久矣**[3]니 **子請亦嘗之**하라 **歸告褚師比**하야 **欲與之伐公**이러니 **不果**[4]하다

孔悝가 衛莊公을 임금으로 세웠다. 莊公은 輒의 大臣들이 자기에게 害가 된다고 여겨 모두 제거하고자 하여 먼저 司徒 瞞成에게 말하기를 "寡人은 亡命하여 外國에서 오랫동안 괴로움을 당하였으니, 그대 또한 그런 괴로움을 맛보기를 청하오." 하니, 瞞成은 돌아가서 褚師比에게 고하고서 그와 함께 莊公을 攻擊하고자 하였으나, 끝내 決行하지 못하였다.

1) 莊公 蒯聵也

莊公은 蒯聵이다.

2) 故政 輒之臣〔附注〕林曰 蒯聵旣立 以輒之臣執政者爲己害

故政은 輒의 신하이다.

〔부주〕林: 蒯聵가 임금이 된 뒤에 輒의 신하로서 執政한 자들이 자기에게 害가 된다고 여긴 것이다.

3)〔附注〕林曰 言我離喪病[*] 困在於外國 爲日已久

〔부주〕林: 나는 喪病에 걸려 곤궁하게 外國에서 지난 세월이 이미 오래되었다는 말이다.

*) 역주〕離喪病 : 離는 걸림이니, 곧 '당하다', '만나다'의 뜻이다. 喪病은 원래 喪事와 疾病을 이르는데, 여기서는 나라를 잃고 外國을 떠도는 苦痛을 당하였다는 뜻으로 쓰인 듯하다.

4) 比 褚師聲子 爲明年瞞成奔起

比는 褚師聲子이다. 明年에 瞞成이 出奔한 원인이다.

〈十六年, 壬戌 B.C.479〉

【經】 十有六年春王正月己卯에 **衛世子**蒯聵**自戚入于衛**하다 **衛侯輒來奔**[1)]하다

16년 봄 周王 正月 己卯日에 衛나라 世子 蒯聵가 戚에서 衛나라로 들어갔다. 衛侯 輒이 魯나라로 도망해 왔다.

1) 書此春 皆從告

이해 봄으로 기록한 것은 모두 通告한 기록을 따른 것이다.

【經】 二月에 **衛子還成出奔宋**[1)]하다

2월에 衛나라 子還成이 宋나라로 出奔하였다.

1) 卽瞞成

子還成은 바로 瞞成이다.

【經】 夏四月己丑에 **孔丘卒**[1)]하다

여름 4월 己丑日에 孔丘가 卒하였다.

1) 仲尼旣告老去位 猶書卒者 魯之君臣宗其聖德 殊而異之[*1)] 魯襄二十二年生 至今七十三也 四月十八日 乙丑 無己丑[*2)] 己丑 五月十二日 日月必有誤

仲尼가 이미 告老하고서 官職을 떠났는데도 오히려 '卒'하였다고 기록한 것은 魯나라의 君臣이 그 聖德을 높여 특별히 달리 기록한 것이다. 魯襄公 22년에 出生하였으니 지금 73세이다. 4월 18일은 乙丑日이고 己丑日이 아니다. 己丑日은 5월 12일이니, 日과 月에 반드시 錯誤가 있다.

*1) 역주〕 殊而異之 : 現職에 있는 卿이 사망한 경우에는 '卒'로 기록하지만, 致仕한 뒤에 사망한 경우에는 '卒'로 기록하지 않는 것이 ≪春秋≫의 例인데, 仲尼를 '卒'로 기록한 것은 魯나라 君臣이 仲尼의 聖德을 尊敬하여 특별히 史官에게 명하여 常例와 달리 '卒'로 기록하게 하였다는 말이다. 參考文獻 〈孔疏〉

*2) 역주〕 四月十八日 乙丑 無己丑 : ≪史記≫ 〈孔子世家〉에 "魯哀公 16년 4월 己丑日에 卒하였다."고 한 데 대하여 杜氏가 4월에는 乙丑은 있으나 己丑은 없고, 己丑은 5월 12

일이니, 〈世家〉의 日과 月에는 반드시 錯誤가 있다고 辨證한 것이다.

【傳】 十六年春에 瞞成褚師比出奔宋[1)]하다

16년 봄에 瞞成과 褚師比가 宋나라로 出奔하였다.

1) 欲伐莊公 不果而奔
莊公을 치고자 하였으나 決行하지 못하고 出奔한 것이다.

衛侯使鄢武子告于周[1)]曰 蒯聵得罪于君父君母하야 逋竄于晉하니 晉以王室之故로 不棄兄弟하고 寘諸河上[2)]이러니 天誘其衷[3)]하야 獲嗣守封焉하니 使下臣肸敢告執事하노라 王使單平公對曰 肸以嘉命來告余一人하니 往謂叔父[4)]하되 余嘉乃成世하야 復爾祿次하노니 敬之哉[5)]어다 方天之休[6)7)]리라 弗敬이면 弗休[8)]리니 悔其可追[9)]아

衛侯가 鄢武子를 보내어 周王에게 告하기를 "蒯聵가 君父와 君母께 罪를 얻어 晉나라로 도망가니 晉나라는 王室이란 이유로 兄弟를 버리지 않고 蒯聵를 河上에 안치하였습니다. 하늘이 保佑〔天誘其衷〕하사 君位를 繼承하여 封地를 지키게 되었으니, 下臣 肸을 보내어 감히 執事에게 告하나이다."라고 하니, 天王이 單平公을 보내어 대답하기를 "肸은 좋은 소식〔嘉命〕을 가지고 와서 나〔余一人〕에게 告하였도다. 돌아가서 叔父(衛侯)에게 '나는 네가 先世를 繼承한 것을 아름답게 여겨 너의 君祿과 君位를 회복시키노니, 공경할지어다. 그래야 하늘의 福祿을 保有할 것이다. 공경하지 않으면 하늘은 福祿을 주지 않을 것이니, 후회한들 어찌 미칠 수 있겠는가?'라고 이르라."고 하였다.

1) 武子 衛大夫肸也
武子는 衛나라 大夫 肸이다.

2) 河上 戚也 〔附注〕 朱曰 晉以周室同姓之故 不棄兄弟之國 納于戚邑[*)]
河上은 戚이다.
〔부주〕 朱: 晉나라가 周나라 王室의 同姓이란 이유로 兄弟의 나라를 버리지 않고서 戚邑으로 들여보냈다는 말이다.

*) 역주〕 納于戚邑 : 哀公 2년 經에 보인다.

3) 역주〕 天誘其衷 : 이 말이 ≪左傳≫에 모두 다섯 번(僖公 28년, 成公 13년, 襄公 25년, 定公 4년, 哀公 16년) 보이는데, 〈楊注〉에 "이는 당시의 慣習語로 하늘의 뜻이 우리에게 있다는 뜻이다."라고 하였다. 譯者는 이 說을 취하여 '하늘의 도움' 또는 '하늘이 保佑하사'로 번역하였다.

4) 〔附注〕 林曰 謂蒯聵

〔부주〕 林: 蒯聵를 이른다.

5) 繼父之世 還居君之祿次 〔附注〕 林曰 能繼成其父之世業

아버지의 代〔世〕를 이어 돌아와서 임금의 祿位에 앉았다는 말이다.

〔부주〕 林: 그 아버지의 世業을 繼承〔繼成〕하였다는 말이다.

6) 言天方授爾以休

하늘이 비로소 너에게 福祿을 줄 것이라는 말이다.

7) 역주〕 方天之休 : 方은 有이고 休는 福祿이니, 나라를 다스리는 일에 공경하여야 하늘이 내린 福祿을 保有할 수 있다는 말이다. ≪詩經≫ 〈召南 鵲巢〉篇의 '維鳩方之'의 '方之'를 ≪毛傳≫에 '有之'라 하였고, 襄公 28년 傳의 '以禮承天之休'의 '休'를 〈杜注〉에 '福祿'이라 하였다.

8) 〔附注〕 林曰 弗敬謹爾祿位 弗保全爾休美

〔부주〕 林: 너의 祿位를 敬謹히 지키지 않으면 너의 休美(아름다운 福祿)를 保全할 수 없다는 말이다.

9) 傳終蒯聵之事

傳文은 蒯聵의 일을 종결한 것이다.

【傳】 夏四月己丑에 **孔丘卒**하다 **公誄之**[1)2)]**曰 旻天不弔**하야 **不慭遺一老**하야 **俾屛余一人以在位**[3)]하니 **煢煢余在疚**로다 **嗚呼哀哉尼父**여 **無自律**[4)]이로다

여름 4월 己丑日에 孔丘가 卒하였다. 哀公은 다음과 같은 哀悼辭를 지어 읽었다. "하늘이 나를 가엾게 여기지 않아, 한 老人을 잠시 세상에 남겨 君位에 있는 나 한 사람을 돕게 하지 않았으니, 나는 외로워서 병이 날 것 같소. 아! 슬픕니다. 尼父시여! 나는 스스로 法을 지킬 수 없게 되었소이다."

1) 〔附注〕 林曰 誄 說文云 謚也 哀公哀而誄之

〔부주〕 林: 誄는 ≪說文≫에 謚라고 하였다. 哀公이 슬퍼서 誄文을 지어 읽은 것이다.

2) 역주〕 誄 : 死者의 德行을 서술하여 哀悼를 표하고, 아울러 謚號를 定하는 것이다. 오늘날의 追悼辭 같은 것이다. 參考文獻 ≪漢語大辭典≫

3) 仁覆閔下 故稱旻天 弔 恤也 慭 且也 俾 使也 屛 蔽也

하늘은 仁愛로써 덮어주고, 백성들을 가엾게 여기기 때문에 '旻天'이라 한 것이다. 弔는 恤(가엾게 여김)이고, 慭은 且(잠시)이고, 俾는 使(하여금)이고, 屛은 蔽(가림)이다.

4) 疚 病也 律 法也 言喪尼父 無以自爲法

疚는 病이고, 律은 法이다. 尼父를 잃었으니, 스스로 법을 지킬 수 없다는 말이다.

子贛曰 君其不沒於魯乎ㄴ저 夫子之言曰 禮失則昏하고 名失則愆이라하니 失志爲昏이오 失所爲愆이라 生不能用하고 死而誄之는 非禮也오 稱一人은 非名也[1])니 君兩失之[2])로다

子贛(子貢)이 말하기를 "哀公은 아마도 魯나라에서 죽지 못할 것이다. 夫子께서 말씀하시기를 '禮를 잃으면 昏暗하게 되고, 名分을 잃으면 허물을 짓게 된다.'고 하셨다. 意志를 喪失하면 昏暗해지고, 합당함을 잃으면 허물이 된다. 生前에 登用하지 못하고서 死後에 哀辭를 읽는 것은 禮에 맞지 않고, '一人'이라 칭한 것은 名分에 맞지 않으니 哀公은 두 가지를 모두 잃었다."고 하였다.

1) 天子稱一人 非諸侯之名

天子만이 '一人'이라 칭하니, 諸侯의 身分에 맞는 名稱이 아니다.

2) 〔附注〕林曰 哀公失志失所 子貢是以知其不沒於魯

〔부주〕林: 哀公이 意志도 喪失하고 합당한 〈名分도〉 喪失하였기 때문에 子貢은 哀公이 魯나라에서 죽지 못할 것을 안 것이다.

【傳】六月에 衛侯飮孔悝酒於平陽[1])할새 重酬之[2])하고 大夫皆有納焉[3])하다 醉而送之라가 夜半而遣之[4])하니 載伯姬於平陽而行[5])하야 及西門[6])하야 使貳車反祏於西圃[7])하다 子伯季子初爲孔氏臣이러니 新登于公[8])하야 請追之[9])하야 遇載祏者하야 殺而乘其車[10])하다 許公爲反祏[11])이라가 遇之曰 與不仁人爭이면 明無不勝[12])이니 必使先射[13])하리라 射三發이나 皆遠許爲[14])하다 許爲射之하니 殪[15])하다 或以其車從[16])하다가 得祏於櫜中[17])하다 孔悝出奔宋하다

6월에 衛侯가 平陽에서 孔悝에게 술을 접대할 때 그에게 후하게 禮物을 주고, 大夫들에게도 모두 禮物을 주었다. 술에 취하자 그를 집으로 보냈다가 밤중에 그를 逐出하니, 孔悝는 伯姬를 수레에 싣고 平陽을 출발하여 〈가다가〉 西門에 미쳐 副車를 보내어 西圃로 돌아가서 神主가 담긴 石函을 가지고 오게 하였다. 子伯季子는 당초에 孔氏의 家臣이었는데, 새로 公朝의 大夫가 되어 孔悝를 追擊하기를 청하여 〈뒤쫓아 가다가〉 石函을 싣고 가는 자를 만나 그를 죽이고서 그 수레를 타고서 〈계속 뒤쫓았다.〉 許公爲가 石函을 가지고 오는 副車를 맞이하기 위해 돌아가다가 子伯을 만나 말하기를 "不仁

한 사람과 鬪爭하면 승리할 것이 분명하니, 반드시 子伯에게 먼저 활을 쏘게 하겠다."고 하고서 〈子伯에게 먼저 쏘게 하니,〉 子伯이 화살 세 대를 쏘았으나, 그 화살이 모두 許爲를 멀리 벗어나 떨어졌다. 許爲가 쏘니, 子伯이 화살을 맞고 죽었다. 어떤 자가 子伯의 수레를 타고서 따라오다가 자루 속에서 石函을 찾았다. 孔悝는 宋나라로 出奔하였다.

1) 東郡燕縣東北 有平陽亭

東郡 燕縣 동북쪽에 平陽亭이 있다.

2) 〔附注〕 林曰 重其酬酒之幣

〔부주〕 林: 그에게 술을 권하기 위해 禮幣를 후하게 준 것이다.

3) 納財賄也

財賄(財物)를 준 것이다.

4) 夜遣者 慙負孔悝 不欲令人見 〔附注〕 林曰 醉孔悝而後送之

夜半에 逐出한 것은 孔悝를 背信하는 것을 부끄럽게 여겨 사람들이 보지 못하게 하고자 한 것이다.

〔부주〕 林: 孔悝를 취하게 한 뒤에 보낸 것이다.

5) 載其母俱去

그 母親을 싣고서 함께 간 것이다.

6) 平陽門

西門은 平陽門이다.

7) 使副車還取廟主 西圃 孔氏廟所在 祏 藏主石函

副車를 보내어 돌아가서 祠堂의 神主를 가지고 오게 한 것이다. 西圃는 孔氏의 祠堂이 있는 곳이다. 祏은 神主를 간직하는 石函이다.

8) 升爲大大

升進하여 大夫가 된 것이다.

9) 〔附注〕 林曰 請追孔悝

〔부주〕 林: 孔悝를 추격하기를 청한 것이다.

10) 子伯殺載祏者

子伯이 石函을 싣고 가는 자를 죽인 것이다.

11) 孔悝怪載祏者久不來 使公爲反逆之 〔附注〕 林曰 許公爲 人姓名

孔悝가 石函을 실으러 간 자가 오랜 시간이 지났는데도 오지 않는 것을 괴이하게 여겨 許公爲를 보내어 돌아가서 맞이해 오게 한 것이다.

〔부주〕 林: 許公爲는 사람의 姓名이다.

12) 不仁人 謂子伯季子也 明無不勝 言必勝 〔附注〕 林曰 子伯初臣孔氏 今追孔氏 是不仁也

'不仁人'은 子伯季子를 이른다. '明無不勝'은 반드시 승리한다는 말이다.

〔부주〕林: 子伯이 당초에 孔氏의 家臣이었는데, 지금 孔氏를 追擊하니, 이것이 不仁이다.

13)〔附注〕林曰 必使子伯先射 以驗天理

〔부주〕林: 반드시 子伯에게 먼저 활을 쏘게 하여 天理를 시험해보겠다는 말이다.

14)〔附注〕林曰 子伯射 凡三發矢 皆去許爲甚遠

〔부주〕林: 子伯이 활을 쏘아 모두 세 대의 화살을 발사하였으나, 세 대 모두 許爲를 매우 멀리 벗어났다는 말이다.

15) 傳言子伯不仁 所以死也

傳文은 子伯의 不仁함이 죽게 된 까닭임을 말한 것이다.

16) 從公爲〔附注〕林曰 或人以子伯之車從

許公爲를 따라간 것이다.

〔부주〕林: 어떤 자가 子伯의 수레를 타고서 따라간 것이다.

17) 역주〕得祏於槖中 : 許公爲는 追擊하는 자가 있어 西圃로 가지 못하고 돌아오는데, 或人이 子伯이 타고 追擊하던 副車를 타고서 許爲를 따라오다가 副車에 실린 자루 속에서 石函을 찾은 것이다. ≪左氏會箋≫

【傳】 楚大子建之遇讒也에 自城父奔宋[1)]이라가 又辟華氏之亂於鄭[2)]하니 鄭人甚善之[3)]하다 又適晉하야 與晉人謀襲鄭하고 乃求復焉[4)]하니 鄭人復之如初[5)]하다 晉人使諜於子木하야 請行而期焉[6)]하다 子木暴虐於其私邑하니 邑人訴之하다 鄭人省之라가 得晉諜焉하고 遂殺子木하다 其子曰勝在吳[7)]러니 子西欲召之한대 葉(섭)公曰 吾聞勝也는 詐而亂이라하니 無乃害乎[8)]아 子西曰 吾聞勝也는 信而勇하고 不爲不利라하니 舍諸邊竟하야 使衛藩焉[9)]하리라 葉公曰 周仁之謂信[10)]이오 率義之謂勇[11)]이라 吾聞勝也는 好復言[12)]而求死士라하니 殆有私乎[13)]ㄴ저 復言은 非信也오 期死는 非勇也[14)]니 子必悔之리라 弗從하고 召之하야 使處吳竟하야 爲白公[15)]하다 請伐鄭[16)]이어늘 子西曰 楚未節也[17)18)]라 不然이면 吾不忘也[19)]라 他日에 又請한대 許之하다 未起師에 晉人伐鄭이어늘 楚救之하고 與之盟[20)]하니 勝怒曰 鄭人在此하니 讐不遠矣[21)]라

楚나라 太子 建이 讒訴를 당하였을 때 城父에서 宋나라로 出奔하였고, 또 華氏의 亂을 피하여 鄭나라로 가니, 鄭人은 그를 매우 잘 대우하였다. 또 晉나라로 가서 晉人과 鄭나라를 습격하기를 모의하고서 이에 다시 鄭나라로 돌아가기를 요구하니, 鄭人은 그

를 돌아오게 하고서 전과 같이 잘 대우하였다. 晉人이 子木(建)에게 諜者를 보내어 〈鄭나라를 襲擊하기로 한〉 期約을 實行하기를 요청하였다. 子木이 그 私邑에서 暴虐을 恣行하니, 私邑 사람들이 子木을 告訴하였다. 鄭人이 와서 조사〔省〕하다가 晉나라 諜者라는 것을 알고서 드디어 子木을 죽였다. 子木의 아들 勝이 이때 吳나라에 있었는데, 子西가 그를 불러들이려 하니, 葉公이 말하기를 "내가 듣기로는 勝은 奸詐하고 禍亂을 일으키기를 좋아한다고 하니, 해롭지 않겠습니까?"라고 하자, 子西가 말하기를 "내가 듣기로는 勝은 信義가 있고 勇敢하며 〈國家에〉 不利한 일을 하지 않는다고 하니, 그를 불러들여 邊境에 갖다 두어 邊境을 保衛하게 할 것이다."라고 하였다. 그러자 葉公이 말하기를 "仁을 가까이하는 것을 '信'이라 하고, 義를 따르는 것을 '勇'이라 합니다. 내가 듣기로는 勝은 승낙한 말을 실천하기 좋아하고 죽음을 두려워하지 않는 勇士를 구한다고 하니, 아마도 私心이 있는 듯합니다. 〈옳고 그름을 따지지 않고〉 승낙한 말을 실천하는 것은 信이 아니고, 죽기를 기약하는 것은 勇이 아니니, 당신께서는 반드시 후회하게 될 것입니다."고 하였으나, 子西는 그 말을 따르지 않고서 勝을 불러들여 吳나라와의 接境地에 駐在하게 하고서 그를 白公(白縣의 尹)으로 삼았다. 勝이 鄭나라를 토벌하기를 청하자, 子西가 말하기를 "楚나라는 아직 모든 제도가 正常으로 돌아오지 않아서 國家가 안정되지 못하여 〈出兵할 수가 없소.〉 그렇지 않다면 나도 鄭나라에 대한 討伐을 잊지 않았을 것이오."라고 하였다. 얼마 뒤에 또 請하니 허락하였다. 군대를 일으키기 전에 晉人이 鄭나라를 토벌하자, 楚나라가 鄭나라를 救援하고서 鄭나라와 盟約을 맺으니, 勝이 노하여 말하기를 "鄭人이 이곳에 있으니 怨讐가 멀리 있지 않다."고 하였다.

1) 在昭十九年
 昭公 19년에 있었다.
2) 在昭二十年
 昭公 20년에 있었다.
3) 〔附注〕 林曰 鄭人甚與子建親善
 〔부주〕 林: 鄭人이 子建과 매우 사이좋게 지낸 것이다.
4) 〔附注〕 林曰 既與晉定謀 乃求還鄭國
 〔부주〕 林: 晉나라와 計劃을 決定한 뒤에 다시 鄭나라로 돌아오기를 요구한 것이다.
5) 〔附注〕 林曰 復子建 待之如初時
 〔부주〕 林: 〈鄭人은〉 子建을 돌아오게 하고서 과거처럼 잘 대우한 것이다.
6) 請行襲鄭之期 子木 卽建也
 鄭나라를 襲擊하기로 한 期約을 實行하기를 요청한 것이다. 子木은 바로 建이다.

7)〔附注〕林曰 大子建有子曰勝 亡在吳

〔부주〕林: 太子 建에게 '勝'이라는 아들이 있었는데, 이때 吳나라로 도망가 있었다.

8) 葉公 子高 沈諸梁也

葉公은 子高 沈諸梁이다.

9) 使爲藩屛之衛

그를 國家를 保衛하는 藩屛(울타리)으로 삼겠다는 말이다.

10) 周 親也

周는 親(가까이함)이다.

11) 率 行也

率은 行함이다.

12) 言之所許 必欲復行之 不顧道理

말로 허락한 일은 반드시 實踐〔復行〕하고, 道理에 〈맞는지의 여부는〉 돌아보지 않은 것이다.

13) 私謀復讐

個人的으로 復讐하기를 꾀한 것이다.

14) 期 必也

期는 期必이다.

15) 白 楚邑也 汝陰褒信縣西南有白亭

白은 楚나라 邑이다. 汝陰 褒信縣 서남쪽에 白亭이 있다.

16)〔附注〕林曰 欲爲父報讐

〔부주〕林: 아버지를 위해 원수를 갚고자 한 것이다.

17) 言楚國新復 政令 猶未得節制

楚나라가 이제 막 回復되어 政治와 法令이 아직 節制(嚴整한 規律)를 얻지 못하였다는 말이다.

18) 역주〕未節也 : ≪左氏會箋≫에 "節은 모든 制度가 正常을 얻어 國家가 安定됨이다." 라고 하였으니, 未節은 모든 制度가 正常에 이르지 못하여 國家가 아직 安定되지 않은 것이다.

19)〔附注〕朱曰 我不敢忘汝之讐也

〔부주〕朱: 나도 감히 너의 怨讐를 잊을 수 없다는 말이다.

20)〔附注〕林曰 楚與鄭人爲盟

〔부주〕林: 楚나라가 鄭人과 盟約을 맺은 것이다.

21) 比子西於鄭人

子西를 아버지를 죽인 怨讐인 鄭人에 비유한 것이다.

勝自厲劒[1)]하니 子期之子平見之[2)]曰 王孫何自厲也오 曰 勝以直聞하니 不告女면 庸爲直乎아 將以殺爾父[3)]하노라 平以告子西한대 子西曰 勝如卵일새 余翼而長之[4)]하니라 楚國第[5)6)]에 我死면 令尹司馬는 非勝而誰오 勝聞之曰 令尹之狂也로다 得死면 乃非我[7)]니라 子西不悛[8)9)]하다 勝謂石乞[10)]曰 王與二卿士[11)]를 皆五百人當之면 則可矣리라 乞曰 不可得也[12)]라 曰 市南有熊宜僚者[13)]하니 若得之면 可以當五百人矣라하고 乃從白公而見之하야 與之言하고 說[14)]하야 告之故한대 辭[15)16)]어늘 承之以劒호되 不動[17)]하다 勝曰 不爲利諂이오 不爲威惕이니 不洩人言以求媚者라하고 去之[18)19)]하다

勝이 스스로 칼을 갈자, 子期의 아들 平이 그것을 보고서 말하기를 "王孫께서는 무엇 때문에 스스로 칼을 가십니까?"라고 하니, 勝이 말하기를 "나는 〈평소에〉 솔직함으로 소문이 났으니, 너에게 솔직하게 말해주지 않는다면 어찌 솔직함이 되겠는가? 이 칼로 너의 아비를 죽이려는 것이다."라고 하였다. 平이 이 말을 子西에게 고하자, 子西가 말하기를 "勝은 새의 알과 같으므로 내가 그를 보호〔翼〕해 기른 것이다. 楚나라에서 사람을 등용하는 순서로 보면 내가 죽은 뒤에 令尹이나 司馬가 될 사람은 勝이 아니고 누구이겠느냐?"라고 하니, 勝이 이 말을 듣고서 말하기를 "令尹이 미쳤도다. 그가 壽命으로 죽도록 버려둔다면 내가 사람이 아니다."라고 하였다. 그러나 子西는 그를 경계하지 않았다. 勝이 石乞에게 말하기를 "楚王과 두 卿士를 5백 인이 함께〔皆〕 상대하면 이길 수 있을 것이다."라고 하니, 石乞이 말하기를 "5백 인을 얻을 수 없습니다."라고 하고서, 또 말하기를 "市場 남쪽에 熊宜僚라는 자가 살고 있는데, 만약 그 사람을 얻는다면 5백 인을 당할 수 있을 것입니다."라고 하고서, 石乞이 白公을 모시고 가서 熊宜僚를 만나 말을 해보고는 기뻐하여 그 일(두 卿을 殺害하는 일)을 말하자, 熊宜僚가 거절하니, 石乞이 그의 목에 칼을 들이대었으나 그는 꿈쩍도 하지 않았다. 그러자 勝은 "이익 때문에 아첨하지 않고 위협 때문에 겁을 먹지 않으니, 남의 말을 漏泄하여 남에게 잘 보이기를 구할 자가 아니다."라고 하고서 〈宜僚를 죽이지 않고〉 돌아갔다.

1)〔附注〕林曰 自磨厲其劒

〔부주〕林: 스스로 칼을 간 것이다.

2)〔附注〕朱曰 子期 卽公子結也 其子名平

〔부주〕朱: 子期는 바로 公子 結이다. 그 아들의 이름이 平이다.

3)〔附注〕朱曰 子期與子西 皆親兄弟 故白公欲幷殺之

〔부주〕朱: 子期와 子西는 모두 친형제이다. 그러므로 白公이 子期까지 함께 죽이고자 한 것이다.

4) 以鳥爲喩

새로 비유한 것이다.

5) 用士之次第

사람을 등용하는 차례이다.

6) 역주〕楚國第 : 杜氏는 第를 卿士를 登用하는 차례로 보아, '楚國第'에서 句를 떼었고, 楊氏는 第를 假設連詞로 보아 楚國에 句를 떼고 第를 下句에 붙였다. 〈楊注〉에 "〈杜注〉에 '用士之次第'라고 한 것은 실로 옳지 않다. 第는 假設連詞이니, 楚나라에 만약 내가 죽으면 令尹이나 司馬가 될 사람은 반드시 勝일 것이라는 말이다. 子西는 勝의 뜻이 아버지의 원수를 갚으려는 데 있는 줄을 모르고, 단지 權力을 빼앗으려는 데 있는 것으로 誤解하였다. 그러므로 勝이 자기를 죽이려는 마음이 있는 것으로 믿지 않은 것이다."라고 하였다.

7) 言我必殺之 若得自死 我乃不復成人

내가 반드시 子西를 죽일 것이다. 만약 子西가 壽命으로 죽는다면 나는 더 이상 사람이 아니다.

8)〔附注〕林曰 不知悛改戒懼

〔부주〕林:〈그에 대한 생각을〉고쳐 경계하고 두려워할 줄을 모른 것이다.

9) 역주〕不悛 : 不戒(경계하지 않음)이다. 下文의 '知伯不悛'도 이와 같다. ≪左氏會箋≫

10) 石乞 勝之徒

石乞은 勝의 부하이다.

11) 二卿士 子西子期

두 卿士는 子西와 子期이다.

12) 五百人不可得

5백 인을 얻을 수 없다는 말이다.

13) 역주〕曰 市南有熊宜僚者 : 이 또한 石乞의 말이다. 〈楊注〉

14) 역주〕與之言 說 : 石乞이 熊宜僚와 말을 해보고서 기뻐한 것이다. 〈楊注〉

15) 告欲作亂 宜僚辭距之

變亂을 일으키고자 한다고 말하자 熊宜僚가 거절한 것이다. 〈楊注〉

16) 역주〕告之故 : 두 卿士를 죽이려 한다는 일로 告한 것이다. 故는 事이다.

17) 拔劒指其喉

칼을 뽑아 그의 목에 댄 것이다.

18)〔附注〕林曰 遂棄之而去

〔부주〕 林: 드디어 그를 버려두고서 돌아간 것이다.

19) 역주〕 不爲利諂……去之 : 두 '爲'字는 '以'의 訓으로 쓰인 듯하다. ≪左氏會箋≫에 의하면 白公이 말할 때 반드시 爵祿으로 꾀었을 것이다. 그런데도 熊宜僚가 거절하였으니, 이것이 '不爲利諂'이고, 목에 칼을 들이대는데도 熊宜僚가 動搖하지 않았으니 이것이 '不爲威惕'이다. '去之'는 熊宜僚를 죽이지 않고 돌아간 것이다. 이 다섯 개의 '之'자는 모두 熊宜僚를 가리킨 것이다.

吳人伐愼하니 **白公敗之**[1)]하고 **請以戰備獻**[2)]하다 **許之**하니 **遂作亂**하야 **秋七月**에 **殺子西子期于朝**하고 **而劫惠王**하다 **子西以袂掩面而死**[3)]하고 **子期曰 昔者吾以力事君**하니 **不可以弗終**이라하고 **抉豫章以殺人而後死**[4)]하다 **石乞曰 焚庫弑王**하라 **不然**이면 **不濟**리라 **白公曰 不可**하다 **弑王**이면 **不祥**이오 **焚庫**면 **無聚**니 **將何以守矣**[5)]오 **乞曰 有楚國**하야 **而治其民**하고 **以敬事神**이면 **可以得祥**이오 **且有聚矣**리니 **何患**[6)]이리오 **弗從**[7)]하다

吳人이 愼邑을 侵伐하니 白公이 楚軍을 패배시키고서 戰備를 朝廷에 바치기를 청하였다. 이를 허락하니, 白公은 드디어 變亂을 일으켜 가을 7월에 子西와 子期를 조정에서 죽이고 惠王을 劫迫하였다. 子西는 소매로 얼굴을 가리고 죽었고, 子期는 "과거에 나는 勇力으로 임금을 섬겼으니, 勇力으로 生을 마치지 않을 수 없다."고 하고서 〈뜰에 있는〉 豫章木을 뽑아 가지고 敵人을 죽인 뒤에 죽었다. 石乞이 말하기를 "府庫를 불태우고 王을 弑害하십시오. 그렇게 하지 않으면 성공할 수 없습니다."라고 하자, 白公이 "안 된다. 王을 弑害하면 상서롭지 못하고 府庫를 불태우면 財物이 없어지니 장차 어떻게 나라를 지킬 수 있겠는가?"라고 하니, 石乞이 말하기를 "楚나라를 所有하고서 백성을 다스리고 공경해 鬼神을 섬기면 祥瑞를 얻을 수 있고 또 재물도 있게 될 것이니, 걱정할 게 뭐 있습니까?"라고 하였다. 白公은 그 말을 따르지 않았다.

1) 汝陰愼縣也〔附注〕林曰 楚之愼邑

汝陰의 愼縣이다.

〔부주〕 林: 楚나라의 愼邑이다.

2) 與吳戰之所得鎧杖兵器 皆備而獻之 欲因以爲亂

吳나라와의 戰爭에서 獲得한 鎧杖(甲冑)과 兵器를 모두 갖추어 바치면서 그 기회를 이용해 叛亂을 일으키고자 한 것이다

3) 慙於葉公

葉公에게 부끄러워서이다.

4) 以效其多力 豫章 大木

나의 많은 힘을 바쳤다는 말이다. 豫章은 큰 나무이다.

5)〔附注〕林曰 若焚府庫 無聚積之實 將何以守其國

〔부주〕林: 만약 府庫를 불태운다면 蓄積된 재물〔實〕이 없어질 것이니, 장차 무엇으로 나라를 지키겠느냐는 말이다.

6)〔附注〕林曰 可得祥善之助[*] 且有積聚之實 何所患害

〔부주〕林: 祥善의 도움을 얻을 수 있고, 또 蓄積되는 財物도 있을 것이니, 걱정할 게 뭐 있느냐는 말이다.

*) 역주〕可得祥善之助 : ≪尙書≫ 〈伊訓〉의 '作善降之百祥 作不善降之百殃'의 〈孔傳〉에 "祥은 善이다."라고 하였으니, 祥과 善은 同一語이다. 곧 祥瑞를 내리는 하늘의 도움을 받을 수 있다는 말이다.

7)〔附注〕林曰 白公不從

〔부주〕林: 白公이 따르지 않은 것이다.

葉公在蔡[1)]러니 方城之外皆曰 可以入矣[2)]라 子高曰 吾聞之컨대 以險徼幸者는 其求無饜이라하니 偏重必離[3)4)]리라 聞其殺齊管修也而後入[5)]하다

이때 葉公이 蔡에 있는데, 方城 밖의 사람들이 모두 "들어가서 〈禍亂을 平定하라〉." 고 하자, 子高가 말하기를 "내가 듣건대 모험을 행하여 요행을 바라는 자는 그 욕구가 끝이 없다고 하니, 일처리가 공평하지 못하여 반드시 〈백성의 마음이〉 떠날 것이다."라고 하였다. 葉公은 白公이 齊나라 管修를 죽였다는 말을 들은 뒤에 〈군대를 거느리고서 楚나라 國都 郢으로〉 들어갔다.

1) 蔡遷州來 楚幷其地

蔡나라를 州來로 옮기고서 楚나라가 그 땅을 兼幷하였다.

2)〔附注〕林曰 方城外人 皆勸葉公可以入楚討白公矣

〔부주〕林: 方城 밖 사람들이 모두 葉公에게 楚나라 國都로 들어가서 白公을 토벌하라고 권한 것이다.

3) 險 猶惡也 所求無饜 則不安 譬如物偏重 則離敗[*] 欲須其斃而討之

險은 惡과 같다. 慾求가 끝이 없으면 不安해지는 것이 비유하자면 마치 물건의 무게가 한쪽으로 치우치면 離敗하는 것과 같으니, 그가 失敗〔斃〕하기를 기다려 토벌하고자 한 것이다.

*) 역주〕離敗 : 事物(일)을 처리함에 있어 한쪽으로 치우쳐 公平하지 못하면 '民心이 떠

나서 실패한다.'는 말인 듯하다.

4) 역주] 偏重 : 公平하지 못함이다. 〈楊注〉

5) 管修 楚賢大夫 故齊管仲之後 聞其殺賢 知其可討

管修는 楚나라의 賢大夫로, 본래 齊나라 管仲의 後裔이다. 葉公은 白公이 賢大夫를 죽였다는 말을 듣고서, 白公을 討伐해야 함을 안 것이다.

白公欲以子閭爲王[1]이어늘 **子閭不可**라하니 **遂劫以兵**하다 **子閭曰 王孫若安靖楚國**하야 **匡正王室**하고 **而後庇焉**이면 **啓之願也**니 **敢不聽從**이리오 **若將專利以傾王室**하고 **不顧楚國**이면 **有死不能**[2]이라하니 **遂殺之**하고 **而以王如高府**[3]하다 **石乞尹門**[4]하니 **圉公陽穴宮**하고 **負王以如昭夫人之宮**[5]하다

白公이 子閭를 王으로 세우려고 하자, 子閭가 반대하니 드디어 무기로 脅迫하였다. 子閭가 말하기를 "王孫(白公)께서 만약 楚나라를 안정시키고 王室을 바로잡은 뒤에 나를 庇護한다면 이는 나의 바람이니 감히 명을 따르지 않겠습니까만 만약 오로지 私利만을 꾀하여 王室을 傾覆시키고 楚나라를 돌아보지 않는다면 나는 차라리 죽을지언정 따르지 않겠습니다."라고 하니, 白公은 드디어 子閭를 죽이고, 惠王을 데리고 高府로 갔다. 石乞이 高府의 門을 지키니, 圉公陽이 宮中에 굴을 파고서 惠王을 업고 昭夫人의 宮으로 갔다.

1) 子閭 平王子啓 五辭王者

子閭는 平王의 아들 啓로 王이 되는 것을 다섯 번 사양한 자이다.

2) 不能從

따를 수 없다는 말이다.

3) 高府 楚別府

高府는 楚나라의 別府(別莊)이다.

4) 爲門尹〔附注〕林曰 爲高府門尹

守門將으로 삼은 것이다.

〔부주〕林: 高府의 守門將으로 삼은 것이다.

5) 公陽 楚大夫 昭夫人王母越女〔附注〕林曰 穴高府之宮而負惠王

圉公陽은 楚나라 大夫이고, 昭夫人은 惠王의 母親으로 越나라 女子이다.

〔부주〕林: 高府의 宮에 땅굴을 파고서 惠王을 업고 간 것이다.

葉公亦至[1]하야 **及北門**하니 **或遇之曰 君胡不冑**[2]오 **國人望君如望慈父母焉**[3]하니

盜賊之矢가 **若傷君**이면 **是絶民望也**니 **若之何不冑**오하니 **乃冑而進**하다 **又遇一人曰 君胡冑**오 **國人望君如望歲焉**[4)5)]하야 **日日以幾**[6)]하니 **若見君面**이면 **是得艾也**[7)]오 **民知不死**[8)]면 **其亦夫有奮心**하야 **猶將旌君**하야 **以徇於國**[9)10)]이어늘 **而又掩面**하야 **以絶民望**하니 **不亦甚乎**아하니 **乃免冑而進**[11)]하다 **遇箴尹固**[12)]하니 **帥其屬**하고 **將與白公**[13)]이어늘 **子高曰 微二子者**면 **楚不國矣**[14)]리라 **棄德從賊**이면 **其可保乎**[15)]아 **乃從葉公**하다 **使與國人以攻白公**[16)]하니 **白公奔山而縊**하다 **其徒微之**[17)]하다 **生拘石乞**하야 **而問白公之死焉**[18)]한대 **對曰 余知其死所**나 **而長者使余勿言**[19)]이라 **曰 不言**이면 **將烹**하리라 **乞曰 此事克則爲卿**이오 **不克則烹**이 **固其所也**니 **何害**[20)]리오 **乃烹石乞**하다 **王孫燕奔頯黃氏**[21)]하다

이때 葉公도 군대를 거느리고 와서 北門에 당도하니, 어떤 자가 葉公을 만나 말하기를 "당신께서는 어째서 투구를 쓰지 않으셨습니까? 國人(都城 사람)들이 당신께서 오기를 바라는 것이 〈어린아이가〉 慈愛로운 父母를 바라는 것과 같으니, 盜賊의 화살이 만약 당신을 상하게 한다면 이는 백성들의 바람을 끊는 것입니다. 그런데 어찌하여 투구를 쓰지 않으셨습니까?"라고 하니, 葉公은 이에 투구를 쓰고서 前進하였다. 또 한 사람을 만나니, 말하기를 "당신께서는 어째서 투구를 쓰셨습니까? 國人들이 당신께서 오기를 바라는 것이 〈農夫가〉 곡식이 익기를 바라는 것과 같아서 날이면 날마다 바랐으니, 만약 당신의 얼굴을 본다면 바로 안심할 것이고, 백성들이 죽지 않게 된 것을 알면 그들 또한 사람마다 奮戰할 마음을 갖고서 오히려 당신의 姓名을 旌旗에 써서 들고 돌아다니며 國人들에게 〈당신이 온 것을〉 宣傳하려 할 것인데, 도리어 〈투구로〉 얼굴을 가리어 백성들의 바람을 끊으시니 너무 심하지 않습니까?"라고 하니, 葉公은 이에 투구를 벗고서 前進하였다. 箴尹 固를 만나니 〈固가〉 그 군대를 거느리고서 白公을 도우려 하였다. 그러자 子高가 말하기를 "子西와 子期 두 분이 없었다면 楚나라는 나라 꼴이 되지 못하였을 것이오. 德人을 버리고 逆賊을 따른다면 어찌 몸을 보존할 수 있겠소."라고 하니, 箴尹 固는 이에 葉公을 따랐다. 葉公이 固를 보내어 國人과 함께 白公을 공격하게 하니, 白公은 山으로 도망가서 목을 매어 죽었다. 그 부하들이 屍體를 숨겼다. 葉公이 石乞을 生捕하여 白公의 屍體〔死〕가 있는 곳을 묻자, 石乞이 "나는 그 屍體가 있을 곳을 알지만 어른(白公)께서 나에게 말하지 말라고 하셨습니다."라고 대답하였다. 葉公이 "말하지 않으면 장차 삶아 죽이겠다."고 하자, 石乞이 대답하기를 "이런 일은 성공하면 卿이 되고, 성공하지 못하면 烹刑을 당하는 것이 본래 당연한 바이니,

해로울 게 뭐 있습니까?"라고 하니, 이에 石乞을 삶아 죽였다. 王孫 燕은 頯黃氏로 出奔하였다.

1)〔附注〕林曰 葉公子高 亦至楚

〔부주〕林: 葉公 子高도 楚나라 國都에 이른 것이다.

2)〔附注〕林曰 君 謂葉公 何不戴胄而進

〔부주〕林: 君은 葉公을 이른다. 어째서 투구를 쓰지 않고서 前進하느냐는 말이다.

3) 역주〕國人望君如望慈父母焉 : 嬰兒에 비유한 것이다. ≪左氏會箋≫

4) 歲 年穀也

歲는 年穀(1년 農事에 수확한 곡식)이다.

5) 역주〕國人望君如望歲焉 : 農人에 비유한 것이다. ≪左氏會箋≫

6) 冀君來

당신이 오기를 바랐다는 말이다.

7) 艾 安也

艾는 安이다.

8)〔附注〕林曰 民知脫於死亡

〔부주〕林: 백성들이 죽음에서 벗어나게 된 것을 아는 것이다.

9) 旌 表也〔附注〕林曰 其亦皆有奮發討賊之心 猶將旌表葉公 以徇告楚國之人也

旌은 드러냄이다.

〔부주〕林: 백성들도 모두 奮發해 賊(白公)을 토벌할 마음을 가지고서 오히려 葉公을 旌表하여 돌아다니면서 楚나라 사람들에게 布告하려 할 것이라는 말이다.

10) 역주〕其亦夫有奮心 猶將旌君 以徇於國 : '夫'는 夫夫(人人)이니 그들 또한 사람마다 奮戰할 마음을 갖는다는 말이고, '旌'은 일반적으로 善行을 드러내는 뜻으로 쓰이는데, 여기서는 旌旗에 葉公의 姓名을 表記하는 뜻으로 쓰인 듯하니, 葉公의 姓名을 旌旗에 表記해 그 旌旗를 들고 돌아다니면서 葉公이 군대를 거느리고서 나라를 救濟하기 위해 온 것을 國人들에게 宣傳하려 할 것이라는 뜻이다.

11) 言葉公得民心

葉公이 民心을 얻었음을 말한 것이다.

12)〔附注〕朱曰 葉公遇箴尹之官名固者

〔부주〕朱: 葉公이 箴尹의 官職을 맡고 있고 이름이 '固'인 자를 만난 것이다.

13) 欲與白公弁

白公의 군대와 合倂하려 한 것이다.

14) 二子 子西子期也 柏擧之敗 二子功多

두 사람은 子西와 子期이다. 〈定公 4년에 있었던〉 柏擧에서의 敗戰 때 두 사람의 功勞가 많았다.

15) 〔附注〕 林曰 棄二子存楚之德 從白公禍楚之賊 其可保終如始乎

〔부주〕 林: 楚나라를 保存시킨 두 사람의 功德은 버리고, 楚나라에 禍難을 끼친 逆賊인 白公을 따른다면 어찌 결과가 처음과 같을 것을 보장할 수 있겠느냐는 말이다.

16) 〔附注〕 林曰 使箴尹固與國人共攻白公

〔부주〕 林: 箴尹 固를 보내어 國人과 함께 白公을 공격하게 한 것이다.

17) 微 匿也 〔附注〕 林曰 白公之黨 共匿其尸

微는 匿(숨김)이다.

〔부주〕 林: 白公의 徒黨이 함께 그 屍體를 숨긴 것이다.

18) 〔附注〕 林曰 石乞 白公之黨 生拘囚之 問白公死何所尸何在

〔부주〕 林: 石乞은 白公의 黨이다. 生捕하여 구속해 가두고서, 白公이 어디에서 죽었으며, 屍體가 어디에 있는지를 물은 것이다.

19) 長者 謂白公也

長者는 白公을 이른다.

20) 〔附注〕 林曰 白公簒國之事 成則我當以功爲卿 不成則當以罪受烹 此乃理之所當然也 我何害

〔부주〕 林: 白公이 나라를 簒奪하는 일이 成功하면 나는 응당 功勞로 卿이 되고, 성공하지 못하면 응당 罪로 烹刑을 받는 것이 사리에 당연한 바이니, 내가 무엇을 해롭게 여기겠느냐는 말이다.

21) 燕 勝弟 頯黃 吳地

燕은 勝의 아우이다. 頯黃은 吳나라 땅이다.

沈諸梁兼二事[1]하야 **國寧**[2]이어늘 **乃使寧爲令尹**[3]하고 **使寬爲司馬**[4]하고 **而老於葉**[5]하다

沈諸梁(葉公)이 令尹과 司馬를 兼任하여 國家가 安定되자, 이에 寧에게 令尹이 되게 하고 寬에게 司馬가 되게 하고서 〈官職에서 물러나〉 葉縣에서 老年을 보냈다.

1) 二事 令尹司馬

二事는 令尹과 司馬이다.

2) 寧 安也

寧은 安이다.

3) 子西之子子國也

寧은 子西의 아들 子國이다.

4) 子期之子

寬은 子期의 아들이다.

5) 傳終言之〔附注〕林曰 沈諸梁致仕事 終老於葉

傳文은 葉公의 最終의 일을 말한 것이다.

〔부주〕林: 沈諸梁이 官職을 내어놓고 葉縣에서 老年을 보내다가 죽었다.

【傳】衛侯占夢이러니 **嬖人**[1)2)]**求酒於大叔僖子**[3)]하야 **不得**[4)]한대 **與卜人比**하야 **而告公**[5)]**曰 君有大臣在西南隅**하니 **弗去**면 **懼害**[6)]로과 **乃逐大叔遺**하니 **遺奔晉**하다

衛侯가 꿈을 꾸고서 〈卜人을 불러〉 解夢〔占夢〕하게 하려 하였는데, 〈이때〉 嬖人이 太叔僖子에게 술을 요구하였다가 얻지 못하자, 卜人과 結託〔比〕해 〈한통속이 되어〉 衛莊公에게 고하기를 "임금님의 신하 중에 都城의 서남쪽 모퉁이에 居住하는 자가 있는데, 이 자를 除去하지 않으면 임금님을 危害할까 두렵습니다."라고 하였다. 莊公이 이에 太叔 遺를 축출하니, 遺가 晉나라로 出奔하였다.

1) 以能占夢見愛

解夢을 잘함으로써 寵愛를 받은 것이다.

2) 역주〕衛侯占夢嬖人: '衛侯占夢'에 句를 떼고, 嬖人은 下句에 붙여 읽어야 한다. 〈杜注〉처럼 嬖人을 上句에 붙여 읽으면 文理가 順通하지 않는다. 參考文獻 ≪左氏會箋≫·〈楊注〉 등.

3) 僖子 大叔遺

太叔僖子는 太叔遺이다.

4)〔附注〕林曰 大叔遺不與酒

〔부주〕林: 太叔遺가 술을 주지 않은 것이다.

5)〔附注〕林曰 嬖人與卜人比 合而告衛莊公

〔부주〕林: 嬖人이 卜人과 결탁해 한통속이 되어 衛莊公에게 고한 것이다.

6) 託占卜夢而言〔附注〕林曰 大叔遺所居 在西南隅 若不除去 恐爲國害

解夢을 假託하여 말한 것이다.

〔부주〕林: 太叔遺가 사는 곳이 〈都城〉 서남쪽 모퉁이에 있으니, 만약 그를 제거하지 않으면 國家에 害가 될까 두렵다고 한 것이다.

【傳】 衛侯謂渾良夫曰 吾繼先君而不得其器하니 **若之何**[1]오 **良夫代執火者而言**[2]**曰 疾與亡君**이 **皆君之子也**[3]니 **召之而擇材焉可也**[4]오 **若不材**면 **器可得也**[5]니라 **豎告大子**[6)7)]한대 **大子使五人輿豭從己**하야 **劫公而强盟之**[8]하고 **且請殺良夫**하니 **公曰 其盟免三死**[9]로라 **曰 請三之後**에 **有罪**어든 **殺之**[10]하라 **公曰 諾哉**라

衛侯가 渾良夫에게 일러 말하기를 “내가 先君을 繼承하였으되 先君의 寶器를 얻지 못하였으니 어찌하면 좋겠는가?”라고 하니, 〈촛불을 들고 있는 자를 내보내고서〉 良夫가 대신 촛불을 들고서 말하기를 “太子 疾과 도망간 임금(輒)이 모두 임금님의 아들이니, 輒을 불러들여 두 사람 중에 太子의 材木이 될 만한 사람을 선택하여 太子로 삼는 것이 좋습니다. 만약 재목이 되지 못한다면 寶器를 얻을 수 있습니다.”라고 하였다. 僮僕〔豎〕이 이 말을 太子에게 고하자, 太子는 다섯 사람에게 수퇘지를 싣고 자기를 따르게 하고서 〈衛莊公에게 가서〉 莊公을 劫迫하여 강제로 맹약하게 하고서, 또 良夫를 죽이라고 請하니 莊公이 말하기를 “그와 죽을죄를 짓더라도 세 번은 赦免하겠다고 盟約하였다.”고 하니, 疾이 말하기를 “세 번 赦免한 뒤에 죄를 짓거든 반드시 죽이십시오.”라고 하니, 莊公은 “그러겠다.”고 승낙하였다.

1) 國之寶器 輒皆將去

國家의 寶器를 輒이 모두 가지고 갔다.

2) 將密謀 屛左右

장차 隱密히 謀議하려고 左右를 물리친 것이다.

3) 〔附注〕 林曰 疾 大子疾也 亡君 出公輒也

〔부주〕 林: 疾은 太子 疾이고, 亡君은 出公 輒이다.

4) 召輒

輒을 불러들이자는 말이다.

5) 輒若不材 可廢其身 因得其器

輒이 만약 太子의 재목이 못 된다면 그를 廢棄할 수 있고, 또 그 기회를 이용해 그 寶器를 얻을 수 있다는 말이다.

6) 大子疾 〔附注〕 林曰 小豎聞其言以告

太子 疾이다.

〔부주〕 林: 小豎(僮僕)가 그 말을 듣고서 太子에게 고한 것이다.

7) 역주〕 豎告大子 : 輒을 衛君으로 세울 때 公子 郢이 “亡人(蒯聵)의 아들 輒이 있다.”고 하였고, 疾을 언급하지 않았으니, 대개 疾은 그 아비(蒯聵)와 함께 亡命한 듯하다. 이때에 이르러 輒이 도망갔으므로 疾에게 ‘太子’라는 호칭이 있었으나, 사실은 太子로 세워

진 것이 아니다. 그러므로 莊公을 劫迫하여 강제로 盟約하게 한 것이다. 그리고 또 渾良夫가 輒을 불러들이고자 한 것을 미워하였기 때문에 반드시 그를 죽이고자 한 것이다. ≪左氏會箋≫

8) 盟求必立己

盟約하여 반드시 자기를 太子로 세우기를 요구한 것이다.

9) 盟在十五年〔附注〕林曰 言良夫有盟 三死無與也

渾良夫와 盟約한 것은 15년에 있었다.

〔부주〕林: 渾良夫와 盟約하여 죽을죄를 짓더라도 세 번은 용서하겠다고 하였다는 말이다.

10)〔附注〕林曰 大子疾曰 請三死之後 若遇有罪 則請殺之

〔부주〕林: 太子 疾이 "죽을죄를 세 번 용서한 뒤에는 만약 죄를 짓거든 반드시 그를 죽이소서."라고 한 것이다.

〈十七年, 癸亥 B.C.478〉

【傳】 十七年春에 **衛侯爲虎幄于藉圃**[1)]하다 **成**에 **求令名者而與之始食焉**[2)]하다 **大子請使良夫**[3)4)]하니 **良夫乘衷甸兩牡**[5)]하고 **紫衣狐裘**[6)]하다 **至**[7)]하야 **袒裘**하고 **不釋劍而食**[8)]하니 **大子使牽以退**하야 **數之以三罪而殺之**[9)]하다

17년 봄에 衛侯는 藉圃에 虎幄(호랑이 문양으로 장식한 幕舍)을 建造하였다. 이 막사가 완성되자 아름다운 名聲이 있는 사람들을 招致〔求〕하여 함께 처음으로 음식을 먹으려 하였다. 太子 疾이 사람을 보내어 渾良夫를 招請하니, 良夫는 두 필의 牡馬(수말)가 끄는 卿의 수레를 타고 자주색 옷에 여우 갖옷을 입고 갔다. 도착한 뒤에 良夫는 갖옷의 한쪽만을 벗어 어깨를 드러내고 칼은 풀어놓지 않고서 음식을 먹으니, 太子가 사람을 시켜 그를 끌어 물러나오게 하고서, 세 가지 罪目을 들어 죽였다.

1) 於藉田之圃 新造幄幕 皆以虎獸爲飾

親耕하는 菜圃에 새로 幕舍를 建造하여 모두 호랑이 문양으로 裝飾한 것이다.

2)〔附注〕林曰 虎幄初成 欲求衛國之有美名者 始食以落其成

〔부주〕林: 虎幄이 처음 완성되면 衛나라의 名士들을 招致하여 처음으로 함께 음식을 먹으면서 落成式을 하려 한 것이다.

3) 以良夫應爲令名

渾良夫도 당연히 아름다운 명성을 가진 사람이 된다고 여긴 것이다.

4) 역주] 請使良夫 : '請使'는 '使請'의 倒置인 듯하다. 그러므로 이상과 같이 번역하였다.

5) 衷甸 一轅 卿車〔附注〕林曰 兩牡馬也

衷甸은 끌채가 하나이니 卿의 수레이다.

〔부주〕林: 두 마리의 牡馬(수말)이다.

6) 紫衣 君服

紫衣는 임금의 服飾이다.

7)〔附注〕林曰 至虎幄

〔부주〕林: 虎幄에 이른 것이다.

8) 食而熱 故偏袒 亦不敬

음식을 먹다가 더웠기 때문에 갖옷의 한쪽을 벗어 어깨를 드러냈으니, 이 또한 不敬이다.

9) 三罪 紫衣 袒裘 帶劒

세 가지 죄는 자주색 옷을 입은 것과 갖옷의 한쪽만을 벗어 어깨를 드러낸 것과 칼을 찬 것이다.

【傳】 **三月**에 **越子伐吳**하니 **吳子禦之笠澤**하야 **夾水而陳**[1)]하다 **越子爲左右句卒**[2)]하야 **使夜或左或右**하야 **鼓譟而進**하니 **吳師分以御之**어늘 **越子以三軍潛涉**하야 **當吳中軍而鼓之**하니 **吳師大亂**이어늘 **遂敗之**[3)]하다

3월에 越子가 吳나라를 토벌하니 吳子가 笠澤에서 越軍을 防禦하면서 江을 끼고 陣을 쳤다. 越子는 左·右의 句卒를 編成하여 밤에 혹은 左句卒 혹은 右句卒을 보내어 북을 울리고 고함을 치면서 進擊하게 하니, 吳軍이 군대를 나누어 防禦하였다. 越子가 〈이 틈을 이용해〉 三軍을 거느리고 몰래 강을 건너 吳나라 中軍에 당도하여 북을 치니, 吳軍이 크게 혼란하였다. 드디어 吳軍을 패배시켰다.

1)〔附注〕林曰 夫差卽笠澤之地以禦之

〔부주〕林: 夫差가 笠澤 지역에 가서 방어한 것이다.

2) 句卒 鉤伍相著 別爲左右屯[*)]

句卒은 兵士와 兵士 사이에 갈고리를 걸어 서로 떨어지지 않도록 密着시켜 별도로 左屯과 右屯을 編成한 것이다.

*) 역주] 屯 : 軍隊編制의 單位이다.

3) 左右句卒爲聲勢以分吳軍 而三軍精卒幷力擊其中軍 故得勝也

左·右의 句卒이 聲勢(멀리서 呼應하여 氣勢를 돋우어주는 支援軍)가 되어 吳軍을 兩

分시키자, 越나라 三軍의 精兵이 힘을 합쳐 吳나라 中軍을 공격하였다. 그러므로 승리할 수 있었다.

【傳】晉趙鞅使告于衛曰 君之在晉也[1]에 **志父爲主**[2]하니 **請君若大子來**하야 **以免志父**[3]하노라 **不然**이면 **寡君其曰 志父之爲也**[4]라하리라 **衛侯辭以難**[5]하다 **大子又使椓之**[6]하다

晉나라 趙鞅이 사람을 보내어 衛나라에 고하기를 "君(蒯聵)께서 晉나라에 계실 때나 志父가 主人이었으니, 〈옛정을 생각해〉 임금님이나 혹은 太子께서 한번 오시어, 나를 罪에서 벗어나게 해주소서. 그러하지 않으시면 우리 임금께서는 아마도 내가 오지 못하게 한 것으로 여기실 것입니다."라고 하니, 衛侯는 困難하다는 이유로 사절하였다. 太子는 또 사람을 보내어 晉나라 使者에게 衛侯를 讒訴하였다.

1) 〔附注〕 林曰 昔莊公之奔在晉

〔부주〕 林: 전에 莊公이 도망가서 晉나라에 있었다.

2) 〔附注〕 林曰 志父 趙鞅名 言我實主莊公

〔부주〕 林: 志父는 趙鞅의 이름이다. 내가 실로 莊公의 主人 노릇을 하였다는 말이다.

3) 〔附注〕 林曰 請莊公來朝 或使大子來朝 以免我於罪

〔부주〕 林: 莊公이 와서 朝見하거나 혹은 太子를 보내와서 朝見하게 하여 나를 罪에서 벗어나게 해달라고 요청한 것이다.

4) 恐晉君謂志父教使不來

晉君이 志父가 오지 못하도록 가르쳤기 때문이라고 생각할까 두렵다는 말이다.

5) 역주〕 衛侯辭以難 : 衛나라가 아직 安定되지 않았고, 자기의 地位가 아직 鞏固하지 않아서 困難하다고 사절한 것이다. 參考文獻 〈楊注〉

6) 椓 訴父 欲速得其處

椓은 아비를 讒訴함이니, 그 자리(임금의 자리)를 속히 얻고자 한 것이다.

夏六月에 **趙鞅圍衛**[1]하니 **齊國觀陳瓘救衛**[2]하야 **得晉人之致師者**[3]하다 **子玉使服而見之**[4]**曰 國子實執齊柄**이어늘 **而命瓘曰 無辟晉師**[5]하라하니 **豈敢廢命**[6]이리오 **子又何辱**[7]고 **簡子曰 我卜伐衛**오 **未卜與齊戰**이라하고 **乃還**[8]하다

여름 6월에 趙鞅이 衛나라를 포위하니, 齊나라 國觀과 陳瓘이 衛나라를 救援하러 가서 挑戰〔致師〕하는 晉人을 捕虜로 잡았다. 子玉(陳瓘)이 그 捕虜에게 원래의 옷을 입

게 하고서 그를 만나보고서 〈너를 풀어줄 것이니 돌아가서 趙鞅에게 내 말을 전하라고 하면서〉 말하기를 "齊나라는 國子(國書)가 실로 政權을 잡고 있는데, 그분께서 나에게 명하기를 '晉軍을 피하지 말라.'고 하셨으니, 내 어찌 감히 그 명을 어기겠습니까? 그런데 그대는 또 무엇 때문에 도전하는 수고를 아끼지 않으십니까?"라고 하였다. 〈이 말을 전해 들은〉 趙簡子(趙鞅)는 "나는 衛나라를 포위하는 것만을 점쳤고, 齊나라와 전쟁하는 것은 점치지 않았습니다."라고 하고서 이에 還軍하였다.

1) 〔附注〕 林曰 怒衛不來 故圍其國

〔부주〕 林: 衛나라가 와서 朝見하지 않은 것에 노하였다. 그러므로 그 나라를 포위한 것이다.

2) 國觀 國書之子

國觀은 國書의 아들이다.

3) 〔附注〕 林曰 晉使人致齊師 囚而得之 *)

〔부주〕 林: 晉나라가 사람을 보내어 齊軍에 挑戰하니 齊軍이 그 기회를 이용하여 挑戰者를 잡은 것이다.

*) 역주〕 囚而得之 : '囚'는 '因'의 誤字인 듯하다. 그러나 이 〈林注〉가 ≪四庫全書 左傳杜林合注≫本에 보이지 않으니 상고할 수 없다.

4) 釋囚服服其本服 〔附注〕 林曰 子玉 卽陳瓘 召與相見

포로의 옷을 벗고 본래의 옷을 입게 한 것이다.

〔부주〕 林: 子玉은 바로 陳瓘이다. 捕虜를 불러 만나본 것이다.

5) 〔附注〕 林曰 無見晉師而避之

〔부주〕 林: 晉軍을 보거든 피하지 말라는 말이다.

6) 欲必敵晉

반드시 晉軍을 對敵하고자 한 것이다.

7) 言不須來致師 自將往戰

내 스스로 가서 전쟁하려 하니, 와서 挑戰할 필요가 없다는 말이다.

8) 畏子玉

子玉이 두려워 還軍한 것이다.

【傳】 楚白公之亂에 陳人恃其聚而侵楚[1])하다 楚旣寧에 將取陳麥[2])하야 楚子問帥於大師子穀與葉公諸梁한대 子穀曰 右領差車與左史老는 皆相令尹司馬以伐陳하니 其可使也[3])라 子高曰 率(수)賤이면 民慢之니 懼不用命焉[4])하노라 子穀曰 觀丁

父는 **鄀俘也**[5)]로되 **武王以爲軍率**[6)]라 **是以克州蓼**[7)]하고 **服隨唐**[8)]하고 **大啓群蠻**[9)]하며 **彭仲爽**은 **申俘也**로되 **文王以爲令尹**하야 **實縣申息**[10)]하고 **朝陳蔡**하고 **封畛於汝**[11)]하니 **唯其任也**라 **何賤之有**리오 **子高曰 天命不謟**[12)]이라 **令尹有憾於陳**[13)]하니 **天若亡之**면 **其必令尹之子是與**[14)]리니 **君盍舍焉**[15)]가 **臣懼右領與左史有二俘**[16)]**之賤而無其令德也**[17)]하노라 **王卜之**하니 **武城尹吉**[18)]이어늘 **使帥師取陳麥**하다 **陳人御之**라가 **敗**하니 **遂圍陳**하다 **秋七月己卯**에 **楚公孫朝帥師滅陳**[19)]하다

楚나라 白公이 叛亂을 일으켰을 때 陳人이 自國의 蓄積을 믿고서 楚나라를 侵攻하였다. 楚나라가 안정된 뒤에 陳나라의 보리를 奪取하고자 하여 楚子가 太師 子穀과 葉公 諸梁에게 누구를 將帥로 삼는 것이 좋겠느냐고 묻자, 子穀이 "右領 差車와 左史 老는 모두 令尹과 司馬를 도와 陳나라를 토벌한 적이 있으니, 그들을 보내는 것이 좋겠습니다."라고 하니, 子高가 말하기를 "將帥〔率〕의 지위가 卑賤하면 백성들이 업신여기니 그의 명을 따르지 않을까 두렵습니다."라고 하였다. 그러자 子穀이 말하기를 "觀丁父는 鄀國의 포로였으되, 楚武王께서 그를 軍帥로 삼았습니다. 그러므로 州國과 蓼國을 쳐서 勝利하고, 隨國과 唐國을 服從시키고, 여러 蠻族의 土地를 크게 開拓하였으며, 彭仲爽은 申國의 포로였으되, 文王께서 그를 令尹으로 삼아 申國과 息國을 楚나라의 郡縣으로 만들고, 陳나라와 蔡나라를 와서 朝見하게 하고, 楚나라의 封疆을 汝水까지 넓혔습니다. 이는 오직 그들이 職任을 擔當할 수 있느냐만을 보았을 뿐입니다. 이찌 卑賤힘을 돌아보았겠습니까?"라고 하니, 子高가 말하기를 "天命이 〈陳나라를 버린 것을〉 의심할 게 없습니다. 令尹이 陳나라에 怨恨이 있으니, 하늘이 만약 陳나라를 망치려 한다면 하늘은 반드시 令尹의 아들을 도울 것이니, 임금님께서는 어찌하여 그들(右領과 左史)을 버리고 〈令尹의 아들을 쓰지〉 않으십니까? 신은 右領과 左史가 두 捕虜와 같은 卑賤함만 있고 그들과 같은 美德이 없을까 두렵습니다."라고 하였다. 이에 惠王은 점을 치니 武城尹이 吉하였다. 그러자 그로 하여금 군대를 거느리고 가서 陳나라의 보리를 탈취해 오게 하였다. 陳人이 防禦하다가 敗戰하니 楚軍이 드디어 陳나라를 포위하였다. 가을 7월 己卯日에 楚나라 公孫 朝가 군대를 거느리고 가서 陳나라를 滅亡시켰다.

1) 聚 積聚也

聚는 積聚(蓄積한 錢財를 이름)이다.

2)〔附注〕林曰 楚國旣安寧 將取陳麥 以報其怨

〔부주〕林: 楚나라가 安寧해진 뒤에 陳나라의 보리를 奪取하여 그 怨恨을 갚으려 한 것이다.

3) 言此二人 皆嘗輔相子西子期伐陳 今復可使

이 두 사람은 일찍이 子西와 子期를 도와 陳나라를 토벌한 적이 있으니, 지금 다시 그들을 보내는 것이 좋겠다는 말이다.

4) 右領左史 皆楚賤官

右領과 左史는 모두 楚나라의 卑賤한 官職이다.

5) [附注] 林曰 伐鄀而獲之也

[부주] 林: 鄀國을 토벌할 때 포로로 잡은 사람이라는 말이다.

6) 楚武王

楚武王이다.

7) [附注] 林曰 二小國

[부주] 林: 두 小國이다.

8) [附注] 林曰 亦二小國

[부주] 林: 이 또한 두 小國이다.

9) [附注] 林曰 大開群蠻土地 以長楚國

[부주] 林: 여러 蠻族의 土地를 크게 開拓하여 楚나라를 君長으로 섬기게 하였다는 말이다.

10) 楚文王滅申息以爲縣

楚文王이 申國과 息國을 滅亡시키고서 楚나라의 縣으로 삼았다.

11) 開封畛北至汝水

封畛(封疆)을 開拓하여 북으로 汝水까지 이른 것이다.

12) 謟 疑也

謟는 의심이다.

13) 十五年 子西伐吳 陳使貞子弔吳 以此爲恨

哀公 15년에 子西가 吳나라를 토벌할 때 陳나라가 公孫 貞子를 使臣으로 보내어 吳나라를 慰問한 것을 子西가 怨恨으로 삼은 것이다.

14) [附注] 林曰 天意若欲亡陳 其必與子西之子以爲功

[부주] 林: 하늘의 뜻이 陳나라를 망치고자 한다면 반드시 子西의 아들을 도와 功을 세우게 할 것이라는 말이다.

15) 舍右領與左史

右領과 左史를 버리라는 말이다.

16) 역주] 二俘 : 觀丁父와 彭仲爽을 이른다.

17) [附注] 林曰 無觀丁父彭仲爽之令德

[부주] 林: 觀丁父와 彭仲爽과 같은 아름다운 덕이 없다는 말이다.

18) 武城尹 子西子公孫朝

武城尹은 子西의 아들 公孫 朝이다.

19) 終鄭裨竈言五及鶉火陳卒亡

끝내 〈昭公 9년에〉 鄭나라 裨竈가 "歲星이 다섯 차례 鶉火에 미치면 陳나라는 마침내 亡할 것이다."라고 한 말과 같이 되었다.

王與葉公枚卜子良以爲令尹[1)]이러니 **沈尹朱曰 吉**이나 **過於其志**[2)3)]리라 **葉公曰 王子而相國**[4)]이오도 **過將何爲**[5)]오 **他日**에 **改卜子國**하야 **而使爲令尹**[6)]하다

楚惠王이 葉公과 함께 子良의 〈이름을 들어 말하지 않고〉 점을 쳐서 令尹으로 삼으려 하자, 沈尹 朱가 말하기를 "吉합니다만 그의 所望〔志〕은 이보다 큽니다."라고 하니, 葉公이 말하기를 "王子로서 相國이 되고서도 所望이 이보다 크다면 장차 무엇이 되겠습니까?"라고 하였다. 얼마 뒤에 다시 子國이 어떤지 점쳐서 그를 令尹으로 삼았다.

1) 枚卜 不斥言所卜以令龜 子良 惠王弟

枚卜은 점치는 대상의 姓名을 지적하여 거북에게 告하지 않고 〈점을 치는〉 것이다. 子良은 楚惠王의 아우이다.

2) 志 望也 〔附注〕 林曰 龜兆告吉 但過於其志之所望

志는 바람이다.

〔부주〕 林: 龜甲의 兆紋이 吉함을 告하지만, 단지 그가 뜻한 所望이 이보다 지나칠 뿐이라는 말이다.

3) 역주〕 過於其志 : 그 所望이 이보다 크다는 뜻이다.

4) 〔附注〕 林曰 言子良旣爲王子 又相楚國

〔부주〕 林: '子良은 이미 王子인데 또 楚나라의 相國이 된다면'이라는 말이다.

5) 過相 將爲王也

相國보다 지나치다면 장차 王이 될 것이라는 말이다.

6) 子國 寗也

子國은 寗이다.

【傳】 衛侯夢于北宮[1)]에 **見人登昆吾之觀**[2)]하야 **被髮北面而譟曰 登此昆吾之虛**하니 **綿綿生之瓜**[3)4)]로다 **余爲渾良夫**니 **叫天無辜**[5)]하리라 **公親筮之**하니 **胥瀰〔彌〕**[6)] **赦占之**[7)]**曰 不害**라하다 **與之邑**한대 **寘之**[8)]**而逃**하야 **奔宋**[9)]하다 **衛侯貞卜**[10)11)]하니 **其繇曰 如魚竀尾**[12)]하니 **衡流而方羊**이로다 **裔焉**[13)14)]**大國**이 **滅之**하니 **將亡**하리라 **闔門塞**

竇하고 **乃自後踰**[15)]하리라

衛侯가 北宮에서 꿈을 꾸었는데, 꿈에 어떤 사람이 昆吾觀에 올라가서 머리를 풀어 헤치고서 북쪽을 향해 큰소리로 "이 昆吾의 옛터에 올라보니 오이 넝쿨 끊어지지 않고 이어져 있네. 나는 바로 渾良夫이니 하늘에 無辜함을 부르짖겠노라."고 하는 것을 보았다. 衛莊公이 이 꿈에 대해 친히 蓍草占을 쳤는데, 胥彌赦가 그 점을 풀이해 말하기를 "해롭지 않습니다."라고 하였다. 莊公이 그에게 邑을 주니 胥彌赦는 그 邑을 받지 않고 도망해 宋나라로 달아났다. 衛侯가 거북점을 치니, 그 占辭에 "물고기처럼 꼬리가 붉으니 흐르는 물살을 뚫고 정처 없이 헤매리라. 邊隣의 大國이 멸망시키려 하니 장차 망할 것이로다. 문을 닫고 구멍을 막고서 뒷담을 넘어 도망가리라."고 하였다."

1)〔附注〕林曰 衛莊公在北宮得夢

〔부주〕林: 衛莊公이 北宮에서 꿈을 꾼 것이다.

2) 衛有觀在古昆吾氏之虛 今濮陽城中

옛날 昆吾氏의 터에 衛나라의 樓臺〔觀〕가 있다. 지금의 濮陽城中이다.

3) 綿綿 瓜初生也 良夫言己有以小成大之功 若瓜之〈初〉[*)]生 謂使衛侯得國

綿綿은 오이 넝쿨이 처음 뻗어남이다. 渾良夫가 자기가 작은 것을 크게 만든 공로가 마치 오이 넝쿨이 처음 뻗어난 것과 같다고 말한 것이니, 衛侯로 하여금 나라를 얻게 한 것을 이른다.

*) 역주〕저본에는 '初'字가 없으나 ≪十三經注疏≫本에 의거하여 보충하였다.

4) 역주〕綿綿 : 넝쿨이 끊어지지 않고 이어져 있는 모양이다. ≪詩經≫〈大雅 綿〉篇에 "綿綿瓜瓞 民之初生"이라 하였다. 渾良夫는 衛나라가 처음 開國한 때로부터 지금까지 끊어지지 않게 한 것과 衛侯를 세운 것이 자기의 힘이라는 것을 비유한 말이다. 參考文獻〈楊注〉

5) 本盟當免三死 而并數一時之事爲三罪 殺之 故自謂無辜

본래의 盟約은 죽을죄를 응당 세 번 赦免하겠다고 하였는데, 同時의 일을 列擧하여 세 가지 罪目으로 삼아서 죽였기 때문에 스스로 無辜하다고 한 것이다.

6) 역주〕저본에는 '瀰'로 되어 있으나 ≪十三經注疏≫본에 의거하여 '彌'로 바로잡았다.

7) 赦 衛筮史

赦는 衛나라의 筮史이다.

8)〔附注〕林曰 衛侯喜 以邑賞 胥瀰〔彌〕置其邑不受

〔부주〕林: 衛侯가 기뻐서 邑을 賞으로 주었으나, 胥彌赦는 그 邑을 버리고 받지 않은 것이다.

9) 言衛侯無道 卜人不敢以實對 懼難而逃也

衛侯가 無道하므로 卜人이 감히 사실대로 대답하지 않고서, 禍難이 닥칠 것이 두려워 도망간 것이다.

10) 正卜夢之吉凶

꿈의 吉凶을 점친 것이다.

11) 역주] 貞卜 : '貞'은 점을 쳐서 吉凶을 묻는 것이다. '貞'字가 卜辭에 흔히 보인다. 〈楊注〉

12) 竀 赤也 魚勞則尾赤

竀은 赤이다. 魚類는 괴로우면 꼬리가 붉어진다.

13) 橫流方羊 不能自安 裔 水邊 言衛侯將若此魚

물살을 뚫고 정처 없이 헤매는 것〔橫流方羊〕은 스스로 안정하지 못함이다. 裔는 水邊이다. 衛侯가 장차 이 물고기처럼 될 것이라는 말이다.

14) 역주] 衡流而方羊裔焉 : 〈杜注〉에는 '裔焉'을 上句에 붙여 '물살을 뚫고 물가를 정처 없이 헤맨다.'는 뜻으로 해석하였으나, 劉炫은 "卜辭는 文句에 韻을 다니, '裔焉' 두 글자를 下句에 붙여 읽어야 '方羊'의 '羊'과 '將亡'의 '亡'이 서로 운이 맞는다."라고 하면서 '裔焉'을 上句에 붙인 〈杜注〉는 옳지 않다고 하였다. 後代의 註釋書에는 대체로 劉炫의 설을 따랐다. 參考文獻 ≪十三經注疏≫ 및 ≪左氏會箋≫ 등.

15) 此皆繇辭〔附注〕林曰 閉闔其門 塞其竇穴 乃自後踰越而過

이것은 모두 占辭이다.

〔부주〕林: 그 문을 닫고 그 구멍을 막고서 뒷담을 넘어간다는 것이다.

冬十月에 **晉復伐衛**[1]하야 **入其郛**하야 **將入城**한대 **簡子曰 止**[2]하라 **叔向有言曰 怙亂滅國者**는 **無後**[3]라하니라 **衛人出莊公而與晉平**하니 **晉立襄公之孫般師而還**하다

겨울 10월에 晉나라가 다시 衛나라를 토벌하여 그 外郭까지 들어가서 성안으로 들어가려 하자, 簡子가 말하기를 "멈추어라. 叔向의 말에 '그 나라의 動亂을 틈타 그 나라를 멸망시키는 자는 후사가 끊길 것이다.'라고 하였다. 衛人이 莊公을 逐出하고서 晉나라와 和平하니, 晉나라는 衛襄公의 손자 般師를 衛나라 임금으로 세우고서 돌아갔다.

1) 春伐未得志故

봄에 있었던 토벌에서 뜻을 이루지 못하였기 때문이다

2)〔附注〕林曰 止其衆 令無入城

〔부주〕林: 들어가려는 晉軍을 制止하여 入城하지 못하게 한 것이다.

3) 不欲乘人之衰

남의 衰亂한 틈을 이용하고자 하지 않은 것이다.

十一月에 衛侯自鄄入하니 般師出[1)]하다 初에 公登城以望[2)]이라가 見戎州[3)]하고 問之한대 以告[4)]하니 公曰 我는 姬姓也어늘 何戎之有焉[5)]가하고 翦之[6)7)]하다 公使匠久[8)]하고 公欲逐石圃[9)]러니 未及而難作[10)]하다 辛巳에 石圃因匠氏攻公한대 公閉門而請호되 弗許[11)]하니 踰于北方而隊하야 折股[12)]하니 戎州人攻之하다 大子疾公子靑踰從公[13)]이러니 戎州人殺之하다 公入于戎州己氏[14)]하다 初에 公自城上見己氏之妻髮美하고 使髡之[15)]하야 以爲呂姜髢[16)]하다 旣入焉에 而示之璧[17)]曰 活我하면 吾與女璧하리라 己氏曰 殺女면 璧其焉往이리오하고 遂殺之而取其璧하다 衛人復公孫般師而立之하다 十二月에 齊人伐衛하니 衛人請平하다 立公子起[18)]하고 執般師以歸하야 舍諸潞[19)]하다

11월에 衛侯가 鄄으로부터 衛나라로 들어가니 般師가 出奔하였다. 당초에 衛莊公이 城에 올라 바라보다가 戎州를 보고서 저곳이 어디냐고 묻자, 從者가 戎州라고 고하니, 莊公은 "우리나라는 姬姓인데, 어찌 戎人이 있을 수 있느냐?"라고 하고서, 戎州의 聚落을 破壞하였으며, 莊公은 匠人들을 부리면서 오래도록 休息하지 못하게 하였다. 莊公은 石圃를 逐出하려 하였으나, 축출하기 전에 변란이 일어났다. 辛巳日에 石圃가 匠氏에게 의지하여 莊公을 공격하자, 莊公이 문을 닫고 살려달라고 청하였으나, 石圃가 허락하지 않으니, 莊公은 북쪽 담을 넘다가 떨어져서 다리가 부러지니, 戎人이 莊公을 공격하였다. 太子 疾과 公子 靑이 담을 넘어 莊公을 따랐는데, 戎州人이 그들을 죽였다. 莊公은 戎州의 己氏의 집으로 들어갔다. 당초에 莊公이 城 위에서 己氏 아내의 頭髮이 아름다운 것을 보고서 사람을 보내어 그 머리를 깎아 대머리로 만들고서 그 자른 머리를 가지고 와서 呂姜의 다리로 만들게 한 일이 있었다. 己氏의 집으로 들어간 뒤에 己氏에게 璧玉을 보여주며 "나를 살려주면 나는 이 璧玉을 너에게 주겠다."고 하니, 己氏가 말하기를 "너를 죽이면 그 벽옥이 어디로 가겠느냐?"고 하고서, 드디어 莊公을 죽이고서 그 벽옥을 취하였다. 衛人이 公孫 般師를 돌아오게 하여 그를 임금으로 세웠다. 12월에 齊人이 衛나라를 토벌하니, 衛人이 和平을 要請하였다. 齊人은 公子 起를 衛나라 임금으로 세우고서 般師를 체포해 데리고 돌아가서 潞邑에 安置하였다.

1) 辟蒯聵也

蒯聵를 피해 도망간 것이다.

2)〔附注〕林曰 先時衛莊公登城遠望

〔부주〕林: 과거에 衛莊公이 城에 올라 멀리 바라본 것이다.

3) 戎州 戎邑

戎州는 戎人이 居住하는 邑이다.

4)〔附注〕林曰 問此何地 從者以戎州告

〔부주〕林: 저곳이 어디냐고 묻자, 從者가 戎州라고 告한 것이다.

5) 言姬姓國 何故有戎邑

姬姓의 나라에 어째서 戎邑이 있느냐고 말한 것이다.

6) 削壞其邑聚

그 邑의 聚落을 파괴한 것이다.

7) 역주〕翦之 : 그 邑의 聚落을 破壞하고 그 財物을 掠奪한 것을 이르고, 그 사람들을 죽인 것을 이른 것이 아니다. 〈楊注〉

8) 久不休息

오랫동안 休息하지 못한 것이다.

9) 石圃 衛卿石惡從子

石圃는 衛나라 卿 石惡의 조카이다.

10)〔附注〕林曰 未及逐圃 先及於難

〔부주〕林: 石圃를 축출하기 전에 먼저 禍難에 미친 것이다.

11)〔附注〕林曰 莊公閉門請免 石圃不許

〔부주〕林: 莊公이 문을 닫고서 죽음을 면하게 해달라고 요청하였으나, 石圃가 허락하지 않은 것이다.

12) 終如卜言 乃自後踰

끝내 卜辭의 말과 같이 뒷담을 넘은 것이다.

13) 青 疾弟〔附注〕林曰 從公而走

青은 疾의 아우이다.

〔부주〕林: 衛莊公을 따라 逃走한 것이다.

14) 己氏 戎人姓

己氏는 戎人의 姓이다.

15)〔附注〕林曰 使人髡剃其髮

〔부주〕林: 사람을 시켜 그 머리를 대머리가 되게 깎은 것이다.

16) 呂姜 莊公夫人 髢 髮也

呂姜은 衛莊公의 夫人이다. 髢는 月子(다리)이다.

17)〔附注〕林曰 莊公旣入己氏 以璧玉示己氏

〔부주〕林: 衛莊公이 己氏의 집에 들어간 뒤에 己氏에게 璧玉을 보여준 것이다.

18) 起 靈公子

起는 衛靈公의 아들이다.

19) 潞 齊邑

潞는 齊나라 邑이다.

【傳】公會齊侯盟于蒙[1)]에 **孟武伯相**이러니 **齊侯稽首**로되 **公拜**[2)]하니 **齊人怒**하다 **武伯曰 非天子**면 **寡君無所稽首**[3)]니라 **武伯問於高柴曰 諸侯盟**에 **誰執牛耳**[4)]오 **季羔曰 鄫衍之役**에 **吳公子姑曹**[5)]하고 **發陽之役**에 **衛石魋**[6)]하니 **武伯曰 然則彘也**[7)]라하다

哀公이 齊侯와 會合하여 蒙에서 結盟할 때 孟武伯이 相이 되었다. 齊侯는 哀公에게 머리를 조아렸으나, 哀公은 절만 하니 齊人이 노하였다. 그러자 武伯이 말하기를 "天子가 아니면 우리 임금님께서 머리를 조아릴 대상이 없기 때문입니다."라고 하였다. 武伯이 高柴에게 "諸侯의 會盟에 누가 牛耳를 잡습니까?"라고 물으니, 季羔가 말하기를 "鄫衍의 會盟에는 吳나라 公子 姑曹가 牛耳를 잡았고, 發陽의 會盟에는 衛나라 石魋가 牛耳를 잡았습니다."라고 하니, 武伯이 말하기를 "그렇다면 이번 會盟에 牛耳를 잡을 사람은 저입니다."라고 하였다.

1) 齊侯 簡公弟平公敬也 蒙在東莞蒙陰縣西 故蒙陰城也

齊侯는 簡公의 아우 平公 敬이다. 蒙은 東莞 蒙陰縣 서쪽에 있으니, 옛 蒙陰城이다.

2)〔附注〕林曰 哀公拜而答之 不稽首

〔부주〕林: 哀公이 절하여 答禮하고 머리를 조아리지 않은 것이다.

3)〔附注〕林曰 言稽首者 事天子之禮

〔부주〕林: 머리를 조아리는 것은 天子를 섬기는 禮라는 말이다.

4) 執牛耳 尸盟者

會盟을 主宰하는 자가 牛耳를 잡는다.

5) 季羔 高柴也 鄫衍在七年〔附注〕林曰 姑曹實執牛耳

季羔는 高柴이다. 鄫衍의 會盟은 哀公 7년에 있었다.

〔부주〕林: 姑曹가 실로 牛耳를 잡았다.

6) 發陽 鄖也 在十二年 石魋 石曼姑之子

發陽은 鄖이다. 哀公 12년에 있었다. 石魋는 石曼姑의 아들이다.

7) 彘 武伯名也 鄫衍則大國執 發陽則小國執 據時執者無常 故武伯自以爲可執

彘는 武伯의 이름이다. 鄫衍의 會盟에는 大國이 牛耳를 잡았고, 發陽의 會盟에는 小國

이 牛耳를 잡았으니, 이때의 會盟에 의거하면 牛耳를 잡은 자가 일정하지 않았기 때문에 武伯이 스스로 牛耳를 잡을 수 있다고 여긴 것이다.

【傳】 宋皇瑗之子麇[1]有友하니 **曰田丙**이라 **而奪其兄鄸般邑以與之[2]**하니 **鄸般慍而行**하야 **告桓司馬之臣子儀克[3]**한대 **子儀克適宋[4]**하야 **告夫人曰 麇將納桓氏[5]**라하니 **公問諸子仲[6]**하다 **初**에 **子仲將以杞姒之子非我爲子[7]**한대 **麇曰 必立伯也[8]**하라 **是良材**니라 **子仲怒**하야 **不從**하다 **故對曰 右師則老矣**어니와 **不識麇也[9]**라하니 **公執之[10]**하다 **皇瑗奔晉[11]**이어늘 **召之[12]**하다

宋나라 皇瑗의 아들 麇에게 田丙이란 벗이 있었는데, 麇이 그 兄(田丙의 兄) 鄸般의 邑을 빼앗아 田丙에게 주니, 鄸般이 怒氣를 품고 그곳을 떠나가서 桓司馬의 家臣 子儀克에게 告하자, 子儀克이 宋나라로 가서 夫人(景公의 母親)에게 "麇이 桓氏를 받아들이려 합니다."라고 告하니, 宋景公이 子仲에게 물었다. 당초에 子仲이 杞姒의 아들 非我를 適子로 삼으려 하자, 麇이 말하기를 "반드시 伯을 세우소서. 伯은 才能이 있습니다."라고 하니, 子仲은 노하여 그 말을 따르지 않은 적이 있었다. 그러므로 "右師는 늙었지만 麇은 알 수 없습니다."라고 대답하니, 景公은 麇을 逮捕하였다. 皇瑗이 晉나라로 出奔하니, 景公은 그를 불러 돌아오게 하였다.

1) 瑗 宋右師

瑗은 宋나라 右師이다.

2) 〔附注〕 林曰 奪鄸般邑以與田丙

〔부주〕 林: 鄸般의 封邑을 빼앗아 田丙에게 준 것이다.

3) 克在下邑 不與魋之亂 故在

子儀克은 下邑(시골 邑)에 있으면서 桓魋의 叛亂에 참여하지 않았기 때문에 여전히 下邑에 있었던 것이다.

4) 역주〕 子儀克適宋 : 이 下邑에서 宋나라 國都로 간 것이다. 〈楊注〉

5) 역주〕 將納桓氏 : 桓氏는 桓魋를 이른다. 桓魋는 哀公 14년에 반란을 일으켰다가 실패하고서 衛나라로 도망갔는데, '麇이 出奔한 桓氏를 받아들이려 한다.'고 子儀克이 誣告한 것이다.

6) 子仲 皇野

子仲은 皇野이다.

7) 爲適子 杞姒 子仲妻

適子로 삼음이다. 杞姒는 子仲의 妻이다.

8) 伯 非我兄

伯은 非我의 兄이다.

9) 言右師老不能爲亂 麇則不可知

右師는 늙었으니 亂을 일으킬 수 없겠지만, 麇은 알 수 없다는 말이다.

10) 執麇

麇을 체포한 것이다.

11)〔附注〕林曰 執其子 故瑗懼禍出奔

〔부주〕林: 그 아들을 체포하였기 때문에 皇瑗이 禍를 당할까 두려워 出奔한 것이다.

12) 召令還

불러서 돌아오게 한 것이다.

〈十八年, 甲子 B.C.477〉

【傳】 十八年春에 **宋殺皇瑗**하다 **公聞其情**[1]하고 **復皇氏之族**하야 **使皇緩爲右師**[2]하다

18년 봄에 宋나라가 皇瑗을 죽였다. 宋景公은 그 정황을 듣고서 皇氏의 家族을 회복시키고서 皇緩을 右師로 삼았다.

1) 역주〕聞其情 : 情은 實이다. 宋景公이 얼마 뒤에 皇瑗 父子가 無罪였음을 들은 것이다. ≪左氏會箋≫

2) 言宋景公無常也 緩瑗從子

宋景公의 변덕이 無常하였음을 말한 것이다. 緩은 皇瑗의 조카이다.

【傳】 巴人伐楚圍鄾[1]하다 **初**에 **右司馬子國之卜也**에 **觀瞻曰 如志**[2]리하다 **故命之**[3]하다 **及巴師至**하야 **將卜帥**한대 **王曰 寧如志**하니 **何卜焉**[4]가하고 **使帥師而行**하다 **請承**[5]한대 **王曰 寢尹工尹勤先君者也**[6][7]라 **三月**에 **楚公孫寧吳由于薳固敗巴師于鄾**하다 **故封子國於析**하니라

巴人이 楚나라를 侵伐하여 鄾를 포위하였다. 당초에 〈楚王이〉 子國을 右司馬로 삼는 것이 어떤지에 대해 거북점을 칠 적에 觀瞻이 말하기를 "〈임금님의〉 志望에 符合할 것입니다."라고 하였다. 그러므로 子國을 右司馬에 任命하였다. 巴軍이 쳐들어올 때에 미쳐 점을 쳐서 將帥를 뽑으려 하자, 王이 말하기를 "寧이 나의 志望에 부합한다고 하였으니, 다시 점을 칠 게 뭐 있는가?"라고 하고서 子國으로 하여금 군대를 거느리고 가게

하였다. 子國이 副帥〔承〕를 任命하기를 청하자, 王이 말하기를 "寢尹과 工尹이 先君 때 勤勞한 사람들이다."라고 하였다. 3월에 楚나라 公孫 寧과 吳由于・薳固(工尹)가 巴軍을 鄾에서 패배시켰다. 그러므로 析을 子國의 封邑으로 준 것이다.

1) 鄾 楚邑
鄾는 楚나라 邑이다.

2) 子國未爲令尹時 卜爲右司馬 得吉兆 如其志 觀瞻 楚開卜大夫觀從之後
子國이 令尹이 아직 되지 않았을 때 〈楚王이 子國을〉 右司馬로 삼는 것이 어떤지에 대해 점을 쳐서 '그 志望에 부합한다.'는 吉한 卦를 얻은 것이다. 觀瞻은 楚나라 開卜大夫 觀從의 後孫이다.

3) 命以爲右司馬
任命하여 그를 右司馬로 삼은 것이다.

4) 寧 子國也
寧은 子國이다.

5) 承 佐
承은 佐(副帥)이다.

6) 柏擧之役 寢尹吳由于以背受戈 工尹固執燧象奔吳師 皆爲先君勤勞
〈定公 4년에 있었던〉 柏擧의 전쟁 때 寢尹 吳由于가 등으로 창을 받은 것과 工尹 固가 코끼리 꼬리에 횃불을 매달아 吳軍으로 달려가게 한 것이 모두 先君을 위하여 勤勞한 것이다.

7) 역주〕寢尹工尹勤先君者也 : 定公 4년 傳에 의하면 柏擧의 전쟁 때 寢尹 吳由于는 등으로 盜賊의 창을 받아 〈楚昭王을 保護하였고,〉 箴尹 固는 王을 위하여 코끼리 꼬리에 횃불을 매달아 〈吳軍으로 달려가게 하였다.〉 哀公 16년 傳에는 '箴尹 固'로 되어 있는데, 이때에 또 工尹으로 官職이 바뀐 듯하다. 〈楊注〉

君子曰 惠王知志[1)]로다 夏書曰 官占은 唯能蔽志오사 昆命于元龜[2)]라하니 其是之謂乎ㄴ저 志曰 聖人不煩卜筮라하니 惠王其有焉[3)4)]이로다

이에 대해 君子는 다음과 같이 論評하였다. "惠王은 〈사람들의〉 志望을 알았도다. 〈夏書〉에 '卜官이 점을 칠 때에는 먼저 뜻을 결정한 뒤에 元龜(大龜)에 命(告)한다.'고 하였으니, 아마도 惠王의 경우를 이른 듯하다. 옛 기록에 '聖人은 頻煩하게 거북점과 蓍草占을 치지 않았다.'고 하였는데, 惠王에게도 그런 점이 있다."

1) 知用其意

사람들의 意望을 들어줄 줄을 안 것이다.

2) 逸書也 官占 卜筮之官 蔽 斷也 昆 後也 言當先斷意 後用龜也

逸書이다. 官占은 卜筮를 맡은 官員이다. 蔽는 決斷함이고, 昆은 後이니, 먼저 意思를 決斷한 뒤에 龜甲을 사용해 점을 친다는 말이다.

3) 不疑 故不卜也

의심하지 않기 때문에 점을 치지 않은 것이다.

4) 역주) 惠王其有焉 : 元帥를 임명하고 副元帥를 임명할 때 모두 점을 치지 않은 것을 이른다. 〈楊注〉

【傳】 夏에 衛石圃逐其君起하니 起奔齊[1)]하다 衛侯輒自齊復歸[2)]하야 逐石圃하고 而復石魋與大叔遺[3)]하다

여름에 衛나라 石圃가 그 임금 起를 逐出하니 起가 齊나라로 出奔하였다. 衛侯 輒이 齊나라에서 復歸하여 石圃를 축출하고서 石魋와 大叔 遺를 〈원래의 官爵에〉 회복시켰다.

1) 齊所立故

齊나라가 세운 임금이기 때문에 〈축출한 것이다.〉

2) 역주) 復歸 : 成公 18년 傳에 의하면 國人이 맞이해 復位시키는 것을 '復歸'라 한다고 하였다.

3) 皆蒯聵所逐

이들은 모두 蒯聵가 축출한 자들이다.

〈十九年, 乙丑 B.C.476〉

【傳】 十九年春에 越人侵楚하야 以誤吳也[1)]하다

19년 봄에 越人이 楚나라를 侵攻하여 吳나라를 그르쳤다.

1) 誤吳 使不爲備

誤吳는 吳나라로 하여금 〈越나라에 대한〉 防備를 하지 않게 한 것이다.

【傳】 夏에 楚公子慶公孫寬追越師하야 至冥이나 不及하고 乃還[1)]하다

여름에 楚나라 公子 慶과 公孫 寬이 越軍을 뒤쫓아 冥까지 갔으나 따라잡지 못하고

서 이에 돌아갔다.

1) 冥 越地

冥은 越나라 땅이다.

【傳】 秋에 楚沈諸梁伐東夷[1])하니 三夷男女及楚師盟于敖[2])하다

가을에 楚나라 沈諸梁이 東夷를 토벌하니, 三夷의 男女가 楚軍과 敖에서 結盟하였다.

1) 報越

越나라에 보복한 것이다.

2) 從越之夷三種 敖 東夷地

越나라에 거주하는 3種의 夷狄을 追擊한 것이다. 敖는 東夷의 땅이다.

【傳】 冬에 叔青如京師하니 敬王崩故也[1])라

겨울에 叔青이 京師에 갔으니, 敬王이 崩하였기 때문이다.

1) 言敬王能終其世 終萇弘言東王必大克 叔青 叔還子 〔附注〕 林曰 按左氏 敬王崩在此年 世族譜云 敬王四十二年崩 敬王子元王十年 春秋之傳終矣 則敬王崩 當在哀十七年 史記周本記 及十二諸侯年表 敬王四十二年崩 子元王仁立 則敬王是魯哀十八年崩也 六國年表 起自元王 及本記皆云 元王八年崩 子定王介立 是魯哀公之二十七年 與杜預世族譜爲異 又世本云 魯哀公二十年 是定王介崩 子元主赤立 衆說不同 未詳其正也

敬王이 그 일생을 잘 마친 것을 말한 것이다. 끝내 〈昭公 23년 傳에〉 '東王이 반드시 大克할 것이다.'라고 한 萇弘의 말과 같이 되었다. 叔青은 叔還의 아들이다.

〔부주〕 林: 考察하건대 ≪左傳≫에는 敬王의 崩御가 금년에 있으나, ≪世族譜≫에는 "敬王이 42년에 崩御하였고, 敬王의 아들 元王 10년에 ≪春秋≫의 傳이 끝났다."고 하였으니, 敬王이 崩御한 연도가 哀公 17년이어야 한다. ≪史記≫ 〈周本紀〉와 〈十二諸侯年表〉에 "敬王이 42년에 崩御하고 아들 元王 仁이 卽位하였다."고 하였으니, 敬王이 魯哀公 18년에 崩御한 것이다. 〈六國年表〉에는 元王에서부터 기록을 시작하였는데, 〈本紀〉에는 모두 "元王이 8년에 崩御하고 아들 定王 介가 卽位하였다."고 하였으니, 바로 魯哀公 27년이다. 杜預의 ≪世族譜≫와 차이가 있고, 또 ≪世本≫에는 "魯哀公 20년에 定王 介가 崩御하고 아들 元主 赤이 즉위하였다."고 하였다. 여러 설이 같지 않으니 正確한 年度를 자세히 알 수 없다.

〈二十年, 丙寅 B.C.475〉

【傳】 二十年春에 齊人來徵會하다 夏에 會于廩丘하니 爲鄭故로 謀伐晉[1)]하다 鄭人辭諸侯하니 秋에 師還[2)]하다

20년 봄에 齊人이 와서 會合에 오라고 불렀다. 여름에 廩丘에서 會合하였으니, 鄭나라를 위한 일로 晉나라 토벌을 상의하기 위해서였다. 鄭人이 諸侯에게 사절하니, 가을에 군대가 돌아왔다.

1) 十五年 晉伐鄭

哀公 15년에 晉나라가 鄭나라를 토벌하였다.

2) 終叔向言晉公室卑

끝내 '晉나라 公室이 衰弱〔卑〕해질 것'이라고 한 叔向의 말과 같이 되었다.

【傳】 吳公子慶忌驟諫吳子曰 不改면 必亡하리라 弗聽[1)]하니 出居于艾[2)]라가 遂適楚하다 聞越將伐吳하고 冬에 請歸平越[3)]하야 遂歸하야 欲除不忠者以說于越[4)5)]하니 吳人殺之[6)]하다

吳나라 公子 慶忌가 吳子에게 "〈현재의 政令을〉 고치지 않으면 반드시 나라가 망할 것입니다."라고 자주 諫하였으나 듣지 않으니, 慶忌는 國都를 나와 艾에서 살다가 드디어 楚나라로 갔다. 〈얼마 뒤에〉 越나라가 吳나라를 치려 한다는 말을 듣고, 겨울에 吳나라로 돌아가서 越나라와 和平시키기를 청하여, 드디어 돌아가서 不忠한 자들을 제거하여 越나라를 기쁘게 하려 하니, 吳人이 慶忌를 죽였다.

1) 吳子弗聽 〔附注〕 林曰 不改修德

吳子가 듣지 않은 것이다.

〔부주〕 林: 잘못을 고치고 덕을 닦지 않음이다.

2) 艾 吳邑 豫章有艾縣 〔附注〕 林曰 慶忌出居

艾는 吳나라 邑이다. 豫章에 艾縣이 있다.

〔부주〕 林: 慶忌가 나가서 산 것이다.

3) 〔附注〕 林曰 慶忌請歸吳以平越難

〔부주〕 林: 慶忌가 吳나라로 돌아가서 越나라와의 戰亂을 和平시키기를 청한 것이다.

4) 〔附注〕 林曰 慶忌欲除去不忠於吳者 以解說於越

〔부주〕 林: 慶忌는 吳나라에 不忠한 자들을 제거하여 越나라에 해명하려 한 것이다.

5) 역주] 欲除不忠者以說于越 : 吳나라에 不忠하는 신하들을 除去하고서 越나라와 講和하려 한 것이다.

6) 言其不量力

慶忌가 자기의 能力을 헤아리지 못한 것을 말한 것이다.

【傳】十一月에 **越圍吳**하다 **趙孟降於喪食**[1)]하니 **楚隆曰 三年之喪**은 **親暱之極也**어늘 **主又降之**하니 **無乃有故乎**[2)]아 **趙孟曰 黃池之役**에 **先主與吳王有質**[3)]**曰 好惡同之**라하니라 **今越圍吳**하니 **嗣子不廢舊業而敵之**[4)]로되 **非晉之所能及也**라 **吾是以爲降**[5)6)]이로라 **楚隆曰 若使吳王知之**면 **若何**[7)]오 **趙孟曰 可乎**ㄴ저 **隆曰 請嘗之**[8)]호리라하고 **乃往**하야 **先造于越軍**[9)]하야 **曰 吳犯閒〔間〕**[10)]**上國多矣**[11)]ㄹ새 **聞君親討焉**하고 **諸夏之人莫不欣喜**로되 **唯恐君志之不從**[12)]하니 **請入視之**하노라 **許之**[13)]하다 **告于吳王曰 寡君之老無恤使陪臣隆**[14)]하야 **敢展謝其不共**[15)]이로라 **黃池之役**에 **君之先臣志父得承齊盟**하야 **曰 好惡同之**라하니라 **今君在難**하니 **無恤不敢憚勞**나 **非晉國之所能及也**ㄹ새 **使陪臣敢展布之**하노라 **王拜稽首曰 寡人不佞**하야 **不能事越**하야 **以爲大夫憂**하니 **拜命之辱**하노라하고 **與之一簞珠**[16)]하야 **使問趙孟**[17)]하고 **曰 句踐將生憂寡人**하니 **寡人死之不得矣**[18)19)]로라 **王曰 溺人必笑**라하니 **吾將有問也**[20)21)]로라 **史黯何以得爲君子**[22)]오 **對曰 黯也進不見惡**[23)]하고 **退無謗言**[24)]하니라 **王曰宜哉**[25)]라

11월에 越軍이 吳나라를 포위하였다. 趙孟이 喪中에 들던 飮食보다 그 가짓수를 줄이니, 楚隆이 말하기를 "父母의 喪中에 3년 동안 〈거친 음식을 드는 것은〉 親愛하는 마음이 지극하기 때문인데, 主公께서는 喪中에 드는 음식보다 가짓수를 더욱 줄이시니 까닭이 있는 것이 아닙니까?"라고 하니, 趙孟이 말하기를 "黃池의 會盟에 先主(趙鞅)와 吳王이 盟約하기를 '好惡(苦樂)를 함께하리라.'고 하셨다. 지금 越나라가 吳나라를 포위하였으니, 先主의 뒤를 이은 나는 先主께서 맺으신 맹약〔舊業〕을 폐기하지 않고 달려가 越軍을 대적해야 하는 것이 마땅한데도 晉나라의 國力으로 미칠 수 있는 바가 아니므로 나는 음식의 가짓수를 줄여 〈스스로를 罪責하는〉 것이다."라고 하였다. 楚隆이 말하기를 "吳王으로 하여금 主公의 뜻을 알게 하면 어떻겠습니까?"라고 하니, 趙孟이 "좋다."고 하였다. 그러자 楚隆이 "한번 試圖해보겠습니다."라고 하고서 길을 떠나가서 먼저 越軍의 陣營으로 가서 말하기를 "吳나라가 上國(越)을 침범한 일이 많았으므로 越君께서 친히 토벌한다는 말을 듣고서 諸夏의 사람들 중에 기뻐하지 않는 자가 없으

나, 오직 임금님의 뜻이 이루어지지 않을까 두려워합니다. 그러니 〈吳軍의 陣營으로〉 들어가서 〈그 情況을〉 살펴보기를 청합니다."라고 하니, 越王이 허락하였다. 楚隆이 〈吳軍의 陣營으로 가서〉 吳王에게 고하기를 "우리 임금님의 老臣 無恤이 陪臣 隆을 보내어 감히 자신의 不恭을 謝罪하게 하였습니다. 黃池에서 會盟할 때 임금님의 先臣 志父(趙鞅)가 齊盟(同盟)에 참가하여 '好惡를 함께하겠다.'고 하셨습니다. 지금 吳君께서 危難 중에 계시니, 나 無恤은 감히 〈出戰하는〉 勞苦를 두려워하지 않습니다만 晉나라의 國力으로 미칠 수 있는 바가 아니므로 陪臣을 보내어 감히 사정을 陳述하는 바입니다."라고 하니, 吳王이 절하고서 머리를 조아리며 말하기를 "寡人이 변변치 않아 越나라를 잘 섬기지 못하여 大夫(無恤)에게 근심을 끼쳤는데도 이렇게 관심을 보여주시니 감사합니다."라고 하고서 珍珠 한 상자를 楚隆에게 주어 無恤에게 전해주게 하며 말하기를 "句踐이 寡人에게 살아서 憂患을 겪게 하려 하니, 寡人은 壽命으로 죽을 수 없을 것입니다."라고 하고서, 吳王은 楚隆에게 말하기를 "물에 빠진 사람은 반드시 웃는다고 하니, 나도 그대에게 묻고자 하오. 史黯(史墨)은 어째서 君子가 된 것이오."라고 하자, 楚隆이 "史黯은 벼슬에 나아가도 그를 미워하는 이가 없었고, 벼슬에서 물러나도 그를 비방하는 자가 없었습니다."라고 대답하니, 吳王은 "〈君子가 된 것이〉 당연하다."고 하였다.

1) 趙孟 襄子無恤 時有父簡子之喪〔附注〕林曰 飮食又降於居喪
  趙孟은 襄子 無恤이다. 이때 아버지 趙簡子의 喪中에 있었다.
  〔부주〕林: 飮食을 居喪 중에 들던 것보다 가짓수를 더욱 줄인 것이다.

2) 역주〕喪食 : 禮로 規定한 喪人의 疏食을 이른다. 이때 無恤은 父喪 中이어서 疏食을 들고 있었는데, 吳나라가 포위되었다는 소식을 듣고는 먹는 飮食의 가짓수를 더욱 줄인 것이다. 〈楊注〉에 "父喪 中에는 食品을 줄이는 것이 禮이다. 지금 吳나라가 포위되어 滅亡할 形勢가 있는데도 자기가 救援할 수 없기 때문에 父喪 中에 들던 음식보다 등급을 낮춘 것이다."라고 하였다.

3) 楚隆 襄子家臣〔附注〕林曰 父母之喪三年 此親愛之極者也 襄子又降於喪食 豈有他故乎
  楚隆은 襄子의 家臣이다.
  〔부주〕林: 父母의 喪中에 3년 동안 〈簡疏한 음식을 먹는〉 것은 親愛가 지극하기 때문인데, 襄子는 도리어 喪食보다 낮추었으니, 어찌 다른 이유가 있는 것이 아니냐는 말이다.

4) 黃池在十三年 先主 簡子 質 盟信也
  黃池의 會盟은 哀公 13년에 있었다. 先主는 趙簡子를 이른다. 質은 盟約이다.

5) 嗣子 襄子自謂 欲敵越救吳

嗣子는 趙襄子가 자신을 이른 것이다. 越軍과 對敵하여 吳나라를 救援하고 싶다는 말이다.

6)〔附注〕林曰 吳晉相距甚遠 非晉力之所能及也 我是以爲降於喪食

〔부주〕林: 吳나라와 晉나라는 거리가 매우 멀어서 晉나라의 힘이 미칠 수 없으니, 나는 이로 인해 먹는 음식을 喪食보다 낮추었다는 말이다.

7) 역주〕非晉之所能及也 : 晉나라의 國力이 吳나라를 救援하기에 부족하다는 말이다.

8)〔附注〕朱曰 言雖不能救吳 但使吳王知我憂吳之意 如何

〔부주〕朱: 비록 吳나라를 구원할 수는 없으나, 吳王으로 하여금 우리가 吳나라를 걱정하는 뜻을 알게 하는 것이 어떻겠느냐는 말이다.

9) 嘗 試也

嘗은 試이다.

10) 역주〕先造于越軍 : 吳나라가 이미 包圍되었으니, 吳城으로 들어가려면 반드시 越軍의 陣營을 지나야 한다. 그러므로 먼저 越軍의 陣營으로 간 것이다. 〈楊注〉

11) 역주〕저본에는 '閒'으로 되어 있으나 ≪十三經注疏≫本에 의거하여 '間'으로 바로잡았다.

12)〔附注〕林曰 言吳人干犯離間上國 亦已多矣

〔부주〕林: 吳人이 上國을 침범하고 離間한 일 또한 이미 많다는 말이다.

13)〔附注〕朱曰 唯恐越君志意之不遂

〔부주〕朱: 오직 越君의 뜻이 이루어지지 않을까 두려울 뿐이라는 말이다.

14)〔附注〕林曰 請入吳而覘其動息

〔부주〕林: 吳나라로 들어가서 그 動靜을 살피기를 청한 것이다.

15) 역주〕寡君之老無恤使陪臣隆 : 吳王과 晉侯는 그 身分이 對等하고 趙無恤은 晉나라 正卿이기 때문에 '老'라고 稱한 것이고, 楚隆은 또 無恤의 신하이기 때문에 스스로 '陪臣'이라고 稱한 것이다. 〈楊注〉

16) 展 陳也

展은 陳이다.

17) 簞 小笥

簞은 작은 상자이다.

18) 問 遺也

問은 遺(줌)이다.

19)〔附注〕林曰 言句踐將使我生受其憂患 我雖欲爲之死 不可得矣

〔부주〕林: 句踐이 나로 하여금 살아서 그 憂患을 겪게 하려 하니, 내가 비록 〈壽命대

로 살다가〉 죽고자 해도 될 수 없다는 말이다.

20) 역주〕 寡人死之不得矣 :〈楊注〉에 "자기는 善終할 수 없다는 것을 말한 것이다."라고 하였다. '善終'은 非命에 죽지 않고 壽命대로 살다가 죽는 것을 이른다.

21) 以自喩所問不急 猶溺人不知所爲而反笑〔附注〕朱曰 我將有問於汝也

時急하지 않은 것을 묻는 것이 마치 물에 빠진 사람이 어찌할 바를 몰라 도리어 웃는 것과 같다고 스스로 비유한 것이다.

〔부주〕朱: 내가 너에게 물으려 한다는 말이다.

22) 역주〕 溺人必笑 : 물에 빠진 사람이 입을 크게 벌려 웃는 모양을 짓는 것을 이르고, 물에 빠져 죽으면서도 오히려 웃는 용모가 있다는 말이 아니다. 이 말은 대개 당시의 俗談인 듯하다. 參考文獻 《左氏會箋》

23) 晉史黯云 不及四十年 吳當亡*) 吳王感問此也

晉나라 史黯이 '40년이 되기 전에 吳나라가 망할 것이다.'라고 하였는데, 吳王은 이 말에 느낌이 있어 史黯에 대해 물은 것이다.

*) 역주〕 不及四十年 吳當亡 : 昭公 32년 傳에 보이는 "史墨曰 不及四十年 越其有吳乎"를 말한 것이다.

24) 時行則行

行할 때가 되면 行한 것이다.

25) 時止則止

멈출 때가 되면 멈춘 것이다.

26)〔附注〕林曰 宜其爲君子也

〔부주〕林: 그가 君子가 된 것이 당연하다는 말이다.

〈二十一年, 丁卯 B.C.474〉

【傳】 二十一年夏五月에 **越人始來**[1]하다

21년 여름 5월에 越人이 처음으로 魯나라에 왔다.

1) 越旣勝吳 欲霸中國 始遣使適魯

越나라가 吳나라를 이긴 뒤에 中國에 霸者가 되고자 하여 비로소 魯나라에 使臣을 보내왔다.

【傳】 秋八月에 **公及齊侯邾子盟于顧**하다 **齊人責稽首**[1]하고 **因歌之曰 魯人之皐**여 **數年不覺**하야 **使我高蹈**[2]로다 **唯其儒書**하야 **以爲二國憂**[3)4]로다

가을 8월에 哀公이 齊侯・邾子와 顧에서 結盟하였다. 齊人이 〈지난 17년에 蒙에서 結盟할 때 齊侯는〉 머리를 조아렸으나, 〈哀公은 머리를 조아리지 않은 것을〉 책망하고, 이어 노래하기를 "魯人의 느림이여! 몇 해가 지나도록 깨닫지 못하여 우리로 하여금 멀리 오게 하였네. 魯人은 오직 儒家의 禮書에만 얽매어 兩國의 憂患을 만들었네."라고 하였다.

1) 責十七年齊侯爲公稽首 不見答 顧 齊地
 魯哀公 17년에 齊侯가 哀公을 위하여 머리를 조아렸을 때 哀公이 答禮하지 않은 것을 책망한 것이다. 顧는 齊나라 땅이다.
2) 皐 緩也 高蹈 猶遠行也 言魯人皐緩數年 不知答齊稽首 故使我高蹈來爲此會
 皐는 緩(늦음)이고, 高蹈는 遠行과 같다. 魯人이 數年을 끌고 齊나라에 稽首로 답할 줄을 몰랐다. 그러므로 우리로 하여금 멀리 와서 이 會合을 하게 하였다는 말이다.
3) 二國 齊邾也 言魯據周禮 不肯答稽首 令齊邾遠至
 二國은 齊나라와 邾나라이다. 魯나라가 ≪周禮≫에 의거하여 稽首로 답하지 않아 齊나라와 邾나라로 하여금 멀리 오게 하였다는 말이다.
4) 역주〕以爲二國憂 : 二國은 齊나라와 魯나라이다. 魯나라는 儒家의 禮書에 얽매어 끝내 齊平公의 稽首에 稽首로 答하지 않아 두 나라로 하여금 不睦하게 만들었다는 말이다. 〈楊注〉

是行也에 **公先至于陽穀**[1)]하니 **齊閭丘息曰 君辱擧玉趾**하야 **以在寡君之軍**[2)3)]하니 **群臣將傳遽以告寡君**[4)5)]하노라 **比其復也**히 **君無乃勤**[6)]가 **爲僕人之未次**[7)8)]일새 **請除館於舟道**[9)10)]하노라 **辭曰 敢勤僕人**[11)]가

이번 걸음에 哀公이 먼저 陽穀에 가니, 齊나라 閭丘息이 말하기를 "임금님께서 수고롭게도 발걸음을 옮기시어 우리 임금님의 군대를 慰問〔在〕해주시니, 우리 群臣들은 傳車를 보내어 우리 임금님께 보고하려 합니다. 그 傳車가 돌아올 때까지 임금님께 어찌 괴로움이 없겠습니까? 僕人이 아직 次舍(宿所)를 마련하지 못하였기 때문에 舟道에 館舍를 마련하여 깨끗이 淸掃하려 합니다."라고 하니, 哀公은 "어찌 감히 〈齊나라의〉 僕人들을 괴롭히겠소."라고 하고서 사양하였다.

1) 先期至也
 期日이 되기 전에 간 것이다.
2) 息 閭丘明之後

息은 閭丘明의 後裔이다.

3) 역주〕在寡君之軍 : 在는 存이니 存問(慰問)을 이른다. 齊侯가 군대를 거느리고 나왔기 때문에 '寡君之軍'이라 한 것이다.〈楊注〉

4)〔附注〕林曰 齊之群臣 將傳車急遽 以告齊君

〔부주〕林: 齊나라 群臣이 傳車를 보내어 급히 齊君께 報告하려 한다는 말이다.

5) 역주〕傳遽 : 遽는 傳이니, 同義詞를 連用한 것이다. 驛站의 車馬를 이른다.〈楊注〉

6)〔附注〕林曰 比其往復之久 魯君無乃勤勞

〔부주〕林: 그 傳車가 갔다가 오는 오랜 期間까지 魯君에게 勞苦가 없겠느냐는 말이다.

7) 次 舍也〔附注〕林曰 爲魯君僕從之人 未有次舍

次는 房舍이다.

〔부주〕林: 魯君을 侍從한 僕人을 위한 次舍는 아직 마련하지 못하였다는 말이다.

8) 역주〕爲僕人之未次 : '僕人들이 아직 次舍를 마련하지 못하였기 때문에'라는 말이다. ≪左氏會箋≫에 "魯君이 너무 일찍 왔기 때문에 齊나라 僕人이 아직 魯君이 머물 宿所를 준비하지 못하였다는 말이다."라고 하였다.

9) 舟道 齊地〔附注〕林曰 請爲魯君除治館舍於此

舟道는 齊나라 땅이다.

〔부주〕林: 魯君을 위하여 이곳에 館舍를 깨끗이 청소해놓으려 한다는 말이다.

10) 역주〕除館於舟道 : 이번의 會盟은 본래 魯哀公을 侮辱하기 위함이었다. 哀公이 期日에 앞서 갔기 때문에 齊侯가 閭丘息을 보내어 哀公을 맞이하여 舟道에 오래 滯留시키고자 하였으니, 이 또한 稽首에 答하지 않은 것을 責望하기 위한 術數였다. ≪左氏會箋≫

11) 不敢勤齊僕爲魯除館

감히 齊나라의 僕人을 勤勞시켜 魯나라를 위해 館舍를 清掃하게 할 수 없다는 말이다.

〈二十二年, 戊辰 B.C.473〉

【傳】 **二十二年夏四月**에 **邾隱公自齊奔越**하야 **曰 吳爲無道**하야 **執父立子**하니라 **越人歸之**하니 **大子革奔越**1)하다

22년 여름 4월에 邾隱公이 齊나라에서 越나라로 도망가서 말하기를 "吳나라가 無道하여 아비를 잡아 가두고 아들을 임금으로 세웠습니다."라고 하였다. 越人이 隱公을 邾나라로 돌려보내니, 太子 革이 越나라로 出奔하였다.

1) 邾隱公八年爲吳所囚 十年奔齊

邾隱公이 魯哀公 8년에 吳나라에 의해 樓臺에 갇혔다가 10년에 齊나라로 出奔하였다.

【傳】冬十一月丁卯에 越滅吳하고 請使吳王居甬東[1)]하니 辭曰 孤老矣라 焉能事君이리오하고 乃縊하다 越人以歸[2)]하다

겨울 11월 丁卯日에 越나라가 吳나라를 滅亡시키고서 吳王에게 甬東으로 가서 居住하기를 청하니, 吳王이 사절하며 말하기를 "내 이미 늙었으니 어찌 越王을 섬길 수 있겠는가?"라고 하고서 목매 죽었다. 越人은 그 尸身을 吳나라로 돌려보냈다.

1) 甬東 越地 會稽句章縣東海中洲也

甬東은 越나라 땅이다. 會稽 句章縣 동쪽 바다 가운데 있는 모래톱이다.

2) 以其尸歸 從〔終〕[*1)]史墨子胥之言也[*2)]

그 尸身을 돌려보낸 것이다. 끝내 史墨과 子胥의 말과 같이 되었다.

＊1) 역주〕저본에는 '從'으로 되어 있으나 ≪十三經注疏≫本에 의거하여 '終'으로 바로잡았다.

＊2) 역주〕史墨子胥之言 : 昭公 32년 傳에 보이는 "不及四十年 越其有吳乎"라고 한 史墨의 말과, 哀公 11년 傳에 보이는 "樹吾墓檟 檟可材也 吳其亡乎 三年 其始弱矣"라고 한 伍子胥의 말을 이른다.

〈二十三年, 己巳 B.C.472〉

【傳】二十三年春에 宋景曹卒[1)]하다 季康子使冉有弔하고 且送葬하니 曰 敝邑有社稷之事[2)]하야 使肥與有職競焉[3)]이라 是以不得助執紼[4)]하야 使求從輿人[5)6)]하고 曰 以肥之得備彌甥也[7)]ㄹ새 有不腆先人之產馬[8)9)]를 使求薦諸夫人之宰[10)]하노라 其可以稱旌繁乎[11)12)]아

23년 봄에 宋나라 景曹가 卒하였다. 季康子가 冉有를 보내어 弔喪하고 또 送葬하게 하니, 冉有가 가서 다음과 같이 말하였다. "우리나라에 社稷의 祭祀가 있어서 肥(季康子)가 제사를 돕는 職責을 맡아 바쁘기 때문에 직접 와서 喪輿 줄을 끌어 行進을 도울 수 없어서 나 求를 대신 보내어 輿人이 뒤를 따르게 하고서, 〈夫人의 家宰에게〉 '나 肥는 宋나라의 外孫이기에 先人의 牧地에서 生產된 변변치 못한 馬匹을 求를 시켜 夫人의 家宰에게 바칩니다. 하지만 어찌 旌繁의 裝飾과 어울릴 수 있겠습니까?'라고 告하게 하였습니다."

1) 景曹 宋元公夫人 小邾女 季桓子外祖母

景曹는 宋元公의 夫人이다. 小邾나라의 女人으로 季桓子의 外祖母이다.

2)〔附注〕林曰 言魯國有社稷祭祀之事

〔부주〕林: 魯나라에 社稷의 祭祀의 일이 있다는 말이다.

3) 肥 康子名 競 遽也〔附注〕林曰 季康子有職助祭 故匆遽

肥는 康子의 이름이다. 競은 바쁨이다.

〔부주〕林: 季康子는 祭祀를 돕는 職責을 가졌기 때문에 바쁘다는 말이다.

4) 역주〕執紼 : 葬事에 喪輿 줄을 손으로 잡고 끌어 行進을 도움이다.

5) 求 冉有名 輿 衆也

求는 冉有의 이름이다. 輿는 衆이다.

6) 역주〕輿人 : 雜役에 從事하는 자들을 이르는데, 여기서는 喪輿를 끄는 자들은 말한 것이다.

7) 彌 遠也 康子父之舅氏 故稱彌甥

彌는 遠이다. 〈宋景公이〉 季康子의 父親(季桓子)의 外叔이기 때문에 '彌甥'이라 칭한 것이다.

8)〔附注〕林曰 有不腆厚先人所產之馬

〔부주〕林: 先人의 牧地에서 生產한 변변치 못한 馬匹이 있다는 말이다.

9) 역주〕有不腆先人之產馬 : 先人의 牧地에서 生產된 것이기 때문에 '先人의 產馬'라고 한 것이다. 不腆은 不善과 같다. ≪左氏會箋≫

10) 薦 進也〔附注〕林曰 進諸夫人之宰 不敢斥尊

薦은 올림이다.

〔부주〕林: 이 馬匹을 夫人의 家宰에게 올린다고 한 것은 감히 尊嚴한 〈宋公을〉 직접 지칭할 수 없기 때문이다.

11) 稱 擧也 繁 馬飾繁纓也 終欒祁之言 政在季氏〔附注〕林曰 恐可以擧旌繁之用

稱은 擧이고, 繁은 馬匹을 粧飾하는 繁纓(말의 배띠와 가슴걸이)이다. 끝내 欒祁의 말과 같이 政權이 季氏에게 돌아갔다.

〔부주〕林: 아마도 旌繁의 用度로 취할〔擧〕 수 있을 것이라는 말이다.

12) 역주〕其可以稱旌繁乎 : 어찌 夫人의 신분에 맞는 旌繁의 裝飾과 어울릴 수 있겠느냐는 말이다. ≪左氏會箋≫에 의하면 稱은 副(맞음)이다. 말로써 수레를 끌고 수레에는 旌旄가 있으며 繁(腹帶)으로 말을 장식하니, 이는 모두 國君의 服飾이다. 말이 좋지 못하면 旌旄 및 아름다운 말 장식과 어울리지 않는다. 이 句는 변변치 못한 말이라서 旌繁의 장식과 어울릴는지 모르겠다고 謙讓한 말이다.

【傳】夏六月에 **晉荀瑤伐齊**[1])하니 **高無丕帥師御之**하다 **知伯視齊師**할새 **馬駭**어늘 **遂**

驅之[2)]**曰 齊人知余旗**하니 **其謂余畏而反也**라하고 **及壘而還**[3)]하다

여름 6월에 晉나라 荀瑤가 齊나라를 토벌하니 高無丕가 군대를 거느리고 防禦하였다. 知伯(荀瑤)이 齊軍의 動靜을 視察할 때 말이 놀라 달리자, 知伯은 수레를 몰아 앞으로 가며 말하기를 "齊人이 〈兵車에 세운 旗幟를 보고서〉 나인 줄을 알았을 것이니, 〈내가 만약 물러간다면〉 저들은 내가 겁이 나서 돌아가는 것으로 여길 것이다."라고 하고서 齊軍의 營壘까지 갔다가 돌아왔다.

1) 荀瑤 荀躒之孫 知伯襄子

荀瑤는 荀躒의 손자 知伯 襄子이다.

2) 〔附注〕 林曰 馬驚而逸 知伯遂驅之

〔부주〕 林: 말이 놀라 달아나니, 知伯이 드디어 말을 몰고 앞으로 간 것이다.

3) 〔附注〕 林曰 恐其謂我畏駭而却退也 及齊之軍壘而後歸

〔부주〕 林: 저들이 내가 두려워서 退却하는 것으로 여길까 두렵다고 하고서 齊나라 軍壘까지 간 뒤에 돌아온 것이다.

將戰에 **長武子請卜**[1)]한대 **知伯曰 君告于天子**하야 **而卜之以守龜於宗祧**[2)3)]하니 **吉矣**어늘 **吾又何卜焉**이리오 **且齊人取我英丘**ㄹ새 **君命瑤**하니 **非敢耀武也**라 **治英丘也**[4)]니라 **以辭伐罪足矣**니 **何必卜**[5)]이리오

交戰하려 할 때 長武子가 점을 치기를 청하자, 知伯이 말하기를 "임금님께서 이미 天子께 告하고 宗祧에서 守龜로 점을 치니 吉하였는데, 우리가 또 점을 칠 게 뭐 있겠소. 그리고 또 齊人이 우리의 英丘를 奪取하였기 때문에 임금님께서 나에게 명하신 것이니, 감히 武力을 誇示하려는 것이 아니라 英丘를 〈取한 齊나라의 罪를〉 懲治하기 위함이오. 嚴正한 말로 꾸짖고서 有罪者를 토벌하는 것으로 충분하니 점을 칠 필요가 뭐 있소."라고 하였다.

1) 武子 晉大夫

武子는 晉나라 大夫이다.

2) 〔附注〕 林曰 晉君請命于天子 以國之守龜卜吉凶於宗祧

〔부주〕 林: 晉君이 天子께 명을 청하고서, 國家의 守龜로 宗祧에서 吉凶을 점쳤다는 말이다.

3) 역주〕 守龜 : 天子나 諸侯가 점칠 때 사용하는 龜甲인데, 龜人이 맡아 지키기 때문에 '守龜'라 한다.

4) 治齊取英丘

英丘를 奪取한 齊나라의 죄를 懲治한다는 말이다.

5) 〔附注〕 林曰 奉英丘之辭 伐齊人之罪

〔부주〕 林: 英丘를 〈收復하라고 하신 君命을〉 받들어 齊人의 罪를 토벌한다는 말이다.

壬辰에 **戰于犂丘**[1]하야 **齊師敗績**하니 **知伯親禽顔庚**[2]하다

壬辰日에 犂丘에서 交戰하여 齊軍이 大敗하니, 知伯이 친히 顔庚을 生捕하였다.

1) 犂丘 隰也

犂丘는 隰이다.

2) 顔庚 齊大夫顔涿聚

顔庚은 齊나라 大夫 顔涿聚이다.

【傳】 秋八月에 **叔青如越**하니 **始使越也**라 **越諸鞅來聘**하니 **報叔青也**라

가을 8월에 叔青이 越나라에 갔으니, 처음으로 越나라에 使臣을 보낸 것이다. 越나라 諸鞅이 와서 聘問하였으니, 이는 叔青의 聘問에 대한 報聘이었다.

〈二十四年, 庚午 B.C.471〉

【傳】 二十四年夏四月에 **晉侯將伐齊**하야 **使來乞師曰 昔臧文仲以楚師伐齊取穀**[1]하고 **宣叔以晉師伐齊取汶陽**[2]하니 **寡君欲徼福於周公**[3]하야 **願乞靈於臧氏**[4][5]하니라 **臧石帥師會之**하야 **取廩丘**[6]하다 **軍吏令繕**하라 **將進**[7]하리라하니 **萊章曰 君卑政暴**[8]이로되 **往歲克敵**[9]하고 **今又勝都**[10]는 **天奉多矣**라 **又焉能進**[11][12]이리오 **是躗言也**[13]라 **役將班矣**[14]리라 **晉師乃還**하다 **餼臧石牛**[15]하니 **大史謝之**[16]**曰 以寡君之在行**[17]으로 **牢禮不度**[18][19]하니 **敢展謝之**[20]하노라

24년 여름 4월에 晉侯가 장차 齊나라를 토벌하기 위해 魯나라에 使者를 보내어 援兵을 요청하며 말하기를 "전에 臧文仲은 楚軍을 거느리고 가서 齊나라를 토벌하여 穀을 취하였고, 宣叔(臧孫許)은 晉軍을 거느리고 가서 齊나라를 토벌하여 汶陽을 취하였으니, 우리 임금님께서는 周公께 福을 祈求하고자 하여 臧氏가 군대를 거느리고 와주기를 원하십니다."라고 하니, 臧石이 군대를 거느리고 가서 晉軍과 會合하여 廩丘를 取

(占領)하였다. 晉나라 軍吏가 '戰備를 修繕하라. 장차 進軍할 것이다.'라고 令을 내리니, 齊나라 大夫 萊章이 이 말을 듣고 말하기를 "晉나라 임금은 〈權威가〉 낮고 政事가 暴虐한데도 지난해에 兵力이 對等〔敵〕한 〈우리 齊나라를〉 이겼고, 금년에 또 都邑(廩丘를 이름)을 공격하여 승리한 것은 하늘이 도움을 준 것이 많아서이다. 하지만 또 어찌 進軍해 올 수 있겠는가? 이것은 〈우리를 속이기 위한〉 거짓말이니, 晉軍〔役〕이 머지않아 돌아갈 것이다."라고 하였다. 과연 晉軍은 곧 돌아갔다. 晉人이 臧石에게 한 마리의 소를 보내니, 晉나라 太史가 臧石에게 謝罪하기를 "우리 임금님께서 軍中〔行〕에 계시므로 牢禮가 規定한 法度에 맞지 않으니, 감히 謝罪의 뜻을 표합니다."라고 하였다.

1) 在僖二十六年
 僖公 26년에 있었다.
2) 在成二年
 成公 2년에 있었다.
3) 역주〕寡君欲徼福於周公 : 周公은 魯나라의 始祖이다. 魯나라에 援軍을 청하려 하였기 때문에 이렇게 말한 것이다.
4) 以臧氏世勝齊 故欲乞其威靈
 臧氏가 대대로 齊나라와의 전쟁에서 승리하였기 때문에 臧氏의 威靈을 빌고자 한 것이다.
5) 역주〕願乞靈於臧氏 : 靈도 福이다. 이것은 臧氏로 하여금 군대를 거느리게 하고자 한 것이다. 〈楊注〉
6) 石 臧賓如之子
 臧石은 臧賓如의 아들이다.
7) 晉軍吏也 繕治戰備
 晉나라 軍吏이다. 戰備를 修繕함이다.
8) 萊章 齊大夫〔附注〕林曰 晉君卑小 晉政暴虐
 萊章은 齊나라 大夫이다.
 〔부주〕林: 晉나라 임금은 卑小하고 晉나라 政事는 暴虐하다는 말이다.
9) 禽顔庚
 顔庚을 사로잡은 것이다.
10) 取廩丘
 廩丘를 取(占領)한 것이다.
11)〔附注〕林曰 天之奉晉 亦已多矣 又安能進師而攻我
 〔부주〕林: 하늘이 晉나라에 도움을 준 것이 이미 많은데, 또 어찌 進軍하여 우리를 공

격할 수 있겠느냐는 말이다.

12) 역주〕天奉多矣 : 하늘이 도움을 준 것이 많다는 말이다. 僖公 33년 傳에 '天奉我也'의 '奉'을 〈杜注〉에 '奉은 與(줌)이다.'라고 하였다.

13) 虆 過也〔附注〕林曰 是過謬不信之言也

虆는 過이다.

〔부주〕林: 이것은 잘못되고 믿을 수 없는 말이다.

14)〔附注〕林曰 言晉之役 已將班還

〔부주〕林: 晉나라의 군대가 이미 돌아가려 한다는 말이다.

15) 生曰餼〔附注〕林曰 晉以生牛餼魯臧石

살아 있는 짐승을 '餼'라 한다.

〔부주〕林: 晉나라가 살아 있는 소를 보내어 魯나라 臧石을 위로한 것이다.

16) 晉大史

晉나라 太史이다.

17) 在軍行[*)]

軍行에 있는 것이다.

*) 역주〕軍行 : 行軍 또는 軍職의 뜻으로 쓰이는데, 여기서는 軍中의 뜻으로 쓰인 듯하다.

18) 不如禮度

禮度(禮法)와 같지 않은 것이다.

19) 역주〕牢禮不度 : 牢禮는 牛·羊·豕로써 賓客을 接待하는 것이다. 지금 晉君이 軍中에 있다 보니, 牛·羊·豕를 갖출 수 없어서 한 마리의 소만을 보내는 것이 外賓을 接待하는 禮에 맞지 않는다는 말이다.

20) 終臧氏有後于魯[*)]

끝내 '臧氏는 後孫이 魯나라에서 繁昌할 것이다.'라고 한 周나라 內史의 말과 같이 되었다.

*) 역주〕臧氏有後于魯 : 桓公 2년 傳에 "周內史聞之曰 臧孫達其有後於魯乎"라는 말이 보인다.

【傳】 邾子又無道하니 越人執之以歸[1)]하고 而立公子何러니 何亦無道[2)]하다

邾子가 또 無道한 짓을 하니, 越人이 그를 체포해 데리고 돌아가고, 公子 何를 邾나라 임금으로 세웠는데, 何 또한 無道하였다.

1) 終子贛之言

끝내 子贛의 말과 같이 되었다.

2) 何 大子革弟

何는 太子 革의 아우이다.

【傳】 公子荊之母嬖[1]하야 **將以爲夫人**하야 **使宗人釁夏獻其禮**[2]한대 **對曰 無之**로라 **公怒曰 女爲宗司**[3][4]요 **立夫人**은 **國之大禮也**어늘 **何故無之**오 **對曰 周公及武公娶於薛**[5]하고 **孝惠娶於商**[6][7]하고 **自桓以下娶於齊**[8]하니 **此禮也則有**어니와 **若以妾爲夫人**이라면 **則固無其禮也**라 **公卒立之**하고 **而以荊爲大子**하니 **國人始惡之**[9]하다

〈哀公은〉 公子 荊의 母親을 寵愛하여 그녀를 夫人으로 삼고자 하여 宗人(禮官) 釁夏에게 夫人을 策立하는 禮를 〈상고해〉 올리라고 하자, 釁夏가 "그런 禮는 없습니다."라고 대답하였다. 哀公이 노하여 말하기를 "너는 公室의 禮를 맡은 자이고, 夫人을 세우는 것은 國家의 大禮인데, 어째서 그런 禮가 없다고 하느냐?"고 하니, 釁夏가 대답하기를 "周公과 武公은 薛나라에서 아내를 맞이하셨고, 孝公과 惠公은 商(宋)나라에서 아내를 맞이하셨고, 桓公으로부터 이하로는 齊나라에서 아내를 맞이하셨으니, 이에 관한 禮라면 있지만 妾을 夫人으로 삼는 것이라면 본래부터 그런 禮가 없습니다."라고 하였다. 哀公은 끝내 그 女人을 夫人으로 세우고서 荊을 太子로 삼으니, 國人이 비로소 哀公을 미워하기 시작하였다.

1) 荊 哀公庶子

荊은 哀公의 庶子이다.

2) 宗人 禮官也 〔附注〕 林曰 釁夏 名

宗人은 禮官이다.

〔부주〕 林: 釁夏는 人名이다.

3) 〔附注〕 林曰 言汝爲宗人之司主

〔부주〕 林: 너는 宗人의 司主가 되었다는 말이다.

4) 역주〕 宗司 : 宗人의 別稱인 듯하다. 〈楊注〉

5) 武公 遨〔敖〕[*]也

武公은 敖이다.

*) 역주〕 저본에는 '遨'로 되어 있으나 ≪十三經注疏≫本에 의거하여 '敖'로 바로잡았다.

6) 孝公 稱 惠公 弗皇 商 宋也

孝公은 稱이고, 惠公은 弗皇이다. 商은 宋이다.

7) 역주〕 孝惠娶於商 : 魯哀公의 父親인 定公의 이름이 宋이기 때문에 釁夏가 宋을 諱하고 '商'으로 稱한 것이다. 參考文獻 ≪左氏會箋≫

8) 桓公始娶文姜
　鲁桓公이 비로소 文姜을 夫人으로 맞이하였다.
9) 惡公
　哀公을 미워한 것이다.

【傳】閏月에 **公如越**하야 **得大子適郢**[1]하니 **將妻公**하야 **而多與之地**[2]하다 **公孫有山使告于季孫**한대 **季孫懼**하야 **使因大宰嚭而納賂焉**하니 **乃止**[3]하다

閏月에 哀公이 越나라에 가서 越나라 太子 適郢과 관계가 親密해지니, 適郢은 哀公을 사위로 삼고자 하여 哀公에게 많은 土地를 주었다. 公孫 有山이 魯나라로 사람을 보내어 〈이 사실을〉 季孫에게 알리자, 季孫은 두려워서 越나라로 사람을 보내어 太宰 嚭를 통하여 〈그 일을 방해하고〉 太宰 嚭에게 뇌물을 바치니, 이에 〈그 일이〉 廢止되었다.

1) 適郢 越王大子 得 相親說也
　適郢은 越王의 太子이다. 得은 서로 親愛하면서 좋아함이다.
2) 〔附注〕林曰 越太子將以女妻魯哀公 多以地與哀公
　〔부주〕林: 越나라 太子가 자기의 딸을 魯哀公의 아내로 주고자 하여 많은 土地를 哀公에게 준 것이다.
3) 吳臣嚭故也〔嚭 故吳臣也〕[*] 季孫恐公因越討己 故懼
　嚭는 원래 吳나라 신하였다. 季孫은 魯哀公이 越나라를 이용하여 자기를 討伐할 것을 두려워하였다. 그러므로 두려워한 것이다.
*) 역주〕저본에는 '吳臣嚭故也'로 되어 있으나, ≪十三經注疏≫本에 의거하여, '嚭 故吳臣也'로 바로잡았다.

〈二十五年, 辛未 B.C.470〉

【傳】二十五年夏五月庚辰에 **衛侯出奔宋**[1]하다 **衛侯爲靈臺于藉圃**하고 **與諸大夫飲酒焉**에 **褚師聲子韤而登席**[2]한대 **公怒**하다 **辭曰 臣有疾**하야 **異於人**[3]하니 **若見之**면 **君將瞉之**[4]리라 **是以不敢**[5]이로과 **公愈怒**하야 **大夫辭之**로되 **不可**[6]하다 **褚師出**하니 **公戟其手**[7] **曰 必斷而足**[8]하리라 **聞之**하고 **褚師與司寇亥乘**[9]**曰 今日幸而後亡**[10]이로다

25년 여름 5월 庚辰日에 衛侯가 宋나라로 出奔하였다. 衛侯가 藉圃에 靈臺를 建造하고서 여러 大夫들과 술을 마실 때 褚師聲子가 버선을 신은 채 자리에 오르자, 衛出公

이 노하였다. 褚師聲子가 解明해 말하기를 "신은 병(부스럼)이 있어서 〈발이〉 다른 사람과 다르니, 만약 신의 발을 보시면 임금님께서 구역질을 하실 것입니다. 그러므로 감히 버선을 벗을 수 없습니다."라고 하니, 出公은 더욱 노하여 大夫들이 모두 해명하는데도 화를 풀지 않았다. 褚師聲子가 나가자, 出公은 그 손을 굽혀 三枝戟 모양으로 만들면서 말하기를 "반드시 너의 발을 자르겠다."고 하였다. 이 말을 듣고 褚師는 司寇 亥와 함께 수레를 타고 도망가며 말하기를 "오늘 죽을 줄 알았는데 도망가게 되었으니 다행이다."라고 하였다.

1) 衛侯 輒也
　衛侯는 輒이다.
2) 古者見君解韈〔附注〕林曰 聲子卽褚師比
　옛날에는 임금을 뵐 때 버선을 벗었다.
　〔부주〕林: 聲子는 바로 褚師比이다.
3) 足有創疾
　발에 종기가 난 것이다.
4) 㱮 嘔吐也
　㱮은 嘔吐이다.
5) 不敢解韈
　감히 버선을 벗을 수 없다는 말이다.
6) 共辭謝公 公不可解
　大夫들이 함께 公에게 謝罪하였으나 公은 노여움을 풀 수 없다고 한 것이다.
7) 抵徒手屈肘如戟形
　손바닥을 치며 팔꿈치를 굽혀 三枝戟 모양처럼 만든 것이다.
8)〔附注〕林曰 而 汝也
　〔부주〕林: 而는 汝(너)이다.
9)〔附注〕林曰 褚師比與司寇亥共乘
　〔부주〕林: 褚師比가 司寇 亥와 함께 수레를 탄 것이다.
10) 恐死以得亡爲幸
　죽을까 두려웠는데, 도망가게 되었으니 다행이라는 말이다.

公之入也에 奪南氏邑[1]하고 而奪司寇亥政하고 公使侍人納公文懿子之車于池[2]하다 初에 衛人翦夏丁氏[3]하고 以其帑賜彭封彌子[4]러니 彌子飮公酒하고 納夏戊

之女[5)]하니 嬖하야 以爲夫人하다 其弟期는 大叔疾之從孫甥也[6)]라 少畜於公이러니 以爲司徒하다 夫人寵衰에 期得罪[7)]하다 公使三匠久[8)]하고 公使優狡盟拳彌[9)]하고 而甚近信之하다 故褚師比[10)]公孫彌牟[11)]公文要[12)]司寇亥[13)]司徒期因三匠與拳彌以作亂[14)]하야 皆執利兵하고 無者執斤[15)]하다 使拳彌入于公宮[16)]하고 而自大子疾之宮[17)]譟以攻公하니 鄄子士請禦之[18)]한대 彌援其手曰 子則勇矣어니와 將若君何[19)20)]오 不見先君乎아 君何所不逞欲[21)]이리오 且君嘗在外矣니 豈必不反[22)]이리오 當今不可니라 衆怒難犯이어니와 休而易間也[23)]니라 乃出하다 將適蒲[24)]한대 彌曰 晉無信하니 不可[25)]라 將適鄄[26)]한대 彌曰 齊晉爭我니 不可[27)]라 將適泠[28)]한대 彌曰 魯不足與[29)30)]니 請適城鉏[31)]하야 以鉤越하노라 越有君[32)]하니라 乃適城鉏하다 彌曰 衛盜不可知也니 請速하라 自我始라하고 乃載寶以歸[33)]하다

衛出公이 처음 衛나라로 들어왔을 때 南氏의 邑을 빼앗고, 司寇 亥의 政權을 빼앗았다. 그리고 또 出公은 侍人을 시켜 公文懿子의 수레를 못 속에 던져넣게 하였다. 당초에 衛人이 夏丁氏를 滅하고 家族과 財産을 彭封彌子에게 주었는데, 彌子가 出公을 招請해 술을 접대하고서 夏戊의 딸을 바치니, 出公은 그 女人을 총애하여 夫人으로 삼았다. 夫人의 동생 期는 太叔疾의 外從孫이므로 어려서부터 公宮에서 자랐는데, 出公은 그를 司徒로 삼았다. 夫人에 대한 총애가 쇠하자 期도 罪를 얻었다. 公은 세 職種의 匠人을 使役하면서 오랫동안 쉬지도 못하게 하였고, 公은 광대 狡로 하여금 拳彌와 盟約하게 하여 〈拳彌에게 恥辱을 주고서도〉 그를 매우 가까이하고 신임하였다. 그러므로 褚師比, 公孫 彌牟, 公文要, 司寇 亥, 司徒 期가 세 職種의 匠人 및 拳彌에게 의지해 叛亂을 일으켜 모두 예리한 武器를 들고, 무기가 없는 자는 자귀를 들었다. 〈叛軍은〉 拳彌로 하여금 公宮으로 들어가게 하고서, 〈褚師比 등이〉 太子 疾의 宮에서 고함을 치며 가서 出公을 공격하니, 鄄子士가 叛軍을 막기를 청하자, 拳彌는 그의 손을 잡고서 말하기를 "그대가 비록 용감하지만 〈싸우다가 戰死한다면〉 장차 임금님을 누가 모시겠소? 先君을 보지 못하였습니까? 임금님께서야 어디에 간들 그 욕망을 만족해 채우지 못하겠습니까? 그리고 또 임금님께서는 外國으로 亡命하신 적이 있으니, 〈이번에 出奔하더라도〉 어찌 반드시 돌아오지 못하겠습니까? 지금은 저들을 對敵할 수 없습니다. 群衆의 忿怒는 犯하기 어렵지만 忿怒가 가라앉은 뒤에는 離間하기도 쉽습니다."라고 하니, 이에 公은 出奔하였다. 蒲로 가려 하자, 拳彌는 "晉나라는 信義가 없으니 그곳은 안 됩니다."라고 하고, 鄄으로 가려 하자, 拳彌는 "齊나라와 晉나라가 우리나라를 얻으려고

다툴 것이니 그곳도 안 됩니다."라고 하고, 泠으로 가려 하자, 拳彌가 "魯나라는 도움이 되기에 부족하니, 城鉏로 가셔서 越나라와 관계를 맺으소서. 越나라에는 훌륭한 임금이 있습니다."라고 하니, 出公은 이에 城鉏로 갔다. 拳彌가 말하기를 "衛나라의 盜賊이 우리를 襲擊할지 모르니 빨리 가소서. 나부터 먼저 出發하겠습니다."라고 하고서, 寶物을 싣고서 衛나라로 돌아왔다.

1) 南氏 子南之子公孫彌牟
   南氏는 子南의 아들 公孫 彌牟이다.
2) 懿子 公文要 公有忿 使人投其車于池水中
   公文懿子는 公文要이다. 出公이 그에게 忿한 일이 있어서 사람을 시켜 그 수레를 못물 속에 던져 넣게 한 것이다.
3) 在十一年〔附注〕林曰 卽夏戊
   哀公 11년에 있었다.
   〔부주〕林: 夏丁氏는 바로 夏戊이다.
4) 彭封彌子 彌子瑕〔附注〕林曰 以夏戊之妻帑賜之
   彭封彌子는 彌子瑕이다.
   〔부주〕林: 夏戊의 妻子를 彌子瑕에게 준 것이다.
5)〔附注〕林曰 彌子與出公飮酒 以所賜夏戊之女 納於出公
   〔부주〕林: 彌子가 衛出公과 술을 마실 때 〈哀公 11년에 出公이 下賜했던〉 夏戊의 딸을 出公에세 바친 섯이다.
6) 期 夏戊之子 姊妹之孫爲從孫甥 與孫同列
   期는 夏戊의 아들이다. 姊妹의 손자는 〈나에게〉 從孫甥(外從孫)이 되니, 〈나의〉 손자와 同行이다.
7) 역주〕期得罪 : 期는 누이의 총애로 인해 司徒가 되었고, 역시 누이의 총애가 쇠함으로 인해 罪를 얻었다. 〈楊注〉
8)〔附注〕林曰 公使匠久不得休息
   〔부주〕林: 出公이 匠人을 使役하면서 오래도록 休息할 수 없게 한 것이다.
9) 優狡 俳優也 拳彌 衛大夫 使俳優盟之 欲恥辱也
   優狡는 俳優이고, 拳彌는 衛나라 大夫이다. 俳優를 大夫와 盟約하게 한 것은 拳彌를 恥辱스럽게 하고자 해서이다.
10) 韈登席者
   버선을 신고서 자리에 오른 자이다.
11) 喪邑者

邑을 잃은 자이다.

12) 失車者

수레를 잃은 자이다.

13) 奪政者

政權을 빼앗긴 자이다.

14) 역주] 因三匠與拳彌以作亂 : 三匠과 拳彌는 여전히 궁중에 있었기 때문에 褚師比 등이 그들에게 의지한 것이다. 〈楊注〉

15) 斤 工匠所執

자귀는 工匠이 잡는 것이다.

16) 信近之 故得入

拳彌는 出公이 믿고 가까이하는 사람이기 때문에 公宮으로 들어갈 수 있었다.

17) 〔附注〕 林曰 大子疾 蒯聵大子也 時疾已死 故宮尙存

〔부주〕 林: 太子 疾은 蒯聵의 太子이다. 이때 疾은 이미 죽었으나 〈그가 거처하던〉 옛 宮殿은 아직 남아 있었다.

18) 鄄子士 衛大夫

鄄子士는 衛나라 大夫이다.

19) 言不可救

救援할 수 없다는 말이다.

20) 역주] 將若君何 : 그대가 적을 막다가 죽는다면 장차 임금을 保衛할 사람이 없다는 말이다. 〈楊注〉

21) 先君 蒯聵也 亂不速奔 故爲戎州所殺 欲令早去 〔附注〕 林曰 君 謂出公 何所不快其欲

先君은 蒯聵이다. 叛亂이 일어났을 때 빨리 도망가지 않았기 때문에 戎州에서 殺害되었다는 말이다. 이는 衛出公으로 하여금 早期에 도망가게 하기 위해 한 말이다.

〔부주〕 林: 君은 出公을 이른다. 어디에 간들 그 欲望을 만족하게 이루지 못하겠느냐는 말이다.

22) 〔附注〕 林曰 輒出奔 嘗以十八年復歸 故言豈必不反其國

〔부주〕 林: 輒이 出奔하였다가 哀公 18년에 復歸한 적이 있기 때문에 '어찌 반드시 그 나라로 돌아오지 못하겠느냐?'고 말한 것이다.

23) 〔附注〕 林曰 當今不可與爭 衆之方怒 必不可犯 休息而後易間

〔부주〕 林: 지금은 叛軍과 戰爭할 수 없다. 群衆이 한창 忿怒했을 때에는 반드시 犯할 수 없지만, 군중의 분노가 사그라진 뒤에는 離間하기가 쉽다는 말이다.

24) 蒲 近晉邑

蒲는 晉나라와 가까운 邑이다.

25)〔附注〕林曰 不可卽晉

〔부주〕林: 晉나라를 가까이해서는 안 된다는 말이다.

26) 郭 齊晉界上邑 彌詐不知謀 故公信之

郭은 齊나라와 晉나라의 境界에 있는 邑이다. 拳彌가 〈公을 逐出하려는 叛軍의〉 陰謀를 모르는 것처럼 속였기 때문에 公이 그를 믿은 것이다.

27)〔附注〕林曰 齊晉二國將爭得我

〔부주〕林: 齊와 晉 두 나라가 장차 우리를 잡으려고 다툴 것이라는 말이다.

28) 泠 近魯邑

泠은 魯나라와 가까운 邑이다.

29)〔附注〕林曰 言魯弱國不足與之

〔부주〕林: 魯나라는 弱國이니 더불어 함께할 만하지 못하다는 말이다.

30) 역주〕魯不足與 : 魯나라는 작고 힘이 弱하여 도움이 되기에 부족하다는 말이다. 〈楊注〉

31) 城鉏 近宋邑

城鉏는 宋나라와 가까운 邑이다.

32) 宋南近越 轉相鉤牽〔附注〕林曰 越句踐方强 故言有君

宋나라는 남쪽으로 越나라와 가까우니, 생각을 轉換하여 서로 結託〔鉤牽〕할 수 있다는 말이다.

〔부주〕林: 越나라 句踐이 한창 强盛하였기 때문에 〈훌륭한〉 임금이 있다고 한 것이다.

33) 欺衛君 言君以寶自隨 將致衛盜 請速行 已爲先發 而因載寶歸衛也

衛君을 속여 말하기를 "임금님께서 직접 寶物을 싣고 가시면 衛나라의 盜賊을 부르게 될 것이니 속히 떠나소서. 내가 먼저 출발하겠습니다."라고 하고서, 그 틈을 이용해 寶物을 싣고서 衛나라로 돌아온 것이다.

公爲支離之卒[1)2)]하야 **因祝史揮以侵衛**[3)]하니 **衛人病之**하다 **懿子知之**[4)]하고 **見子之**[5)]**請逐揮**하니 **文子曰 無罪**니라 **懿子曰 彼好專利而妄**[6)]하니 **夫見君之入也**면 **將先道焉**[7)]이오 **若逐之**면 **必出於南門**하야 **而適君所**[8)]하리라 **夫越新得諸侯**하니 **將必請師焉**[9)]하리라 **揮在朝**[10)]러니 **使吏遣諸其室**[11)]하다 **揮出**하야 **信**이로되 **弗內**(납)[12)]하다 **五日**에 **乃館諸外里**[13)14)]하니 **遂有寵**하야 **使如越請師**[15)]하다

衛出公이 〈城鉏에 도착한 뒤에〉 軍卒를 分散해 여러 개의 部隊로 編成하여 祝史 揮를 통해 衛나라를 侵攻하려 하니, 衛人이 이를 걱정하였다. 公文懿子는 揮가 出公의 諜者인 것을 알고서 子之(公孫 彌牟)를 뵙고 揮를 逐出하기를 要請하니, 文子가 "揮는 죄

가 없다."고 하였다. 그러자 懿子가 말하기를 "저 사람은 이익을 독점하고 不法을 저지르기를 좋아하니, 저자는 임금이 들어오는 것을 보면 장차 앞장서서 引導할 것이고, 만약 逐出한다면 반드시 南門으로 나가서 임금이 있는 곳으로 갈 것입니다. 越나라가 새로 諸侯를 얻었으니, 揮는 장차 반드시 出公을 위해 越나라로 가서 援軍을 요청할 것입니다."라고 하였다. 이때 揮가 朝廷에 나와 있었는데, 公孫 彌牟는 官吏를 시켜 그를 집으로 돌려보냈다. 揮는 城 밖으로 나가서 이틀 밤을 묵으면서 〈다시 들어가기를 요청하였으나, 그 요청이〉 받아들여지지 않자, 5일이 지난 뒤에 外里로 가서 머무니, 出公은 드디어 그를 寵愛하여 越나라로 보내어 援軍을 청하게 하였다.

1) 支離 陳名

支離는 軍陣의 이름이다.

2) 역주] 支離 : 分散이니, 군대를 여러 부대로 나누어 敵을 그르치는(혼란시킴) 것이다. ≪左氏會箋≫

3) 揮 衛祝史

揮는 衛나라 祝史이다.

4) 知揮爲內間

揮가 內間(內部의 間諜)인 줄을 안 것이다.

5) 子之 公孫彌牟文子也

子之는 公孫 彌牟 文子이다.

6) 妄 不法

妄은 不法이다.

7) 若見君有入勢 必道助之〔附注〕林曰 夫 謂揮

만약 임금이 들어올 형세가 있는 것을 보면 반드시 인도해 도울 것이라는 말이다.

〔부주〕林: 夫는 揮를 이른다.

8) 雖知其爲君間 不審察 私共評之

비록 그가 임금의 간첩인 것은 알았더라도 자세히 살피지 않으면 사사로이 함께 評論함이라는 말이다.

9)〔附注〕林曰 越新霸中國得諸侯 將必爲出公如越請師

〔부주〕林: 越나라가 새로 中國의 霸者가 되어 諸侯를 얻었으니, 〈揮는〉 장차 衛出公을 위해 越나라로 가서 援軍을 요청할 것이라는 말이다.

10)〔附注〕林曰 揮 在衛之公朝

〔부주〕林: 揮가 衛나라 公朝에 있은 것이다.

11) 難面逐之 先逐其家

體面不拘하고 逐出하기가 困難하여 먼저 그 집으로 돌아가도록 좇은 것이다.

12) 再宿爲信〔附注〕林曰 衛人弗內

이틀을 묵는 것을 '信'이라 한다.

〔부주〕林: 衛人이 받아들이지 않은 것이다.

13) 外里 公所在

外里는 衛出公이 있는 곳이다.

14) 역주) 使吏遣諸其室……乃館諸外里 : 朝廷에 나와 있는 그를 體面不拘하고 축출하기가 困難하여 그가 退朝한 뒤에 官吏를 그 집으로 보내어 축출하니, 그는 都城 밖으로 나가서 이틀을 머무르면서 다시 들어가기를 요청하였으나 받아들여지지 않자, 5일이 지난 뒤에 外里로 간 것이다.

15) 請師伐衛求入

援軍을 요청하여 衛나라를 토벌하고서 衛나라로 들어가기를 求한 것이다.

【傳】 **六月**에 **公至自越**[1)]하니 **季康子孟武伯逆於五梧**[2)]하다 **郭重僕**[3)]이러니 **見二子**하고 **曰 惡言多矣**니 **君請盡之**[4)5)]하라 **公宴於五梧**[6)]에 **武伯爲祝**[7)]하고 **惡郭重曰 何肥也**[8)]오 **季孫曰 請飲彘也**[9)]하라 **以魯國之密邇仇讐**로 **臣是以不獲從君**[10)]하고 **克免於大行**[11)]이어늘 **又謂重也肥**[12)]라하니라 **公曰 是食言多矣**니 **能無肥乎**[13)]아 **飲酒不樂**[14)]하다 **公與大夫始有惡**[15)]하다

6월에 哀公이 越나라에서 돌아오니 季康子와 孟武伯이 五梧에서 맞이하였다. 이때 郭重이 哀公의 수레를 몰았는데, 두 사람을 먼저 만나보고서 哀公에게 말하기를 "저 두 사람이 임금님을 中傷하는 말을 많이 하였으니, 임금님께서는 빠심없이 다 詰責하소서."라고 하였다. 哀公이 五梧에서 宴會를 열어 〈두 사람을 접대할 때〉 武伯은 哀公을 위하여 祝壽하고서 郭重을 헐뜯어 말하기를 "어째서 그리 살이 쪘는가?"라고 하니, 季孫이 말하기를 "武伯〔彘〕에게 罰酒를 마시게 하소서. 우리 魯나라가 仇讐의 나라와 매우 가까이 있으므로 인해 臣 등은 임금님을 侍從하지 못하여 먼 길을 오가는 勞苦를 면하였는데, 〈武伯은〉 도리어 郭重에게 살이 쪘다고 하였습니다."라고 하니, 哀公이 말하기를 "郭重은 뱉은 말을 도로 삼킨 것이 많으니 어찌 살이 찌지 않을 수 있겠는가?"라고 하였다. 〈君臣이 서로 가시 돋친 말을 하다 보니 비록〉 술을 마시지만 즐겁지 않았다. 〈이로 인해〉 哀公과 大夫들이 비로소 미워하기 시작하였다.

1) 前年行今還

전년에 갔다가 금년에 돌아온 것이다.

2) 魯南鄙也

五梧는 魯나라 남쪽 邊鄙이다.

3) 爲公僕

哀公의 僕(御者)이 된 것이다.

4) 二子不臣之言甚多 欲使公盡極以觀之

郭重은 "두 사람이 신하로서 해서는 안 될 말을 매우 많이 하였다."고 하면서 哀公으로 하여금 끝까지 살피게 하고자 한 것이다.

5) 역주〕君請盡之 : 郭重이 먼저 두 사람을 만나본 뒤에 哀公에게 "두 사람은 신하로서 해서는 안 될 말을 매우 많이 하였으니, 임금님께서 이번에 저들을 만나실 때에는 빠짐없이 다 詰責하소서."라고 한 것이다. 〈杜注〉 및 기타의 解釋은 모두 분명하지 않다. 〈楊注〉

6)〔附注〕林曰 公與二子宴於五梧

〔부주〕林: 哀公이 五梧에서 宴會를 열어 두 사람과 함께 술을 마신 것이다.

7) 祝 上壽酒

祝은 壽酒(長壽를 祈願하는 술)를 올림이다.

8) 訾毁其貌〔附注〕朱曰 言郭重之貌 何太肥也

그 용모를 헐뜯은 것이다.

〔부주〕朱: 郭重의 용모는 어째서 그리 살이 쪘느냐는 말이다.

9) 飮 罰之〔附注〕林曰 請使武伯飮罰爵

飮은 罰酒를 마시게 함이다.

〔부주〕林: 武伯에게 罰酒를 마시게 하라고 청한 것이다.

10)〔附注〕朱曰 我以居守之故 不得從君以出

〔부주〕朱: 우리는 남아서 나라를 지켜야 했기 때문에 임금을 따라가지 못하였다는 말이다.

11)〔附注〕朱曰 汝且克免於行役

〔부주〕朱: 그대도 먼 길을 오가는 勞役을 면하였다는 말이다.

12) 言重隨君遠行劬勞 不宜稱肥

郭重은 임금님을 따라 먼 길을 오가는 勞苦를 겪었으니, 살이 쪘다고 말하는 것은 옳지 않다는 말이다.

13) 以激三桓之數食言

이 말로써 三桓이 자주 食言한 것을 刺激(꼬집음)한 것이다.

14)〔附注〕林曰 言語相猜 故飮酒失歡

〔부주〕林: 말로 서로 嫌惡하였기 때문에 술을 마시면서도 즐거움을 잃은 것이다.

15) 爲二十七年公孫邾起〔附注〕林曰 自此公與三桓 始有怨惡

哀公 27년에 哀公이 邾나라로 도망간 원인이다.

〔부주〕林: 이때부터 哀公과 三桓이 비로소 怨恨을 품고 憎惡하는 마음을 가졌다.

〈二十六年, 壬申 B.C.469〉

【傳】二十六年夏五月에 **叔孫舒帥師會越皐如后庸宋樂茷納衛侯**[1)]하니 **文子欲納之**[2)]하다 **懿子曰 君愎而虐**하니 **少待之**하라 **必毒於民**[3)]하리니 **乃睦於子矣**[4)]하리라 **師侵外州**하야 **大獲**[5)]하니 **出禦之**라가 **大敗**[6)]하다 **掘褚師定子之墓**하야 **焚之于平莊之上**[7)]하다

26년 여름 5월에 叔孫舒가 군대를 거느리고 가서 越나라 皐如와 后庸, 宋나라 樂茷와 會合하여 衛侯를 들여보내려 하니, 文子가 받아들이고자 하였다. 그러나 公文懿子가 말하기를 "임금은 강퍅하고 사나우니 잠시 기다려보십시오. 반드시 백성에게 害毒을 끼칠 것이니, 〈이렇게 되면〉 백성들은 당신에게 親睦할 것입니다."라고 하였다. 越軍이 外州를 侵攻하고서 많은 사람을 捕虜로 잡아가니, 衛軍이 出動하여 沮止하다가 大敗하였다. 出公은 褚師定子의 무덤을 파서 그 棺을 꺼내어 平莊의 陵 위에서 불태웠다.

1) 舒 武叔之子文子也 皐如 后庸 越大夫 樂茷 宋司城子潞 衛侯 輒也

舒는 武叔의 아들 文子이고, 皐如와 后庸은 越나라 大夫이고, 樂茷는 宋나라 司城의 아들 潞이다. 衛侯는 輒이다.

2)〔附注〕林曰 文子卽彌牟 欲納出公

〔부주〕林: 文子는 公孫 彌牟이다. 衛出公을 받아들이고자 한 것이다.

3) 愎 狠也〔附注〕林曰 若少待之 必貽毒於吾民

愎은 강퍅함이다.

〔부주〕林: 만약 조금 기다려보면 〈出公은〉 반드시 우리 백성에게 害毒을 끼칠 것이라는 말이다.

4) 民睦〔附注〕林曰 民畏君虐 乃親睦於子矣

백성이 당신에게 親睦할 것이라는 말이다.

〔부주〕林: 백성들이 임금의 暴虐을 두려워하여 이에 당신에게 親睦할 것이라는 말이다.

5) 越納輒之師〔附注〕林曰 侵衛外州

師는 輒을 들여보내기 〈위해 온〉 越軍이다.

〔부주〕林: 衛나라 外州를 侵攻한 것이다.

6) 衛師敗

衛軍이 敗北한 것이다.

7) 定子 褚師比之父也 平莊 陵名也

定子는 褚師比의 父親이다. 平莊은 陵의 이름이다.

文子使王孫齊私於皐如[1]曰 子將大滅衛乎아 抑納君而已乎아 皐如曰 寡君之命無他라 納衛君而已니라 文子致衆而問焉[2]曰 君以蠻夷伐國하야 國幾亡矣니 請納之하노라 衆曰 勿納[3]하라 曰 彌牟亡而有益이면 請自北門出[4]하리라 衆曰 勿出하라 重賂越人하고 申開守陴而納公[5][6]하니 公不敢入[7]하다 師還이어늘 立悼公[8]하고 南氏相之하고 以城鉏與越人[9]하다 公曰 期則爲此[10]라하고 令苟有怨於夫人者報之[11]하다 司徒期聘於越[12]이러니 公攻而奪之幣하다 期告王[13]하니 王命取之하다 期以衆取之[14]하니 公怒하야 殺期之甥之爲大子者[15]하다 遂卒于越[16]하다

文子가 王孫齊를 皐如에게 은밀히 보내어 말하기를 “그대는 衛나라를 滅亡시키려는 것입니까? 아니면 임금님을 들여보내려는 것입니까?”라고 하니, 皐如가 말하기를 “우리 임금님의 命은 다른 뜻이 없고, 오직 衛君을 衛나라로 들여보내는 것뿐이오.”라고 하였다. 文子가 大衆을 불러놓고 묻기를 “임금이 蠻夷의 군대를 거느리고 와서 나라를 攻伐하여 나라가 거의 망하게 되었으니 임금을 받아들이기를 청한다.”고 하니, 대중은 “받아들이지 말라.”고 하고, 文子가 “만약 내가 出亡하는 것이 여러분에게 이익이 된다면 나는 北門으로 나가겠다.”고 하니, 大衆은 “出亡하지 말라.”고 하였다. 그러자 文子는 越人에게 많은 재물을 주고서 여러 겹의 城門을 열어놓고 성가퀴를 수비하면서 衛出公을 들어오게 하니, 出公은 감히 들어가지 못하였다. 越軍이 돌아가자, 衛人은 悼公을 임금으로 세우고서 南氏(公孫 彌牟)가 悼公을 輔佐하였다. 城鉏를 越人에게 주었다. 出公이 말하기를 “期가 일을 이렇게 만든 것이다.”라고 하고서, 진실로 夫人에게 怨恨이 있는 자는 報復하라고 명령하였다. 司徒 期가 聘問하기 위해 越나라에 가는데, 出公이 그를 공격하여 그 幣帛을 奪取하였다. 期가 越王에게 보고하니, 越王은 그 폐백을 되찾아오라고 명하였다. 期가 많은 무리를 거느리고 가서 그 폐백을 되찾아오니, 出公은 노하여 期의 甥姪로 太子가 된 〈제 아들을〉 죽였다. 出公은 마침내 越나라에서 죽었다.

1) 齊 衛大夫王孫賈之子昭子也

王孫齊는 衛나라 大夫 王孫賈의 아들 昭子이다.

2) 〔附注〕 林曰 彌牟致衛之衆而問之

〔부주〕 林: 彌牟가 衛나라 大衆을 불러놓고서 물은 것이다.

3)〔附注〕 林曰 衆怨出公暴虐 故曰勿納

〔부주〕 林: 大衆은 衛出公의 暴虐을 원망하였기 때문에 받아들이지 말라고 한 것이다.

4) 欲以觀衆心

大衆의 마음을 떠보고자 한 것이다.

5) 申 重也 開重門而嚴設守備 欲以恐公 使不敢入

申은 重(겹)이다. 二重의 門만을 열어놓고 守備를 嚴密히 設置하여 衛出公에게 겁을 주어 감히 들어오지 못하게 하고자 한 것이다.

6) 역주〕 申開守陴而納公 : 國都의 城門은 여러 겹의 문이 있다. 郭門이 있고 內城門이 있는데, 內城에도 문이 하나만이 아니다. '申開'는 郭門과 城門을 모두 활짝 열어놓은 것이다. 그러나 성 위의 女牆(성가퀴)은 엄히 守備한 것이다. 出公을 받아들일 형세를 갖추었으나, 사실은 이미 越人에게 많은 賂物을 주어 出公에게 군대를 딸려 보내지 못하게 하였기 때문에 出公이 감히 들어가지 못한 것이다. 參考文獻 〈楊注〉

7)〔附注〕 林曰 出公恐懼 故不敢入

〔부주〕 林: 衛出公이 겁이 났기 때문에 감히 들어가지 못한 것이다.

8) 悼公 蒯聵庶弟公子黚也〔附注〕 林曰 越師歸

悼公은 蒯聵의 庶弟 公子 黚이다.

〔부주〕 林: 越軍이 돌아간 것이다.

9)〔附注〕 林曰 南氏 卽公孫彌牟

〔부주〕 林: 南氏는 바로 公孫 彌牟이다.

10) 司徒期也〔附注〕 林曰 出公言逐君之事 司徒期爲之

司徒 期이다.

〔부주〕 林: 出公이 '임금을 逐出한 일은 司徒 期가 만든 것이다.'라고 한 것이다.

11) 夫人 期姊也 怒期而不得加戮 故勅宮女令苦困期姊

夫人은 期의 누이이다. 期에게 분노하였으나 그를 죽일 수 없기 때문에 宮女에게 명하여 期의 누이에게 苦痛을 주게 한 것이다.

12) 爲悼公聘

衛悼公을 위하여 聘問을 간 것이다.

13) 越王也

越王이다.

14)〔附注〕 林曰 司徒期 以衆脅出公而取其幣

〔부주〕 林: 司徒 期가 많은 무리를 데리고 가서 出公을 威脅하여 그 幣帛을 도로 奪取한 것이다.

15) 忿期而及其姊爲夫人者 遂復及其夫人之子

期에게 忿怒하여 그 분노가 그 누이인 夫人에게 미쳤고, 마침내 다시 夫人의 아들에게 미친 것이다.

16) 終言之也 終效夷言死于夷

衛出公의 最後를 말한 것이다. 끝내 〈哀公 12년 傳에〉 '蠻夷의 말을 본받으니 蠻夷의 나라에서 죽을 것이다.'고 한 子之(公孫 彌牟)의 말과 같이 되었다.

【傳】 **宋景公無子**하야 **取公孫周之子得與啓**하야 **畜諸公宮**[1]이나 **未有立焉**하다 **於是皇緩爲右師**하고 **皇非我爲大司馬**하고 **皇懷爲司徒**[2]하고 **靈不緩爲左師**[3]하고 **樂茷爲司城**[4]하고 **樂朱鉏爲大司寇**[5]하야 **六卿三族降聽政**[6]하야 **因大尹以達**[7]하다 **大尹常不告**하고 **而以其欲稱君命以令**[8]하니 **國人惡之**하다 **司城欲去大尹**한대 **左師曰 縱之**하야 **使盈其罪**[9]하라 **重而無基**하니 **能無敝乎**[10]아

宋景公이 아들이 없어서 公孫 周의 아들 得과 啓를 데려다가 公宮에서 길렀으나, 그들을 後繼者로 세우지는 않았다. 이때 皇緩이 右師가 되고 皇非我가 大司馬가 되고 皇懷가 司徒가 되고 靈不緩이 左師가 되고 樂茷가 司城이 되고 樂朱鉏가 大司寇가 되어 三族의 六卿이 공동으로 政事를 처리하면서 大尹을 통하여 景公에게 傳達하게 하였다. 大尹은 항상 보고하지 않고서 자기가 원하는 것을 임금의 命이라고 假稱하여 命令을 내리니, 國人이 그를 미워하였다. 司城이 大尹을 제거하려 하자, 左師가 말하기를 "그 죄가 가득 차도록 그냥 놓아두시오. 權勢가 중하나 基盤이 없으니 어찌 敗亡〔敝〕하지 않겠습니까?"라고 하였다.

1) 周 元公孫子高也 得 昭公也 啓 得弟 畜 養也

周는 元公의 손자 子高이다. 得은 昭公이고, 啓는 得의 아우이다. 畜은 養이다.

2) 皇懷 非我從昆弟

皇懷는 皇非我의 從兄弟이다.

3) 不緩 子靈圍龜之後

靈不緩은 子靈圍龜의 後孫이다.

4) 茷 樂溷之子

樂茷는 樂溷의 아들이다.

5) 朱鉏 樂輓之子

樂朱鉏는 樂輓의 아들이다.

6) 三族 皇靈樂也 降 和同也

三族은 皇, 靈, 樂이다. 降은 和同(한 마음으로 和睦함)이다.

7) 大尹 近官有寵者 六卿因之以自通達於君

大尹은 近臣으로 寵愛를 받는 자이다. 六卿이 그를 통해 자신들의 뜻을 임금에게 傳達한 것이다.

8) 不告君也〔附注〕林曰 以其心之所欲 自稱君命 號令於外

임금께 보고하지 않은 것이다.

〔부주〕林: 자기 마음이 원하는 것을 君命이라고 自稱하여 外部에 號令(命令을 發表함)한 것이다.

9) 盈 滿也

盈은 滿이다.

10) 言勢重而無德以爲基 必敗也

權勢가 重하나 基盤이 될 만한 德이 없으니 반드시 敗亡한다는 말이다.

冬十月에 **公游于空澤**[1]이라가 **辛巳**에 **卒于連中**[2]하다 **大尹興空澤之士千甲**[3]하야 **奉公自空桐入如沃宮**[4]하야 **使召六子曰 聞下有師**하고 **君請六子畫**[5]하노라 **六子至**어늘 **以甲劫之**[6]**曰 君有疾病**하니 **請二三子盟**하노라 **乃盟于少寢之庭曰 無爲公室不利**하라 **大尹立啓**하고 **奉喪殯于大宮**하니 **三日而後國人知之**하다 **司城茷使宣言于國曰 大尹惑蠱其君**하야 **而專其利**러니 **今君無疾而死**하고 **死又匿之**하니 **是無他矣**라 **大尹之罪也**[7]라

겨울 10일에 宋景公이 空澤에서 遊覽하다가 辛巳日에 連中에서 卒하였다. 大尹이 空澤의 甲士 1천 인을 일으켜 景公의 尸身을 모시고 空桐으로부터 들어가 沃宮으로 가서, 사람을 보내어 六卿을 부르며 말하기를 "下邑에 戰爭의 〈낌새가〉 있다는 말을 들으시고 임금님께서 여섯 분을 청하여 계획을 세우려 하십니다."라고 하였다. 여섯 사람이 가자, 大尹은 甲士를 거느리고서 劫迫하며 말하기를 "임금님께 重病이 있으시니 여러 분들과 盟約하기를 청합니다."라고 하고서, 少寢의 뜰에서 "公室에 不利한 일을 하지 말라."고 맹약하고서, 大尹이 啓를 임금으로 세우고 喪柩를 모시고 가서 大宮(宗廟)에 殯하니, 3일이 지난 뒤에야 國人은 景公의 死亡을 알았다. 司城 茷가 사람을 시켜 國中을 돌아다니며 "大尹이 임금을 蠱惑하여 이익을 독점하더니, 지금 임금님께서 병도 없이 사망하셨고, 또 사망을 숨겼으니, 이는 다름이 아니라 大尹의 罪이기 때문이다."라

고 宣布하게 하였다.

1) 空澤 宋邑〔附注〕林曰 景公遊觀其地
空澤은 宋나라 邑이다.
〔부주〕林: 景公이 그 지방을 遊覽한 것이다.

2) 連中 館名
連中은 舍館의 이름이다.

3) 甲士千人
甲士 1천 인이다.

4) 奉公尸也 梁國虞縣東南有地名空桐 沃宮 宋都內宮名
宋景公의 尸身을 모시고 간 것이다. 梁國 虞縣 동남쪽에 '空桐'이라는 地名이 있다. 沃宮은 宋나라 都城 안에 있는 宮殿의 이름이다.

5) 畫 計策〔附注〕林曰 言下國將有師旅 宋君請六卿共畫計策
畫은 計策을 세움이다.
〔부주〕林: 下國에 장차 전쟁이 일어날 낌새가 있으므로 宋君이 六卿을 청하여 함께 計策을 세우자고 한다는 말이다.

6)〔附注〕林曰 以空澤之甲劫六卿
〔부주〕林: 空澤의 甲士를 거느리고서 六卿을 劫迫한 것이다.

7) 言大尹所弑
大尹이 弑害하였다는 말이다.

得夢啓北首而寢於盧門之外[1]하고 **己爲烏而集於其上**하니 **咮加於南門**[2]하고 **尾加於桐門**하다 **曰 余夢美**하니 **必立**[3]하리라

得은, 啓가 북으로 머리를 두르고 盧門 밖에서 잠을 자고, 자기는 까마귀가 되어 啓의 몸 위에 앉았는데, 부리는 南門에 걸치고 꼬리는 桐門에 걸친 꿈을 꾸고서, 말하기를 "내 꿈이 좋으니 반드시 임금이 될 것이다."라고 하였다.

1) 盧門 宋東門 北首死象 在門外 失國也〔附注〕林曰 得卽昭公
盧門은 宋나라 東門이다. 北首는 죽음의 상징이고, 門外에 있는 것은 失國을 뜻한다.
〔부주〕林: 得은 바로 昭公이다.

2)〔附注〕林曰 咮 鳥〔鳥〕[*]喙也
〔부주〕林: 咮는 새의 부리다.

*) 역주〕저본에는 '烏'로 되어 있으나 ≪四庫全書 左傳杜林合注≫本에 의거하여 '鳥'로 바

로잡았다.

3) 桐門 北門

桐門은 北門이다.

大尹謀曰 我不在盟[1)]하니 無乃逐我아 復盟之乎[2)]ㄴ저하고 使祝爲載書하다 六子在唐盂[3)]하야 將盟之러니 祝襄以載書告皇非我[4)]한대 皇非我因子潞[5)]門尹得[6)]左師[7)]謀曰 民與我하니 逐之乎[8)]ㄴ저 皆歸授甲[9)]하고 使徇于國曰 大尹惑蠱其君하야 以陵虐公室하니 與我者는 救君者也[10)]라하니 衆曰 與之하리라하다 大尹徇曰 戴氏皇氏將不利公室[11)]하니 與我者는 無憂不富리라하니 衆曰 無別[12)]이라하다 戴氏皇氏欲伐公[13)]한대 樂得曰 不可하다 彼以陵公有罪[14)]하니 我伐公則甚焉이라하고 使國人施于大尹[15)16)]하니 大尹奉啓以奔楚하다 乃立得[17)]하다 司城爲上卿[18)]하야 盟曰 三族共政하야 無相害也라하다

大尹이 〈그 手下와〉 謀議하기를 "나는 盟約에 참여하지 않았으니 혹시 나를 축출하지 않겠는가? 다시 그들과 맹약할 것이다."라고 하고서, 祝官을 시켜 載書를 만들게 하였다. 〈이때〉 여섯 사람이 唐盂에 있으면서 大尹과 盟約하려 하였는데, 祝官 襄이 載書의 내용을 皇非我에게 고하자, 皇非我가 子潞, 門尹得, 左師와 상의하기를 "백성이 우리를 도우니 大尹을 逐出합시다."라고 하고서 모두 집으로 돌아가서 私兵들에게 갑옷을 내어주고서, 그들을 시켜 國中을 돌아다니며 "大尹이 임금을 蠱惑하고 公室을 凌蔑하였으니, 우리를 돕는 사람은 바로 임금님을 救援하는 사람이다."라고 宣布하게 하니, 大衆이 "당신들을 돕겠소."라고 하였다. 大尹도 사람을 시켜 돌아다니며 "戴氏와 皇氏가 公室을 不利하게 하려 하니 나를 돕는 자는 富者가 되지 못하는 걱정이 없을 것이다."고 선포하게 하니, 大衆이 "號令하는 것이 마치 임금과 다를 것이 없다."고 〈조롱〉하였다. 戴氏와 皇氏가 公(啓)을 공격하려 하자, 樂得이 말하기를 "안 됩니다. 저 大尹은 임금을 속이고 능멸한 죄가 있을 뿐이니, 우리가 임금을 친다면 죄가 그보다 심함이 됩니다."라고 하고서 國人들로 하여금 大尹에게 刑을 시행〔施〕하게 하니, 大尹은 啓를 모시고 楚나라로 出奔하였다. 이에 得을 임금으로 세웠다. 司城이 上卿이 되어 六卿과 盟約하기를 "三族이 共同으로 政權을 담당하여 서로 해치지 말라."고 하였다.

1) 少寢盟 但以君命盟 六卿大尹不盟

少寢에서 擧行한 盟約은 단지 君命으로 盟約한 것뿐이고, 六卿과 大尹이 맹약한 것이

아니다.

2)〔附注〕林曰 六卿無乃逐我 復與六卿爲盟而後可

〔부주〕林: '六卿이 나를 축출하지 않겠는가? 다시 六卿과 結盟한 뒤에야 쫓겨나지 않을 수 있다.'라고 한 것이다.

3) 地名

唐盂는 地名이다.

4) 襄 祝名〔附注〕林曰 以大尹所爲載書 告大司馬

襄은 祝官의 이름이다.

〔부주〕林: 大尹이 作成한 載書의 내용을 大司馬에게 고한 것이다.

5) 子潞 樂茷

子潞는 樂茷이다.

6) 樂得

樂得이다.

7)〔附注〕林曰 靈不緩

〔부주〕林: 靈不緩이다.

8)〔附注〕林曰 言宋國之民 與我親睦 何不逐大尹

〔부주〕林: 宋나라 백성들이 우리와 親睦하니 어찌 大尹을 逐出할 수 없겠느냐는 말이다.

9)〔附注〕林曰 六卿皆歸 授甲其衆

〔부주〕林: 六卿이 모두 돌아가서 그 私兵에게 갑옷을 내어준 것이다.

10)〔附注〕林曰 衆若與我共攻大尹 是救其君於患難也

〔부주〕林: 大衆이 만약 우리와 함께 大尹을 공격한다면 이는 바로 임금을 禍難에서 救濟하는 것이라는 말이다.

11) 戴氏卽樂氏

戴氏는 바로 樂氏이다.

12) 惡其號令與君無別

그 號令하는 것이 임금과 다름없는 것을 미워한 것이다.

13) 公 謂啓〔附注〕林曰 六卿欲先伐啓

公은 啓를 이른다.

〔부주〕林: 六卿이 먼저 啓를 치려 한 것이다.

14)〔附注〕林曰 彼 謂大尹

〔부주〕林: 彼는 大尹을 이른다.

15) 施罪於大尹

大尹에게 刑을 시행하게 한 것이다.

16) 역주〕施于大尹 : 施는 施罪이니, 罪를 물어 死刑시킨 뒤에 陳尸하는 것이다. 陳尸는 죽은 자의 屍身을 사람들이 많이 다니는 길가에 늘어놓아 恥辱을 보이는 것이다. 昭公 14년 傳의 '施生戮死' 아래 〈楊注〉에서는 ≪國語≫ 〈晉語 三〉의 '秦人殺冀芮而施之' 注에 '陳尸를 施라 한다.'고 한 말을 인용하여 施가 陳尸라는 典據를 提示하였다.

17) 〔附注〕林曰 是爲宋昭公

〔부주〕林: 이가 宋昭公이다.

18) 〔附注〕林曰 司城 樂茷

〔부주〕林:曰 司城은 樂茷이다.

衛出公自城鉏使以弓問子贛[1)]하고 **且曰 吾其入乎**아 **子贛稽首受弓**하고 **對曰 臣不識也**로라하고 **私於使者曰 昔成公孫於陳**[2)]에 **甯武子孫莊子爲宛濮之盟而君入**[3)]하고 **獻公孫於齊**[4)]에 **子鮮子展爲夷儀之盟而君入**[5)]하니라 **今君再在孫矣**[6)]로되 **內不聞獻之親**하고 **外不聞成之卿**하니 **則賜不識所由入也**로라 **詩曰 無競惟人**이라 **四方其順之**[7)]라하니 **若得其人**이면 **四方以爲主**[8)]하리니 **而國於何有**[9)]리오

衛出公이 城鉏에서 사람을 보내어 子贛(子貢)에게 활을 주어 위문하고, 또 "내가 衛나라로 들어갈 수 있겠습니까?"라고 물으니, 子贛이 머리를 조아리며 활을 받고서 대답하기를 "신은 모르겠습니다."라고 하고서, 使者에게 사사로이 말하기를 "옛날에 衛成公이 陳나라로 出奔하였을 때 甯武子와 孫莊子가 宛濮에서 結盟한 뒤에 成公이 衛나라로 들어왔고, 衛獻公이 齊나라로 出奔하였을 때 子鮮과 子展이 夷儀에서 결맹한 뒤에 獻公이 衛나라로 들어왔습니다. 지금 임금님께서는 재차 出奔하셨지만 國內에 獻公 때처럼 親近한 신하가 있다는 말을 듣지 못하였고, 國外에 成公 때처럼 忠誠스러운 卿이 있다는 말을 듣지 못하였으니, 나는 들어오실 수 있는 방법을 모르겠습니다. 詩에 '國家가 强盛해지는 데는 人材를 얻는 것만 한 게 없다. 四方이 順從한다.'고 하였으니, 만약 인재를 얻는다면 사방이 임금님을 주인으로 삼을 것이니, 국가를 얻는 데 무슨 어려움이 있겠습니까?"라고 하였다.

1) 〔附注〕朱曰 問 遺也

〔부주〕朱: 問은 遺(준)이다.

2) 僖二十八年 衛成公奔楚 遂適陳

僖公 28년에 衛成公이 楚나라로 出奔하였다가 드디어 陳나라로 갔다.

3) 盟在僖二十八年
結盟은 僖公 28년에 있었다.
4) 在襄十十四年
襄公 14년에 있었다.
5) 在襄二十六年
襄公 26년에 있었다.
6) 謂十五年孫魯 今又孫宋
15년에 魯나라로 도망해 온 것과 지금 또 宋나라로 도망간 것을 이른다.
7) 詩周頌 言無强惟得人也
詩는 ≪詩經≫ 〈周頌 烈文〉篇의 詩句이다. 强盛해지는 데는 人材를 얻는 것만 한 게 없다는 말이다.
8) 爲主 主四方
爲主는 四方을 主宰함이다.
9) 〔附注〕 林曰 又何難於得國乎
〔부주〕 林: 또 나라를 얻는데 무슨 어려움이 있겠느냐는 말이다.

〈二十七年, 癸酉 B.C.468〉

【傳】 **二十七年春**에 **越子使后庸來聘**[1]하고 **且言邾田**하고 **封于駘上**[2]하다 **二月盟于平陽**[3]할새 **三子皆從**[4]이러니 **康子病之**[5]하야 **言及子贛**[6]**曰 若在此**면 **吾不及此夫**[7]ㄴ저 **武伯曰 然**하다 **何不召**오 **曰 固將召之**하노라 **文子曰 他日請念**[8]하노라

27년 봄에 越子가 后庸을 보내와서 聘問하고, 또 〈魯나라가 침탈한〉 邾나라 토지를 반환하고 양국의 국경을 駘上으로 정할 것을 말하였다. 2월에 平陽에서 결맹할 때 세 사람이 모두 哀公을 隨行하였는데, 季康子가 〈蠻夷國과 結盟하는 것을〉 羞恥로 여겨 子贛(子貢)을 言及하며 말하기를 "만약 子贛이 이곳에 있었다면 우리가 이런 盟約을 맺는 데는 미치지 않았을 것이오."라고 하니, 武伯이 말하기를 "그렇습니다. 어찌하여 그를 부르지 않았습니까?"라고 하였다. 康子가 말하기를 "본래 그를 부르려 하였습니다."라고 하니, 文子가 말하기를 "앞으로는 〈그를 잊지 말고〉 생각하십시오."라고 하였다.

1) 〔附注〕 朱曰 句踐使其大夫后庸來聘於魯
〔부주〕 朱: 句踐이 그 大夫 后庸을 魯나라에 보내어 聘問한 것이다.

2) 欲使魯還邾田 封竟至駘上

魯나라로 하여금 邾나라의 土地를 돌려주고 駘上을 國境으로 정하게 하고자 한 것이다.

3) 西平陽

西平陽이다.

4) 季康子叔孫文子孟武伯 皆從后庸盟

季康子, 叔孫文子, 孟武伯이 모두 后庸과 結盟한 것이다.

5) 恥從蠻夷盟

蠻夷와 結盟하는 것을 羞恥로 여긴 것이다.

6) 思子贛

子贛을 생각한 것이다.

7) 不及與越盟〔附注〕林曰 子貢十二年 嘗辭吳盟 故思之

越나라와 結盟하는 데는 미치지 않았을 것이라는 말이다.

〔부주〕林: 子貢(子贛)이 哀公 12년에 吳나라가 요구하는 尋盟을 사절한 적이 있기 때문에 季康子가 그를 생각한 것이다.

8) 言季孫不能用子贛 臨難而思之〔附注〕朱曰 叔孫文子恐康子他日忘之 故云如此

季孫이 능히 子贛을 등용하지 못하고, 困難한 일이 닥치자 그를 생각한 것이다.

〔부주〕朱: 叔孫文子는 康子가 후일에 子贛을 잊을까 두려워하였다. 그러므로 이렇게 말한 것이다.

【傳】夏四月己亥에 **季康子卒**하다 **公弔焉**에 **降禮**[1]하다

여름 4월 己亥日에 季康子가 卒하였다. 哀公이 弔喪할 때 禮를 낮추어 시행하였다.

1) 禮不備也 言公之多妄

禮를 갖추지 않은 것이다. 哀公의 망령된 행동이 많았음을 말한 것이다.

【傳】晉荀瑤帥師伐鄭하야 **次于桐丘**하니 **鄭駟弘請救于齊**[1]하다 **齊師將興**할새 **陳成子屬孤子**하야 **三日朝**[2]하다 **設乘車兩馬**하고 **繫五邑焉**[3][4]하야 **召顏涿聚之子晉**[5]**曰 隰之役**에 **而父死焉**[6]이나 **以國之多難**으로 **未女恤也**러니 **今君命女以是邑也**하니 **服車而朝**하고 **毋廢前勞**하라 **乃救鄭**하야 **及留舒**하다 **違穀七里**로되 **穀人不知**[7]하다 **及濮**하야 **雨不涉**[8]하니 **子思曰 大國在敝邑之宇下**[9]라 **是以告急**이어늘 **今師不行**하니 **恐無及也**[10][11]라 **成子衣製杖戈**[12]하고 **立於阪上**[13]하야 **馬不出者**를 **助之鞭之**[14]하다

知伯聞之하고 **乃還**[15)]**曰 我卜伐鄭**이오 **不卜敵齊**로라하고 **使謂成子曰 大夫陳子**는 **陳之自出**[16)]이오 **陳之不祀**는 **鄭之罪也**[17)]라 **故寡君使瑤察陳衷焉**[18)19)]하야 **謂大夫其恤陳乎**[20)21)]아하니라 **若利本之顚**[22)]이면 **瑤何有焉**[23)]이리오 **成子怒曰 多陵人者皆不在**하니 **知伯其能久乎**[24)]아

晉나라 荀瑤가 군대를 거느리고 鄭나라를 토벌하기 위해 가서 桐丘에 주둔하니, 鄭나라 駟弘이 齊나라에 救援을 요청하였다. 齊나라가 援軍을 出動〔興〕시키려 할 때 陳成子가 戰死者의 아들들을 불러모아 3일 동안 朝廷에 〈出仕시켜 禮遇하였다.〉 두 마리의 말을 메운 수레(大夫의 수레)를 設置하고 다섯 개 邑의 이름을 써서 〈그 수레에〉 매달아놓고서, 顔涿聚의 아들 晉을 불러 말하기를 "隰의 戰爭 때 너의 父親이 戰死하였으나, 國家에 患難이 많음으로 인해 너에게 아직 恤典을 내리지 못하였는데, 이제 임금님께서 너에게 이 邑을 命(下賜)하셨으니, 이 수레를 타고 가 朝見하고서 〈出戰하여〉 네 先人의 功勞를 廢棄하지 말라."고 하였다. 이에 鄭나라를 구원하기 위해 출발하여 留舒에 다다랐다. 이곳은 穀에서 7里 거리인데도 穀人은 〈齊軍이 온 것을〉 알지 못하였다. 濮水에 당도하여 큰비를 만나 齊軍이 물을 건너려 하지 않으니, 子思가 〈成子에게〉 말하기를 "大國(晉)이 우리나라 처마 밑에 와 있기 때문에 齊나라에 危急함을 고한 것인데, 지금 齊軍이 行進하려 하지 않으니 미칠 수 없을까 두렵습니다."라고 하니, 成子가 雨衣를 입고 창을 짚고 濮水의 둑 위에 서서 앞으로 나가지 않는 말에게는 군인을 도와 대신 채찍질을 하였다. 知伯은 이 소식을 듣고 곧 還軍하며 말하기를 "나는 鄭나라 토벌만을 점쳤고, 齊軍과 對敵하는 것은 점치지 않았다."고 하고서, 사람을 보내어 成子에게 말하기를 "大夫 陳子는 근본이 陳나라에서 나왔고, 陳나라가 멸망한 것은 鄭나라의 죄입니다. 그러므로 우리 임금께서 나를 보내어 陳나라가 滅亡한 內情〔衷〕을 살피게 하시면서 '大夫는 어찌하여 陳나라를 걱정하느냐고 이르라.'고 하셨습니다. 만약 大夫께서 근본이 顚覆된 것을 이롭게 여기신다면 내가 무엇을 상관하겠습니까?"라고 하니, 成子가 노하여 말하기를 "남을 많이 업신여긴 자는 모두 그 자리에 있지 못하였으니, 知伯이 어찌 長久할 수 있겠는가?"라고 하였다.

1) 弘 駟歂子

弘은 駟歂의 아들이다.

2) 屬會死事者之子 使朝三日 以禮之

國事에 죽은 자들의 아들들을 召集하여 3일 동안 入朝시켜 禮遇한 것이다.

3) 乘車兩馬 大夫服 又加之五邑

乘車兩馬는 大夫의 服飾이다. 또 거기에다가 五邑을 보탠 것이다.

4) 역주〕繫五邑焉 : 邑을 걸어놓은 것이 아니라 下賜할 邑의 圖籍을 기록한 竹簡을 매달아 놓은 것인 듯하다.

5)〔附注〕林曰 晉 涿聚子名

〔부주〕林: 晉은 涿聚의 아들 이름이다.

6) 隰役 在二十三年〔附注〕林曰 卽犁丘戰 而 汝也

隰의 전쟁은 哀公 23년에 있었다.

〔부주〕林: 바로 犁丘의 戰爭이다. 而는 汝(너)이다.

7) 言其整也 留舒 齊地 違 去也

齊軍이 整肅했음을 말한 것이다. 留舒는 齊나라 땅이다. 違는 去(距離)이다.

8) 濮水 自陳留酸棗縣傍河東北經濟陰至高平入濟

濮水는 陳留 酸棗縣 傍河에서 동북으로 흘러 濟陰을 지나 高平에 이르러 濟水로 들어간다.

9) 역주〕大國在敝邑之宇下 : 大國은 晉나라이니, 晉나라가 코앞까지 쳐들어왔다는 말이다. ≪左氏會箋≫에 "이때 晉軍이 桐丘에 駐屯해 있었기 때문에 '우리나라 처마 밑에 있다.'고 한 것이다. 或者의 말처럼 大國이 齊나라라면 '敝邑在大國之宇下'라고 해야 되고, '大國在敝邑之宇下'라고 해서는 안 된다."고 하였다.

10) 子思 國參〔附注〕林曰 以齊爲大國近在鄭之宇下也

子思는 國參이다.

〔부주〕林: 齊나라가 大國으로 가까이 鄭나라의 宇下에 있기 때문이라는 말이다.

11) 역주〕恐無及也 : 나라가 亡하기 전에 미처 救援할 수 없을까 두렵다는 말이다.

12) 製 雨衣也

製는 雨衣이다.

13)〔附注〕林曰 立於漢〔濮〕*)水之阪上

〔부주〕林: 濮水의 둑 위에 선 것이다.

*) 역주〕저본에는 '漢'으로 되어 있으나 ≪四庫全書 左傳杜林合注≫本에 의거하여 '濮'으로 바로잡았다.

14)〔附注〕林曰 助軍人鞭其馬

〔부주〕林: 軍人을 도와 그 말에 채찍을 친 것이다.

15) 畏其得衆心

成子가 軍衆의 마음을 얻은 것을 두려워한 것이다.

16)〔附注〕林曰 謂陳成子實出自陳

〔부주〕林: 陳成子가 실로 〈그 근본이〉 陳나라에서 나온 것을 이른다.

17) 十七年 楚獨滅陳 非鄭之罪 蓋知伯誣陳子 故陳子怒 謂其多陵人

17년에 楚나라가 단독으로 陳나라를 멸망시켰으니 鄭나라의 죄가 아니다. 知伯이 陳子에게 거짓말을 하였기 때문에 陳子가 노하여 그가 남을 업신여김이 많다고 한 것이다.

18) 衷 善也〔附注〕林曰 晉君使己察陳之善 以討鄭罪

衷은 善이다.

〔부주〕林: 晉君이 나를 보내어 陳나라의 좋은 점을 살펴 鄭나라의 罪를 토벌하게 하였다는 말이다.

19) 역주〕察陳衷焉 : 衷는 情實(實際의 情況)이니, 陳나라가 滅亡한 실제의 정황을 살피게 하였다는 말이다. 衷을 善으로 訓釋한 〈杜注〉는 옳지 않다. 參考文獻 ≪左氏會箋≫, 〈楊注〉 등.

20)〔附注〕林曰 大夫 謂成子 其恤陳國 而與我共討鄭

〔부주〕林: 大夫는 陳成子를 이른다. '그가 陳나라를 걱정하여 우리와 함께 鄭나라를 토벌할 것인가.'라는 말이다.

21) 역주〕大夫其恤陳乎 : 其는 豈不의 合詞로 쓰인 듯하니, 大夫는 어찌하여 陳나라를 걱정하지 않느냐는 말이다.

22)〔附注〕林曰 若成子利根本之傾覆

〔부주〕林: '만약 陳成子가 根本이 傾覆된 것을 이롭게 여긴다면'이라는 말이다.

23) 言陳滅於己無傷

陳나라가 멸망한 것이 자기에게 해로울 게 없다는 말이다.

24)〔附注〕林曰 言人之多侵侮他人者 皆不在於其位

〔부주〕林: 남을 많이 侵侮한 자는 모두 그 地位에 있지 못하였다는 말이다.

中行文子告成子[1)]曰 有自晉師告寅者하니 **將爲輕車千乘**하야 **以厭**(압)**齊師之門**이면 **則可盡也**[2)3)]라하니라 **成子曰 寡君命恒曰 無及寡**하고 **無畏衆**[4)]하라하니 **雖過千乘**이라도 **敢辟之乎**아 **將以子之命告寡君**[5)]호리라 **文子曰 吾乃今知所以亡**[6)]이로라 **君子之謀也**에 **始衷終皆擧之**라야 **而後入焉**[7)8)]이어늘 **今我三不知而入之**하니 **不亦難乎**[9)10)]아

中行文子가 陳成子에게 고하기를 "어떤 자가 晉나라 軍中에서 나에게 通告하기를 '晉軍이 輕車 千乘을 出動하여 齊軍의 軍門을 制壓하면 齊軍을 다 殲滅할 수 있다고 한다.'고 하였습니다."라고 하니, 成子가 말하기를 "우리 임금께서 나에게 명하기를 '적군이 적다 하여 追及(追擊)하지 말고, 많다 하여 두려워하지 말라.'고 하셨으니, 〈晉軍의

戰車가〉 비록 千乘이 넘는다 하더라고 어찌 감히 피하겠습니까? 내 장차 그대의 말을 우리 임금님께 보고하겠습니다."라고 하였다. 文子가 〈恨歎하며〉 말하기를 "나는 이제야 내가 亡命하게 된 까닭을 알았다. 君子가 일을 계획함에 있어 시작과 중간과 끝을 〈생각하여〉 모두 거행할 만한 뒤에야 들어가서 윗사람에게 고하는 것인데, 지금 나는 세 번 생각해야 함을 알지 못하고서 들어가 고하였으니, 어찌 어렵지 않겠는가?"라고 하였다.

1) 文子 荀寅 此時奔在齊

中行文子는 荀寅이다. 이때 도망해 와서 齊나라에 있었다.

2)〔附注〕林曰 以壓齊師之門 迫與齊戰 則齊師可盡克也

〔부주〕林: 齊軍의 營門을 制壓하고서 近接해 齊軍과 交戰하면 齊軍을 다 죽이고 勝利할 수 있다는 말이다.

3) 역주〕以厭齊師之門 則可盡也 : 厭은 壓과 같다. 晉軍이 장차 輕車로써 齊軍 가까이 와서 軍門을 공격하면 齊軍을 다 殲滅할 수 있는 말이다. 〈楊注〉

4)〔附注〕林曰 寡弱者無陵暴之 衆强者無畏避之

〔부주〕林: 敵軍이 적고 약하다 하여 업신여겨 虐殺하지 말고, 많고 강하다 하여 두려워 피하지 말라는 말이다.

5) 成子疑其有爲晉之心

陳成子는 中行文子가 晉나라를 위하는 마음이 있는 것으로 의심한 것이다.

6) 自恨己無知〔附注〕林曰 自恨無知以致滅亡

자기의 無知를 스스로 한탄한 것이다.

〔부주〕林: 無知하여 滅亡을 自招한 것을 스스로 한탄한 것이다.

7) 謀一事 則當慮此三變 然後入而行之 所謂君子三思〔附注〕林曰 凡君子之謀事 旣思其始 又思其中 復慮其終 三者皆謀之

한 가지 일을 계획할 때는 응당 이 세 번의 변화를 考慮한 뒤에 들어가서 시행하는 것이니, 이것이 이른바 '군자의 三思'이다.

〔부주〕林: 무릇 君子가 일을 계획함에는 그 시작을 생각한 뒤에 또 그 중간을 생각하고, 다시 그 끝을 생각하여 시작과 중간과 끝을 모두 계획하는 것이다.

8) 역주〕始衷終皆擧之 而後入焉 : 시작을 어찌해야 할지를 생각하고, 중간에 진행을 어찌해야 할지를 생각하고, 끝을 어찌 맺어야 할지를 생각하여, 세 번의 생각에 의심이 없어 모두 거행할 만한 뒤에야 들어가 윗사람에게 고한다는 말이다. ≪正義≫에는 '擧'를 '擧行'의 뜻으로, '入'을 '注入'의 뜻으로 해석하였으며, ≪左氏會箋≫에는 '擧'를 '모두'의 뜻으로, '入'을 '과감하게 가서 그 일을 실행함'의 뜻으로 해석하였으며, 〈楊注〉에는 '擧'를

'謀'로 해석하고, '入'을 '들어가서 윗사람에게 고함'의 뜻으로 해석하였다. 譯者는 '擧'는 ≪正義≫의 설을 취하고, '入'은 〈楊注〉의 설을 취하여 번역하였다.

9) 悔其言不可復

자기의 말을 실천할 수 없는 것을 후회한 것이다.

10) 역주] 不亦難乎 : 함부로 행동하여 禍를 취한 것을 후회한 것이다. '言不可復'이라고 한 〈杜注〉는 妥當하지 않다. ≪左氏會箋≫

【傳】 公患三桓之侈也하야 **欲以諸侯去之**[1]하니 **三桓亦患公之妄也**하다 **故君臣多間**[2]하니라 **公游于陵阪**타가 **遇孟武伯于孟氏之衢**[3]하야 **曰 請有問於子**하노니 **余及死乎**[4]아 **對曰 臣無由知之**니라 **三問**이나 **卒辭不對**하다 **公欲以越伐魯而去三桓**하야 **秋八月甲戌**에 **公如公孫有陘氏**[5]하야 **因孫于邾**라가 **乃遂如越**[6]하니 **國人施公孫有山氏**[7][8]하다

哀公이 三桓의 威勢를 걱정하여 諸侯를 이용하여 三桓을 제거하고자 하니, 三桓도 哀公의 망령됨을 걱정하였다. 그러므로 군신 사이에 틈이 많이 생겼다. 哀公이 陵阪에서 노닐다가 孟武伯을 孟氏의 갈림길에서 만나 그에게 말하기를 "그대에게 묻노니 내가 수명으로 죽을 수 있겠는가?"라고 하니, 孟武伯은 "신은 알 수 없나이다."라고 대답하였다. 세 차례 물었으나, 끝내 사양하고 대답하지 않았다. 哀公은 越나라를 이용해 魯나라를 쳐서 三桓을 제거하려 하여 가을 8월 甲戌日에 哀公이 公孫 有陘氏의 집으로 가서 기회를 타 邾나라로 갔다가 드디어 越나라로 가니, 國人이 公孫 有山氏에게 刑을 施行하였다.

1) 欲求諸侯師以逐三桓

諸侯의 군대를 請求하여 三桓을 축출하려 한 것이다.

2) 間 隙也

間은 틈이다.

3) 〔附注〕 林曰 遇孟孫于衢道

〔부주〕 林: 孟孫을 衢道(갈림길)에서 만난 것이다.

4) 問己可得以壽死不

내가 수명으로 죽을 수 있겠느냐고 물은 것이다.

5) 有陘氏 卽有山氏

有陘氏는 바로 有山氏이다.

6) 〔附注〕 林曰 自邾遂奔越

〔부주〕 林: 邾나라에서 드디어 越나라로 도망간 것이다.

7) 以公從其家出故也 終子贛之言 君不沒于魯 〔附注〕 林曰 施罪於有山氏

哀公이 有山氏의 집에서 出奔하였기 때문이다. 끝내 '임금님은 魯나라에서 죽지 못할 것이다.'라고 한 子贛의 말과 같이 되었다.

〔부주〕 林: 有山氏에게 刑을 시행한 것이다.

8) 역주〕 施公孫有山氏 : '施'는 哀公 26년 傳의 '使國人施于大尹'의 譯註 참고.

【傳】 悼之四年에 **晉荀瑤帥師圍鄭**[1])하다 **未至**에 **鄭駟弘曰 知伯愎而好勝**하니 **早下之**면 **則可行也**[2])라하고 **乃先保南里以待之**[3])러니 **知伯入南里**하야 **門于桔柣之門**하다 **鄭人俘酅魁壘**[4])하야 **賂之以知政**[5])하니 **閉其口而死**[6])하다 **將門**[7])할새 **知伯謂趙孟入之**[8])하니 **對曰 主在此**[9)10])니라 **知伯曰 惡而無勇**하니 **何以爲子**[11])리오 **對曰 以能忍恥**일새 **庶無害趙宗乎**ㄴ저 **知伯不悛**하다 **趙襄子由是惎知伯**[12])하니 **遂喪之**하다 **知伯貪而愎**이라 **故韓魏反而喪之**[13])하다

魯悼公 4년에 晉나라 荀瑤가 군대를 거느리고 가서 鄭나라를 포위하였다. 晉軍이 鄭나라에 이르기 전에 鄭나라 駟弘이 말하기를 "知伯은 고집이 세어 남의 말을 듣지 않고 이기기를 좋아하니, 우리가 早期에 항복하면 晉軍을 돌아가게 할 수 있다."고 하고서, 이에 먼저 南里로 가서 지키면서 晉軍을 기다리고 있었는데, 知伯이 南里로 들어와서 桔柣의 城門을 공격하였다. 鄭人이 酅魁壘를 生捕하여 知政으로 誘引하니, 酅魁壘는 입을 닫고 〈아무 대답도 하지 않고서〉 죽었다. 晉軍이 城門을 공격하려 할 때 知伯이 趙孟에게 쳐들어가라고 하니, 趙孟이 "主將이 이곳에 계시는데, 〈내가 어찌 감히 먼저 쳐들어가겠습니까?〉"라고 대답하였다. 그러자 知伯이 말하기를 "못생긴 데다가 용맹마저 없으면서 어떻게 〈趙氏家의〉 嗣子가 되었는가?"라고 〈조롱하니〉, 趙孟이 "나는 恥辱을 잘 참기 때문에 거의 趙氏 宗族에 害를 끼치는 일이 없을 것입니다."라고 대답하였으나, 知伯은 끝내 뉘우치지 않았다. 趙襄子가 이 일로 인해 知伯을 害毒으로 여기니, 知伯은 드디어 趙孟을 滅亡〔喪〕시키려 하였다. 知伯이 탐욕스럽고 강팍하기 때문에 韓氏와 魏氏가 도리어 〈趙孟과 共謀하여〉 知伯을 멸망시켰다.

1) 悼公 哀公之子寧也 哀公出孫 魯人立悼公

魯悼公은 哀公의 아들 寧이다. 哀公이 도망〔出孫〕갔으므로 魯人이 悼公을 세웠다.

2) 行 去也 〔附注〕 林曰 早服而爲之下則 可以去其師

行은 떠나감이다.

〔부주〕林: 일찍이 항복하여 몸을 낮추면 晉나라 군대를 떠나가게 할 수 있다는 말이다.

3) 保 守也 南里 在城外

保는 지킴이다. 南里는 城外에 있다.

4) 鄅魁壘 晉士

鄅魁壘는 晉나라의 士이다.

5) 欲使反爲鄭〔附注〕林曰 以知政賂魁壘

그로 하여금 晉나라를 背反하고 鄭나라를 위하게 하고자 한 것이다.

〔부주〕林: 知政(卿)을 賂物로 삼아 鄅魁壘를 誘引한 것이다.

6)〔附注〕林曰 晉魁壘閉口不答而死

〔부주〕林: 晉나라 鄅魁壘가 입을 닫고 대답하지 않고 죽은 것이다.

7) 攻鄭門

鄭나라 城門을 공격한 것이다.

8)〔附注〕林曰 使趙襄子先入鄭門

〔부주〕林: 趙襄子에게 먼저 鄭나라 城門으로 쳐들어가게 한 것이다.

9) 主 謂知伯也 言主在此 何不自入

主는 知伯을 이른다. 主將은 이곳에 있으면서 어찌하여 직접 쳐들어가지 않느냐는 말이다.

10) 역주〕主在此 : 趙孟은 知伯이 鄭人의 손을 빌려 자기를 죽이고자 하는 것을 알고서, '나는 進退를 오직 知伯을 따랐는데, 지금 知伯이 이곳에 있으니, 감히 먼저 들어갈 수 없다.'고 겸손하게 말한 것이다. ≪左氏會箋≫

11) 惡 貌醜也 簡子廢嫡子伯魯而立襄子 故知伯言其醜且無勇 何故立以爲子

惡은 얼굴이 못생긴 것이다. 趙簡子가 嫡子 伯魯를 廢하고 趙襄子를 세웠기 때문에 知伯이 "襄子는 못생기고 또 勇氣도 없는데, 무슨 이유로 그를 세워 嗣子로 삼았느냐."고 말한 것이다.

12) 惎 毒也

惎는 毒이다.

13) 史記 晉懿公之四年 魯悼公之十四年 知伯帥韓魏圍趙襄子於晉陽 韓魏反與趙氏謀 殺知伯於晉陽之下 在春秋後二十七年

≪史記≫에 의하면 晉懿公 4년, 곧 魯悼公 14년에 知伯이 韓氏와 魏氏를 거느리고서 晉陽에서 趙襄子를 포위하였는데, 韓氏와 魏氏가 도리어 趙氏와 謀議하여 知伯을 晉陽城 아래서 죽였다. 이 일은 ≪春秋≫ 27년 뒤에 있다.

索 引

凡 例

1. 색인 대상

본 색인은 ≪譯註 春秋左氏傳≫(전8책)의 原文(經, 傳)을 대상으로 하되, 原注(杜注, 附注)는 제외하였으며, 〈一般 索引〉, 〈類例 索引〉, 〈故事・熟語 索引〉으로 나누어 작성하였다.

2. 색인 작성 기준

1) 〈一般 索引〉: 人名, 地名, 國名, 制度 및 用語, 書名과 篇名 등을 대상으로 하고, 이외에 賦詩, 引用, 評語를 대상으로 하였으며, 異稱・略稱・別稱 등은 대표 표제어 아래 종속 항목으로 모아 상호 참조가 되도록 하였다. 또한 〈類例 索引〉에 있는 표제어도 〈一般 索引〉에 편입시켜 종합적으로 참조할 수 있게 하였다.

2) 〈類例 索引〉: ≪春秋經傳集解≫의 〈春秋類例〉(본서 제1책에 수록)에서 표제어를 추출한 것으로, 〈春秋類例〉에는 春秋筆法에 관련된 주요한 어휘가 수록되어 있다. 이 가운데 郊廟, 吉慶, 盟會, 賦稅, 事變, 師田, 喪紀, 冒盜, 災祥, 戰爭, 朝聘, 婚姻, 興作 등 13항목을 대표 표제어로 하고, 이를 다시 세분한 항목은 대표 표제어 아래 종속 항목으로 모았으며, 본시에서 해당하는 記事와 面數를 찾아 넣었다.

3) 〈故事・熟語 索引〉: ≪春秋左氏傳≫에서 유래된 故事와 熟語를 대상으로 하였다. 원문의 표현을 기본으로 하되, 원문을 축약하거나 변형하여 널리 사용하는 경우에는 표제어를 별도로 만들었다.

예) 結草報恩

十年生聚 而十年教訓→生聚教訓

3. 항목 배열 및 표시

1) 표제어의 위치는 '冊數-面數'의 형태로 하고 아라비아숫자로 표기하였으며, 같은 책에서 面數만 다른 경우에는 冊數는 생략하고 面數만 ','로 이어 표기하였다.

예) 姜戎 2-283, 289

2) 색인에 사용된 부호는 다음과 같다.

— : 대표 표제어 아래 종속 항목이 있을 경우 대표 표제어의 생략

→ : 상호참조를 위해 대표 표제어로 가는 표시

↔ : 地名의 異稱인 경우 상호참조 표시

( ) : 人名의 國籍 표시

〈 〉: 비교사항, 참고사항 표시

3) 배열은 한글의 가나다 순서를 따르고 두음법칙을 적용하였다. 인명 중 '國名+諸侯名號'인 경우 제후명호에 두음법칙을 적용하였다. 그밖에 '大'가 '태'로 읽히는 경우는 'ㅌ' 항에 배열하였다.

예) 衛靈公(위영공)

大史子餘(태사자여)

4) 人名 다음에 國籍을 ( ) 안에 표기하였다.

예) 賈擧(齊) 4-352

5) 人名과 國籍이 모두 같은 경우, 아래 표제어에 〈異人〉으로 표기하여 구분하였다.

예) 启(宋) 6-215

启(宋) 〈異人〉 8-104, 105, 106, 107

6) 동일한 人名과 族名이 같이 나올 경우, 族名 뒤에 〈族氏〉로 표기하여 구분하였다.

예) 姜氏(齊)→文姜 1-277, 280, 349

姜氏(齊) 〈族氏〉 6-36

7) 한 사람에게 여러 異稱이 있을 경우 대표 표제어를 정하고 이칭을 대표 표제어 하단에 종속 항목으로 모았다. 또한 이칭은 대표 표제어와 별도의 독립 표제어로도 제시하고 → 뒤에 대표 표제어를 함께 표기하였다. 그리고 〈春秋類例〉에서 추출한 표제어에서도 해당 인물에 관련한 중요한 내용은 종속 항목으로 모았다.

예) 郟敖(楚) 5-118, 269, 272

——— 麇 5-329

——— 卒→諸侯卒 5-214, 269

——— 楚子 5-149, 152

——— 楚子麇 5-214

麇(楚)→郟敖 5-329

8) 색인 대상 원문에는 없지만 참조할 만한 사항이 있을 경우에는 〈 〉 안에 참조사항을 표기하였다.

예) 公孫剽(衛) 〈衛殤公〉 4-13, 187

9) 國名은 98개 小國을 색인 대상으로 하였다. 부록의 〈諸侯名號 年表〉에 제시된 23개 列國은 출현 빈도가 너무 높아 색인 효용이 적어 색인 대상에서 제외하였다.

10) 地名은 異稱이 있는 경우 상호참조를 위해 이칭을 ↔ 뒤에 함께 제시하였다. 또한 〈春秋類例〉에서 추출한 표제어에서도 해당 지명과 관련한 중요한 내용은 대표 표제어 하단에 종속 항목으로 모았다.

예) 大鹵↔太原 5-212

啓陽 7-289

—— 城→內城 7-289

11) 표제어가 같을 경우, 人名은 國籍 표기로 구분하고, 나머지는 〈 〉 안에 地名, 國名, 水名, 篇名, 建物 등을 표기하여 구분하였다.

예) 麇 〈國名〉 2-394, 395, 443

麇 〈地名〉 7-156, 161

麇(宋) 8-73

12) 賦詩의 경우에는 〈 〉 안에 篇名을 제시하였다.

예) 賦 〈嘉樂〉 2-335

— 〈角弓〉 2-341

— 〈甘棠〉 2-341

13) 評語의 경우에는 '君子曰, 君子謂, 君子以爲' 등과 '仲尼曰'을 표제어로 하여 〈 〉 안에 비평의 대상인 인물, 사건, 국가 등을 참고사항으로 제시하였다.

예) 君子曰 〈莒潰〉 3-279

——— 〈慶氏〉 4-300

14) 引用의 경우에는 〈 〉 안에 출전을 표기하였다.

예) 其詩曰 〈大雅 文王〉 4-158

15) 〈類例 索引〉의 경우, 대표 표제어와 종속 표제어를 〈一般 索引〉에 포함시키되, 대표 표제어 뒤에 '(類)' 표시를 하여 다른 색인과 구분하였으며, 종속 표제어는 별도의 독립 표제어로도 제시하고 → 뒤에 '대표 표제어(類)'를 함께 표기하였다.

예) 師田(類)

——— 大閱 1-290, 300

——— 焚 1-304

——— 狩 1-281, 363, 8-9

——— 蒐 6-10, 16, 49, 53, 7-232, 244, 259

——— 矢魚 1-200, 203

——— 治兵 1-373

大閱→師田(類) 1-290, 300

16) 〈故事·熟語 索引〉의 경우, 통용하는 同音의 다른 글자로도 쓸 경우에는 ( ) 안에 함께 제시하였다.

예) 螭魅罔兩(魍魎) 3-36

一般 索引

【ㄱ】

猳 1-248
柯 1-397, 398, 4-241
駕 3-399, 5-36
歌〈巧言〉4-179
—〈鹿鳴〉4-38
—〈文王〉4-38
賈 1-452
賈(魯)→臧賈 4-321
賈擧(齊) 4-352
賈季(晉)→狐射姑 2-355, 358, 369, 411
賈君(賈) 2-102
嘉樂 5-27
柯陵 3-381, 385
賈伯 1-313
嘉父(晉) 1-213, 4-270
家父(周) 1-306, 334, 337
家僕徒(晉) 2-105
賈辛(晉) 6-272, 7-36, 41
賈寅(齊) 5-182
假田→朝聘(類) 1-258, 259
—— 假許田 1-258, 259
賈佗(晉) 6-107
賈華(晉) 2-53
賈獲(陳) 4-364
刻桷→郊廟(類) 1-436, 439
—— 刻桓宮桷 1-436, 439
角弓 5-275
郤宛(楚) 7-137
衎(衛)→衛獻公 3-327
艮☶ 4-92
竿旄 7-200
簡璧(秦) 2-110
簡師父(周) 2-194
簡城 7-183
簡如 2-397
簡王(周) 4 16
———— 崩→天王崩 4-12
———— 王 3-293, 305, 331
———— 葬→天王葬 4-16
———— 天王 4-12
簡子(晉)→趙鞅 7-167, 279, 282, 285, 286, 8-63, 69
干犫(宋) 6-253
干徵師(陳) 6-10, 14
羯(魯)→孟孝伯 4-317
葛嬴(葛) 2-130
闞 1-320, 6-318, 325, 7-84
甘簡公(周) 6-71
坎欿 2-190
甘過(周) 5-158

甘棠 5-275
甘大夫襄(周) 6-25
甘悼公(周) 6-71
———— 過 6-71
甘鹿 6-178
監馬尹大心(楚) 7-67
甘昭公(周)→王子帶 2-190
甘氏(周) 6-294
甘桓公(周) 6-294
甲 6-313
甲父之鼎 6-156
甲氏 3-154, 155
彊(齊)→子彊 5-276
江〈國名〉2-23, 47, 330, 331, 334, 337, 340, 3-39
江〈水名〉2-388, 5-309, 312, 7-145, 263, 300, 315, 348
絳 1-446, 452, 2-93, 454, 3-62, 237, 4-302, 5-248, 6-30, 7-51, 233, 240, 249
康誥 7-127
康誥曰〈尙書〉2-294, 6-223
降婁 5-168
江芈(楚) 2-313
岡山 6-58
强鉏(鄭) 1-408
康叔(衛) 2-276, 5-130, 420, 421, 6-16, 7-127, 128, 164, 283
姜氏(申)→武姜 1-169
姜氏(齊) 2-159, 168
姜氏(齊)→棠姜 4-352
姜氏(齊)→穆姜 4-321
姜氏(齊)→文姜 1-277, 280, 349
姜氏(齊)〈族氏〉6-36
江說(齊) 7-319
康王(周) 5-324, 6-25, 345
姜戎 2-283, 289
疆田→戰爭(類) 5-213, 255
—— 叔弓帥師疆鄆田 5-213, 255
絳縣 5-154
匄(晉)→范宣子 4-84, 214, 331
匄(晉)→士文伯 5-187
介葛盧(介) 2-261, 262, 264
介根 4-338
改卜牛→郊廟(類) 3-33, 252, 7-252, 262
介之推(晉) 2-182
蓋獲之門 6-217
阬氏(魯) 8-26
胠 4-309
拒 2-86
莒〈齊〉5-307, 6-40, 41, 343
莒慶(莒) 1-447, 2-197
渠孔(衛) 1-489
莒共公(莒) 6-203
———— 莒子 6-203, 261
———— 莒子庚輿 6-274, 283
———— 庚輿 6-138, 139
———— 來奔→諸侯奔 6-274, 283
莒郊公(莒) 6-138, 139, 283
———— 莒子 6-332, 7-119
渠丘 3-279, 6-59
渠丘公(莒) 3-267
———— 卒→諸侯卒 3-322
———— 莒子朱 3-322
莒潰→國潰 3-272, 379
莒期(莒)→莒玆丕公 7-128
莒紀公(莒) 2-466
莒挐(莒) 2-14
———— 挐 2-17
蘧挐↔渠蒢 7-257

莒犁比公(莒) 4-209, 5-193
———— 其君密州 5-179
———— 買朱鉏 5-193
莒滅→滅 4-60, 62
—— 莒人滅鄫 4-60, 62
渠門 1-333
渠伯糾(周)→宰渠伯糾 1-281, 282
蘧伯玉(衛) 4-179, 5-14
———— 蘧瑗 5-144
———— 瑗 5-14
莒父 7-244
—— 城→內城 7-244
莒僕(莒) 2-466
———— 大子僕 2-466
蘧富獵(宋) 7-223
去樂卒事→郊廟(類) 6-143, 144
蘧瑗(衛)→蘧伯玉 5-144
渠子(衛) 6-222
莒子(莒) 1-178, 179, 181, 323, 2-17, 205, 224, 226, 3-253, 270, 267, 4-25, 52, 66, 86, 107, 108, 132, 133, 206, 207, 224, 256, 264, 282, 325, 330, 346, 352, 358
莒子(莒)→莒共公 6-203, 261
莒子(莒)→莒郊公 6-332, 7-119
莒子去疾(莒)→著丘公 6-133
莒子庚輿(莒)→莒共公 6-274, 283
莒子狂(莒) 8-10
莒玆丕公(莒) 2-207
———— 莒期 7-128
莒子朱(莒)→渠丘公 3-322
渠蒢↔蘧挐 7-253
去疾(莒)→著丘公 5-193, 213, 254
去疾(鄭)→子良 3-44
秬鬯 2-245
車轄 6-303
莒恒(齊) 4-309
乾(蔡) 7-137
乾☰ 1-488, 7-52
乾谿 5-387, 6-80, 86, 88, 95
褰裳 6-165
蹇叔(秦) 2-279, 289, 290
乾時 1-380, 381
乾祭 6-295
乾侯 7-28, 46, 47, 49, 63, 64, 72, 73, 74, 76, 84, 85, 86, 92, 99, 106, 109, 271
桀(夏) 3-36, 5-328, 6-51
乞盟→盟會(類) 2-62, 63, 64
—— 鄭伯乞盟 2-62, 63, 64
乞師→戰爭(類) 2-206, 210
—— 公子遂如楚乞師 2-206, 210
鍼 3-245
鍼(秦)→伯車 5-12, 212, 247, 250, 270
鍼季(魯) 1-470
鍼巫氏(魯) 1-470
鍼宜咎(陳) 4-331, 343
———— 出奔楚→外大夫奔 4-331, 343
鍼莊子(衛) 2-257
鍼虎(秦) 2-351
牽 7-243
鄄 1-399, 404, 415, 3-293, 4-182, 8-94
犬丘↔垂 1-225, 4-15, 119
犬戎 1-485
鄄子士(衛) 8-94
謙☷ 5-351
郟 1-305, 4-343, 5-9, 47, 6-200
郟敖(楚) 5-118, 269, 272
———— 麇 5-329
———— 卒→諸侯卒 5-214, 269
———— 楚子 5-149, 152

———— 楚子麇 5-214
郟鄏 3-36, 6-345
慶(齊)→慶封 4-357, 359, 367
頃(齊)→齊頃公 6-16
頃(周)→單頃公 5-418
涇 3-318, 4-174
京 1-163, 167, 6-272
耿 1-479
郥 6-42, 6-113
慶季(齊)→慶封 5-52, 99
景公(齊)→齊景公 5-296
頃丘 7-385
敬歸(胡) 5-184
慶克(齊) 3-385, 389
———— 慶氏 3-404
景亳 5-324
景伯(魯)→子服景伯 7-324, 339, 342, 393, 8-35
瓊弁 2-249
頃父(晉) 1-213
慶父(魯)→公子慶父 1-478
慶封(齊) 3-404, 4-253, 357, 361, 5-49, 52, 59, 76, 78, 82, 85, 95, 96, 99, 103, 104, 312, 329, 6-46
———— 慶 4-357, 359, 367
———— 慶季 5-52, 99
———— 來奔→外大夫奔 5-82, 95~106
———— 子家 5-99
慶比(衛) 6-218
敬姒 3-327, 5-14
慶舍(齊) 5-95, 101
———— 子之 5-95, 99, 101
慶嗣(齊) 5-99
———— 子息 5-99
京師 1-310, 311, 462, 2-50, 86, 154, 227, 306, 375, 380, 65, 3-303, 304, 305, 328, 331, 341, 402, 4-53, 331
京城大叔(鄭)→共叔段 1-163
慶繩(齊)→慶佚 5-101
慶氏(齊) 5-99, 101, 291
慶氏(齊)→慶克 3-404
慶氏(周)〈族氏〉7-176
慶氏(陳) 4-259, 300, 343
慶樂(陳) 4-300
梗陽 4-225
庚輿(莒)→莒共公 6-138, 139
敬嬴(徐) 2-463, 3-62, 64
———— 夫人嬴氏 3-61
———— 小君敬嬴 3-62
———— 葬→夫人葬 3-62, 64
———— 薨→夫人薨 3-61
鯨鯢 3-122
頃王(周) 2-390, 420
景王(周) 6-50, 259, 345
———— 崩→天王崩 6-259, 264
———— 王 6-149, 152
———— 葬→天王葬 6-259, 267
———— 天王 5-239, 6-259
敬王(周) 6-270, 8-77
———— 東王 6-287
———— 王 6-298, 341, 343, 282, 7-87, 176
———— 入于成周→天王入 6-333, 343
———— 天王 6-275, 333, 7-172, 243
———— 天子 8-87
慶寅(陳) 4-73, 259, 297, 300
敬子(魯)→叔弓 5-303
京玆 4-232
慶鄭(晉) 2-96, 97, 104, 105, 108, 119,

121
庚宗 5-336, 338, 7-339
慶佐(齊) 3-404, 4-268
敬仲(齊)→高傒 5-147
敬仲(陳)→公子完 1-425, 427
耿之不比(楚) 1-455
京楚 6-272
慶奊(齊) 5-101
——— 慶繩 5-101
慶虎(陳) 4-73, 259, 297, 300
契 2-326
啓 4-309
啓(宋) 6-215
啓(宋)〈異人〉8-104, 105, 106, 107
啓(夏) 5-324
季(魯)→季桓子 7-164
季康子(魯) 7-294, 325, 327, 343, 8-13, 85, 99, 111
——— 季孫 7-339, 357, 363, 373, 376, 377, 385, 8-27, 92, 99
——— 肥 7-294, 8-85
季羔(齊)→高柴 8-72
季公若(魯) 6-304
——— 季公亥 6-313
——— 公若 6-304, 313, 316
季公鳥(魯) 6-313
季公亥(魯)→季公若 6-313
季悼子(魯) 6-73
季梁(隨) 1-293, 294, 308, 309
季路(魯)→子路 8-13
季狸 2-469
季武子(魯) 4-63, 68, 84, 92, 97, 103, 134, 151, 172, 201, 245, 246, 261, 264, 313, 5-64, 104, 118, 157, 226, 275, 307, 319, 419
——— 季孫 5-120, 179, 180, 227, 241, 307, 343, 345, 348, 349, 373, 402, 6-245
——— 季孫宿 4-60, 66, 75, 77, 86, 150, 165, 167, 198, 239, 257, 5-274, 283, 373, 380, 390
——— 武子 5-184, 380, 6-130, 7-93
——— 宿 5-275
——— 卒→內大夫卒 5-390, 419
季文子(魯) 2-351, 354, 416, 432, 438, 435, 438, 439, 442, 466, 3-15, 74, 77, 168, 183, 231, 232, 244, 3-249, 254, 262, 274, 275, 292, 369, 375, 414, 4-19, 40, 59
——— 季孫 3-269, 375, 376, 4-19, 40, 246, 264, 314, 316, 317, 319, 321
——— 季孫行父 2-347, 401, 429, 430, 440, 460, 3-11, 176, 243, 271, 289, 341, 342, 375, 53
——— 文子 7-93
——— 卒→內大夫卒 4-53, 59
——— 行父 3-262, 375
季芈(楚)→季芈畀我 7-145, 159
季芈畀我(楚) 7 142
——— 季芈 7-145, 159
季魴侯(魯) 7-343
雞父 6-274, 284
啓服 7-49
季姒(齊) 6-313
季孫(魯)→季康子 7-339, 357, 363, 373, 376, 377, 385, 8-27, 92, 99
季孫(魯)→季武子 5-120, 179, 180, 227, 241, 307, 343, 345, 348, 349, 373, 402, 6-245
季孫(魯)→季文子 3-269, 375, 376, 4-19, 40,

246, 264, 314, 316, 317, 319, 321
季孫(魯)→季平子 6-73, 130, 141, 7-19, 74, 76, 106, 109, 201
季孫(魯)→季桓子 7-201, 294, 317
季孫斯(魯)→季桓子 7-163, 180, 228, 274, 289
季孫宿(魯)→季武子 4-60, 66, 75, 77, 86, 150, 165, 167, 198, 239, 257, 5-274, 283, 373, 380, 390
季孫意如(魯)→季平子 6-34, 90, 126, 155, 49, 7-73, 74, 153
季孫行父(魯)→季文子 2-347, 401, 429, 430, 440, 460, 3-11, 176, 243, 271, 289, 341, 342, 375, 4-53
季氏(魯) 3-375, 4-67, 68, 136, 314, 316, 317, 5-120, 184, 347, 349, 6-72, 304, 315, 316, 318, 320, 328, 329, 7-19, 74, 93, 191, 193, 194, 201, 230, 357, 380
啓陽 7-289
—— 城→內城 7-289
季然(楚) 6-331
季寤(魯) 7-191
———— 子言 7-194
季隗(廧咎如) 2-166, 181, 355
季友(魯)→公子友 1-470, 449, 477, 2-17
季子(魯)→公子友 1-475, 477
季子(魯)→子路 8-38, 40
季子(吳)→公子札 5-194
季子(吳)→延州來季子 7-12, 14
季子(晉)→郤至 3-393
季仲 2-469
季萴(夏) 6-238
季札(吳) 4-172
谿泉 6-272
季佗(莒) 2-466
雞澤 4-25, 31, 35, 55, 5-169
季平子(魯) 6-33, 72, 168, 169, 171, 304
———— 季孫 6-73, 130, 141, 7-19, 74, 76, 106, 109, 201
———— 季孫意如 6-34, 90, 126, 155, 49, 7-73, 74, 153
———— 意如 6-132, 134, 320, 325, 7-76
———— 卒→內大夫卒 7-153, 154
———— 至自晉→內大夫至 6-132, 134
———— 平子 6-42, 73, 79, 91, 126, 130, 168, 169, 172, 313, 315, 318, 325, 329, 336, 338, 7-49, 110, 154
季桓子(魯) 7-158, 166, 175, 290
———— 季 7-164
———— 季孫 7-201, 294, 317
———— 季孫斯 7-163, 180, 228, 274, 289
———— 卒→內大夫卒 7-289, 294
———— 桓子 7-154, 193, 194
季姬(魯) 7-344, 346
季姬(魯)→鄫季姬 2-94, 100
高(齊)→高無咎 3-385
考宮獻羽→郊廟(類) 1-201
———— 考仲子之宮初獻六羽 1-201
蠱☶ 2-102, 5-267
郜〈國名〉 2-185
郜〈地名〉 1-236, 238, 3-313
鼓 6-146, 258, 266
姑 6-228
顧 8-82
皐 2-86
高彊(齊)→子彊 7-238, 251
高彊(齊)→子良 6-39, 46
故絳 3-246
高渠彌(鄭) 1-287, 347, 350

——— 高伯 1-347
高固(齊) 3-51, 52, 141, 160, 185
——— 高宣子 3-137
——— 高子 3-160
羔裘 6-165
高國(齊) 3-75
高克(鄭) 1-493
高齮(齊) 6-334
高唐〈建物〉4-352
高唐〈地名〉4-249, 253, 6-41, 7-354
郜大鼎 1-262, 264, 265, 269
皐落氏 1-493
高梁 2-75, 115, 176
姑蔑 7-230, 389
高無咎(齊) 3-330, 369, 382, 386
——— 高 3-385
——— 出奔莒→外大夫奔 3-382, 386
高無丕(齊) 7-357, 366, 8-28, 86
高發(齊) 6-199, 203
高伯(鄭)→高渠彌 1-347
高府 8-55
姑棼 1-376
皐比(宋) 4-220
高宣子(齊)→高固 3-137
固城 6-93
苦成叔(晉)→郤犨 3-323, 395
高昭子(齊)→高張 7-306, 312
高豎(齊) 5-147
瞽瞍 6-21
刳首 2-366
高柴(齊) 8-72
季羔 8 72
高辛氏 2-469, 5-256
高氏 3-383
高氏(齊) 2-89, 5-142, 147, 6-37, 39, 334
高哀(宋)→子哀 2-427
高弱(齊) 3-386
高陽氏 2-469
高圉 5-415
高魚 5-47
高偃(齊) 6-62, 64
——— 鄴 5-147
皐如(越) 8-101, 102
姑逆婦→婚姻(類) 2-336, 338
——— 逆婦姜 2-336, 338
郜延(宋) 7-389
皐陶(夏) 1-374, 2-345, 6-139
姑蕕 7-172
皐鼬 7-120, 127
郜子(郜) 2-142
高子(齊)→高固 3-160
高子(齊)→高張 7-105
高子(齊)→高傒 1-484
鼓子鳶鞮(鼓) 6-146
高子容(齊)→高止 5-126
高張(齊) 7-46, 47, 85, 105, 186, 308, 312
——— 高子 7-105
——— 高昭子 7-306, 312
——— 來奔→外大夫奔 7-308
告糴→朝聘(類) 1-452, 456
—— 臧孫辰告糴于齊 1-452, 456
郜鼎 1-269
皐舟 4-194
高止(齊) 5-115, 116, 146
——— 高子容 5-126
——— 出奔北燕 5-116, 146
高寢 7-252
高傒(齊) 1-381, 425

——— 敬仲 5-147
——— 高子 1-484
皐滸 3-48
高厚(齊) 4-63, 77, 110, 210, 216, 218, 240, 247, 251
穀〈國名〉 1-433, 2-207, 211, 220, 234
穀〈地名〉 1-372, 2-452, 453, 459, 3-134, 137, 235, 237, 404, 389, 4-240, 250, 6-59, 8-88
穀(魯)→文伯 2-308, 425
穀丘↔句瀆之丘 1-323
曲棘 6-302, 327, 334
曲梁 3-147, 4-32
穀伯綏(穀) 1-304, 305
曲濮 7-180
穀城 7-183
穀陽豎(楚) 3-366
穀榮(齊) 4-309
曲沃↔新城 1-208, 273, 313, 452, 479, 2-36, 176, 279, 4-209, 297, 301, 302, 305, 308, 325
曲沃武公(晉) 1-278
——— 曲沃伯 1-305, 408
——— 晉武公 1-409, 5-127
——— 晉侯 1-408, 412, 413
曲沃伯(晉)→曲沃武公 1-305, 408
曲沃莊伯(晉) 1-206, 275
曲洧 3-384
曲池 1-323, 325
曲縣 3-181
鮌(夏) 2-294, 326, 4-274, 5-404
衮 1-266
困☵ 4-348
坤☷ 6-75, 7-52
昆都 2-126
昆吾 6-80, 187
昆吾之觀 8-67
髡頑(鄭) 3-284
鶻鳩氏 6-174
孔(陳)→孔寧 3-204
共〈國名〉 1-167
共〈地名〉 1-491
鞏 6-343
鞏簡公(周) 7-111, 112
孔甲 7-51
公甲叔子(魯) 7-339
公居→事變(類) 6-331, 332, 334, 7-9, 10, 46, 47
—— 居于鄆 6-331, 332, 334, 7-9, 10, 46, 47
共工氏 6-174, 7-52
公果(魯) 6-316
孔丘(魯)→仲尼 5-415, 7-212, 213, 214, 8-26, 43, 45
公救→戰爭(類) 1-451, 455, 3-253, 256, 4-53, 198
—— 公救成至遇 4-198
—— 公會齊人宋人救鄭 1-451, 455
—— 公會晉侯……杞伯救鄭 3-253, 256
—— 公會晉侯……齊世子光救陳 4-53
孔姞(衛) 7-373
公南(魯) 7-217
公南楚(衛) 6-218
孔寧(陳) 3-69, 76
——— 孔 3-204
——— 公孫寧 2-452, 3-80, 84, 214
孔達(衛) 2-311, 325, 337, 384, 452, 3-129, 132, 133, 134
空桐 8-105

公斂陽(魯)→公斂處父 7-194
公斂處父(魯) 7-175, 193, 194, 231
———— 公斂陽 7-194
工僂灑(齊) 5-182
工婁氏(遂) 1-411
工僂會(齊) 4-253
公里 6-251
公孟(衛) 6-215, 216, 217
———— 公孟縶 6-215
———— 孟縶 5-420, 421, 6-223
———— 縶 6-209
公孟彄(衛) 7-228, 229, 232, 244, 249, 352, 8-29
———— 出奔鄭→外大夫奔 7-244, 249
公孟綽(齊) 7-346
公孟縶(衛)→公孟 6-215
公巫召伯(魯) 5-127
公文氏(衛) 8-26
公文要(衛) 8-94
公文懿子(衛) 8-93, 97, 101
孔文子(衛) 7-373, 376, 8-37
———— 孔圉 7-122, 271, 8-37
公彌(魯) 4-313
———— 公鉏 4-314, 316, 317
鞏伯(晉)→鞏朔 3-216
孔伯姬(衛)→孔姬 8-38
公伐→戰爭(類) 1-218, 220, 2-146, 151, 152, 284, 293, 360, 363, 7-323, 328, 337, 339, 341, 366, 380, 381, 445, 445, 2-207, 211, 27, 29, 52, 54, 3-165, 219, 222, 282, 284, 304, 305, 341, 373, 381, 384, 382, 388, 42, 43, 57, 58, 4-86, 97, 108, 121, 132, 139, 133, 143, 7-351, 353, 356, 366
—— 公伐莒取向 3-42, 43
—— 公伐杞 3-165
—— 公伐戎 1-445
—— 公伐齊 1-380, 381
—— 公伐邾 1-218, 220, 2-146, 151, 152, 284, 293, 360, 363, 7-323, 328
—— 公以楚師伐齊 2-207, 211
—— 公自京師遂會……伐秦 3-304, 305
—— 公會單子……伐鄭 3-382, 388
—— 公會宋公……于袲伐鄭 1-337, 339, 341
—— 公會宋人齊人伐徐 1-445
—— 公會吳伐齊 7-351, 353
—— 公會吳伐齊 7-356, 366
—— 公會尹子……伐鄭 3-341, 373
—— 公會尹子單子……伐鄭 3-381, 384
—— 公會齊人……伐衛 1-366
—— 公會齊侯……伐鄭 2-52, 54
—— 公會齊侯……遂伐楚 2-27, 29
—— 公會齊侯伐萊 3-57, 58
—— 公會晉侯……伐鄭 3-219, 222
—— 公會晉侯……伐鄭 3-282, 284
—— 公會晉侯……伐鄭 4-108, 121
—— 公會晉侯……伐鄭 4-132, 139
—— 公會晉侯……伐鄭 4-133, 143
—— 公會晉侯……伐鄭 4-86, 97
拱璧 5-183
公甫(魯) 6-313
孔父(宋)→孔父嘉 1-261, 264
孔父嘉(宋) 1-264
———— 孔父 1-261, 264
———— 孔氏 1-264
———— 大司馬孔父 1-187
公父文伯(魯)→公父歜 7-158, 290
公父歜(魯) 7-158
公父文伯 7-158, 290
公父定叔(鄭) 1-408

公賁(魯) 6-316
公不與盟→盟會(類) 6-89, 126
公賓庚(魯) 7-339
公思展(魯) 6-313
鞏朔(晉) 2-454, 3-92, 112, 216, 228
──── 鞏伯 3-216
──── 士莊伯 3-216
公山不狃(魯) 7-154, 191, 230, 336
────── 子洩 7-154, 336, 339
公喪至→喪紀(類) 1-348, 7-99, 106, 109
─── 公之喪至自乾侯 7-99, 106, 109
─── 公之喪至自齊 1-348
公壻 7-156
公鉏(魯)→公彌 4-314, 316, 317
公鉏極(魯) 7-191
公壻池(晉) 2-376, 454
鞏成(周) 5-158
孔成子(衛) 3-327, 4-255, 5-420, 421
───── 孔烝鉏 5-420
公孫→事變(類) 6-301, 322
── 公孫于齊 6-301, 322
公孫敢(衛) 8-40
公孫彊(曹) 7-332, 333
───── 司城彊 7-335
公孫固(宋) 2-217, 263, 364
───── 大司馬固 2-156
公孫霍(蔡) 7-297
───── 公孫盱 7-299
公孫寬(楚) 8-76
──── 寬 8-58
公孫僑(鄭)→子産 4-284
公孫歸父(魯) 3-73, 74, 79, 134, 137, 139, 142, 166, 168
────── 歸父 3-166, 168
────── 子家 3-78, 137, 168
────── 弃齊→內大夫弃 3-166, 168
公孫歸生(蔡)→聲子 5-49, 59, 211
公孫忌(宋) 6-224, 262
公孫寧(陳)→孔寧 2-452, 3-80, 84, 214
公孫段(鄭) 5-69, 115, 299, 252, 406, 408
───── 公孫段氏 5-214, 252
───── 伯石 5-124, 173, 174, 299, 302
───── 子石 5-69
公孫段氏(鄭)→公孫段 5-214, 252
公孫登(鄭) 6-190
公孫獵(蔡) 7-290
公孫林(晉) 7-286
公孫免餘(衛) 5-53
公孫明(齊) 5-338
公孫無知(齊) 1-375, 379
────── 無知 1-373, 377, 379, 381, 6-59
────── 仲孫 5-313
公孫無地(衛) 5-53
公孫彌牟 8-94, 102
──── 南氏 8-93, 102
──── 子之 7-383, 8-97
──── 文子 8-97, 101, 102
公孫般師(衛)→般師 8-70
公孫尨(晉) 7-286
公孫師(宋) 2-474, 3-333, 334
公孫舍之(鄭)→子展 4-99, 100, 132
公孫鉏(鄭) 5-169
公孫鉏(郲) 6-276
公孫皙(齊) 5-390
公孫洩(鄭) 5-408
公孫姓(蔡) 7-120, 297, 299
公孫成(魯)→公孫宿 8-34
公孫壽(宋) 2-448, 3-260, 266

公孫傁(齊) 6-69
公孫宿(魯) 8-27, 36
──── 公孫成 8-34
公孫申(鄭) 3-233, 281
──── 叔申 3-325, 283, 287
公孫臣(衛) 5-53
公孫辰(蔡) 7-297, 299
──── 出奔吳→外大夫奔 7-297, 299
公子牙(魯) 1-465
──── 叔牙 1-470
──── 卒→內大夫卒 1-465, 470
──── 僖叔 1-470
公孫嬰齊(魯) 3-176, 242, 260, 382
──── 聲伯 3-265, 290, 388
──── 嬰齊 3-375
──── 子叔聲伯 3-249, 373, 375
──── 子叔嬰齊 3-376
──── 卒→內大夫卒 3-328
──── 左尹子重 3-81
──── 仲嬰齊 3-328
公孫敖(魯) 2-98, 307, 313, 318, 343, 363, 371, 375, 419, 429, 433
──── 孟穆伯 2-101
──── 穆伯 2-315, 325, 371, 377, 425
──── 奔莒→內大夫奔 2-375, 377
──── 卒→內大夫卒 2-419, 425
公孫敖(齊) 4-352
公孫友(宋) 2-363, 448
公孫盱(蔡)→公孫霍 7-299
公孫援(宋) 6-215
公孫有山(魯)→公孫有山氏 8-92
公孫有山氏(魯) 7-396, 8-116
──── 公孫有山 8-92
──── 公孫有陘氏 8-116
公孫有陘氏(魯)→公孫有山氏 8-116
公孫兹(魯) 2-29, 39, 45, 124
──── 叔孫戴伯 2-34
──── 卒→內大夫卒 2-124
公孫鄭(宋) 2-364
公孫丁(宋) 6-215
公孫丁(衛) 4-183
公孫貞子(陳) 8-30
公孫竈(齊)→子雅 5-146, 309
公孫朝(魯) 6-336
公孫朝(楚) 8-65
公孫鍾離(宋) 2-378
公孫周(宋) 8-104
公孫枝(秦) 2-76, 106
──── 子桑 2-92, 110, 332
公孫蠆(鄭)→子蟜 4-99, 165, 166, 167, 210, 250
公孫蠆(齊)→子尾 5-146, 171, 303
公孫輒(鄭)→子耳 4-99, 107, 108
公孫捷(齊) 6-41
公孫青(齊) 6-219
──── 子石 6-223
公孫楚(鄭) 5-243
──── 游楚 5-246, 252
──── 子南 5-243, 244, 246
──── 子南氏 5-243
──── 楚 5-244
公孫佗人(陳) 7-242
公孫翩(蔡) 7-299
公孫剽(衛)〈衛殤公〉4-13, 187
──── 其君剽 5-9, 17
──── 子叔 4-15, 68, 5-17
公孫夏(鄭)→子西 4-203, 284, 347
公孫夏(齊) 7-366, 368
公孫滑(鄭) 1-174, 181

公孫會(曹) 6-209
———— 自鄸出奔宋→外大夫奔 6-209
公孫獲(鄭) 1-247
———— 獲 1-244
公孫揮(鄭) 4-344, 5-21, 5-168, 197
———— 子羽 4-344, 5-118, 168, 196, 197, 214, 222, 224, 360, 6-45
———— 行人揮 5-221, 262
公孫揮(齊) 7-366
公孫黑(鄭)→子晳 4-201, 5-148, 243, 252, 274, 280
公孫黑肱(鄭)→子張 4-288
公孫肹(鄭) 5-167
共叔(鄭) 1-408
孔叔(宋) 2-378
孔叔(衛)→孔悝 8-40
孔叔(鄭) 2-26, 46, 57
共叔段(鄭) 1-163
———— 京城大叔 1-163
———— 段 1-158, 167, 168
———— 鄭共叔 1-174
———— 大叔 1-166, 167
———— 大叔段 1-167
公叔務人(魯) 7-357
———— 公爲 6-316, 7-50, 106, 364
公叔文子(衛) 7-164, 240
———— 公叔發 5-144
———— 公叔戍 7-240, 242, 245, 246
———— 來奔→外大夫奔 7-242, 245
公叔發(衛)→公叔文子 5-144
公叔戍(衛)→公叔文子 7-240, 242, 245, 246
孔氏(宋)→孔父嘉 1-264
孔氏(衛) 8-37, 38, 46
孔氏(鄭) 2-59
鞏氏(周) 7-112
公冶(魯) 5-118, 120
公若(魯)→季公若 6-304, 313, 316
公若(魯)→公若藐 7-217, 218
公若藐(魯) 7-217
———— 公若 7-217, 218
孔圉(衛)→孔文子 7-122, 271, 8-37
公如京師→朝聘(類) 3-303, 305
公如列國→朝聘(類) 1-348, 349, 425, 433, 435, 437, 2-78, 98, 284, 297, 330, 335, 410, 416, 3-43, 51, 52, 65, 71, 72, 75, 76, 220, 223, 230, 231, 283, 287, 400, 409, 4-24, 27, 36, 42, 74, 75, 151, 154, 262, 264, 5-82, 110, 274, 283, 346, 357, 389, 399, 6-62, 67, 91, 129, 143, 149, 242, 258, 275, 289, 7-9, 10, 26, 28, 47, 114
———— 如齊 1-348, 349, 425, 433, 435, 437, 2-78, 98, 284, 297, 3-43, 51, 52, 65, 71, 72, 75, 76, 7-9, 10, 26
———— 如晉 2-330, 335, 410, 416, 3-220, 223, 230, 231, 283, 287, 400, 409, 4-24, 27, 36, 42, 74, 75, 151, 154, 262, 264, 5-274, 283, 346, 357, 6-62, 67, 91, 129, 143, 149, 242, 258, 275, 289, 7-28, 47, 114
———— 如楚 5-82, 110, 389, 399
公逆女→婚姻(類) 1-437
———— 公如齊逆女 1-437
公衍(魯) 7-50, 106
公冉務人(魯) 2-464
孔嬰齊(衛) 1-489
公遇→盟會(類) 1-194, 196, 433, 461
—— 遇于穀 1-433
—— 遇于魯濟 1-461
—— 遇于淸 1-194, 196

公爲(魯)→公叔務人 6-316, 7-50, 106, 364
工尹 2-388
工尹麇(楚) 7-10
工尹路(楚) 6-80
工尹壽(楚) 7-11
工尹襄(楚) 3-360
工尹赤(楚) 6-200
工尹齊(晉) 3-116
公圍→戰爭(類) 2-52, 54, 4-224, 232, 6-332, 337, 7-229, 231
—— 公圍成 6-332, 337
—— 公圍成 7-229, 231
—— 公圍新城 2-52, 54
—— 公會晉侯……同圍齊 4-224, 232
孔子(魯)→仲尼 7-110, 293, 8-27, 40
共子(晉)→大子申生 7-32
公子(晉)→晉文公 2-166, 167, 168, 169, 173
公子嘉(鄭)→子孔 4-99, 241
公子嘉(齊) 7-306
公子賈(齊) 5-106
公子角(齊) 3 385
公子彊(齊) 3-167
公子去疾(鄭)→子良 3-214, 220
公子愆期(單) 5-158
公子黔(齊) 7-306
公子黔牟(衛) 1-343, 368
公子格(楚) 4-213, 236
公子堅(鄭) 2-383
公子堅(鄭)→鄭襄公 3-44
公子結(楚)→子期 7-242, 313, 353
公子慶(楚) 8-76
公子慶忌(吳) 8-78
公子慶父(魯) 1-358, 466, 470, 484
———— 慶父 1-478
———— 共仲 1-471, 486, 487, 2-433
———— 出奔莒→內大夫奔 1-484, 486~7
公子啓(楚)→子閭 7-313
公子季友(魯)→公子友 2-123
公子固(宋) 6-215
公子苦雒(吳) 6-250
公子姑曹(吳) 8-72
公子穀甥(宋) 2-397
公子穀臣(楚) 3-120, 223
———— 王子 3-204
公子過(陳) 6-11, 14, 19
公子光(吳)→闔廬 6-183, 214, 284, 7-12
公子彄(魯) 1-202
———— 臧僖伯 1-202, 211
———— 卒→內大夫卒 1-202
公子駒(齊) 7-306
公子詭尋(周) 6-71
公子歸生(鄭) 2-328, 3-19, 20, 42, 44
———— 歸生 2-454
———— 子家 2-416, 454, 3-44, 78
公子糾(齊) 1-378
———— 子糾 1-380, 381
公子齮(楚) 4-292
公了起(衛) 8-70
———— 其君起 8-76
公子棄疾(楚) 5-331, 384, 386
公子棄疾(楚)→楚平王 6-19, 24, 48, 51, 88, 94, 95
公子達(魯) 1-347
公子黨(吳) 4-162
公子突(鄭)→鄭厲公 1-233
公子樂(晉) 2-355
公子蘭(鄭)→鄭穆公 2-271, 3-39
公子留(陳) 6-10, 14
———— 出奔鄭→外大夫奔 6-10, 14

公子履(蔡) 4-257, 258
———— 出奔楚→外大夫奔 4-257, 258
公子曼滿(鄭) 3-56
公子買(魯) 2-222, 230
———— 子叢 2-230
公子買(齊) 4-268
公子滅明(莒) 5-255
公子目夷(宋)→子魚 2-78, 147
公子務婁(莒) 4-168
公子無虧(齊) 1-491, 2-130, 133
———— 武孟 2-130
公子亹(鄭) 1-347
公子班(鄭) 3-283, 320
———— 子如 3-283, 284, 320
公子發(鄭)→子國 4-51, 99, 108
公子尨(鄭) 2-383
公子繁(楚) 7-113
公子丙(楚) 3-128
公子負芻(曹)→曹成公 3-321
公子肥(宋) 3-333
公子騑(鄭)→子駟 4-99
公子比(楚) 5-214, 6-88, 94, 95
———— 子干 5-269, 270, 6-94, 100, 101, 105, 107
———— 訾敖 6-101
———— 出奔晉→外大夫奔 5-214, 269
公子士(鄭) 2-143, 184, 3-39
公子駟(蔡) 7-276, 288
公子朔(衛)→衛惠公 1-341
公子商人(齊)→齊懿公 2-419, 421
公子鉏(鄭) 3-369
公子鉏(齊) 4-268, 5-106, 254, 6-139, 334, 7-306
———— 南郭且于 7-317
公子燮(蔡) 4-74, 76, 256, 258, 259
———— 司馬燮 4-81
公子燮(楚) 2-345, 424
公子成(宋) 2-363, 328
公子城(宋)〈異人〉6-224, 253
———— 子城 6-225
公子成(楚) 3-249, 275, 343, 384, 4-200
公子小白(齊)→齊桓公 1-378
公子宋(魯) 7-106
公子宋(鄭) 3-44, 59
———— 子公 3-44
公子遂(魯) 2-206, 213, 226, 266, 273, 284, 320, 348, 375, 377, 381, 384, 394, 441, 452, 460, 3-11, 12, 14, 60
———— 東門遂 4-321
———— 東門氏 3-168, 4-321
———— 東門襄仲 2-210, 272, 329, 358, 371, 377, 396, 404, 425, 428, 433, 442, 453, 459, 463, 3-16
———— 遂 3-11, 14
———— 襄仲 2-274, 293, 3-63, 168
———— 如齊納幣→內大夫納幣 2-320, 329
———— 卒→內大夫卒 3-60, 63
———— 仲 2-371, 463, 464, 3-168
———— 仲遂 3-60
公子首(曹) 3-176
公子繻(鄭) 3-283
公子勝(陳) 6-14
公子申(楚) 3-249, 339, 388, 4-18, 24
公子申(楚)→子西 7-313, 387
公子牙(齊) 2-268, 4-249
———— 牙 4-247
公孫閼(鄭) 1-242, 408
———— 子都 1-242, 243

公子卬(宋) 2-364
―――― 大夫司馬 2-376
―――― 大司馬公子卬 2-378
公子陽生(齊)→齊悼公 7-306, 317
公子魚(魯) 1-486
―――― 奚斯 1-487
公子御寇(陳) 1-424
―――― 大子御寇 1-425
公子魚臣(鄭) 3-125
―――― 僕叔 3-125
公子御說(宋)→宋桓公 1-392, 395, 2-67
公子御戎(宋) 6-215
公子偃(魯) 1-388
公子偃(鄭) 3-222, 240, 342, 369, 376
―――― 子游 3-243
公子掩餘(吳) 7-10, 14, 67
公子呂(鄭) 1-166
―――― 子封 1-166, 167
公子郢(衛) 7-276
―――― 子南 7-276
公子嬰齊(楚)→子重 3-178, 214, 243, 253, 272, 4-24, 26
公子豫(魯) 1-174
公子午(楚)→子庚 4-200, 225
公子雍(晉) 2-355, 365
公子完(陳) 1-425
―――― 敬仲 1-425, 427
孔子曰〈董狐〉3-30
―――〈洩冶〉3-69
―――〈冉有〉7-364
―――〈汪錡〉7-364
―――〈楚昭王〉7-316
公子友(魯) 1-442, 447, 449, 2-14, 17, 25, 26, 57, 91
―――― 季友 1-470, 449, 477, 2-17
―――― 季子 1-475, 477
―――― 公子季友 2-123
―――― 成季 1-470, 471, 486, 488, 501
―――― 卒→內大夫卒 2-123
公子元(齊)→齊惠公 2-427, 462
公子元(楚) 1-462
―――― 令尹子元 1-454
―――― 子元 1-454, 455
公子圍(楚)→楚靈王 5-23, 169, 211, 214, 221, 268, 269
公子圍龜(宋) 3-240
―――― 子靈 3-241
公子慭(魯) 6-63, 67, 73
―――― 子仲 6-72, 73, 121, 26
―――― 出奔齊→內大夫奔 6-63, 73
公子儀(鄭) 1-402
―――― 鄭伯 1-361, 362, 399
―――― 鄭子 1-350, 3-39, 400
公子宜穀(楚) 4-194
公子意恢(莒) 6-133, 138, 139
公子益師(魯) 1-160
―――― 卒→內大夫卒 1-160, 175
―――― 衆父 1-175
公子寅(宋) 6-214
公子寅(楚) 3-384
公子壬夫(楚)→子辛 4-12, 52, 56
公子貞(楚)→子囊 4-53, 66, 75, 107, 109, 151, 167
公子朝(宋) 2-448, 474
公子朝(衛) 5-146, 6-215, 222, 253
公子朱(宋) 6-215
公子朱(楚)→息公子朱 2-385
公子裯(魯)〈昭公〉5-184
公子州吁(衛) 1-190

―――――― 衛州吁 1-193, 196, 197
―――――― 州吁 1-191, 192, 195, 199
公子重耳(晉)→晉文公 2-165
公子地(宋) 6-215, 7-211, 223, 226, 227
―――――― 出奔陳→外大夫奔 7-211, 223
公子辰(楚) 3-282
―――――― 大宰子商 3-283
公子晉(衛)→衛宣公 1-200
公子縶(秦) 2-110, 176
公子札(吳) 5-130
―――――― 季子 5-194
―――――― 札 5-115
公子倉(越) 6-299
公子歜犬(衛) 2-252
公子青(衛) 8-70
公子招(陳) 5-211, 222, 6-11, 14, 19
―――――― 司徒招 6-14
―――――― 子招 5-225
―――――― 招 6-9, 6-14
公子燭庸(吳) 7-10, 14, 67
公子鰌(鄭) 3-330
公子追舒(楚)→子南 4-200, 282
公子側(楚)→子反 3-340
公子卓(晉) 2-74
―――――― 卓 2-79
―――――― 卓子 1-452, 2-35, 74
公子鐸(莒) 6-138, 139
公子橐師(楚) 3-399, 4-200
公子蕩(宋) 2-363
公子罷(楚) 3-297, 299
公子罷戎(楚) 4-104, 200
公子罷敵(楚) 6-95
公子茷(楚) 2-385, 3-363, 390
公子彭生(齊) 1-349, 376
公子平(楚) 3-279
公子鮑(宋)→宋文公 2-447
公子馮(楚) 3-135
公子馮(宋)→宋莊公 1-188, 196
公子瑕(衛) 2-257, 264
―――――― 衛子 2-224
―――――― 子適 2-267
公子瑕(鄭) 2-277, 298
―――――― 子瑕 3-39
公子何(郳) 8-90
公子何忌(楚) 4-35
公子荊(魯) 8-91
公子荊(衛) 5-144
公子忽(鄭)→鄭昭公 1-185, 222, 227, 317
公子黃(陳) 4-73, 259, 300
―――――― 出奔楚→外大夫奔 4-257, 259
―――――― 黃 4-257, 259, 297
公子翬(魯) 1-277, 279
―――――― 羽父 1-198, 229, 237, 242, 252, 253
―――――― 翬 1-194, 198, 235
公子黑肱(楚)→子晳 5-59, 268, 6-94, 95
公子黑臀(晉)→晉成公 3-30, 36
公子欣時(曹)→子臧 3-321
公子喜(鄭)→子罕 3-322, 339
孔張(鄭) 6-157
公葬→喪紀(類) 1-349, 475, 477, 2-305, 310, 460, 463, 3-172, 402, 415, 5-179, 186, 7-100, 110, 254, 257
―― 文公(魯) 2-460, 463
―― 宣公(魯) 3-172
―― 成公(魯) 3-402, 415
―― 昭公(魯) 7-100, 110
―― 襄公(魯) 5-179, 186
―― 莊公(魯) 1-475, 477

—— 定公(魯) 7-254, 257
—— 桓公(魯) 1-349
—— 僖公(魯) 2-305, 310
孔將鉏(鄭) 2-195, 3-39
公在→事變(類) 5-114, 116, 7-63, 64, 72, 74, 84, 86
—— 公在乾侯 7-63, 64, 72, 74, 84, 86
—— 公在楚 5-114, 116
公朝王→朝聘(類) 2-225, 227, 258
—— 公朝于王所 2-225, 227, 258
公族黨氏(周) 7-176
公族穆子(晉) 4-68
—— 無忌 4-68
—— 韓無忌 3-405, 4-69
共仲(魯)→公子慶父 1-471, 486, 487, 2-433
共仲(鄭) 3-256
孔烝鉏(衛)→孔成子 5-420
公之(魯) 6-313, 318
—— 旃 6-315
公至→朝聘(類) 1-263, 271, 339, 341, 432, 433, 445, 2-29, 53, 99, 128, 130, 207, 261, 284, 336, 418, 419, 452, 3-219, 220, 231, 232, 289, 290, 382, 401, 412, 3-43, 51, 52, 57, 60, 65, 71, 72, 159, 241, 253, 271, 304, 329, 341, 342, 381, 4-25, 26, 51, 52, 53, 75, 107, 109, 133, 134, 154, 155, 207, 239, 256, 263, 282, 331, 346, 5-114, 119, 346, 390, 415, 6-90, 154, 168, 331, 332, 334, 7-9, 10, 46, 47, 121, 163, 178, 179, 210, 229, 243, 352, 387
—— 公至自乾侯 7-46, 47
—— 公至自穀 2-452
—— 公至自救陳 4-53
—— 公至自唐 1-263, 271
—— 公至自伐萊 3-57
—— 公至自伐戎 1-445
—— 公至自伐鄭 1-339, 341, 2-53, 3-219, 382, 4-109, 133
—— 公至自伐齊 2-207, 4-239, 7-352
—— 公至自伐秦 3-304
—— 公至自伐楚 2-29
—— 公至自瓦 7-179
—— 公至自圍成 7-229
—— 公至自圍許 2-261
—— 公至自齊 1-432, 433, 2-284, 3-43, 51, 52, 65, 71, 72, 6-331, 332, 334, 7-9, 10
—— 公至自晉 2-336, 418, 3-220, 231, 232, 289, 290, 401, 412, 4-25, 51, 53, 75, 154, 155, 263, 5-346, 6-154, 168
—— 公至自楚 5-114, 119, 390, 415
—— 公至自侵鄭 7-163
—— 公至自侵齊 7-178
—— 公至自夾谷 7-210
—— 公至自黃 7-229
—— 公至自會 2-99, 128, 130, 419, 3-60, 159, 241, 253, 271, 329, 341, 342, 381, 4-26, 52, 107, 134, 207, 256, 282, 331, 346, 6-90, 7-121, 243, 387
共池 1-316
公次→戰爭(類) 1-360, 361, 2-27, 30, 98, 101, 6-301, 322, 7-28, 47
—— 次于乾侯 7-28, 47
—— 次于匡 2-98, 101
—— 次于陽州 6-301, 322
—— 次于陘 2-27, 30
—— 次于滑 1-360, 361
公追→戰爭(類) 1-411, 413, 2-205
—— 公追戎于濟西 1-411, 413
—— 公追齊師 2-205
公侵→戰爭(類) 1-383, 2-27, 29, 7-119, 123, 163, 164, 178, 181, 184

—— 公侵宋 1-383
—— 公侵鄭 7-163, 164
—— 公侵齊 7-178, 181, 184
—— 公會劉子……于召陵侵楚 7-119, 123
—— 侵蔡 2-27, 29
共大子(晉)→大子申生 2-81
公衡(魯) 3-213, 215
———— 衡父 3-215, 5-396
孔奐(陳) 5-49, 59, 6-11
公還→朝聘(類) 2-411, 416
—— 公還自晉 2-411, 416
公會→盟會(類) 1-176, 179, 231, 233, 235, 237, 240, 242, 258, 262, 264, 328, 275, 279, 276, 279, 277, 290, 297, 314, 320, 320, 324, 325, 324, 325, 331, 333, 336, 338, 337, 339, 339, 348, 349, 446, 448, 448, 2-14, 16, 39, 45, 67, 69, 85, 91, 92, 124, 127, 129, 226, 257, 410, 416, 411, 416, 3-12, 15, 58, 178, 214, 296, 298, 340, 371, 4-52, 57, 66, 72, 107, 110, 133, 144, 206, 209, 264, 279, 288, 282, 290, 330, 338, 346, 361, 5-10, 26, 6-89, 114, 7-179, 187, 210, 212, 243, 249, 322, 324, 379, 380, 379, 382, 387, 389
—— 公及夫人姜氏會齊侯于陽穀 2-85
—— 公及齊侯……會王世子于首止 2-39, 45
—— 公會杞伯姬于洮 1-446, 448
—— 公會紀侯于郕 1-276, 279
—— 公會紀侯于成 1-290, 297
—— 公會劉子……于平丘 6-89, 114
—— 公會宋公……于袲 1-337, 339
—— 公會宋公……于曹 1-339
—— 公會宋公于龜 1-324, 325
—— 公會宋公于夫鍾 1-320
—— 公會宋公于闞 1-320
—— 公會宋公于虛 1-324, 325
—— 公會吳于鄫 7-322, 324
—— 公會吳于橐皐 7-379, 380
—— 公會衛侯宋皇瑗于鄖 7-379, 382
—— 公會衛侯于桃丘 1-314
—— 公會戎于潛 1-176, 179
—— 公會宰周公……于葵丘 2-67, 69
—— 公會鄭伯于垂 1-258
—— 公會鄭伯于時來 1-240, 242
—— 公會鄭伯于曹 1-331, 333
—— 公會齊侯……于檉 2-14, 16
—— 公會齊侯……于稷 1-262, 264, 328
—— 公會齊侯……于鹹 2-91, 92
—— 公會齊侯……于淮 2-124, 127, 129
—— 公會齊侯于濼 1-348, 349
—— 公會齊侯于防 1-231, 233
—— 公會齊侯于城濮 1-448
—— 公會齊侯于艾 1-336, 338
—— 公會齊侯于嬴 1-275, 279
—— 公會齊侯于平州 3-12, 15
—— 公會齊侯于夾谷 7-210, 212
—— 公會齊侯于讙 1-277
—— 公會齊侯衛侯于牽 7-243, 249
—— 公會齊侯鄭伯于中丘 1-235, 237
—— 公會晉師于瓦 7-179, 187
—— 公會晉人……于澶淵 5-10, 26
—— 公會晉侯……世會吳于柤 4-107, 110
—— 公會晉侯……于溴梁 4-206, 209
—— 公會晉侯……于沙隨 3-340, 371
—— 公會晉侯……于沙隨 4-282, 290
—— 公會晉侯……于商任 4-264, 279, 288
—— 公會晉侯……于溫 2-226, 257
—— 公會晉侯……于鄬 4-66, 72
—— 公會晉侯……于夷儀 4-330, 338
—— 公會晉侯……于夷儀 4-346, 361
—— 公會晉侯……于戚 4-52, 57
—— 公會晉侯……于黃池 7-387, 389
—— 公會晉侯……于黑壤 3-58

—— 公會晉侯衛侯于瑣澤 3-296, 298
—— 公會楚公子嬰齊于蜀 3-178, 214
—— 衛侯會公于沓 2-410, 416
—— 鄭伯會公于棐 2-411, 416
—— 會于蕭魚 4-133, 144
公會盟→盟會(類) 1-158, 162, 177, 180, 212, 214, 220, 224, 228, 258, 260, 263, 271, 323, 325, 323, 325, 324, 325, 343, 345, 343, 345, 379, 381, 397, 398, 434, 475, 477, 2-28, 31, 40, 57, 59, 63, 64, 68, 71, 98, 101, 146, 149, 197, 204, 205, 207, 214, 224, 247, 262, 263, 330, 335, 362, 370, 411, 452, 453, 3-178, 214, 4-25, 28, 239, 241, 256, 258, 6-332, 341, 7-120, 127~128, 228
—— 公及莒人盟于浮來 1-224, 228
—— 公及戎盟于唐 1-177, 180
—— 公及戎盟于唐 1-263, 271
—— 公及齊大夫盟于蔇 1-379, 381
—— 公及諸侯盟于皐鼬 7-120, 127~128
—— 公及齊侯盟于穀 2-452, 453
公及齊侯盟于落姑 1-475, 477
—— 公及邾儀父盟于蔑 1-158, 162
—— 公及晉侯盟 2-330, 335
—— 公及晉侯盟 2-411
—— 公及晉侯盟于長樗 4-25, 28
—— 公及楚人……盟于蜀 3-178, 214
—— 公盟于越及鄭伯 1-258, 260
—— 公會莒子衛甯速盟于向 2-205, 207
—— 公會紀侯莒子盟于曲池 1-323, 325
—— 公會宋公燕人盟于穀丘 1-323, 325
—— 公會王人……盟于洮 2-63, 64
—— 公會衛子莒慶盟于洮 2-197, 204
—— 公會鄭伯盟于武父 1-324, 325
—— 公會齊侯……盟于甯母 2-57, 59
—— 公會齊侯……盟于牡丘 2-98, 101
—— 公會齊侯……盟于鄟陵 6-332, 341
—— 公會齊侯紀侯盟于黃 1-343, 345
—— 公會齊侯盟于柯 1-397, 398
—— 公會諸侯盟于薄 2-146, 149
—— 公會諸侯盟于宋 2-214
—— 公會齊侯盟于艾 1-212, 214, 220
—— 公會齊侯盟于扈 1-434
—— 公會諸侯晉大夫盟于扈 2-362, 370
—— 公會邾儀父盟于趡 1-343, 345
—— 公會晉侯……盟于踐土 2-224, 247
—— 公會晉侯……盟于澶淵 4-256, 258
—— 諸侯盟于葵丘 2-68, 71
—— 諸侯盟于首止 2-40
—— 諸侯盟于祝柯 4-239, 241
—— 楚屈完來盟于師盟于召陵 2-28, 31
—— 會王人……盟于翟泉 2-262, 263
—— 會齊侯盟于黃 7-228
孔悝(衛) 8-38, 40, 42, 46
—— 悝 8-37
—— 孔叔 8-40
公薨→喪紀(類) 1-241, 348, 349, 465, 471, 484, 486, 2-284, 297, 459, 461, 3-166, 168, 401, 413, 5-178, 183, 7-85, 92, 252, 256
—— 文公(魯) 2-459, 461
—— 閔公(魯) 1-484, 486
—— 宣公(魯) 3-166, 168
—— 成公(魯) 3-401, 413
—— 昭公(魯) 7-85, 92
—— 襄公(魯) 5-178, 183
—— 隱公(魯) 1-241
—— 莊公(魯) 1-465, 471
—— 定公(魯) 7-252, 256
—— 桓公(魯) 1-348, 349
—— 僖公(魯) 2-284, 297
孔虺(齊) 5-182
共姬(魯) 3-265, 270
—— 伯姬 3-271, 275

——— 歸于宋→內女歸 3-271, 275
共姬(魯)→宋伯姬 5-30
共姬(周) 1-393
——— 歸于齊→王姬歸 1-390, 393
——— 王姬 1-390
孔姬(衛) 8-37
——— 伯姬 8-37, 46
——— 伯姬氏 8-38
——— 孔伯姬 8-38
過 4-44, 7-265
過(周)→甘悼公 6-71
戈〈國名〉4-44, 7-265
戈〈地名〉7-385
瓜衍 3-151
瓜州 4-168, 6-25
霍〈國名〉2-185, 5-127
霍〈地名〉1-479, 7-300
漷 4-239, 242, 7-274, 276
郭關 8-19
霍伯(晉)→先且居 2-345
郭榮(齊) 4-234
霍人 4-116
郭重(魯) 8-99
郭最(齊) 4-231, 280
菅 1-236, 238
管 2-185, 3-102
管(周)→管叔 4-274
寬(楚)→公孫寬 8-58
貫 2-19, 23
觀 5-227
觀䷓ 1-428
管敬仲(齊)→管仲 1-476, 2-294
觀起(楚) 4-290, 291, 293, 6-94
官師(周)→劉定公 4-199
管修(齊) 8-54
管叔(周) 5-246, 7-127
——— 管 4-274
管氏(齊) 2-89
冠氏 8-35
管于奚(齊) 3-290
管夷吾(齊)→管仲 2-88
觀丁父(鄀) 8-64
觀從(楚) 6-94, 95, 100, 103
——— 子玉 6-100
管周父(魯) 7-357
管仲(齊) 1-381, 466, 2-30, 59, 60, 89, 130, 178, 6-59
——— 管敬仲 1-476, 2-294
——— 管夷吾 1-378, 381, 2-88
管至父(齊) 1-375
觀瞻(楚) 8-74
觀虎(晉) 7-162
匡 2-98, 101, 311, 376, 7-164
光(齊)→齊莊公 4-247, 249
狂狡(宋) 3-20
匡句須(魯) 3-386
匡王(周) 3-34
——— 崩→天王崩 3-20
——— 王 2-423, 428
——— 葬→天王葬 3-34
蒯 6-282
蒯得(晉) 2-379, 383
蒯聵(衛)→衛莊公 7-283
壞隤 7-106
虢 1-409, 423, 449, 467, 468, 2-20, 21, 22, 23, 47, 48, 50, 102, 5-127
虢↔燕竟 5-211, 218, 5-390
虢公(南虢)→虢公林父 1-315
虢公(南虢)→虢公醜 1-408, 412, 413, 420,

423, 449, 462, 468, 485, 2-23, 50
虢公(西虢)→虢公忌父 1-185, 208
虢公忌父(西虢) 1-226
———— 虢公 1-185, 208
虢公林父(南虢) 1-286
———— 虢公 1-315
———— 虢仲 1-310, 313, 315
虢公醜(南虢) 2-50
———— 虢公 1-408, 412, 413, 420, 423, 449, 462, 468, 485, 2-23, 50
———— 虢叔 1-420, 1-422
虢射(晉) 2-65, 96, 108
虢叔(南虢)→虢公醜 1-420, 422, 2-48
虢叔(東虢) 1-163
虢叔(周) 2-48
虢仲(南虢)→虢公林父 1-310, 313, 315, 2-48
虢仲(周) 2-48
紘 1-266
僑(鄭)→子産 4-333
郊→郊廟(類) 3-382, 4-65, 67, 7-252, 262
— 郊 7-252, 262
— 三卜郊不從乃免牲 4-65, 67
— 用郊 3-382
郊〈祭名〉1-289
郊〈地名〉6-270, 273, 275, 343, 71, 7-229
絞〈國名〉1-320, 326
絞〈地名〉7-276
交剛 3-297
郊廟(類)
———— 刻桷 1-436, 439
———— 改卜牛 3-33, 252, 7-252, 262
———— 去樂卒事 6-143, 144
———— 考宮獻羽 1-201
———— 郊 3-382, 4-65, 67, 7-252, 262
———— 納鼎 1-262, 265
———— 丹楹 1-434, 436
———— 大事 2-319, 325
———— 大雩 1-284, 289
———— 免牲 2-273, 275, 3-252, 4-65, 67
———— 卜郊不從 3-282, 4-132
———— 不告月猶朝廟 2-348, 360
———— 不郊 3-33, 35, 253, 282, 4-132
———— 不視朔 2-441, 442
———— 嘗 1-332, 333
———— 新作 7-112
———— 繹 3-60
———— 用牲于社 1-441, 442, 443, 444, 461, 2-430, 436
———— 雩 2-85, 91, 3-221, 254, 4-51, 55, 75, 78, 209, 216, 5-82, 86, 285, 307, 374, 387, 6-11, 155, 169, 293, 298, 301, 313, 7-100, 173, 174, 228
———— 有事 3-60, 63, 6-143, 144
———— 猶三望 2-273, 275, 3-33, 35, 253
———— 立宮 3-241, 244, 7-100, 110
———— 作主 2-317, 324
———— 從祀 7-180, 191
———— 烝 1-306
———— 禘 1-483, 2-63, 66
巧言 4-179
僑如(魯)→叔孫僑如 3-323, 326, 379
仇〈晉文侯〉1-272
求(魯)→冉求 8-85
姤䷫ 7-52
丘甲 3-172, 174
臼季(晉)→胥臣 2-294, 345
九丘 6-80
句瀆 4-249, 268
句瀆之丘↔穀丘 1-325

句龍〈共工氏〉7-52
句鼆 2-435
仇牧(宋) 1-394, 395
駒伯(晉)→郤克 3-116
駒伯(晉)→郤錡 3-395
具丙(晉) 4-231
丘賦 5-333
句瀆 2-444
臼衰 2-176
丘弱(郳) 6-276
謳陽(越) 7-389
句餘(吳)→吳子夷末 5-104
丘輿 3-195, 222, 8-26
句繹 7-274, 8-9, 13
鸜鵒 6-301, 312
鸜鵒來巢→災祥(類) 6-301, 312
具囿 2-285
丘蕕 5-339
龜陰 7-210, 215
臼任(宋) 6-246
鳩兹 4-26
九鼎 1-270
句踐(越) 7-246, 265, 8-79
——— 越子 7-247, 264, 370, 389, 8-62, 110
——— 越子句踐 7-246
舊許 4-139
九刑 2-466, 5-375
九扈 6-174
丘皇 6-331
國姜(齊) 5-338
鞫居 3-180
國景子(齊) 5-27
——— 國弱 5-211, 6-43, 49
——— 國子 5-27, 28, 222, 225
國觀(齊) 8-63
——— 國子 8-63
國君滅→滅 6-274, 287
——— 胡子髡沈子逞滅 6-274, 287
國潰→事變(類) 2-27, 29, 329, 331, 3-272, 379
——— 莒潰 3-272, 379
——— 蔡潰 2-27, 29
——— 沈潰 2-329, 331
國歸父(齊) 2-239, 263, 283
——— 國子 2-288
——— 國莊子 2-288
國武子(齊)→國佐 3-78, 385
國書(齊) 7-356, 357, 366, 368
——— 國子 7-366, 368, 369
國勝(齊) 3-390, 404
國氏(齊) 2-89, 3-404, 5-336
國弱(齊) 3-404
國子(邢) 2-198
國子(齊)→國景子 5-27, 28, 222, 225
國子(齊)→國觀 8-63
國子(齊)→國歸父 2-288
國子(齊)→國書 7-366, 368, 369
國子(齊)→國佐 3-385
國莊子(齊)→國歸父 2-288
國佐(齊) 3-74, 177, 201, 328, 341, 369, 389, 400, 404
——— 國武子 3-78, 385
——— 國子 3-385
——— 賓媚人 3-195
國參(鄭)→子思 7-85
國遷→事變(類) 1-383, 483, 2-13, 15, 16, 274, 276, 3-330, 339, 6-23, 24, 186, 197, 7-121, 276, 288

—— 宋人遷宿 1-383
—— 衛遷于帝丘 2-274, 276
—— 齊人遷陽 1-483
—— 蔡遷于州來 7-276, 288
—— 許遷于白羽 6-186, 197
—— 許遷于葉 3-330, 339
—— 許遷于容城 7-121
—— 許遷于夷 6-23, 24
—— 邢遷于夷儀 2-13, 15, 16
國夏(齊) 7-119, 173, 175, 179, 186, 288, 303, 308, 312
—— 國惠子 7-306, 312
—— 來奔→外大夫奔 7-308
國惠子(齊)→國夏 7-306, 312
頵(楚)→楚成王 2-307
軍祥 7-155
君氏(魯)→聲子 1-182, 183, 184
君子是以〈魯莊公〉1-374
君子是以知〈齊靈公〉4-18
——〈秦〉2-352
——〈秦穆公, 孟明, 子桑〉2-332
——〈出姜〉2-338
君子曰〈莒潰〉3-279
——〈慶氏〉4-300
——〈敬仲〉1-427
——〈季文子〉3-254, 4-19, 40
——〈公子忽〉1-298
——〈管仲〉2-89
——〈狂狡〉3-20
——〈祁奚〉4-29
——〈狼瞫〉2-321
——〈欒書〉3-264
——〈盟于蜀〉3-214
——〈伯石〉5-299
——〈范宣子〉4-158
——〈士匄〉3-412
——〈石碏〉1-200
——〈石制 魚臣〉3-125
——〈先縠〉3-131
——〈涉佗成何〉7-217
——〈宋殤公〉1-326
——〈宋宣公〉1-189
——〈隨〉2-144
——〈叔申〉3-287
——〈叔侯〉5-357
——〈荀息〉2-74
——〈晏子〉5-298
——〈羊斟〉3-20
——〈燕師〉1-207
——〈潁考叔〉1-171
——〈子囊〉4-196
——〈子產〉6-65
——〈子辛〉4-56
——〈子然〉7-200
——〈子臧〉2-192
——〈子張〉4-289
——〈子重〉4-26
——〈展輿〉5-255
——〈澶淵之會〉5-171
——〈鄭歸生〉3-44
——〈鄭昭公〉1-347
——〈鄭莊公〉1-238, 247, 248
——〈周, 鄭〉1-186
——〈鬻拳〉1-417
——〈秦穆公〉2-352
——〈晉文公〉2-256
——〈晉辟楚〉3-215
——〈陳桓公〉1-215
——〈蔡哀侯〉1-404

———〈踐土盟, 晉〉2-248
———〈淸丘之盟〉3-131
———〈楚〉4-200
———〈楚成王〉2-159
———〈春秋之稱〉3-326
———〈大子止〉6-201
———〈合左師〉5-325
———〈惠王〉8-75
———〈華元, 樂擧〉3-202
———〈黑肱〉7-79
君子謂〈强鉏〉1-408
———〈慶氏〉4-300
———〈祁奚〉4-29
———〈狼瞫〉2-321
———〈士匄〉3-412
———〈叔侯〉5-357
———〈羊斟〉3-20
———〈子囊〉4-196
———〈子產〉6-65
———〈子辛〉4-56
———〈子然〉7-200
———〈子重〉4-26
———〈鄭昭公〉1-347
———〈鄭莊公〉1-238, 247, 248
———〈晉文公〉2-256
———〈踐土盟, 晉〉2-248
———〈楚〉4-200
———〈合左師〉5-325
———〈華元, 樂擧〉3-202
君子以〈吳〉4-162
———〈左公子洩, 右公子職〉1-368
君子以爲〈大事〉2-326
———〈衛告陳〉2-311
軍志曰 2-234, 3-114
軍志有之 6-250
屈 1-452, 2-20, 36, 43, 53
屈建(楚) 4-292, 300, 347, 368, 5-49, 112, 6-227
——— 令尹 4-367
——— 令尹子木 4-368
——— 子木 4-375, 379, 5-35, 36, 57, 59, 61, 67, 218
屈到(楚) 4-200
屈巫(楚)→申公巫臣 3-204
屈產之乘 2-20
屈生(楚) 5-356
屈申(楚) 5-329, 345, 356
屈禦寇(楚)→子邊 2-202
屈完(楚) 2-28, 31, 32
屈蕩(楚) 3-114, 116, 4-200, 368
屈罷(楚) 6-136
屈瑕(楚) 1-320, 326, 328
——— 莫敖 1-320, 321, 326, 328, 330
屈狐庸(楚)→狐庸 5-194
窮 7-11
窮谷 7-174
宮廐尹棄疾(楚) 5-387
窮奇 2-471
窮門↔窮石 4-44
窮桑 7-52
窮石↔窮門 4-44
宮之奇(虞) 2-20, 21, 47, 49
宮嬖綽(周) 6-71
權 1-414
卷 6-331
卷楚↔斷道 3-160
厥貉 2-388, 390, 393
闕外 7-169

蹶由(吳) 5-369, 372, 6-208
厥慭 6-49, 55
劌(魯)→曹劌 1-385, 387
龜 1-324, 325
歸內邑→戰爭(類) 7-335, 346
——— 齊人歸讙及闡 7-335, 346
歸內田→戰爭(類) 3-71, 75, 7-210, 215
——— 齊人歸我濟西田 3-71, 75
——— 齊人來歸鄆讙龜陰田 7-210, 215
歸妹☳ 2-114
歸父(魯)→公孫歸父 3-166, 168
歸賵→喪紀(類) 1-159, 171, 2-342, 344, 342, 344
—— 王使榮叔歸含且賵 2-342, 344
—— 王使榮叔歸含且賵 2-342, 344
—— 天王使……歸惠公仲子之賵 1-159, 171
歸喪→喪紀(類) 2-429
—— 齊人歸公孫敖之喪 2-429
歸生→公子歸生 2-454
歸生(蔡)→聲子 5-35
歸粟→朝聘(類) 7-152, 153
—— 歸粟于蔡 7-152, 153
鬼閻 6-225
歸于→事變(類) 2-225, 251, 7-297, 300
—— 衛侯鄭自楚復歸于衛 2-225, 251
—— 晉人執戎蠻子赤歸于楚 7-297, 300
歸諸侯→事變(類) 7-335, 344
——— 歸邾子益于邾 7-335, 344
睽 2-215
睽☲ 2-114, 198
葵丘 1-375, 2-67, 68, 69, 71, 101
圭嬀(陳) 4-252
閨門 5-252
嬀氏(陳)→婦嬀 1-227
逵泉(魯) 1-470
頯黃氏 8-56
麇〈國名〉2-394, 395, 443
麇〈地名〉7-156, 161
麇(宋) 8-73
麇(楚)→郟敖 5-329
鈞臺 5-324
麇子(麇) 2-393
郤(晉)→郤芮 2-178, 365
克→戰爭(類) 1-158, 167, 168
— 克段于鄢 1-158, 167, 168
極 1-177, 180
棘 3-220, 226, 5-36, 335, 368
棘〈齊〉6-41
棘〈楚〉6-99
郤乞(晉) 2-110
郤缺(晉) 2-294, 372, 394, 395, 406, 430, 437, 3-64, 67, 70
———— 郤成子 2-411, 3-83
———— 冀缺 2-294
郤縠(晉) 2-217, 229, 6-107
郤克(晉) 3-92, 159, 176, 183, 186, 221, 226, 228
———— 駒伯 3-116
———— 郤伯 3-210
———— 郤子 3-159, 163, 183, 189
———— 郤獻子 3-112, 163, 183, 189
———— 獻子 3-159
郤錡(晉) 3-303, 304, 318, 344, 383, 390, 393
———— 駒伯 3-395
———— 郤子 3-304
郤伯(晉)→郤克 3-210
郤成子(晉) 5-154
郤成子(晉)→郤缺 2-411, 3-83
棘矢 6-80

郤氏(晉) 3-304, 337, 390, 393, 399, 5-291
郤氏(楚) 7-16
郤芮(晉) 2-53, 75~76, 83, 178, 365
——— 郤 2-178, 365
郤宛(楚) 7-9, 11, 15, 23
——— 子惡 7-15, 16
郤毅(晉) 3-318
——— 步毅 3-355
郤子(晉)→郤克 3-159, 163, 183, 189
郤子(晉)→郤錡 3-304
郤犨(晉) 3-289, 290, 295, 323, 342, 344, 371, 375, 376, 383, 390
——— 苦成叔 3-323, 395
郤至(晉) 3-204, 293, 294, 299, 318, 344, 350, 352, 360, 362, 380, 383, 390, 393
——— 季子 3-393
——— 溫季 3-380, 395
——— 邢大夫 3-204
郤溱(晉) 2-218, 243
郤稱(晉) 2-83, 5-300
棘澤 4-339, 342
棘蒲 7-271
棘下 7-194
郤獻子(晉)→郤克 3-112, 163, 183, 189
根牟〈國名〉3-66, 68
根牟〈地名〉6-16
堇陰 2-366, 379
禽父(周) 6-80
金僕姑 1-393
琴張(魯) 6-223
禽鄭(魯) 3-195
金天氏 5-256
及大夫→事變(類) 1-261, 264, 394, 395, 2-79
——— 及其大夫孔父 1-261, 264
——— 及其大夫仇牧 1-394, 395
——— 晉里克弑……及其大夫荀息 2-79
及盟→盟會(類) 1-159, 173, 220, 425, 2-318, 324, 387, 390, 3-221, 227, 221, 227, 289, 4-66, 71, 197
—— 及郤犨盟 3-289
—— 及向戌盟于劉 4-197
—— 及蘇子盟于女栗 2-387, 390
—— 及孫良夫盟 3-221, 227
—— 及孫林父盟 4-66, 71
—— 及荀庚盟 3-221, 227
—— 及齊高傒盟于防 1-425
—— 及晉處父盟 2-318, 324
—— 盟于宿 1-159, 173, 220
急子(衛) 1-341, 342
冀 2-21, 5-313
冀(晉) 2-204, 294
祁(晉)→欒祁 4-270
起(晉)→韓起 4-69
棄(宋) 5-30, 33
羈(衛) 5-420
羈(魯)→子家懿伯 7-106
棄(周) 7-52
饑→災祥(類) 3-74, 141, 153, 4-331
— 饑 3-74, 141, 153
— 大饑 4-331
紀 1-297, 325, 356, 361
夔 2-206, 210
箕〈國名〉2-284, 294, 321, 3-350
箕〈地名〉3-313, 6-278, 280, 295
沂〈水名〉4-234, 241, 6-318, 7-274, 276
沂〈地名〉3-81, 7-155
岐 6-25
蓖 1-379, 381

祈擧(晉) 2-83
冀缺(晉)→郤缺 2-294
紀季(紀) 1-360, 361, 365
——— 入于齊→外大夫入 1-360, 361
紀季姜(紀) 1-310, 311
——— 歸于京師→王后歸 1-310, 311
其君固(蔡)→蔡景公 5-150
其君光(齊)→齊莊公 4-346
其君起→公子起 8-76
其君荼(齊)→安孺子 7-309
其君僚(吳)→王僚 7-9
其君買(許)→許悼公 6-199
其君密州(莒)→莒犁比公 5-179
其君比(薛) 7-233
其君舍(齊)→舍 2-419
其君商人(齊)→齊懿公 2-459
其君夷(鄭)→鄭靈公 3-42, 44
其君夷皐(晉)→晉靈公 3-19
其君壬(齊)→齊簡公 8-11, 26
其君杵臼(宋)→宋昭公 2-442, 448
其君諸兒(齊)→齊襄公 1-373
其君州蒲(晉)→晉厲公 3-400
其君捷(宋)→宋閔公 1-394
其君平國(陳)→陳靈公 3-72
其君剽(衛)→公孫剽 5-9, 17
祁大夫→祁奚 4-272
杞悼公(杞) 7-122
——— 杞伯 6-332, 7-119
——— 杞伯成 7-121
——— 葬→諸侯葬 7-122
——— 卒→諸侯卒 7-121
杞梁(齊)→杞殖 4-325, 327
羈馬 2-406, 3-311
祁瞞(晉) 2-255
綦毋張(晉) 3-189
杞文公(杞) 5-129, 374
——— 杞伯 4-330, 346, 5-85
——— 杞伯益姑 5-373
——— 杞子 5-115
——— 葬→諸侯葬 5-373
——— 卒→諸侯卒 5-373, 374
箕伯 5-291
杞伯(杞)→杞悼公 6-332, 7-119
杞伯(杞)→杞文公 4-330, 346, 5-85
杞伯(杞)→杞桓公 2-400, 3-230, 231, 235, 253, 270, 401, 412
杞伯(杞)→杞孝公 4-86, 107, 108, 132, 133, 206, 224, 256, 282
杞伯匄(杞)→杞孝公 4-296
杞伯姑容(杞)→杞桓公 4-60
杞伯過(杞)→杞僖公 7-335
杞伯成(杞)→杞悼公 7-121
杞伯郁釐(杞)→杞平公 6-293
杞伯益姑(杞)→杞文公 5-373
紀伯姬(魯) 1-362, 363, 446, 447, 448, 449, 2-38, 226, 274
——— 葬→內女葬 1-363
——— 卒→內女卒 1-362
圻父 4-214
杞姒 8-73
棄師→戰爭(類) 1-485
—— 鄭棄其師 1-485
期思公復遂(楚) 2-390
其三曰〈周頌 武〉3-122
杞成公(杞) 2-165
——— 杞子 2-161
——— 卒→諸侯卒 2-161, 165
紀叔姬(魯) 1-394, 458, 461
——— 歸于酅→內女復歸 1-394
——— 葬→內女葬 1-461

———— 卒→內女卒 1-458
杞叔姬(魯) 3-234, 261, 268, 273
———— 叔姬 3-231, 270, 273
———— 卒→內女卒 3-261, 268, 273
祁勝(晉) 7-30
其詩曰〈大雅 文王〉4-158
———〈小雅 北山〉4-158
杞殖(齊) 4-325
———— 杞梁 4-325, 327
———— 殖 4-327
己氏(莒) 2-377, 425
祁氏(晉) 7-30
錡氏 7-127
饑氏 7-127
箕襄(晉) 5-360
岐陽 5-324
紀甗 3-195
祁盈(晉) 7-30
冀芮(晉) 2-83
祁午(晉) 4-29, 5-360
淇澳 5-277
箕遺(晉) 4-270, 6-272
其六曰〈周頌 武〉3-122
箕子(殷) 2-121
夔子(夔) 2-206, 210
杞子(杞) 2-267, 279, 285
杞子(杞)→杞文公 5-115
杞子(杞)→杞成公 2-161
杞子(杞)→杞桓公 2-213
紀鄣↔紀 6-203
箕鄭(晉) 2-366
———— 箕鄭父 2-379, 380, 383
箕鄭父(晉)→箕鄭 2-379, 380, 383
棄疾(楚) 4-290, 291
棄疾(楚)→楚平王 6-59, 100, 101, 107
旣醉 5-80
杞平公(杞) 6-293
———— 杞伯郁釐 6-293
———— 葬→諸侯葬 6-293
———— 卒→諸侯卒 6-293
祁奚(晉) 3-405, 4-29, 209, 274
———— 祁大夫 4-272
杞桓公(杞) 2-214, 403, 3-273, 412, 60, 61, 63
———— 杞伯 2-400, 3-230, 231, 235, 253, 270, 401, 412
———— 杞伯姑容 4-60
———— 杞子 2-213
———— 葬→諸侯葬 4-60
杞孝公(杞) 4-296, 299
———— 杞伯 4-86, 107, 108, 132, 133, 206, 224, 256, 282
———— 杞伯匄 4-296
———— 葬→諸侯葬 4-296
———— 卒→諸侯卒 4-296, 299
紀侯(紀) 1-276, 290, 291, 304, 323, 327, 343, 363, 365
杞侯(紀)↔紀侯〈杞武公〉1-262, 271, 279
杞僖公(杞) 7-346
———— 杞伯過 7-335
———— 葬→諸侯葬 7-346
———— 卒→諸侯卒 7-335
吉(鄭)→游吉 5-306, 6-306
吉慶(類)
———— 生 1-291, 300
———— 卽位 1-258, 259(桓公), 2-305(文公), 3-11(宣公), 172(成公), 4-11(襄公), 5-211(昭公), 7-99(定公), 262(哀公)
吉日 5-309
桔柣 2-298, 8-117

【ㄴ】

挐(莒)→莒挐 2-17
羅(宋) 6-215
羅 1-328, 330
羅汭 5-368, 372
那處 1-414
濼 1-348, 349
雒〈水名〉2-86, 6-178
雒〈地名〉3-36, 149
犖↔楻 2-16
落姑 1-475, 477
樂呂(宋) 3-20
樂豫(宋) 2-363, 364
雒戎 2-375
雒邑 1-270
樂耳(鄭) 2-383
亂→事變(類) 6-260, 267~270
— 王室亂 6-260, 267~270
難(魯)→惠叔 2-308, 425
蘭(鄭)→鄭穆公 3-39
鸞 1-268
欒 7 303
欒鍼(晉) 3-318, 355, 364, 4-177
欒京廬(晉) 3-159
欒共叔(晉) 1-278
欒祁(晉) 4-269
——— 祁 4-270
欒寗(衛) 8-38
欒武子(晉)→欒書 3-103, 249, 284, 295, 332, 344, 376
欒魴(晉) 4-245, 308, 325
欒伯(晉)→欒書 3-104, 109, 210
欒伯(晉)→欒黶 4-174
欒弗忌(晉) 3-337
欒賓(晉) 1-273
欒書(晉) 3-92, 183, 233, 243, 249, 260, 264, 272, 276, 318, 344, 352, 355, 390, 395, 398, 399, 402
——— 欒武子 3-103, 249, 284, 295, 332, 344, 376
——— 欒伯 3-104, 109, 210
——— 武子 3-249, 250, 349, 4-178
——— 書 4-277
欒盾(晉) 2-406
欒施(齊)→子旗 6-34, 39
欒氏(齊) 6-37, 39
欒氏(晉) 3-236, 375, 4-178, 269, 277, 279, 288, 230, 302, 303, 304, 305, 307, 308, 325, 5-142, 291, 300
欒樂(晉) 4-308
欒黶(晉) 3-340, 344, 405, 4-12, 95, 97, 126, 127, 156, 157, 158, 174, 177, 178, 211
——— 欒伯 4-174
——— 欒桓子 4-269
——— 黶 4-277
——— 桓主 4-270
欒盈(晉) 4-209, 232, 263, 269, 270, 277, 288, 290, 297, 299, 301, 302, 308, 325
——— 欒孺子 4-301
——— 欒懷子 4-243, 270, 276
——— 盈 4-178
——— 入于晉入于曲沃→外大夫入 4-297, 301
——— 出奔楚→外大夫奔 4-263, 270
——— 懷子 4-269
欒孺子(晉)→欒盈 4-301
亂賊→事變(類) 1-193, 196, 261, 264, 373, 375~377, 394, 395, 2-79, 307, 313,

419, 422, 442, 448, 459, 461, 462, 3-19, 30, 42, 44, 72, 400, 402, 4-346, 352, 5-9, 17, 114, 122, 150, 158, 179, 193, 6-88, 99, 199, 201, 7-9, 13, 233, 309, 321
—— 稱國 2-461, 3-400, 402, 7-9, 13, 233
—— 稱臣 1-193, 196, 261, 264, 373, 375~377, 394, 395, 2-79, 307, 313, 419, 422, 3-19, 30, 42, 44, 72, 4-346, 352, 5-9, 17, 114, 122, 150, 158, 6-88, 99, 199, 201, 7-309, 321
—— 稱人 2-442, 448, 459, 462, 5-179, 193
欒貞子(晉)→欒枝 2-239, 345
欒枝(晉) 2-218, 241, 243, 289, 6-107
———— 欒貞子 2-239, 345
欒豹(晉) 5-300
欒桓子(晉)→欒黶 4-269
欒懷子(晉)→欒盈 4-243, 270, 276
濫 7-73, 7-79
南岡 7-78
南季(周) 1-231
南郭偃(齊) 3-160, 167
南郭且于(齊)→公子鉏 7-317
南蒯(魯) 6-72, 73, 75, 121, 134
南宮敬叔(魯)〈南宮閱〉5-416, 6-54, 7-290
—————— 說 5-415
南宮極(周) 6-282, 287
南宮萬(宋)→宋萬 1-395
南宮牛(宋) 1-395
南宮嚚(周) 6-294, 343
南宮長萬(宋)→宋萬 1-393
南里 3-39, 5-45, 6-242, 246, 253, 259, 8-117
南門 2-142, 143
南史氏(齊) 4-359
南山有臺 4-261
南氏(魯) 6-91
南氏(衛)→公孫彌牟 8-93, 102
南籥 5-140
南陽 2-200, 311, 6-149
南遺(魯) 4-67, 5-343, 349
藍尹亹(楚) 7-159
南子(宋) 7-249
———— 夫人 7-240, 276
南懷 5-372
納→事變(類) 1-380, 381, 2-196, 202, 419, 423, 3-80, 84, 6-62, 64, 7-275, 278
— 納公孫寧儀行父于陳 3-80, 84
— 納頓子于頓 2-196, 202
— 納子糾 1-380, 381
— 齊高偃帥師納北燕伯于陽 6-62, 64
— 晉人納捷菑于邾弗克納 2-419, 423
— 晉趙鞅……納衛世子蒯聵于戚 7-275, 278
納鼎→郊廟(類) 1-262, 265
—— 取郜大鼎于宋 1-262, 265
郎 1-162, 231, 232, 281, 315, 317, 372, 384, 388, 463, 477, 6-24, 33
— 城→內城 1-231, 232
良 6-113, 8-30
狼蘧疏(齊) 4-309
狼瞫(晉) 2-321
狼淵 2-383
囊瓦(楚)→子常 6-289, 7-113, 122
萊〈國名〉3-57, 58, 66, 404, 4-18, 61, 63, 5-402
萊〈地名〉1-242, 7-306
郲 4-185, 4-187
彨〈水名〉4-28
彨〈地名〉8-19
來→朝聘(類) 1-159, 175, 290, 291, 307, 310, 475, 478, 2-261, 262, 264, 4-224,

225
— 介葛盧來 2-261, 262, 264
— 白狄來 4-224, 225
— 寔來 1-290, 291
— 祭公來 1-307, 310
— 祭伯來 1-159, 175
— 齊仲孫來 1-475, 478
來乞師→戰爭(類) 3-303, 304, 340, 344, 382, 402, 414
——— 晉侯使郤錡來乞師 3-303, 304
——— 晉侯使欒黶來乞師 3-340, 344
——— 晉侯使士魴來乞師 3-402, 414
——— 晉侯使荀罃來乞師 3-382
萊共公(萊) 4-63
——— 萊子 4-20
——— 浮柔 4-63
萊駒(晉) 2-289, 321
來求賻→喪紀(類) 1-182, 187
——— 武氏子來求賻 1-182, 187
來求婦→婚姻(類) 2-274
——— 杞伯姬來求婦 2-274
來歸俘→戰爭(類) 1 368, 369
——— 齊人來歸衛俘 1-368, 369
來歸襚→喪紀(類) 2-382, 385
——— 秦人來歸僖公成風之襚 2-382, 385
內女歸→婚姻(類) 1-178, 217, 441, 3-271, 275
——— 共姬(魯) 3-271, 275
——— 伯姬(魯) 1-178
——— 伯姬(魯)〈異人〉1-441
——— 叔姬(魯) 1-217
內女來→婚姻(類) 1-447, 449, 2-226, 3-51, 53
——— 杞伯姬來 1-447, 449, 2-226
——— 齊高固及子叔姬來 3-51, 53
內女來歸→婚姻(類) 2-431, 439, 3-154, 156, 234
——— 杞叔姬來歸 3-234
——— 郯伯姬來歸 3-154, 156
——— 齊人來歸子叔姬 2-431, 439
內女復歸→婚姻(類) 1-394, 2-100
——— 紀叔姬(魯) 1-394
——— 鄫季姬(魯) 2-100
內女葬→喪紀(類) 1-363, 461, 5-150, 161
——— 紀伯姬(魯) 1-363
——— 紀叔姬(魯) 1-461
——— 宋共姬(魯) 5-150, 160
內女卒→喪紀(類) 1-362, 458, 2-68, 124, 400, 403, 3-261, 268, 273, 5-150, 160
——— 紀伯姬(魯) 1-362
——— 紀叔姬(魯) 1-458
——— 伯姬(魯) 2-68
——— 鄫季姬(魯) 2-124
——— 子叔姬(魯) 2-400, 403
——— 杞叔姬(魯) 3-261, 268, 273
——— 宋伯姬(魯) 5-150, 160
內大夫救→戰爭(類) 2-98, 101, 126, 381, 384, 4-150, 151, 298, 313
——— 季孫宿帥師救台 4-150, 151
——— 公孫敖帥師……救徐 2-98, 101, 126
——— 公子遂會晉人……救鄭 2-381, 384
——— 叔孫豹帥師救晉 4-298, 313
內大夫納幣→郊廟(類) 2-320, 329
——— 公子遂(魯) 2-320, 329
內大夫來歸→事變(類) 1-475, 477
——— 季子來歸 1-475, 477
內大夫涖盟→盟會(類) 2-25, 26, 363, 371, 5-390, 7-227
——— 公孫敖如莒涖盟 2-363, 371
——— 公子友如齊涖盟 2-25, 26
叔孫婼如齊涖盟 5-390
——— 叔還如鄭涖盟 7-227
內大夫盟→盟會(類) 1-319, 415, 2-137,

141, 318, 325, 375, 377, 375, 377, 441, 442, 3-173, 174, 177, 201, 342, 376, 402, 415, 4-26, 31, 206, 210, 256, 257, 5-50, 64, 6-49, 53, 63, 73, 7-114, 116, 274

——— 盟于折 1-319
——— 及齊侯宋公盟 1-415
——— 會陳人……盟于齊 2-137, 141
——— 公孫敖會宋公……盟于垂隴 2-318, 325
——— 公子遂會晉趙盾盟于衡雍 2-375, 377
——— 公子遂會雒戎盟于暴 2-375, 377
——— 公子遂及齊侯盟于郪丘 2-441, 442
——— 臧孫許及晉侯盟于赤棘 3-173, 174
——— 及國佐盟于袁婁 3-177, 201
——— 季孫行父及晉郤犫盟于扈 3-342, 376
——— 仲孫蔑會晉侯……同盟于虛朾 3-402, 415
——— 叔孫豹及……陳袁僑盟 4-26, 31
——— 大夫盟 4-206, 210
——— 仲孫速會莒人盟于向 4-256, 257
——— 豹及諸侯之大夫盟于宋 5-50, 64
——— 仲孫貜會邾子盟于祲祥 6-49, 53
——— 仲孫何忌及邾子盟于拔 7-114, 116
——— 叔孫州仇……盟于句繹 7-274

內大夫伐→戰爭(類) 1-194, 235, 237, 306, 324, 325, 344, 346, 358, 360, 361, 2-284, 293, 329, 331, 418, 421, 3-73, 77, 79, 261, 269, 4-166, 178, 208, 211, 256, 258, 6-34, 42, 7-263, 274, 276, 310

——— 季孫斯……帥師伐邾 7-274, 276
——— 季孫意如……帥師伐莒 6-34, 42
——— 公孫歸父帥師伐邾 3-73, 77
——— 公孫歸父會齊人伐莒 3-79
——— 公子慶父帥師伐於餘丘 1-358
——— 公子遂帥師伐邾 2-284, 293
——— 及宋人衛人伐邾 1-344, 346
——— 及鄭師伐宋 1-324, 325
——— 伐邾 1-306
——— 叔老會鄭伯……宋人伐許 4-208, 211
——— 叔孫僑如會晉士燮……伐郯 3-261, 269
——— 叔孫得臣會晉人……鄭人伐沈 2-329, 331
——— 叔孫豹會晉荀偃……伐秦 4-166, 178
——— 叔彭生帥師伐邾 2-418, 421
——— 溺會齊師伐衛 1-360, 361
——— 仲孫速帥師伐邾 4-256, 258
——— 仲孫何忌帥師伐邾 7-263
——— 仲孫何忌帥師伐邾 7-310
——— 翬帥師會宋公……伐鄭 1-194
——— 翬帥師會齊人鄭人伐宋 1-235, 237

內大夫奔→事變(類) 1-484, 486~7, 2-375, 377, 3-166, 168, 342, 376, 4-298, 319

——— 公孫歸父(魯) 3-166, 168
——— 公孫敖(魯) 2-375, 377
——— 公子慶父(魯) 1-484, 486~7
——— 公子慭(魯) 6-63, 73
——— 叔孫僑如(魯) 3-342, 376
——— 臧武仲(魯) 4-298, 319

內大夫聘列國→朝聘(類) 1-442, 447, 449, 466, 2-39, 45, 57, 91, 226, 266, 272, 273, 307, 315, 347, 351, 347, 354, 348, 358, 363, 371, 394, 396, 429, 430, 432, 438, 452, 459, 460, 463, 3-11, 14, 12, 16, 60, 73, 74, 77, 166, 168, 235, 237, 242, 249, 243, 249, 260, 265, 289, 292, 293, 343, 4-17, 23, 35, 38, 51, 54, 60, 62, 63, 66, 68, 86, 92, 209, 214, 239,

245, 257, 261, 329, 331, 5-82, 88, 116, 147, 150, 161, 274, 279, 274, 283, 284, 303, 373, 374, 380, 388, 6-10, 15, 24, 33, 35, 43, 48, 50, 155, 169, 273, 277, 300, 302, 7-163, 166, 211, 224~225, 304

———— 季孫斯仲孫何忌如晉 7-163, 166

———— 季孫宿如宋 4-257, 261

———— 季孫宿如衛 4-66, 68

———— 季孫宿如晉 4-60, 63, 86, 92, 239, 245, 5-274, 283, 373, 380

———— 季孫意如如晉 6-155, 169

———— 季孫行父如齊 3-11, 14, 74, 77

———— 季孫行父如陳 2-347, 351

———— 季孫行父如晉 2-347, 354, 429, 430, 432, 438, 3-243, 249, 3-289, 292

———— 公孫歸父如齊 3-73, 74

———— 公孫歸父如晉 3-166, 168

———— 公孫嬰齊如莒 3-260, 265

———— 公孫嬰齊如晉 3-242, 249

———— 公孫敖如莒 2-363, 371

———— 公孫敖如齊 2-307, 315

———— 公孫敖如晉 3-343

———— 公孫玆如牟 2-39, 45

———— 公子慶父如齊 1-466

———— 公子遂叔孫得臣如齊 2-460, 463

———— 公子遂如京師遂如晉 2-266, 272

———— 公子遂如宋 2-394, 396

———— 公子遂如齊 2-226, 452, 459, 3-12, 16

———— 公子遂如齊至黃乃復 3-60

———— 公子遂如晉 2-273, 348, 358

———— 公子友如齊 2-57, 91

———— 公子友如陳 1-442, 447, 449

———— 叔弓如滕 5-284, 303

———— 叔弓如宋 5-150, 161, 6-48, 50

———— 叔弓如晉 5-274, 279, 6-10, 15

———— 叔弓如楚 5-374, 388

———— 叔老如齊 4-257

———— 叔孫僑如如齊 3-289, 293

———— 叔孫婼如宋 6-300, 302

———— 叔孫婼如晉 6-35, 43, 273, 277

———— 叔孫州仇如齊 7-211, 224~225

———— 叔孫豹如宋 4-17, 23

———— 叔孫豹如邾 4-60, 62

———— 叔孫豹如晉 4-35, 38, 209, 214, 329, 331

———— 叔孫豹鄫世子巫如晉 4-51, 54

———— 叔還如齊 7-304

———— 仲孫羯如晉 5-82, 88, 116, 147

———— 仲孫蔑如宋 3-235, 237

———— 仲孫貜如齊 6-24, 33

內大夫聘周→朝聘(類) 2-266, 272, 306, 375, 377, 380, 383, 3-65, 67, 4-331, 6-259

———— 公孫敖如京師 2-375, 377

———— 公子遂如京師 2-266, 272

———— 叔孫得臣如京師 2-306, 380, 383

———— 叔孫豹如京師 4-331

———— 叔鞅如京師 6-259

———— 仲孫蔑如京師 3-65, 67

內大夫逆女→婚姻(類) 1-277, 279, 3-11, 14, 3-322, 325

———— 公子遂如齊逆女 3-11, 14

———— 叔孫僑如如齊逆女 3-322, 325

―――― 如齊逆女 1-277, 279
內大夫圍→戰爭(類) 3-220, 226, 4-12, 13, 6-88, 91, 7-163, 211, 217~218, 219, 290
―――― 季孫斯仲孫忌帥師圍鄆 7-163
―――― 叔弓帥師圍費 6-88, 91
―――― 叔孫僑如帥師圍棘 3-220, 226
―――― 叔孫州仇仲孫何忌帥師圍邾 7-290
―――― 叔孫州仇仲孫何忌帥師圍郈 7-211, 217~218, 219
―――― 仲孫蔑會晉欒黶……圍宋彭城 4-12, 13
內大夫卒→喪紀(類) 1-160, 175, 225, 229, 231, 202, 465, 470, 2-123, 124, 386, 419, 425, 3-51, 60, 63, 159, 164, 230, 328, 382, 388, 4-53, 59, 240, 282, 298, 317, 5-179, 184, 312, 339~340, 390, 419, 6-143, 144, 242, 250, 273, 292, 302, 325, 7-47, 153, 154, 153, 289, 294
―――― 季武子(魯) 5-390, 419
―――― 季文子(魯) 4-53, 59
―――― 季平子(魯) 7-153, 154
―――― 季桓子(魯) 7-289, 294
―――― 公孫嬰齊(魯) 3-382, 388
―――― 公孫敖(魯) 2-419, 425
―――― 公孫玆(魯) 2-124
―――― 公子彄(魯) 1-202
―――― 公子遂(魯) 3-60, 63
―――― 公子牙(魯) 1-465, 470
―――― 公子友(魯) 2-123
―――― 公子益師(魯) 1-160, 175
―――― 孟莊子(魯) 4-298, 317
―――― 孟椒(魯) 4-240
―――― 孟孝伯(魯) 5-179, 184
―――― 孟僖子(魯) 6-292
―――― 無駭(魯) 1-225, 229
―――― 叔弓(魯) 6-143, 144
―――― 叔老(魯) 4-282
―――― 叔孫得臣(魯) 3-51
―――― 叔孫成子(魯) 7-153
―――― 叔孫婼(魯) 6-302, 325
―――― 叔孫豹(魯) 5-312, 339~340
―――― 叔鞅(魯) 6-273
―――― 叔詣(魯) 7-47
―――― 叔輒(魯) 6-242, 250
―――― 叔向(晉) 3-159, 164
―――― 臧文仲(魯) 2-386
―――― 臧宣叔(魯) 3-230
―――― 挾(魯) 1-231
內大夫至→事變(類) 6-132, 134, 293, 295
―――― 季平子(魯) 6-132, 134
―――― 叔孫婼(魯) 6-293, 295
內大夫次→戰爭(類) 4-12, 14, 298, 313
―――― 叔孫豹帥師救晉次于雍楡 4-298, 313
―――― 仲孫蔑會齊崔杼……次于鄫 4-12, 14
內大夫侵→戰爭(類) 2-29, 34, 3-242, 249, 4-329, 337, 7-180, 191
―――― 季孫斯仲孫何忌帥師侵衛 7-180, 191
―――― 公孫玆……侵陳 2-29, 34
―――― 仲孫羯帥師侵齊 4-329, 337
―――― 仲孫蔑叔孫僑如帥師侵宋 3-242, 249
內大夫會→盟會(類) 2-307, 313, 394, 395, 440, 442, 3-134, 137, 139, 142, 141, 235, 237, 330, 339, 4-17, 22, 18, 23, 51, 55, 75, 77, 165, 168, 167, 195, 241, 254, 5-49, 57~58, 211, 218, 6-23, 24, 49, 55, 301, 306, 7-73, 74, 309
―――― 季孫宿……會吳于向 4-165, 168
―――― 季孫宿會晉士匄……于戚 4-167, 195

——— 季孫宿會晉侯……于邢丘 4-75, 77
——— 季孫意如會……于厥慭 6-49, 55
——— 季孫意如會晉荀躒于適歷 7-73, 74
——— 季孫行父會齊侯于陽穀 2-440, 442
——— 公孫歸父會齊侯于穀 3-134, 137
——— 公孫歸父會楚子于宋 3-139, 142
——— 公孫敖會晉侯于戚 2-307, 313
——— 叔弓會楚子于陳 6-23, 24
——— 叔孫僑如會晉士燮……于鍾離 3-330, 339
——— 叔孫僑如會晉荀首于穀 3-235, 237
——— 叔孫豹會晉士匄于柯 4-241, 254
——— 叔孫豹會晉趙武……于虢 5-211, 218
——— 叔孫豹會晉趙武……于宋 5-49, 57~58
——— 叔詣會晉趙鞅……于黃父 6-301, 306
——— 叔彭生會晉郤缺于承匡 2-394, 395
——— 叔還會吳于柤 7-309
——— 仲孫蔑衛孫林父會吳于善道 4-51, 55
——— 仲孫蔑會齊高固于無婁 3-141
——— 仲孫蔑會晉荀……于戚 4-18, 23
——— 仲孫蔑會晉荀罃……于戚 4-17, 22
內滅→滅 2-127, 129
—— 滅項 2-127, 129
萊門 7-201, 317, 342
乃復→朝聘(類) 5-274, 283, 6-62, 67, 91, 129, 242, 258, 275, 289, 7-114
—— 至河乃復 5-274, 283, 6-62, 67, 91, 129, 242, 258, 7-114
—— 至河有疾乃復 6-275, 289
來奔喪→喪紀(類) 7-253
——— 邾子來奔喪 7-253
內史過(周) 1-467, 2-85
內史叔服(周)→叔服 2-307, 422
內史叔興父(周)→叔興 2-245
萊山 5-372
萊書(魯) 5-339
內城→興作(類) 1-218, 2-220, 231, 232, 284, 340, 341, 458, 459, 465, 466, 2-360, 401, 409, 3-62, 65, 231, 273, 281, 4-18, 23, 65, 68, 155, 163, 198, 203, 241, 254, 241, 254, 7-163, 244, 254, 258, 289, 298, 303, 308
—— 莒父 7-244
—— 啓陽 7-289
—— 郎 1-231, 232
—— 武城 4-241, 254
—— 防 1-458, 459, 4-155, 163
—— 費 4-65, 68
—— 毗 7-303
—— 向 1-340, 341
—— 西郛 4-241, 254, 7-298
—— 成 4-198, 203
—— 霄 7-244
—— 小穀 1-465, 466
—— 郚 2-360
—— 鄆 2-401, 409, 3-231
—— 諸 1-458, 459
—— 邾瑕 7-308
—— 中丘 1-218, 2-220
—— 中城 3-273, 281, 7-163
—— 祝丘 1-284
—— 漆 7-254, 258
—— 平陽 3-62, 65
—— 虎牢 4-18, 23
來言→朝聘(類) 3-259, 262
—— 晉侯使韓穿來言……歸之于齊 3-259, 262
來唁→朝聘(類) 6-301, 322, 7-46, 47, 73, 76
—— 齊侯使高張來唁公 7-46, 47

—— 齊侯唁公于野井 6-301, 322
—— 晉侯使荀躒唁公于乾侯 7-73, 76
來逆婦→婚姻(類) 2-196
——— 宋蕩伯姬來逆婦 2-196
來逆喪→喪紀(類) 3-270, 273
——— 杞伯來逆叔姬之喪以歸 3-270, 273
內入→戰爭(類) 1-177, 180, 222, 241, 243, 263, 271, 2-213, 215, 4-150, 151, 7-323, 328
—— 季孫宿帥師救台遂入鄆 4-150, 151
—— 公及齊侯鄭伯入許 1-241, 243
—— 公子遂帥師入杞 2-213, 215
—— 無駭帥師入極 1-177, 180
—— 我入祊 1-222
—— 入杞 1-263, 271
—— 入邾 7-323, 328
來媵→婚姻(類) 3-262, 270, 271, 276, 282
—— 衛人來媵 3-262, 270
—— 齊人來媵 3-282
—— 晉人來媵 3-271, 276
萊子(萊)→萊共公 4-20
郲張(鄭) 7-347
萊章(齊) 8-88
內戰→戰爭(類) 1-315, 317, 324, 325, 327, 344, 345, 380, 381, 2-152, 2-155, 3-176, 186~187
—— 及齊師戰于乾時 1-380, 381
—— 及齊師戰于奚 1-344, 345
—— 及齊侯宋公衛侯燕人戰 1-327
—— 及齊侯戰于鞍 3-176, 186~187
—— 及邾人戰于升陘 2-152, 2-155
—— 戰于郎 1-315, 317
—— 戰于宋 1-324, 325
來朝子→朝聘(類) 2-38
——— 杞伯姬來朝其子 2-38
內取→戰爭(類) 1-236, 238, 236, 238, 2-151, 152, 207, 211, 284, 293, 360, 363, 3-42, 43, 66, 68, 73, 77, 242, 244, 4-155, 156, 5-212, 226, 312, 332, 7-84
—— 公伐莒取向 3-42, 43
—— 公伐邾取須句 2-151, 152
—— 公伐邾取訾婁 2-284, 293
—— 取郜 1-236, 238
—— 取穀 2-207, 211
—— 取根牟 3-66, 68
—— 取防 1-236, 238
—— 取須句 2-360, 363
—— 取邿 4-155, 156
—— 取繹 3-73, 77
—— 取鄆 5-212, 226
—— 取鄟 3-242, 244
—— 取郈 5-312, 332
—— 取闞 7-84
內取田→戰爭(類) 2-272, 274, 3-178, 201, 4-239, 242, 7-274, 276
——— 取漷東田及沂西田 7-274, 276
——— 取汶陽田 3-178, 201
——— 取濟西田 2-272, 274
——— 取邾田自漷水 4-239, 242
來渝平→朝聘(類) 1-212, 213
——— 鄭人來渝平 1-212, 213
內敗→戰爭(類) 1-236, 238, 383, 387, 384, 388, 390, 2-14, 17, 14, 17, 395, 396, 5-346, 368
—— 公敗宋師于菅 1-236, 238
—— 公敗宋師于乘丘 1-384, 388
—— 公敗宋師于鄑 1-390
—— 公敗齊師于長勺 1-383, 387
—— 公敗邾師于偃 2-14, 17
—— 叔弓帥師敗莒師于蚡泉 5-346, 368
—— 叔孫得臣敗狄于鹹 2-395, 396
—— 敗莒師于酈 2-14, 17
內敗績→戰爭(類) 1-380, 381
——— 我師敗績 1-380, 381

來獻捷→戰爭(類) 1-463, 464, 2-146
——— 齊侯來獻戎捷 1-463, 464
——— 楚人使宜申來獻捷 2-146
來會公→盟會(類) 7-244
——— 邾子來會公 7-244
來會葬→喪紀(類) 2-305, 307, 343, 344, 5-179, 186, 7-253
——— 滕子來會葬 7-253
——— 王使召伯來會葬 2-343, 344
——— 天王使叔服來會葬 2-305, 307
潞〈國名〉2-397
潞〈地名〉7-251, 345, 8-70
盧 3-386, 389, 390, 4-232, 5-147
魯公(魯)→伯禽 7-127
老丘 7-256
旅弓 2-341
鑪金(楚) 7-145
老祁(魯) 6-134
老桃 1-238
盧門 1-333, 4-220, 6-246, 8-106
魯頌曰〈閟宮〉2-326
旅矢 2-341
魯申(魯)〈僖公〉7-128
潞氏 3-140, 147
老陽子(周) 6-71
盧戎 1-330
潞子嬰兒(潞氏) 3-140, 147
魯濟〈水名〉4-227
魯濟〈地名〉1-461
老佐(宋) 3-334, 413
路寢 3-166, 401, 413
盧蒲姜(齊) 5-101
盧蒲癸(齊) 4-309, 357, 5-95, 99, 101
盧蒲嫳(齊) 5-76, 78, 95, 96, 106, 307
盧蒲就魁(齊) 3-179
鹿鳴 4-38
鹿門 4-319, 6-39
鹿上 2-145, 147
鹿囿 3-401, 413
綠衣 3-276
賴〈國名〉5-312, 330, 331, 335
賴〈地名〉7-319, 354
牢成(齊) 4-309
賴子(賴) 5-330
蓼 2-345
僂句 6-328, 329
婁林 2-100, 119, 128
獳羊肩(魯) 1-199
樓嬰(晉) 2-181
僂堙(齊) 4-352
廩丘 5-47, 7-184, 8-78, 88
廩延 1-174, 166
陵尹喜(楚) 6-80
陵阪 8-116

【ㄷ】

多樂→災祥(類) 1-410
多魚 2-23
段(鄭)→共叔段 1-158, 167, 168
檀(魯) 6-313
斷道↔卷楚 3-159, 160
檀伯→鄭昭公 1-338
檀伯達(周) 3-293
單襄公(周) 3-173, 216, 293, 380, 384
——— 單子 3-293, 380, 381, 382
丹楹→郊廟(類) 1-434, 436
—— 丹桓宮楹 1-434, 436
單子(周)→單襄公 3-293, 380, 381, 382
單靖公(周) 4-128, 199

丹鳥氏 6-174
譚 1-385, 389
聃 2-185
郯 3-42, 43, 254, 261
郯↔拔 7-116
聃啓(周) 2-423
聃季 7-127, 178
儋括(周) 5-158
澹臺子羽(魯) 7-339
聃伯(鄭) 2-24
郯伯姬(魯) 3-154, 156
聃甥(鄧) 1-312, 369
譚子(譚) 1-385, 389
―――― 奔莒→諸侯奔 1-385, 389
郯子(郯) 4-65, 67, 6-170, 174, 178, 7-353
湛阪 4-213
儋翩(周) 7-169, 172, 174
沓 2-410, 416
唐〈國名〉5-256, 7-156, 8-65
唐〈篇名〉5-131
唐〈魯〉1-177, 180, 263, 271
唐〈周〉6-282
唐↔陽〈燕〉6-64
棠 1-200, 202, 203, 4-63, 194
棠姜(齊) 4-348
―――― 姜氏 4-352
堂谿氏(吳)→夫槩王 7-156
棠公(齊) 4-348
唐狡(楚) 3-116
唐苟(鄭) 3-355, 362
棠無咎(齊) 5-76, 78
堂阜 1-381
唐成公(唐) 7-117
―――― 唐侯 7-59, 117, 138
唐叔(周) 2-121, 172, 258, 5-288, 6-149
黨叔(魯) 5-127
唐叔虞 5-256
黨氏(魯) 1-469, 471
唐氏 4-331
黨氏之溝 7-357
唐盂 8-107
唐惠侯(唐) 3-116
唐侯(唐)→唐成公 7-59, 117, 138
帶(魯)→叔仲昭伯 5-348
戴 1-237, 239
帶 1-266
大去國→事變(類) 1-363, 365
―――― 紀侯大去其國 1-363, 365
大過䷛ 4-348
大屈 5-403
大宮 1-333, 3-320, 4-357, 5-163
戴嬀(陳) 1-190
大棘 3-19, 20, 24
戴己 2-371
大良(戎) 1-298
大梁 6-50
大路 4-343
大鹵↔太原 5-212
大陸 7-101
大陸子方(齊) 8-19
―――― 東郭賈 8-19
大陵 1-400
大林 2-443
大臨 2-469
大明 5-234
大武 5-140
大厖 5-255
大別 7-138

大夫司馬(宋)→公子卬 2-376
大夫以夫人至→婚姻(類) 3-11, 14, 323, 326
──── 僑如以夫人婦姜氏至自齊 3-323, 326
──── 遂以夫人婦姜至自齊 3-11, 14
大夫宗婦覿用幣→婚姻(類) 1-437, 439
大夫致女→婚姻(類) 3-271, 275
─── 季孫行父如宋致女 3-271, 275
大事→郊廟(類) 2-319, 325
── 大事于大廟躋僖公 2-319, 325
大士 2-257
大司空 1-446
大司馬固→公孫固 2-156
大司馬孔父(宋)→孔父嘉 1-187
大司馬公子卬(宋)→公子卬 2-378
大誓所謂〈周書〉3-215
大城 7-333
大孫伯(楚)→大心 2-298
大水→災祥(類) 1-259, 260, 328, 371, 390, 392, 438, 442, 444, 3-74, 235, 4-330
── 大水 1-259, 260, 328, 371, 438, 442, 444, 3-74, 235, 4-330
── 宋大水 1-390, 392
大隧 4-254, 7-138
大室 5-313, 328
大心(楚) 2-249
─── 成大心 2-345, 395
─── 大孫伯 2-298
─── 孫伯 2-249
戴氏(宋) 2-378, 7-198, 8-107
戴惡(宋) 6-19
大野 8-12
大閱→師田(類) 1-290, 300
大雩→郊廟(類) 1-284, 289
大雨震電→災祥(類) 1-231, 232
大有☲ 1-488, 2-198, 7-52
大戎狐姬(大戎) 1-452
大壯☳ 7-93
大殿 4-309
大庭氏 6-187
大蔡 4-321
臺駘 5-256
臺下 2-459
大夏 5-140, 256
大旱→災祥(類) 2-145, 148, 3-57
大皥 2-150
大姬 5-291
荼(齊)→安孺子 7-305, 306
道 2-47, 6-128
洮〈水名〉5-256
洮〈地名〉1-446, 448, 7-243, 249
桃 4-216, 218, 5-402
屠擊(晉) 2-261
屠蒯(晉) 6-30, 178
堵狗(鄭) 4-205
菟裘 1-252
逃歸→盟會(類) 2-40, 46, 4-67, 73
── 鄭伯逃歸不盟 2-40, 46
── 陳侯逃歸 4 67, 73
堵女父(鄭) 4-122, 123, 201
陶唐氏 4-90, 331, 7-51
逃來→事變(類) 1-410
── 鄭詹自齊逃來 1-410
屠伯(衛) 6-115
道朔(楚) 1-311
塗山 5-324, 7-327
盜殺→事變(類) 4-108, 122, 6-209, 217, 7-296, 299, 388
── 盜殺衛侯之兄縶 6-209, 217
── 盜殺鄭公子騑公子發公孫輒 4-108, 122

—— 盜殺陳夏區夫 7-388
—— 盜殺蔡侯申 7-296, 299
堵叔(鄭) 2-61
陶叔 7-127
堵氏(鄭) 4-122
陶氏 7-127
菟氏 5-356
堵敖(楚) 1-403
檮杌 2-471, 6-25
檮戭 2-469
桃子(周) 2-185, 190
悼子(魯)→臧武仲 3-313
悼子(衛)→甯喜 4-255, 262, 313, 314, 5-14
悼子(衛)→世叔齊 7-375
陶正 4-370
饕餮 2-471
悼大子(陳)→世子偃師 6-128
悼大子偃師(陳)→世子偃師 6-14
菟圃 2-134, 139
桃弧 6-80
菟和 7-300
督(宋)→華父督 1-264
督揚↔祝柯 3-373, 4-241, 257
督戎(晉) 4-307
頓 2-162, 196, 4-36, 43, 6-274, 7-242, 246
頓子(頓) 2-196, 202, 5-311, 312, 346, 7-119
頓子牂(頓) 7-242, 246
豚澤 7-164
突(鄭)→鄭厲公 1-319, 322
桐 7-112, 8-30
董 2-349
東郭賈(齊)→大陸子方 8-19
東郭姜(齊) 5-76
東郭書(齊) 7-204, 208, 366, 368
東郭偃(齊) 4-348, 5-76, 78
東關嬖五(晉) 1-452
桐丘 1-455, 8-111
東國(蔡)〈蔡悼公〉6-257
———— 卒→諸侯卒 6-274
———— 蔡侯東國 6-274
彤弓 2-245, 341, 4-84
東宮 4-92
東宮得臣(齊) 1-190
東閭 4-280, 232
同盟→盟會(類) 1-406, 408, 447, 448, 2-418, 422, 3-89, 129, 159, 160, 235, 241, 253, 256, 270, 274, 328, 331, 381, 385, 4-25, 31, 86, 97, 133, 140, 346, 367, 6-89, 123
—— 公會單子……同盟于雞澤 4-25, 31
—— 公會齊侯……同盟于幽 1-447, 448
—— 公會晉侯……同盟于斷道 3-159, 160
—— 公會晉侯……同盟于戚 3-328, 331
—— 公會晉侯……同盟于蟲牢 3-235, 241
—— 公會晉侯……同盟于蒲 3-270, 274
—— 同盟于柯陵 3-381, 385
—— 同盟于馬陵 3-253, 256
—— 同盟于亳城北 4-133, 140
—— 同盟于新城 2-418, 422
—— 同盟于平丘 6-89, 123
—— 同盟于戲 4-86, 97
—— 諸侯同盟于重丘 4-346, 367
—— 晉人宋人……同盟于清丘 3-89, 129
—— 會齊侯……同盟于幽 1-406, 1-408
桐門 4-118
東門(鄭) 1-196, 207, 210, 227, 4-139, 144, 339
東門遂(魯)→公子遂 4-321
東門氏(魯)→公子遂 3-168, 4-321

東門襄仲(魯)→公子遂 2-210, 272, 329, 358, 371, 377, 396, 404, 425, 428, 433, 442, 453, 459, 463, 3-16
桐門右師(宋)→樂大心 6-302, 7-198
董父 7-51
董叔(晉) 4-238, 4-270
彤矢 2-245, 341
董安于(晉) 7-235, 245
東野 7-154
東陽 4-20, 63, 312, 7-339
東圉 6-270
桐汝 6-328
東王(周)→敬王 6-287
東夷〈國名〉5-328, 368, 6-51
東夷〈地名〉2-385, 5-36
同人䷌ 7-52
東訾 6-298, 326
銅鞮 3-276
董澤 3-120
董狐(晉) 3-30
———— 大史 3-30
杜祁 2-355
杜洩(魯) 5-340, 343, 348
斗城 5-165
頭須(晉)〈里鳧須〉2-180
杜氏 4-331
杜原款(晉) 2-36
杜溷羅(晉) 3-362
杜回(秦) 3-149, 150
屯䷂ 1-481, 5-420
得(宋)→樂得 8-104
得→昔盜(類) 7-197, 201
— 得寶玉大弓 7-197, 201
得臣(楚)→子玉 2-224, 241, 249, 3-126
鄧〈國名〉1-311, 369, 6-25
鄧〈地名〉1-237, 262, 271, 3-275, 6-94
滕 1-491
滕頃公(滕) 7-299
———— 滕子 7-119, 253, 274
———— 滕子結 7-298
———— 葬→諸侯葬 7-299
———— 卒→諸侯卒 7-298
鄧祈侯(鄧) 1-369
滕悼公(滕) 7-28
———— 滕子 5-311
———— 滕子寧 7-28
———— 葬→諸侯葬 7-28
———— 卒→諸侯卒 7-28
鄧廖(楚) 4-26
鄧曼(鄧) 1-322, 328
鄧曼(楚) 1-363
滕文公(滕) 3-343
———— 滕子 3-339
———— 卒→諸侯卒 3-339, 343
鄧析(鄭) 7-200
滕宣公(滕) 2-138
———— 滕子 2-136, 138, 151
———— 滕子嬰齊 2-135
滕成公(滕) 4-62, 5-59, 186, 284, 303
———— 滕子 4-52, 60, 86, 107, 108, 132, 133, 224, 256, 330, 346, 5-179
———— 滕子原 5-284, 288
———— 葬→諸侯葬 5-284, 303
———— 卒→諸侯卒 5-284
滕昭公(滕) 2-404, 3-68
———— 滕子 1-406, 261, 2-400, 3-66
———— 卒→諸侯卒 3-66
滕隱公(滕) 7-357
———— 滕子虞母 7-356

———— 葬→諸侯葬 7-357
———— 卒→諸侯卒 7-356
滕子(滕)→滕頃公 7-119, 253, 274
滕子(滕)→滕悼公 5-311
滕子(滕)→滕文公 3-339
滕子(滕)→滕宣公 2-136, 138, 151
滕子(滕)→滕成公 4-52, 60, 86, 107, 108, 132, 133, 224, 256, 330, 346, 5-179
滕子(滕)→滕昭公 1-406, 261, 2-400, 3-66
滕子結(滕)→滕頃公 7-298
滕子寧(滕)→滕悼公 7-28
滕子嬰齊(滕)→滕宣公 2-135
滕子虞母(滕)→滕隱公 7-356
滕子原(滕)→滕成公 5-284, 288
滕侯(滕) 1-218, 219, 240~241
———— 卒→諸侯卒 1-218, 219
鄧侯(鄧) 1-369
鄧侯吾離(鄧) 1-304, 305

【ㅁ】

麻 5-335, 368
馬陵 3-253, 256, 258, 274
馬師氏(鄭)→罕朔 5-412
馬師頡 5-165
———— 羽頡 5-169
麻隧 3-318
麻嬰(齊) 5-101
馬正 4-316
馬陘 3-195
幕(楚) 5-269, 6-21
莫敖(楚)→屈瑕 1-320, 321, 326, 328, 330
莫敖屈重(楚) 1-364
萬 3-60
鄤 3-222
曼伯(鄭)→鄭昭公 1-207, 287, 6-59
瞞成(衛)→子還成 8-44
蔓成然(楚) 6-93, 94, 100, 105
———— 成然 6-105
———— 令尹子旗 6-129, 138
———— 子旗 6-101, 206, 7-159
———— 鬪成然 6-138
蠻氏 3-245
蠻子(戎蠻)→戎蠻子 6-156
蠻子(戎蠻)→戎蠻子赤 7-300
蠻子赤(戎蠻)→戎蠻子赤 7-300
亡→事變(類) 2-137, 141
— 梁亡 2-137, 141
罔兩 3-36
昧 5-256
梅山 4-236
買朱鉏(莒)→莒犁比公 5-193
盟 1-249, 305
孟(魯)→孟丙 5-339, 350
孟(魯)→孟懿子 7-164
孟(晉)→張趯 5-306
孟 7-183
孟公綽(魯) 4-347
孟樂 4-44
孟明(秦) 2-279, 285, 290, 291, 316, 323, 332
———— 孟明視 2-320
———— 百里孟明視 2-290
孟明視(秦)→孟明 2-320
孟穆伯(魯)→公孫敖 2-101
孟武伯(魯)→孟孺子 8-72, 99, 116
孟門 4-312
孟丙(魯) 5-336
———— 孟 5-339, 350

孟丙(晉) 7-36
孟孫(魯)→孟獻子 3-213
孟孫(魯)→孟莊子 4-317, 319
孟孫(魯)→孟孝伯 5-52, 180, 343, 402
孟孫(魯)→孟懿子 7-167, 193, 194, 231, 327, 8-27
孟氏(魯) 2-433, 3-375, 4-110, 136, 317, 319, 5-347, 6-53, 320, 337, 7-194, 231
孟陽(齊) 1-377
孟縶(衛) 8-40
孟孺子(魯) 7-364
———— 孟武伯 8-72, 99, 116
———— 孟孺子洩 7-357, 8-27
———— 武伯 8-30, 72, 99, 110
———— 彘 8-72, 99
孟孺子洩(魯)→孟孺子 7-357, 8-27
孟孺子速(魯)→孟莊子 4-213
孟懿子(魯) 5-416, 6-320, 7-22, 102, 166, 175, 8-27
———— 孟 7-164
———— 孟孫 7-167, 193, 194, 231, 327, 8-27
———— 懿子 7-218
仲孫何忌 7 85, 114, 163, 180, 211, 228, 263, 274, 290, 310, 8-11
———— 何忌 5-416
孟任(魯) 1-469
孟子(吳) 7-379
———— 昭夫人孟子 7-380
———— 卒→夫人卒 7-379, 380
孟子餘(晉)→趙穿 5-273
孟莊子(魯) 4-232, 257, 258, 317
———— 孟孫 4-317, 319
———— 孟孺子速 4-213
———— 卒→內大夫卒 4-298, 317
———— 仲孫速 4-256, 298
孟諸 2-249, 390, 448, 3-135
孟之側(魯) 7-362
孟津 5-324
孟縶(衛)→公孟 5-420, 421, 6-223
孟椒(魯) 4-321
———— 孟孫 3-213
———— 子服子 5-111
———— 子服椒 5-303
———— 子服湫 6-126
———— 子服惠伯 4-361, 5-104, 111, 186, 399, 6-75, 121, 130
———— 卒→內大夫卒 4-240
———— 仲孫蔑 3-65, 141, 235, 242, 375, 402, 4-12, 17, 18, 51, 240
———— 惠伯 5-303
孟獻子(魯) 2-435, 3-67, 138, 237, 249, 304, 305, 318, 344, 369, 415, 4-22, 28, 42, 55, 67, 110, 118, 120, 155, 199
盟會(類)
———— 乞盟 2-62, 63, 64
———— 公不與盟 6-89, 126
———— 公遇 1-194, 196, 433, 461
———— 公會 1-176, 179, 231, 233, 235, 237, 240, 242, 258, 262, 264, 328, 275, 279, 276, 279, 277, 290, 297, 314, 320, 320, 324, 325, 324, 325, 331, 333, 336, 338, 337, 339, 339, 348, 349, 446, 448, 448, 2-14, 16, 39, 45, 67, 69, 85, 91, 92, 124, 127, 129, 226, 257, 410, 416, 411, 416, 3-12, 15, 58, 178, 214, 296, 298, 340, 371, 4-52, 57, 66, 72, 107, 110, 133, 144, 206, 209, 264, 279, 288, 282, 290, 330, 338, 346, 361, 5-10, 26, 6-89, 114, 7-179, 187, 210, 212, 243, 249, 322, 324, 379, 380, 379, 382, 387,

389
——— 公會盟 1-158, 162, 177, 180, 212, 214, 220, 224, 228, 258, 260, 263, 271, 323, 325, 323, 325, 324, 325, 343, 345, 343, 345, 379, 381, 397, 398, 434, 475, 477, 2-28, 31, 40, 57, 59, 63, 64, 68, 71, 98, 101, 146, 149, 197, 204, 205, 207, 214, 224, 247, 262, 263, 330, 335, 362, 370, 411, 452, 453, 3-178, 214, 4-25, 28, 239, 241, 256, 258, 6-332, 341, 7-120, 127~128, 228
——— 及盟 1-159, 173, 220, 425, 2-318, 324, 387, 390, 3-221, 227, 221, 227, 289, 4-66, 71, 197
——— 內大夫涖盟 2-25, 26, 363, 371, 5-390, 7-227
——— 內大夫盟 1-319, 415, 2-137, 141, 318, 325, 375, 377, 375, 377, 441, 442, 173, 174, 177, 201, 342, 376, 402, 415, 4-26, 31, 206, 210, 256, 257, 5-50, 64, 6-49, 53, 7-114, 116, 274
——— 內大夫會 2-307, 313, 394, 395, 440, 442, 3-134, 137, 139, 142, 141, 235, 237, 330, 339, 4-17, 22, 18, 23, 51, 55, 75, 77, 165, 168, 167, 195, 241, 254, 5-49, 57~58, 211, 218, 6-23, 24, 49, 55, 301, 306, 7-73, 74, 309
——— 來會公 7-244
——— 逃歸 2-40, 46, 4-67, 73
——— 同盟 1-406, 408, 447, 448, 2-418, 422, 3-89, 129, 159, 160, 235, 241, 253, 256, 270, 274, 328, 331, 381, 385, 4-25, 31, 86, 97, 133, 140, 346, 367, 6-89, 123
——— 夫人享 1-362
——— 夫人會 1-359, 371, 372, 372, 2-128, 130
——— 胥命 1-276, 279
——— 如師 3-177, 201
——— 如會 2-225, 4-25, 31, 66, 73
——— 王臣會 1-399, 404
——— 外大夫來盟 1-332, 484, 2-28, 31, 429, 432, 3-57, 58
——— 外大夫盟 1-318, 320, 2-145, 147
——— 外大夫會 5-151, 171, 7-9, 19
——— 諸侯來盟 5-115, 129
——— 諸侯盟 1-178, 181, 183, 190, 224, 227, 2-19, 23, 136, 143, 278, 279, 431, 438, 3-79, 81, 7-172, 175, 173, 175, 180
——— 諸侯遇 1-222, 225, 362, 465~467
——— 諸侯會 1-262, 271, 397, 398, 404, 405, 2-25, 26, 145, 149, 452, 453, 3-66, 68, 79, 83, 5-311, 323, 7-211, 243, 249
——— 平 3-42, 43, 139, 145, 5-389, 390, 7-210, 212, 226, 227
猛獲(宋) 1-395
孟孝伯(魯) 4-337, 5-88, 124, 147, 179, 184
——— 羯 4-317
——— 孟孫 5-52, 180, 343, 402
——— 卒→內大夫卒 5-179, 184
——— 仲孫羯 4-329, 5-82, 115, 116, 179
——— 孝伯 4-347
孟姬(晉)→趙莊姬 3-398
孟僖子(魯) 5-399, 415, 416, 6-33, 53
——— 卒→內大夫卒 6-292
——— 仲孫貜 6-24, 34, 49, 292
冕 1-266
綿 5-147
緜〈篇名〉5-275
緜〈地名〉2-311

緜房甥(魯) 2-396
緜上 2-183, 4-156
免牲→郊廟(類) 2-273, 275, 3-252, 4-65, 67
—— 免牲 2-273, 275
—— 免牛 3-252
—— 三卜郊不從乃免牲 4-65, 67
滅→事變(類) 1-385, 389, 397, 398, 2-19, 22, 41, 47, 79, 80, 87, 88, 127, 129, 195, 198, 206, 210, 337, 340, 344, 345, 442, 446, 3-62, 63, 89, 128, 140, 147, 154, 155, 383, 399, 4-60, 61, 62, 63, 107, 110, 113, 347, 368, 5-312, 330, 6-11, 19, 49, 58, 91, 129, 170, 178, 274, 287, 293, 299, 7-64, 70, 162, 164, 242, 246, 252, 256
— 莒滅 4-60, 62
— 國君滅 6-274, 287
— 內滅 2-127, 129
— 吳滅 6-91, 129, 293, 299, 7-64, 70
— 衛滅 2-195, 198
— 狄滅 2-79, 80
— 鄭滅 7-162, 164
— 齊滅 1-385, 389, 397, 398, 4-61, 63
— 諸侯同滅 2-19, 22, 442, 446, 4-107, 110, 113
— 晉滅 3-140, 147, 154, 155, 6-170, 178
— 楚滅 2-41, 47, 87, 88, 206, 210, 337, 340, 344, 345, 3-62, 63, 89, 128, 383, 399, 4-347, 368, 5-312, 330, 6-11, 19, 49, 58, 7-242, 246, 252, 256
蔑 1-158, 162, 345
蔑(鄭)→然明 5-198
螟→災祥(類) 1-202, 225, 367
冥 8-76
鄍 2-21
鳴鹿 3-374
鳴鴈 3-344
冥阨 7-138
明夷䷣ 5-351
牟 2-39, 45
毛 2-185
茅〈國名〉 2-185, 4-152
茅〈地名〉 7-328
旄車 3-32
牡丘 2-98, 101
毛得(周)→毛伯得 6-187
牟婁 1-193, 5-346, 367
毛伯(毛) 2-306, 311, 379, 383
毛伯(周)→毛伯得 6-333
毛伯(周)→毛伯衛 3-140
毛伯過(周) 6-187
毛伯得(周) 6-343
———— 毛得 6-187
———— 毛伯 6-333
———— 奔楚→王臣奔 6-333, 343
毛伯衛(周) 3-149
———— 毛伯 3-140
———— 毛氏 3-149, 156
茅成子(邾) 7-328
毛氏(周)→毛伯衛 3-149, 156
茅氏 5-20
茅戎 3-173
牟夷(莒) 5-346, 367, 7-79
———— 來奔→外大夫奔 5-346, 367
茅夷鴻(邾) 7-330
茅地(邾) 6-276
茅津 2-332
茅鴟 5-104
茅茷(晉) 2-255
牧 1-207
穆姜(齊) 3-275, 290, 369, 373, 4-19, 86,

92, 321
——— 姜氏 4-321
——— 夫人姜氏 4-86
——— 小君穆姜 4-86
——— 葬→夫人葬 4-86
——— 薨→夫人薨 4-86, 92
木瓜 5-277
穆陵 2-30
穆孟姬 6-41
穆伯(魯)→公孫敖 2-315, 325, 371, 377, 425
穆叔(魯)→叔孫豹 4-23, 38, 54, 57, 62, 71, 211, 214, 254, 283, 331, 343, 367, 5-110, 117, 152, 179, 180, 183, 184, 236, 307
穆氏 3-44
穆嬴(秦) 2-366
穆王(周) 5-324, 6-80
目夷(宋)→子魚 2-67
穆子(魯)→叔孫豹 5-351, 336
穆子(晉)→荀吳 6-68, 130, 146, 178
穆后→王穆后 6-149, 345
夢 5-309
蒙 8-72
鄸 6-209
蒙門 5-67
蒙澤 1-395
苗 5-36
墓門 5-165
苗賁皇(楚) 3-160, 354, 366, 5-36, 360
武(晉)→趙武 3-266, 5-154, 218, 236
戊(晉)→魏戊 7-38
武姜(申) 1-163
——— 姜 1-170
——— 姜氏 1-169
——— 夫人 1-167
巫皐(晉) 4-225
武公(魯) 6-143, 8-91
武公(鄭) 1-422, 3-90
武宮 2-176, 3-30, 241, 244, 402, 4-116, 6-143
無極(楚)→費無極 6-200, 212, 257, 7-23, 24
無忌(晉)→公族穆子 4-68
婺女 6-36
武羅 4-44
務婁(莒) 5-255
無婁 3-141
無麥苗→災祥(類) 1-371, 372
無麥禾→災祥(類) 1-451
——— 大無麥禾 1-451
武孟(齊)→公子無虧 2-130
武伯(魯)→孟孺子 8-30, 72, 99, 110
武父 1-324, 325, 7-127
無冰→災祥(類) 1-331, 3-172, 5-81, 83
筮史 2-258
巫山 4-229
武城 2-376, 3-343, 4-95, 241, 254, 5-327, 6-276, 7-339, 357
—— 城→內城 4-241, 254
武城黑(楚) 7-138
武叔(魯)→叔孫州仇 7-194, 217, 218, 224, 357
武叔懿子(魯)→叔孫州仇 7-218
巫臣(楚)→申公巫臣 3-204, 256, 257, 258
武氏(宋) 2-474, 3-38
武氏子(周) 1-182, 187
武曰 〈周頌 武〉 3-93
武王(周) 1-270, 2-54, 55, 185, 258, 326, 5-108, 256, 324, 392, 421, 6-25, 149, 7-38, 87, 127, 128

巫厄(魯) 2-148
毋畏(楚)〈無畏〉→文之無畏 3-145
無宇(齊)→陳桓子 6-16
無宇(楚)→申無宇 5-391, 392, 6-99
無衣 7-149
武子(魯)→季武子 5-184, 380, 6-130, 7-93
武子(晉)→欒書 3-249, 250, 349, 4-178
武子(晉)→士會 3-156, 210
武子(晉)→荀罃 4-188
武子賸(鄭)→罕達 7-347
武子之臺 7-230
無終 5-252
無終子嘉父(山戎) 4-44
無知(齊)→公孫無知 1-373, 377, 379, 381
無慼(宋) 6-215
無棣 2-30
無駭(魯) 1-177, 225, 229
——— 司空無駭 1-180
——— 展氏 1-229
——— 卒→內大夫卒 1-225, 229
瞀胡(莒) 5-255
蝥弧 1-243
汶 7 213
文姜(齊) 1-298, 300, 349, 357, 369, 372, 424, 7-93
——— 姜氏 1-277, 280, 349
——— 夫人 1-280, 355, 357
——— 夫人姜氏 1-348, 359, 366, 371, 372, 362, 405, 415, 419, 421
——— 小君文姜 1-424
——— 葬→夫人葬 1-424
——— 晉穆侯之夫人 1-272
——— 薨→夫人薨 1-421
文公葬(魯)→公葬 2-460, 463
文公卽位(魯)→卽位 2-305
文公子佗(陳)→五父 1-285
文公薨(魯)→公薨 2-459, 461
文宮 6-178
文芈(楚) 2-159
——— 芈氏 2-159
文伯(魯) 2-371, 425
——— 穀 2-308, 425
文伯(晉)→荀躒 6-149
文夫人(陳)→息嬀 1-454
文夫人 2-298
汶陽 2-17, 3-178, 201, 223, 226, 259, 274, 8-88
文嬴(秦) 2-290
——— 夫人嬴氏 2-178
文王(周) 2-48, 70, 140, 185, 326, 258, 279, 3-151, 204, 211, 4-36, 5-135, 171, 204, 313, 375, 392, 6-25, 149, 345, 351, 7-38, 87, 283
文王〈篇名〉4-38
門尹得(宋)→樂得 8-107
門尹般(宋) 2-233
文子(魯)→季文子 7-93
文子(魯)〈叔孫文子〉8-110
文子(衛)→公孫彌牟 8-97, 101, 102
文子(衛)→孫林父 4-179, 5-20, 144
文子(衛)→大叔文子 5-57
文子(齊)→鮑國 6-37
文子(晉)→范文子 3-163, 268, 352
文之錯(蔡) 7-299
文之無畏(楚) 2-390
——— 子舟 2-390
——— 申舟 3-135
——— 毋畏(無畏) 3-145
文侯(晉) 3-108

靡 4-44
媚 8-36
弭 1-422
郿 1-451, 457
靡角 3-413, 5-36
靡笄 3-185
未成君卒→喪紀(類) 1-466, 471, 2-460, 464, 5-179, 184, 6-260, 270
———— 惡(魯) 2-460, 464
———— 王子猛(周) 6-260, 270
———— 子般(魯) 1-466, 471
———— 子野(魯) 5-179, 184
芈氏(楚)→文芈 2-159
微子啓(殷) 2-54, 7-349
彌子瑕(衛) 7-164
———— 彭封彌子 8-93
彌作 7-385
尾勺氏 7-127
媚杏 7-207
微虎(魯) 7-339
緡〈國名〉5-328
緡〈地名〉2-160, 161, 207, 211
溦 6-68
閔公薨(魯)→公薨 1-484, 486
閔子馬(魯) 4-316, 6-193
密 1-178, 181, 486
密須 6-149, 7-127
密姬(密) 2-130

【ㅂ】

亳 6-25
剝☶ 7-52
博 7-366
薄 2-146, 149
亳↔亳城 1-395, 4-140, 6-59
亳社 6-42, 7-172, 298, 328
亳城↔亳 4-133
叛→事變(類) 5-9, 18, 6-242, 246, 7-226, 227, 232, 235, 232, 237~239
— 宋公之弟……入于蕭以叛 7-226, 227
— 宋華亥……入于宋南里以叛 6-242, 246
— 衛孫林父入于戚以叛 5-9, 18
— 晉荀寅士吉射入于朝歌以叛 7-232, 237~239
— 晉趙鞅入于晉陽以叛 7-232, 235
鞶 1-266
泮 4-361
鞶鑑 1-423, 7-164
潘黨(楚) 3-112, 114, 116, 122, 355, 359
———— 叔黨 3-112
潘父(晉) 1-275
般師(衛) 8-69, 70
———— 公孫般師 8-70
潘崇(楚) 2-313, 395, 424
潘尫(楚) 3-90
———— 師叔 3-104
潘子(楚) 6-80
潘子臣(楚) 7-168
拔↔郲 7-114
防(魯) 4-155, 163
防 1-231, 236, 238, 371, 372, 425, 458, 459, 2-94, 96, 4-216, 218, 321, 5-346, 367
— 城→內城 1-458, 459, 4-155, 163
魴(楚)→子魚 6-183
房〈國名〉6-128
房〈地名〉7-154
玤 1-422
放大夫→事變(類) 3-11, 15, 6-11, 7-290

——— 晉放其大夫胥甲父于衛 3-11, 15
——— 執陳公子招放之于越 6-11
——— 蔡人放其大夫公孫獵于吳 7-290
防門 4-227
方城〈山名〉6-24, 197, 210, 7-123, 138, 300
方城〈地名〉2-334, 444, 213, 5-118
尨圉 4-44
防渚 2-395
房鍾 5-387
尨降 2-469
北杏 1-397, 398
栢 2-47
伯嘉(羅) 1-327
伯車(秦) 3-314, 5-9
——— 鍼 5-12, 212, 247, 250, 270
——— 秦公子 5-248, 270
——— 出奔晉→外大夫奔 5-212, 247
——— 后子 5-247, 248, 250, 270, 372
柏擧 7-122, 141, 155, 263, 271
伯蠲(鄭) 3-276
白公(楚) 8-48, 51, 53, 55, 56, 64
——— 勝 8-48, 51
伯國(衛)→孫襄 5-17
伯禽(魯)〈百里奚〉7-127
——— 魯公 7-127
百里 2-92
百里孟明視(秦)→孟明 2-290
伯明 4-44
伯服(周) 2-184
伯封 7-32
—— 封豕 7-32
伯奮 2-469
伯棼(楚)→子越椒 2-234, 3-48
伯石(鄭)→公孫段 5-124, 173, 174, 299, 302
伯石(晉)→楊食我 7-32
伯夙(晉)→荀盈 5-61
伯氏(宋) 4-87
伯氏(晉) 5-291
伯氏(晉)→荀林父 3-151
伯氏(楚) 7-137
伯與(周) 3-293
伯輿(周) 4-128
伯嬴(楚)→蔿賈 3-47
伯牛 3-222
白羽↔析 6-186, 197
伯游(晉)→荀偃 4-156, 174
伯有(鄭)→良霄 4-201, 236, 5-69, 72, 110, 121, 148, 162, 163, 165, 168, 169, 174, 280, 408, 410
伯有氏(鄭)→良霄 5-148, 163, 168
白乙(秦) 2-279, 290
——— 白乙丙 2-290
白乙丙→白乙 2-290
伯音(晉)→韓不信 7-89
伯因 4-44
柏人 7-303, 304
伯子同氏 3-402
伯張(鄭)→子張 4-289
白狄 3-61, 62, 273, 281, 314, 4-224, 225, 5-85
白狄子(白狄) 2-294
伯儵(南燕) 3-39
伯儵(晉) 2-166
伯趙氏 6-174
伯宗(晉) 3-142, 147, 237, 245, 337
伯州犁(晉) 3-337, 5-61, 214, 221, 268, 269
——— 大宰 5-61
——— 大宰伯州犁 3-354

伯州犁(楚) 7-137
百泉 7-251
伯瑕(晉)→士文伯 5-157, 419, 6-68
伯虎 2-469
伯華(晉)→羊舌赤 4-29, 270, 5-360
伯戲 5-291
伯姬(魯) 1-178
——— 歸于紀→內女歸 1-178
伯姬(魯) 1-441
——— 歸于杞→內女歸 1-441
伯姬(魯) 2-68
——— 卒→內女卒 2-68
伯姬(魯)→共姬 3-271, 275
伯姬(衛)→孔姬 8-37, 46
伯姬(晉)→秦穆姬 2-114
伯姬氏(衛)→孔姬 8-38
樊 1-249, 462
樊氏 7-127
繁氏 7-127
繁揚(楚) 5-368, 372
繁陽 4-36, 7-168
繁纓 3-181
繁羽(晉) 7-283
樊齊(周) 6-282
樊仲皮(周)→樊皮 1-462
樊遲(魯) 7-357, 361
——— 須 7-357
樊皮(周) 1-460, 462
——— 樊仲皮 1-462
伐我→戰爭(類) 1-415, 2-205, 208, 451, 453, 3-176, 179, 4-75, 78, 108, 121, 150, 151, 198, 203, 198, 203, 207, 208, 213, 216, 218, 216, 218, 217, 219, 224, 225, 345, 347, 7-173, 175, 179, 186, 334, 339, 356, 357
—— 莒人伐我東鄙 4-108, 121
—— 莒人伐我東鄙 4-150, 151
—— 莒人伐我東鄙 4-75, 78
—— 高厚帥師伐我北鄙 4-216, 218
—— 吳伐我 7-334, 339
—— 齊國書帥師伐我 7-356, 357
—— 齊國夏帥師伐我西鄙 7-173, 175
—— 齊國夏帥師伐我西鄙 7-179, 186
—— 齊師伐我北鄙 4-224, 225
—— 齊人伐我北鄙 2-205, 208
—— 齊人宋人陳人伐我西鄙 1-415
—— 齊崔杼帥師伐我北鄙 4-345, 347
—— 齊侯伐我北鄙 3-176, 179
—— 齊侯伐我北鄙 4-207
—— 齊侯伐我北鄙 4-216, 218
—— 齊侯伐我北鄙圍成 4-198, 203
—— 齊侯伐我北鄙圍郕 4-208, 213
—— 齊侯伐我西鄙 2-451, 453
—— 邾人伐我南鄙 4-198, 203
—— 邾人伐我南鄙 4-217, 219
氾〈水名〉2-190, 195, 267, 4-97, 5-45
氾〈地名〉3-256, 5-356
凡 4-152
范匄(晉)→范宣子 3-351, 4-95
范皐夷(晉) 7-237
范吉射(晉)→士吉射 7-235, 237
范武子(晉)→士會 3-163, 405, 5-67
范無恤(晉) 2-406
范門 7-328
范文子 3-210, 249, 264, 274, 277, 295, 299, 344, 349, 350, 366, 375, 376, 384
——— 文子 3-163, 268, 352
——— 范叔 3-210
——— 士燮 3-183, 233, 261, 268, 297, 318, 330, 344
——— 燮 3-163, 210, 269

凡伯(周) 1-218, 220
范山(楚) 2-383
范宣子(晉) 3-412, 4-58, 84, 128, 140, 158, 168, 196, 214, 228, 243, 245, 250, 254, 269, 270, 274, 279, 304, 305, 307, 308, 331, 333 334, 336, 5-47, 300, 7-59
────── 匄 4-84, 214, 331
────── 范匄 3-351, 4-95
────── 士匄 3-398, 401, 4-28, 75, 97, 110, 113, 115, 128, 156, 165, 167, 177, 232, 240, 241, 243, 250, 5-388
────── 宣子 4-92, 169, 7-60
范昭子(晉)→士吉射 7-237
范叔(晉)→范文子 3-210
范叔(晉)→士鞅 5-147
范氏(晉) 3-375, 4-303, 308, 331, 7-51, 60, 170, 235, 237, 238, 245, 249, 251, 271, 279, 286, 293, 296, 303, 304, 310
范鞅(晉)→士鞅 4-232, 269, 270, 305, 5-360
氾祭 3-233
范獻子(晉)→士鞅 5-126, 367, 413, 6-280, 297, 7-19, 74, 89, 101, 123, 128, 167, 170
范會(晉) 6-227
辟司徒 3-193
卞 2-128, 130, 4-201, 5-118, 6-313
弁糾(晉) 3-405
邊伯(周) 1-418
邊卬(宋) 6-262
屛(晉)→趙括 3-104, 236, 266, 4-302
邴 1-356
屛季(晉)→趙括 3-32
屛括(晉) 2-181
邴師(晉) 4-270, 352
邴洩(魯) 7-357, 364
邴豫(晉) 4-270
邴意玆(齊) 7-233, 234, 317
邴歜(齊) 2-462
邴夏(齊) 3-186, 189
輔 2-257
輔躒(晉) 4-339, 5-360
輔氏 3-149, 313, 4-150
步揚(晉) 2-105
步毅(晉)→郤毅 3-355
步招(晉) 2-366
復☷ 3-354, 5-91
濮(宋) 6-250, 251
濮〈國名〉 2-443, 5-228, 6-24, 25, 202, 8-111
濮〈地名〉 1-195, 199
卜郊不從→郊廟(類) 3-282, 4-132
────── 五卜郊不從 3-282
────── 四卜郊不從乃不郊 4-132
卜齮(魯) 1-486
僕大夫 3-246
卜徒父(晉) 2-102
僕叔(鄭)→公子魚臣 3-125
卜偃(晉)→子犯 1-480, 2-23, 50, 96, 163, 198, 279
僕展(鄭) 5-169
卜楚丘(魯) 1-488
卜招父(梁) 2-128
韐 1-266
賵 2-342, 344
逢公 6-36
封具(齊) 4-352
蠭旗 7-285, 286
逢大夫(晉) 3-119

逢伯(楚) 2-54
逢伯陵 6-238
封父之繁弱 7-127
逢孫(秦) 2-267, 285
封豕→伯封 7-32
封人仲足(鄭)→祭伯 1-322
鳳鳥氏 6-174
逢丑父(齊) 3-186, 189
———— 丑父 3-189, 193
逢澤 8-21
逢滑(陳) 7-269
鮒(晉)→欒王鮒 5-227
鮒(晉)→羊舌鮒 6-130, 139
祔 2-300
賦〈嘉樂〉2-335
—〈角弓〉2-341
—〈甘棠〉2-341
—〈褰裳〉2-368
—〈羔裘(鄭)〉2-416
—〈圻父〉2-416
—〈淇澳〉2-416
—〈既醉〉2-416
—〈吉日〉5-27
—〈南山有臺〉4-84, 5-275
—〈綠衣〉5-275
—〈湛露〉6-303
—〈大明〉6-165
—〈彤弓〉4-214, 5-277
—〈緜〉5-80
—〈木瓜〉5-309
—〈無衣〉4-261
—〈轡之柔矣〉3-275
—〈四月〉5-234
—〈相鼠〉1-491
—〈常棣〉4-84
—〈桑扈〉5-275
—〈黍苗〉5-277
—〈碩人〉7-149
—〈小宛〉5-28
—〈鶉之賁賁〉5-52
—〈隰桑〉4-261, 5-236
—〈式微〉5-69
—〈新宮〉4-245, 5-69
—〈蟋蟀〉1-190
—〈我將〉5-234
—〈野有蔓草〉5-69
—〈野有死麕〉5-69
—〈魚麗〉5-119
—〈蓼蕭〉6-165
—〈六月〉5-69
—〈逸詩〉6-303
—〈鵲巢〉5-69, 6-165
—〈將仲子兮〉5-236
—〈載馳〉2-43, 4-261, 6-165
—〈節〉4-245
—〈車轄〉2-351
—〈采薇〉5-27, 6-66
—〈采蘩〉5-236
—〈采菽〉5-28
—〈青蠅〉4-254
—〈淸人〉5-275
—〈菁菁者莪〉5-236, 6-171
—〈草蟲〉4-169
—〈緇衣〉1-493
—〈蘀兮〉6-171
—〈板〉5-69
—〈匏有苦葉〉5-27
—〈摽有梅〉6-165

—〈風雨〉4-174
—〈韓奕〉4-84
—〈瓠葉〉6-165
—〈鴻鴈〉3-275, 5-236
—〈黃鳥〉4-214
婦姜(齊)→哀姜 2-336, 338
夫槩王(吳) 7-141, 143, 155, 156
———— 堂谿氏 7-156
夫渠 3-343
不更女父(秦) 3-318
婦嬀 1-227
—— 嬀氏 1-227
復陶 6-80
浮來 1-224, 228
富父槐(魯) 7-291
富父終甥(魯) 2-396
阜山 2-443
負黍 7-169
賦稅(類)
———— 稅畝 3-141, 153
———— 舍軍 5-345, 347
———— 作甲 3-172, 174
———— 作軍 4-132, 134, 136
———— 田賦 7-378, 380
傅傁(晉) 7-285
富辰(周) 2-154, 184, 190
富辛(周) 7-87
夫于 6-41
浮柔(萊)→萊共公 4-63
夫人(齊)→文姜 1-280, 355, 357
夫人姜氏(齊)→穆姜 4-86
夫人姜氏(齊)→文姜 1-348, 359, 366, 371, 372, 362, 405, 415, 419, 421
夫人姜氏(齊)→宣姜 5-420
夫人姜氏(齊)→聲姜 2-85, 128, 380, 441
夫人姜氏(齊)→哀姜 1-437, 484, 2-13, 460, 465, 3-11, 14
夫人姜氏(齊)→定姜 3-327
夫人姜氏(齊)→齊姜 4-16
夫人歸氏(胡)→齊歸 6-48
夫人大歸→婚姻(類) 2-460, 465
———— 哀姜(齊) 2-460, 465
夫人婦姜氏(齊)→定姜 3-323, 326
夫人姒氏(杞)→定姒 4-36
夫人喪以歸→喪紀(類) 2-13
———— 齊人以歸 2-13
夫人喪至→喪紀(類) 2-15, 17
———— 夫人氏之喪至自齊 2-15, 17
夫人孫→事變(類) 1-355, 357, 484, 487
———— 夫人姜氏孫于邾 1-484, 487
———— 夫人孫于齊 1-355, 357
夫人如→朝聘(類) 1-366, 405, 415, 419, 2-380
———— 夫人姜氏如莒 1-415, 419
———— 夫人姜氏如齊 1-405, 2-380
———— 夫人姜氏如齊師 1-366
夫人嬴氏(秦) 3-61
夫人嬴氏(秦)→文嬴 2-178
夫人入→婚姻(類) 1-437
———— 夫人姜氏入 1-437
夫人子氏(魯)→仲子 1-178
夫人葬→喪紀(類) 1-424, 2-19, 343, 451, 453, 3-62, 64, 4-17, 19, 36, 40, 86, 6-49, 57, 7-254, 257
———— 敬嬴(徐) 3-62, 64
———— 穆姜(齊) 4-86
———— 文姜(齊) 1-424
———— 聲姜(齊) 2-451, 453
———— 成風(須句) 2-343
———— 哀姜(齊) 2-19
———— 定姒(杞)〈成公妾〉4-36, 40
———— 定姒(杞)〈定公夫人〉7-254, 257

—— 齊姜(齊) 4-17, 19
—— 齊歸(胡) 6-49, 57
夫人卒→喪紀(類) 1-182, 183, 7-253, 257, 379, 380
—— 聲子(魯) 1-182, 183
—— 定姒(杞) 7-253, 257
—— 孟子(吳) 7-379, 380
夫人至→朝聘(類) 2-380
—— 夫人姜氏至自齊 2-380
夫人至→婚姻(類) 1-277
—— 夫人姜氏至 1-277
夫人風氏(須句)→成風 2-337
夫人享→盟會(類) 1-362
—— 夫人姜氏享齊侯于祝丘 1-362
夫人會→盟會(類) 1-359, 371, 372, 372, 2-128, 130
—— 夫人姜氏會齊侯于穀 1-372
—— 夫人姜氏會齊侯于防 1-371, 372
—— 夫人姜氏會齊侯于卞 2-128, 130
—— 夫人姜氏會齊侯于禚 1-359
夫人薨→喪紀(類) 1-178, 421, 2-13, 337, 342, 441, 443, 3-61, 4-16, 19, 36, 40, 86, 92, 6-48, 53
—— 敬嬴(徐) 3-61
—— 穆姜(齊) 4-86, 92
—— 文姜(齊) 1-421
—— 聲姜(齊) 2-441, 443
—— 成風(須句) 2-337, 342
—— 哀姜(齊) 2-13
—— 定姒(杞) 4-36, 40
—— 齊姜(齊) 4-16, 19
—— 齊歸(胡) 6-48, 53
—— 仲子(魯) 1-178
富子(鄭) 6-157
夫鍾(郕) 2-399, 2-401
夫種 1-320
傅摯(齊) 4-309
夫差(吳) 7-248, 264, 269, 271, 389
—— 吳子 7-264, 330, 339, 344, 346, 351, 353, 354, 355, 366, 368, 380, 387, 8-30, 62, 78
—— 王 7-339, 370, 393, 5-397
夫椒〈椒山〉7-264
傅瑕(鄭) 1-400, 1-402
負瑕 7-328
負函 7-300
北郭啓(齊) 6-261
北郭子車(齊) 5-97
—— 北郭佐 5-106
—— 佐 5-97
北郭佐(齊)→北郭子車 5-106
北宮〈鄭〉4-122, 123
北宮結(衛) 7-173, 175, 242, 246
—— 來奔→外大夫奔 7-242, 246
北宮括(衛) 3-381, 383, 4-166, 178
—— 北宮懿子 4-174
北宮文子(衛)→北宮佗 5-196, 197, 204, 277
北宮氏(衛) 6-222
北宮遺(晉) 5-27
北宮懿子(衛)→北宮括 4-174
北宮子(衛)→北宮喜 6-222, 7-9
北宮貞子(衛)→北宮喜 7-19
北宮佗(衛) 5-171, 6-49
—— 北宮文子 5-196, 197, 204, 277
北宮喜(衛) 6-43, 215, 222, 301
—— 北宮子 6-222, 7-9
—— 北宮貞子 7-19
—— 貞子 6-222
北林 3-17, 18, 4-139
北門〈鄭〉4-97

北燕 5-116, 146, 307, 374, 388, 8-28
北燕伯(燕)→北燕伯款 6-62
北燕伯(北燕) 5-85
北燕伯款(燕) 5-285, 308, 6-64
―――――― 燕簡公 5-308, 388
―――――― 北燕伯 6-62
―――――― 出奔齊→諸侯奔 5-285, 308
北戎 1-233, 233, 297, 317, 322
北狄 5-36
北制 1-207
北徵 2-388
焚→師田(類) 1-304
― 焚咸丘 1-304
汾 1-278, 2-126, 4-236, 5-256
蚡冒(楚) 2-444, 3-104, 6-290
焚如 2-397
汾川 5-256
蚡泉 5-346, 368
黻 1-266
不敢(魯)→叔孫成子 7-106
不羹 6-59, 80, 94
不告月猶朝廟→郊廟(類) 2-348, 360
―――――― 閏月不告月猶朝于廟 2-348, 360
不郊→郊廟(類) 3-33, 35, 253, 282, 4-132
不窋 2-326
弗父何(宋) 5-415
不書名→殺 1-445, 2-196, 361, 364, 376, 378
――― 宋殺其大夫 2-196
――― 宋人殺其大夫 2-361, 364
――― 宋人殺其大夫司馬 2-376, 378
――― 曹殺其大夫 1-445
不視朔→郊廟(類) 2-441, 442
――― 公四不視朔 2-441, 442
不雨→災祥(類) 1-464, 2-20, 24, 25, 24, 2-319, 387, 410
―― 不雨 1-464, 2-20, 24, 25, 24
―― 自十有二月不雨至于秋七月 2-319
―― 自正月不雨至于秋七月 2-387
―― 自正月不雨至于秋七月 2-410
茀翰胡(晉) 3-362
費 2-17, 4-65, 68, 6-245, 318, 72, 73, 78, 88, 91, 134, 7-74, 93, 154, 228, 230
― 城→內城 4-65, 68
費(齊) 1-376
騑(鄭)→子駟 4-81
肥 6-87
肥(魯)→季康子 7-294, 8-85
嚭(楚) 7-137
比(薛) 7-233
比☷ 1-481, 5-420, 6-75
否☰ 1-428
邳〈國名〉5-227
邳〈地名〉7-102
毗 7-303
― 城→內城 7-303
裨 2-444
棐 2-411, 416
郫 2-355
費庈父(魯)→費伯 1-180
棐林↔北林 3-13, 17, 5-196
費無極(楚) 6-144, 200, 202, 210, 257, 7-15, 24
―――― 無極 6-200, 212, 257, 7-23, 24
費伯(魯) 1-162
―――― 費庈父 1-180
脾洩 7-161
郫邵 4-312
裨諶(鄭) 5-148, 197
費氏(楚) 7-16

畀我(郲) 4-296
——— 來奔→外大夫奔 4-296
非我(宋)→皇非我 8-73
肥子緜皐(肥) 6-71
丕鄭(晉) 2-72, 80, 83, 85, 92, 5-313
——— 丕鄭父 2-84
丕鄭父(晉)→丕鄭 2-84
裨竈(鄭) 5-91, 168, 6-29, 36, 180, 188
轡之柔矣 5-28
比蒲 6-49, 53, 7-232, 244
丕豹(晉) 2-83, 92
斐豹(晉) 4-307
費滑↔滑 3-310, 4-236
豳 5-131
賓媚人(齊)→國佐 3-195
賓須無(齊) 6-107
賓滑(周) 6-25

【ㅅ】

奢(楚)→伍奢 6-212
賜(魯)→子貢 7-256
舍(齊) 2-419, 421, 422
——— 其君舍 2-419
師䷆ 3-98
師 2-28, 31, 34
泗 4-242, 7-339, 362
姒 5-256
沙 7-11
沙↔瑣 7-173
社 6-270, 272
汜 6-272
柤 4-107, 110, 5-384, 7-309
士匄(晉)→范宣子 3-398, 401, 4-28, 75, 97, 110, 113, 115, 128, 156, 165, 167, 177, 232, 240, 241, 243, 250, 5-388
駟乞 6-204
—— 子瑕 6-204
師觸(鄭) 4-145
士景伯(晉) 6-129, 139, 295, 7-64
——— 士彌牟 6-278, 295, 7-91, 102
——— 士伯 6-278, 295, 311, 7-102
士季(晉)→士會 2-369, 3-25, 112
士皐夷(晉) 7-296
士縠(晉) 2-318, 325, 379, 380, 383
——— 司空士縠 2-325
司空 3-201
司空季子(晉)→胥臣 2-166
司空無駭(魯)→無駭 1-180
司空士縠(晉)→士縠 2-325
司空靖(晉) 4-270
史顆(秦) 3-295
師曠(晉) 4-189, 229, 238, 5-12, 154, 157, 6-12
——— 子野 6-12
史狡(周) 4-128
史狗(衛) 5-144, 420
史龜(晉) 7-348
師救→戰爭(類) 2-132
—— 師救齊 2-132
司寇 2-363, 448, 474
司寇牛父(宋) 2-397
司寇亥(衛) 8-92, 94
舍軍→賦稅(類) 5-345, 347
—— 舍中軍 5-345, 347
師己(魯) 6-312
虒祁〈建物〉 6-113
虒祁〈地名〉 6-12
師祁犁(楚) 4-342

虒祁之宮 6-12, 15
士吉射(晉) 7-232, 239, 279, 304
———— 范吉射 7-235, 237
———— 范昭子 7-237
———— 昭子 7-304
駟帶(鄭) 5-165, 167, 252, 408
———— 子上 5-167
司徒 2-363, 448
司徒(宋)→華定 5-126
司徒期(衛) 8-94
司徒瞞成(衛)→子還成 8-42
司徒卬(陳) 4-217
司徒招(陳)→公子招 6-14
司徒皇父(宋) 2-397
———— 皇父充石 2-397
沙鹿 2-96
司馬彊(宋) 6-224
司馬督(晉) 6-272
———— 司馬烏 7-36
司馬督(楚) 6-80
司馬卯(楚) 3-128
司馬彌牟(晉) 7-36
司馬燮(蔡)→公子燮 4-81
司馬叔游(晉) 7-30
司馬烏(晉)→司馬督 7-36
司馬牛(宋) 8-26
司馬寅(晉) 7-391
司馬子良(楚) 3-46
司馬子伯(宋)→華耦 2-474, 3-38
司馬子西(楚)→子西 2-211
司馬子魚(宋)→子魚 2-138
司馬子仲(宋)→皇野 8-21
司馬竈(齊) 5-309, 6-261
司馬桓子(陳) 4-364, 365
司馬侯(晉)→女齊 5-126, 248, 313
士蔑(晉) 7-300
四牡 4-38
士文伯(晉) 5-154, 186, 187, 283, 380, 400
———— 匄 5-187
———— 伯瑕 5-157, 419, 6-68
士彌牟(晉)→士景伯 6-278, 295, 7-91, 102
士魴(晉) 3-402, 405, 414, 4-32, 53, 95, 97, 125, 150, 151, 154, 156
———— 彘季 3-414
士伯(晉)→先蔑 2-369
士伯(晉)→士貞子 3-151
事變(類)
———— 公居 6-331, 332, 334, 7-9, 10, 46, 47
———— 公孫 6-301, 322
———— 公在 5-114, 116, 7-63, 64, 72, 74, 84, 86
———— 國潰 2-27, 29, 329, 331, 3-272, 379
———— 國遷 1-383, 483, 2-13, 15, 16, 274, 276, 3-330, 339, 6-23, 24, 186, 197, 7-121, 276, 288
———— 歸于 2-225, 251, 7-297, 300
———— 歸諸侯 7-335, 344
———— 及人夫 1-261, 264, 394, 395, 2-79
———— 亂 6-260, 267~270
———— 亂賊 1-193, 196, 261, 264, 373, 375~377, 394, 395, 2-79, 307, 313, 419, 422, 442, 448, 459, 461, 462, 3-19, 30, 42, 44, 72, 400, 402, 4-346, 352, 5-9, 17, 114, 122, 150, 158, 179, 193, 6-88, 99, 199, 201, 7-9, 13, 233, 309, 321
———— 納 1-380, 381, 2-196, 202, 419, 423, 3-80, 84, 6-62, 64, 7-275, 278

———— 內大夫來歸 1-475, 477
———— 內大夫奔 1-484, 486~7, 2-375, 377, 3-166, 168, 342, 376, 4-298, 319, 6-63, 73
———— 內大夫至 6-132, 134, 293, 295
———— 大去國 1-363, 365
———— 逃來 1-410
———— 盜殺 4-108, 122, 6-209, 217, 7-296, 299, 388
———— 亡 2-137, 141
———— 滅 1-385, 389, 397, 398, 2-19, 22, 41, 47, 79, 80, 87, 88, 127, 129, 195, 198, 206, 210, 337, 340, 344, 345, 442, 446, 3-62, 63, 89, 128, 140, 147, 154, 155, 383, 399, 4-60, 61, 62, 63, 107, 110, 113, 347, 368, 5-312, 330, 6-11, 19, 49, 58, 91, 129, 170, 178, 274, 287, 293, 299, 7-64, 70, 162, 164, 242, 246, 252, 256
———— 叛 5-9, 18, 6-242, 246, 7-226, 227, 232, 235, 232, 237~239
———— 放大夫 3-11, 15, 6-11, 7-290
———— 夫人孫 1-355, 357, 484, 487
———— 殺 1-195, 199, 291, 379, 381, 424, 425, 445, 2-38, 43, 56, 58, 69, 74, 79, 80, 84, 196, 224, 264, 266, 348, 358, 361, 376, 378, 380, 382, 380, 383, 387, 388, 3-67, 69, 80, 84, 130, 131, 133, 134, 140, 149, 260, 266, 330, 334, 340, 368, 383, 390~398, 399, 399, 400, 400, 404, 4-18, 24, 52, 56, 240, 251, 241, 251, 256, 258, 282, 290~291, 297, 300, 299, 325, 5-11, 30, 50, 53, 150, 158, 151, 167, 274, 280~281, 312, 329, 345, 356, 6-9, 10, 11, 14, 19, 63, 70, 88, 100~101, 133, 139, 7-9, 15~16, 276, 288, 297, 299
———— 釋諸侯 2-146, 149
———— 成亂 1-262, 264
———— 王臣奔 3-296, 297, 5-150, 158, 6-333, 343
———— 王臣至 2-430, 437
———— 外大夫歸 1-319, 344, 346, 438, 2-228, 257, 3-322, 329, 333~334, 4-297, 300, 6-88, 94~95, 7-233, 240, 352
———— 外大夫奔 1-395, 2-225, 348, 358, 362, 366, 376, 378, 420, 427, 3-71, 75, 254, 259, 329, 333~334, 330, 333~334, 382, 386, 4-60, 61, 217, 220, 257, 258, 257, 259, 263, 264, 263, 270, 296, 331, 343, 5-50, 55, 82, 86, 82, 95~106, 116, 146, 151, 162, 212, 247, 214, 269, 346, 367, 373, 382, 6-10, 14, 34, 39 143, 144, 209, 209, 225, 259, 262, 7-10, 73, 79, 122, 141, 198, 211, 211, 223, 212, 223, 242, 245, 242, 245, 242, 246, 244, 249, 244, 249, 244, 297, 299, 308, 311~312, 356, 365, 357, 373
———— 外大夫入 1-336, 338, 360, 361, 380, 381, 3-400, 409, 4-297, 301, 5-151, 165, 213, 254, 7-226, 227, 309
———— 用之 2-136, 138, 6-49, 58
———— 誘殺 6-48, 51, 154, 156
———— 邑潰 7-47
———— 立 1-195, 6-275
———— 刺 2-222, 230, 3-342, 376
———— 戕 3-165, 167
———— 諸侯歸 1-334, 338, 2-227, 228, 265, 266, 3-341, 371, 375, 5-10, 18, 6-90, 128, 90, 128
———— 諸侯奔 1-334, 338, 319, 341, 343, 385, 389, 438, 2-41, 47, 79, 224, 247, 399, 401, 4-167, 182, 5-213, 254,

285, 308, 6-242, 257, 274, 283, 7-64, 70, 7-351, 353
——— 諸侯入 1-336, 367
——— 執內女 2-420, 428
——— 執內大夫以歸 6-90, 126
——— 執王臣 2-420, 428
——— 執外大夫 1-318, 322, 410, 411, 2-23, 28, 4-134, 143, 224, 225, 5-11, 27, 6-49, 7-99, 102, 163, 170, 173, 175
——— 執諸侯 2-41, 50, 135, 138, 136, 145, 149, 223, 227, 3-272, 276, 328, 331, 4-207, 209, 239, 242, 5-311, 327, 7-297, 297, 300
——— 執諸侯以歸 1-384, 388~389, 2-206, 210, 3-140, 147, 4-207, 209, 7-120, 162, 242, 252, 334, 335
——— 執諸侯以來 7-323, 328
——— 蔡滅 7-120, 137
——— 天王居 2-175, 190, 6-260, 270, 275
——— 天王入 6-260, 270, 333, 343
——— 遷邑 1-356
——— 取殺 1-380
——— 獲大夫 2-14, 17, 3-19, 20, 4-74, 76, 6-274, 287, 7-356, 368
——— 獲諸侯 2-100, 108
師服(晉) 1-272, 273
士富(晉) 4-32
士鮒(晉)→析成鮒 7-249
肆眚→眚盜(類) 1-424
—— 肆大眚 1-424
士燮(晉)→范文子 3-183, 233, 261, 268, 297, 318, 330, 344
司城(宋)→子罕 5-75
司城(宋)→蕩意諸 2-376
司城彊(曹)→公孫彊 7-335
司城須(宋) 2-474
——— 須 2-474, 3-38
司城氏(宋) 6-302
司城氏(宋)→子罕 5-123
司城子梁(宋)→樂祁犁 7-19
司城子罕(宋)→子罕 5-123
司城蕩(宋)→蕩意諸 2-448
司城蕩意諸(宋)→蕩意諸 2-378, 396
司城茷(宋)→樂茷 8-105
史蘇(晉) 2-114, 115
士孫 4-360
沙隨 3-340, 371, 4-103, 282, 290
師叔(鄭) 2-61
師叔(楚) 2-444
師叔(楚)→潘尫 3-104
謝息(魯) 5-402
司臣(鄭) 4-122, 123, 201
姒氏(杞)→定姒 7-253, 257
司氏(鄭) 4-122, 201
駟氏(鄭) 5-162, 163, 280, 6-204
士渥濁(晉)→士貞子 3-405
史黯(晉)→蔡墨 8-79
士鞅(晉) 4-177, 178, 209, 5-115, 126, 367, 388, 413, 6-241, 245, 280, 297, 7-9, 19, 74, 89, 101, 122, 123, 128, 153, 162, 167, 170, 179, 183, 187, 191
——— 范叔 5-147
——— 范鞅 4-232, 269, 270, 305, 5-360
——— 范獻子 5-126, 367, 413, 6-280, 297, 7-19, 74, 89, 101, 123, 128, 167, 170
——— 鞅 4-308, 7-19, 167
——— 獻子 7-183
士弱(晉) 4-90, 232
——— 士弱氏 5-27

山崩→災祥(類) 2-94, 96, 3-235, 237
—— 沙鹿崩 2-94, 96
—— 梁山崩 3-235, 237
山戎 1-461, 463
酸棗 5-167
殺→事變(類) 1-195, 199, 291, 379, 381, 424, 425, 445, 2-38, 43, 56, 58, 69, 74, 79, 80, 84, 196, 224, 264, 266, 348, 358, 361, 376, 378, 380, 382, 380, 383, 387, 388, 3-67, 69, 80, 84, 130, 131, 133, 134, 140, 149, 260, 266, 330, 334, 340, 368, 383, 390~398, 399, 399, 400, 400, 404, 4-18, 24, 52, 56, 240, 251, 241, 251, 256, 258, 282, 290~291, 297, 300, 299, 325, 5-11, 30, 50, 53, 150, 158, 151, 167, 274, 280~281, 312, 329, 345, 356, 6-9, 10, 11, 14, 19, 63, 70, 88, 100~101, 133, 139, 7-9, 15~16, 276, 288, 297, 299
— 不書名 1-445, 2-196, 361, 364, 376, 378
— 書名 1-195, 199, 291, 379, 381, 424, 425, 2-38, 43, 56, 58, 69, 74, 79, 80, 84, 224, 264, 266, 348, 358, 380, 382, 380, 383, 387, 388, 3-67, 69, 80, 84, 130, 131, 133, 134, 140, 149, 260, 266, 330, 334, 340, 368, 383, 390~398, 399, 399, 400, 400, 404, 4-18, 24, 52, 56, 240, 251, 241, 251, 256, 258, 282, 290~291, 297, 300, 299, 325, 5-11, 30, 50, 53, 150, 158, 151, 167, 274, 280~281, 312, 329, 345, 356, 6-9, 10, 11, 14, 19, 63, 70, 88, 100~101, 133, 139, 7-9, 15~16, 276, 288, 297, 299
三塗 6-178
三苗 5-227
三墳 6-80
三事 2-372
三行 2-261
三戶 7-300
相(夏) 2-276
嘗→郊廟(類) 1-332, 333
嘗 1-289, 2-300
裳 1-266
商〈國名〉4-331
商〈地名〉6-16
向〈國名〉1-176, 179
向〈地名〉1-249, 305, 340, 341, 2-205, 207, 3-42, 43, 4-139, 165, 168, 178, 256, 257
— 城→內城 1-340, 341
向姜(魯) 1-179
商公(楚)→子西 2-388
商丘 4-90, 5-256
爽鳩氏 6-174, 238
上棘 4-236
向禽將(衛) 3-180
喪紀(類)
———— 公喪至 1-348, 7-99, 106, 109
———— 公葬 1-349, 475, 477, 2-305, 310, 460, 463, 3-172, 402, 415, 5-179, 186, 7-100, 110, 254, 257
———— 內女葬 1-363, 461, 5-150, 161
———— 來會葬 2-305, 307, 343, 344, 5-179, 186, 7-253
———— 夫人葬 1-424, 2-19, 343, 451, 453, 3-62, 64, 4-17, 19, 36, 40, 86, 6-49, 57, 7-254, 257
———— 王臣葬 7-122
———— 雨不克葬 3-62, 64, 7-254, 257
———— 諸侯葬 1-183, 201, 207, 224, 284, 314, 318, 327, 334, 344, 358, 360, 380, 422, 436, 2-29, 34, 57, 91, 347, 132, 134, 197, 213, 283, 290, 348, 358,

382, 3-35, 73, 88, 133, 158, 158, 219, 220, 230, 272, 304, 321, 328, 329, 333, 4-36, 60, 74, 206, 209, 240, 241, 296, 5-12, 45, 116, 151, 213, 284, 303, 373, 374, 390, 421, 6-12, 19, 35, 47, 48, 50, 62, 65, 91, 129, 133, 155, 169, 186, 193, 199, 241, 244, 293, 331, 334, 7-27, 28, 63, 64, 73, 114, 115, 121, 122, 180, 180, 197, 198, 227, 275, 297, 298, 299, 304, 346, 352, 353, 357, 388

——— 天王葬 1-360, 361, 2-380, 383, 3-34, 4-16, 6-259, 267

——— 公薨 1-241, 348, 349, 465, 471, 484, 486, 2-284, 297, 459, 461, 3-166, 168, 401, 413, 5-178, 183, 7-85, 92, 252, 256

——— 夫人薨 1-178, 421, 2-13, 337, 342, 441, 443, 3-61, 4-16, 19, 36, 40, 86, 92, 6-48, 53

——— 歸賵 1-159, 171, 2-342, 344, 342, 344

——— 歸喪 2-429

——— 來求賻 1-182, 187

——— 來歸襚 2-382, 385

——— 內女卒 1-362, 458, 2-68, 124, 400, 403, 3-261, 268, 273, 5-150, 160

——— 內大夫卒 1-160, 175, 225, 229, 231, 202, 465, 470, 2-123, 124, 386, 419, 425, 3-51, 60, 63, 159, 164, 230, 328, 382, 388, 4-53, 59, 240, 282, 298, 317, 5-179, 184, 312, 339~340, 390, 419, 6-143, 144, 242, 250, 273, 292, 302, 325, 7-47, 153, 154, 153, 289, 294

——— 未成君卒 1-466, 471, 2-460, 464, 5-179, 184, 6-260, 270

——— 夫人卒 1-182, 183, 7-253, 257, 379, 380

——— 王臣卒 2-329, 332, 7-121

——— 諸侯卒 1-182, 218, 219, 222, 223, 282, 285, 314, 315, 318, 322, 323, 324, 332, 344, 346, 355, 359, 407, 421, 434, 441, 451, 463, 2-27, 34, 57, 67, 69, 68, 72, 87, 95, 128, 130, 161, 162, 161, 165, 163, 176, 196, 213, 215, 226, 278, 278, 279, 344, 348, 355, 361, 363, 381, 410, 410, 416, 418, 421, 459, 3-34, 39, 42, 66, 67, 67, 68, 71, 75, 133, 158, 158, 166, 167, 177, 202, 178, 203, 230, 242, 248, 271, 283, 304, 322, 323, 323, 327, 329, 332, 339, 343, 383, 4-17, 21, 35, 37, 60, 61, 66, 73, 83, 111, 151, 152, 155, 162, 198, 203, 215, 224, 240, 249, 296, 299, 347, 378, 5-11, 44, 114, 212, 214, 269, 284, 346, 373, 374, 390, 413, 6-9, 14, 35, 43, 35, 47, 62, 63, 64, 65, 73, 78, 133, 133, 138, 142, 155, 169, 186, 187, 209, 274, 293, 302, 327, 332, 342, 7-10, 28, 114, 115, 119, 121, 178, 179, 197, 198, 227, 243, 247, 274, 276, 290, 298, 304, 306, 308, 313, 335, 351, 354, 352, 356, 386

——— 來奔喪 7-253

——— 來逆喪 3-270, 273

——— 夫人喪以歸 2-13

——— 夫人喪至 2-15, 17

——— 如葬 1-447, 449

——— 天王崩 1-181, 183, 334, 2-62, 64, 375, 377, 3-20, 235, 241, 4-12, 5-83, 106, 113, 6-259, 264

上雒 7-300

向寧(宋) 6-201, 209, 214, 215, 225, 242, 259, 262

——— 出奔陳→外大夫奔 6-209, 225

向帶(宋) 3-333, 334, 409

桑林 4-115
桑林之門 6-246
上鄍 3-201
商密 2-202, 424
相鼠 5-52
商書所謂〈盤庚〉1-404
尙書曰〈盤庚〉1-215
商書曰〈洪範〉2-345, 3-249, 4-29
商成公(鄭) 6-190
向巢(宋) 7-310, 379, 385, 8-11, 25
——— 左師巢 8-24
象箾 5-140
尙頌曰〈玄鳥〉1-189
商頌曰〈殷武〉7-307
商頌有之曰〈殷武〉5-35
桑隧 3-249, 5-36
常壽過(越) 5-368, 6-93
向戌(宋) 3-334, 4-77, 87, 110, 115, 138, 139, 197, 199, 210, 261, 5-26, 35, 57, 59, 75, 111, 171, 211, 324, 6-201
——— 合左師 4-220, 5-30, 222, 325
——— 左師 5-30, 33, 59, 73, 75, 325, 328, 382
向勝(宋) 6-215
向氏(宋) 5-75, 6-224, 225, 246, 8-25
上陽 2-50
商奄〈國名〉7-127
商奄〈地名〉6-25
桑掩胥(齊) 7-366
向爲人(宋) 3-241, 333, 409
向陰 3-59
向宜(宋) 6-224
——— 子祿 6-253
常儀靡 5-255
商人(齊)→齊懿公 2-422
商人弦高(鄭) 2-285
商任 4-264, 279, 288
商子車(齊) 4-309
商子游(齊) 4-309
桑田 2-23, 3-285
向鄭(宋) 6-224
上之登(齊) 4-309
桑泉 2-176
常棣 4-261, 5-236
相土〈人名〉4-90
相土〈地名〉7-127
向魋(宋) 7-223, 227, 373, 388, 8-21, 25, 26
——— 桓魋 7-388, 8-21
——— 桓司馬 8-21, 73
——— 桓氏 7-373, 8-21, 73
向行(宋) 6-215
桑扈 5-69
索氏 7-127
生(楚)→箴尹克黃 3-48
生→吉慶(類) 1-291, 300
— 子同生 1-291, 300
笙 3 166, 168
眚盜(類)
——— 得 7-197, 201
——— 肆眚 1-424
——— 竊 7-181, 194
書(晉)→欒書 4-277
犀(楚)→申犀 3-135
徐 2-24, 98, 101, 102, 119, 126, 128, 362, 371, 5-227, 387, 6-63, 80, 102, 154, 155, 7-14, 64, 70
鉏 4-44
胥甲(晉) 2-406, 408

胥甲父(晉) 3-11, 15
西乞(秦) 2-279
———— 西乞術 2-290, 404
———— 術 2-401
西乞術(秦)→西乞 2-290, 404
徐關 3-193
舒鳩 4-347, 368, 379
黍丘 7-333
鄟丘 2-441
舒鳩氏 7-112
舒鳩子(舒鳩) 4-342
西宮〈鄭〉 2-142, 4-122
胥克(晉) 3-15, 64, 390
庶其(莒) 2-461
庶其(邾) 4-263, 264, 265, 268, 7-79
———— 來奔→外大夫奔 4-263, 264
胥童(晉) 3-390, 393, 395, 399, 400
胥梁帶(晉) 5-47, 51
舒蓼 2-424, 3-62, 63
胥命→盟會(類) 1-276, 279
—— 齊侯衛侯胥命于蒲 1-276, 279
書名→殺 1-195, 199, 291, 379, 381, 424, 425, 2-38, 43, 56, 58, 69, 74, 79, 80, 84, 224, 264, 266, 348, 358, 380, 382, 380, 383, 387, 388, 3-67, 69, 80, 84, 130, 131, 133, 134, 140, 149, 260, 266, 330, 334, 340, 368, 383, 390~398, 399, 399, 400, 400, 404, 4-18, 24, 52, 56, 240, 251, 241, 251, 256, 258, 282, 290~291, 297, 300, 299, 325, 5-11, 30, 50, 53, 150, 158, 151, 167, 274, 280~281, 312, 329, 345, 356, 6-9, 10, 11, 14, 19, 63, 70, 88, 100~101, 133, 139, 7-9, 15~16, 276, 288, 297, 299
—— 莒殺其公子意恢 6-133, 139
—— 殺其公子御寇 1-424, 425
—— 殺其弟佞夫 5-150, 158
—— 殺無知 1-379, 381
—— 殺州吁 1-195, 199
—— 殺陳孔奐 6-11
—— 殺陳佗 1-291
—— 宋公殺其世子痤 5-11, 30
—— 宋殺其大夫山 3-330, 334
—— 王札子殺召伯毛伯 3-140, 149
—— 衛殺其大夫孔達 3-133, 134
—— 衛殺其大夫甯喜 5-50, 53
—— 衛殺其大夫元咺及公子瑕 2-264, 266
—— 鄭殺其大夫公孫黑 5-274, 280~281
—— 鄭殺其大夫公子嘉 4-241, 251
—— 鄭殺其大夫申侯 2-56, 58
—— 鄭人殺良霄 5-151, 167
—— 齊殺其大夫高厚 4-240, 251
—— 齊殺其大夫國佐 3-400, 404
—— 晉殺其大夫郤錡郤犨郤至 3-383, 390~398, 399
—— 晉殺其大夫里克 2-79, 80
—— 晉殺其大夫丕鄭父 2-84
—— 晉殺其大夫胥童 3-399, 400
—— 晉殺其大夫先穀 3-130, 131
—— 晉殺其大夫陽處父 2-348, 358
—— 晉殺其大夫趙同趙括 3-260, 266
—— 晉里克殺其君之子奚齊 2-69, 74
—— 晉人殺其大夫士縠及箕鄭父 2-380, 383
—— 晉人殺其大夫先都 2-380, 382
—— 晉人殺欒盈 4-299, 325
—— 晉侯殺其世子申生 2-38, 43
—— 陳殺其大夫慶虎及慶寅 4-297, 300
—— 陳殺其大夫洩冶 3-67, 69
—— 陳人殺其大夫公子過 6-11, 19
—— 陳侯之弟招殺陳世子偃師 6-9, 14
—— 執齊慶封 5-312, 329
—— 蔡殺其大夫公孫姓公孫霍 7-297, 299
—— 蔡殺其大夫公子駟 7-276, 288

—— 蔡殺其大夫公子燮 4-256, 258
—— 楚公子棄疾殺公子比 6-88, 100~101
—— 楚殺其大夫公子申 4-18, 24
—— 楚殺其大夫公子壬夫 4-52, 56
—— 楚殺其大夫公子追舒 4-282, 290~291
—— 楚殺其大夫公子側 3-340, 368
—— 楚殺其大夫屈申 5-345, 356
—— 楚殺其大夫郤宛 7-9, 15~16
—— 楚殺其大夫得臣 2-224
—— 楚殺其大夫成熊 6-63, 70
—— 楚殺其大夫宜申 2-387, 388
—— 楚人殺陳夏徵舒 3-80, 84
—— 楚人執陳行人干徵師殺之 6-10, 14
黍苗 4-245, 5-69
胥門巢(吳) 7-366, 368
胥靡 4-236, 6-341, 7-164, 169
胥彌赦(衛) 8-67
西郛 4-241, 254
—— 城→內城 4-241, 254, 7-298
鉏商(魯) 8-12
徐鉏(邾) 6-276
西鉏吾(宋) 3-409, 4-87
徐承(吳) 7-354
胥臣(晉) 2-229, 243, 294, 311
———— 臼季 2-294, 345
———— 司空季子 2-166
徐氏 7-127
胥氏(晉) 5-291
胥犴(越) 6-299
徐嬴(徐) 2-130
鉏麑(晉) 3-25
胥午(晉) 4-301
徐吾犯(鄭) 5-243
徐吾氏 3-173
書曰 〈逸書〉 4-146, 265, 274
—— 〈周書 康誥〉 4-300
—— 〈周書 呂刑〉 4-158
—— 〈蔡仲之命〉 4-381
西王(周)→王子朝 6-287
舒庸 3-383, 399
西闈 6-282
鉏任 3-233
徐子(徐) 5-311, 327, 6-156
徐子章羽(徐) 7-64
———— 奔楚→諸侯奔 7-64, 70
———— 徐子章禹 7-70
徐子章禹(徐)→徐子章羽 7-70
舒子平(舒) 2-404
庶長武(秦) 4-150, 152
庶長無地(秦) 4-152
庶長鮑(秦) 4-150
舒鼎 7-164
舒州 8-11, 21, 26
舄 1-266
錫 7-385
析↔白羽 6-197, 7-300
石甲父(鄭) 2-195, 271
石乞(衛) 8-40, 51, 53, 55, 56
石癸(鄭) 3-39
石溪 2-446
析公(楚) 5-36
石共子(衛)→石買 4-255
石箭 3-193
石彄(宋) 7-212, 223, 226, 227
析歸父(齊) 4-301, 5-96
———— 子家 5-97
石祈子(衛) 1-395, 489
石曼姑(衛) 7-288
石買(衛) 4-216, 217, 224, 225

—— 石共子 4-255
石門 1-183, 190
析文子(齊) 4-228
—— 子家 4-228
析父(楚) 6-80
石尙(周) 7-243
析成鮒(晉) 7-249
—— 士鮒 7-249
石成子(衛)→石稷 3-180
石速(周) 1-418
石首(鄭) 3-355, 362
夕室 1-416
石惡(衛) 5-49, 53, 59, 82, 86
—— 出奔晉→外大夫奔 5-82, 86
昔陽 6-70
石盂(鄭) 4-284
碩人 1-190
石子(衛)→石碏 1-199
石子(衛)→石稷 3-180
石碏(衛) 1-191, 199, 200
—— 石子 1-199
石張(周) 7-87
石制(鄭) 3-125
—— 子服 3-125
釋諸侯→事變(類) 2-146, 149
—— 釋宋公 2-146, 149
析朱鉏(魯) 7-339
析朱鉏(衛) 6-218, 222
—— 成子 6-222
石之紛如(齊) 1-376
石稷(衛) 3-180
—— 石成子 3-180
—— 石子 3-180
石臭(鄭) 4-143, 163
石楚(鄭) 2-452, 459
石魋(衛) 8-72, 76
石圃(衛) 8-70, 76
石厚(衛) 1-192, 199
單 5-158
單(周)→單穆公 6-345
選 2-443
宣姜(齊)〈衛 急子 妻〉 1-341, 491
宣姜(齊)〈衛襄公 夫人〉 6-215, 222
—— 夫人姜氏 5-420
—— 襄夫人 6-215
單頃公(周) 4-31
—— 頃 5-418
—— 單子 4-25
先縠(晉) 3-92, 101, 130, 131
—— 原縠 3-129
—— 彘子 3-93, 98, 103, 104, 108, 112
宣公葬(魯)→公葬 3-172
宣公卽位(魯)→卽位 3-11
宣公薨(魯)→公薨 3-166, 168
單公子愆期(周) 5-158
先驅 4-309
先克(晉) 2-366, 379, 382
單旗(周)→單穆公 6-267, 345
先丹木(晉) 1-496, 499
先都(晉) 2-366, 379, 380, 382
善道 4-51, 55
先路 3-201
宣孟(晉)→趙盾 3-266
先蔑(晉) 2-261, 355, 362, 366, 368
—— 奔秦→外大夫奔 2-362, 366
—— 士伯 2-369
單蔑(周) 5-158
單穆公(周) 6-264

———— 單 6-345
———— 單旗 6-267, 345
———— 單氏 6-264
———— 單子 6-260, 267, 270, 281, 282, 341, 343, 267
單武公(周) 7-174
———— 單子 7-176, 183
單伯(周) 1-355, 399, 400, 2-420, 428, 430, 432, 437
———— 至自齊→王臣至 2-430, 437
宣伯(魯)→叔孫僑如 2-396, 3-237, 269, 293, 305, 325, 369, 371, 375, 5-336
先僕(晉) 2-334
單浮餘(楚) 7-300
宣榭 3-154, 156
單成公(周) 5-418, 6-59
———— 單子 6-56
宣叔(魯)→臧宣叔 8-88
先辛(晉) 3-15
先臣督(宋)→華父督 2-432
單氏(周)→單穆公 6-264
單氏之宮 6-270
單襄公(周) 3-173, 216, 293, 380, 384
———— 單子 3-293, 280, 281, 282
———— 襄 5-418
宣王(周) 2-185, 3-90
先友(晉) 1-496
鮮虞 6-127
鮮虞↔中山 6-64, 70. 87, 127, 143, 146, 258, 266, 7-116, 122, 153, 162, 271, 303, 308, 310
單子(周)→單頃公 4-25
單子(周)→單穆公 6-260, 267, 270, 281, 282, 341, 343, 267
單子(周)→單武公 7-176, 183
單子(周)→單成公 6-56
單子(周)→單襄公 3-293, 280, 281, 282
宣子(晉)→范宣子 4-92, 169, 7-60
宣子(晉)→趙盾 2-350, 358, 366, 373, 408, 423, 3-25, 29, 30
宣子(晉)→韓起 4-69
先軫(晉) 2-217, 218, 233, 236, 289, 290, 294, 321, 3-350, 6-107
———— 原軫 2-229, 243, 289
先且居(晉) 2-294, 311, 320, 328
———— 霍伯 2-345
單平公(周) 7-389
單獻公(周) 5-418
薛 1-463
泄駕(鄭) 2-277, 3-39
泄駕(鄭)〈異人〉1-207
———— 泄伯 1-221
泄堵寇(鄭) 2-143
泄堵兪彌(鄭) 2-184
泄伯(鄭)→泄駕 1-221
薛伯(薛) 1-463, 4-52, 86, 107, 108, 132, 133, 206, 224, 256, 282, 330, 346
———— 卒→諸侯卒 1-463
薛伯(薛) ›薛襄公 7 119
薛伯穀(薛)→薛獻公 7-73, 78
薛伯夷(薛)→薛惠公 7-352
薛伯定(薛)→薛襄公 7-227
泄聲子(魯) 6-338
———— 野泄 6-338
泄氏(鄭) 2-59
泄冶(陳) 3-67, 69
薛襄公(薛) 7-227
———— 薛伯 7-119
———— 薛伯定 7-227
———— 葬→諸侯葬 7-227

———— 卒→諸侯卒 7-227
洩庸(吳) 7-288
薛宰(薛) 7-102
薛獻公(薛) 7-73
———— 薛伯穀 7-73, 78
———— 葬→諸侯葬 7-73
———— 卒→諸侯卒 7-73, 78
薛惠公(薛) 7-353
———— 薛伯夷 7-352
———— 葬→諸侯葬 7-353
———— 卒→諸侯卒 7-352
殲→戰爭(類) 1-410, 411
— 齊人殲于遂 1-410, 411
燮(晉)→范文子 3-163, 210, 269
攝 6-228
葉 3-39, 330, 339, 6-94, 197, 8-58
葉公(楚) 8-48, 54, 55, 56, 67
———— 葉公諸梁 7-156, 300, 8-64
———— 沈諸梁 8-58, 77
———— 子高 8-54, 56, 64, 65
葉公諸梁(楚)→葉公 7-156, 300, 64
燮父(晉) 6-80
聶北 2-13
涉賓(晉) 7-235
攝叔(楚) 3-109
涉佗(晉) 7-187, 215, 217
郕 1-201, 208, 237, 240, 276, 279, 373, 374, 2-185
郕↔成 4-208, 213
成↔成郛 1-290, 297, 460, 4-198, 203, 5-402, 6-332, 337, 7-229, 231, 8-27, 28, 30, 36
— 城→內城 4-198, 203
成嘉(楚) 2-403
———— 子孔 2-404, 424
成簡公(周) 5-415
聲姜(齊) 2-130, 443, 451, 453
———— 夫人姜氏 2-85, 128, 380, 441
———— 小君聲姜 2-451
———— 葬→夫人葬 2-451, 453
———— 薨→夫人薨 2-441, 443
成愆(周) 5-158
成季(魯)→公子友 1-470, 471, 486, 488, 501
成季(晉)→趙衰 2-349, 3-266
成季友(魯) 7-93
城郜 3-409
成公般(晉) 6-343
成公葬(魯)→公葬 3-402, 415
成公卽位(魯)→卽位 3-172
成公薨(魯)→公薨 3-401, 413
成臼 7-159
郕邽 2-401
城麇 5-23, 24, 6-20
聲已 2-371, 433
成大心(楚)→大心 2-345, 395
成得臣(楚)→子玉 2-162, 210
成亂→事變(類) 1-262, 264
—— 成宋亂 1-262, 264
聲孟子(宋) 3-379, 385
郕伯(郕) 2-399, 401
———— 來奔 2-399, 401
聲伯(魯)→公孫嬰齊 3-265, 290, 388
城父↔夷 6-24, 202, 210, 7-68, 313, 310
城濮↔莘北 1-448, 2-223, 239, 255, 388, 3-126, 183, 4-370, 5-360, 369
星不見→災祥(類) 1-371, 372
——— 恒星不見 1-371, 372
成師(晉)→桓叔 1-272
城鉏 7-373, 8-94, 102, 109
成肅公(周) 3-305, 318

——— 成子 3-305
成然(楚)→蔓成然 6-105
城潁 1-169
成王(周) 2-208, 276, 3-36, 5-256, 324, 331, 6-25, 149, 345, 7-87, 127
星隕→災祥(類) 1-371, 372
—— 星隕如雨 1-371, 372
成熊(楚) 6-63
聲子(魯) 1-156, 183
——— 君氏 1-182, 183, 184
——— 卒→夫人卒 1-182, 183
聲子(蔡) 5-34, 35, 36
——— 公孫歸生 5-49, 59, 211
——— 歸生 5-35
——— 子家 5-221, 225
成子(衛)→析朱鉏 6-222
成子(齊) 1-431
成子(齊)→陳恒 8-17, 19, 36, 111, 112, 114
成子(周)→成肅公 3-305
省臧(宋) 6-262
成鱄(晉) 7-38
渻竈(齊) 5-182
成周←洛陽 1-185, 420, 3-154, 156, 6-298, 333, 343, 7-85, 87, 90, 100, 102
—— 城→諸侯城 7-85, 87, 91
成秩(齊) 4-309
成差(秦) 3-318
城棣 4-59
星孛→災祥(類) 2-418, 422, 6-170, 179, 7-388
—— 有星孛于大辰 6-170, 179
—— 有星孛于東方 7-388
—— 有星孛入于北斗 2-418, 422
成風(須句) 1-501, 2-150, 342, 343, 382, 385
——— 夫人風氏 2-337
——— 小君成風 2-343
——— 葬→夫人葬 2-343
——— 薨→夫人薨 2-337, 342
成何(晉) 7-187, 217
成虎(楚) 6-70
成讙(宋) 7-389
歲 5-168, 6-36, 50, 7-86
稅畝→賦稅(類) 3-141, 153
世叔申(衛) 7-85
世叔儀(衛) 5-115
世叔齊(衛) 7-357
——— 悼子 7-375
——— 疾 8-60
——— 出奔宋→外大夫奔 7-357, 373
——— 大叔 7-376
——— 大叔疾 7-373, 8-94
——— 大子 8-61, 63
——— 大子疾 8-70
世子光(齊)→齊莊公 4-25, 52, 53, 86, 107, 108, 132, 133
世子蒯聵(衛)→衛莊公 7-244, 275, 8-43, 44
世子巫(鄫) 4-51
——— 鄫大子 4-54
世子般(蔡) 5-150
——— 大子般 5-158
世子商臣(楚)→楚穆王 2-307
世子成(宋)→宋平公 3-328, 4-25, 52, 53, 66, 86, 107, 108, 115, 132, 133, 197, 206, 220, 224, 256, 264, 282, 330, 346
世子申生(晉)→大子申生 2-38
世子偃師(陳) 6-9, 14
——— 悼大子 6-128
——— 悼大子偃師 6-14
世子射姑(曹) 1-311

──── 曹大子 1-313
世子有(蔡) 6-49
──── 隱大子 6-58, 128, 257
世子臧(衛) 3-165
──── 大子臧 3-167
世子痤(宋) 5-11
──── 大子痤 5-30
世子佐(宋) 5-311
──── 大子佐 5-327, 382
世子止(許) 6-199
──── 大子止 6-201
世子忽(鄭)→鄭昭公 1-334
蕭〈國名〉2-265, 3-89, 128, 131
蕭〈地名〉1-395, 4-120, 6-59, 7-226, 227, 244, 385
巢〈國名〉2-400, 404, 5-36
巢〈地名〉3-399, 4-347, 378, 5-335, 372, 6-293, 299, 331, 7-113, 373
蘇 3-39
霄 7-244
── 城→內城 7-244
召簡公(周) 6-294
──── 奔楚→王臣奔 6-333, 343
──── 召伯 6-333, 343
──── 召伯盈 6-343, 7-48
少康(夏) 4-44, 7-264, 265
少姜(齊) 5-278, 283, 285, 303
──── 少齊 5-278, 285
召康公(周) 2-30
──── 召公 2-185, 5-275
小穀 1-465, 466
── 城→內城 1-465, 466
召公(周)→召康公 2-185, 5-275
昭公葬(魯)→公葬 7-100, 110
昭公卽位(魯)→卽位 5-211
昭公薨(魯)→公薨 7-85, 92
巢丘 3-179
小君敬嬴→敬嬴(徐) 3-62
小君穆姜→穆姜(齊) 4-86
小君文姜→文姜(齊) 1-424
小君聲姜→聲姜(齊) 2-451
小君成風→成風(須句) 2-343
小君哀姜→哀姜(齊) 2-19
小君定姒→定姒(杞) 4-36
小君齊姜→齊姜(齊) 4-17
小君齊歸→齊歸(胡) 6-49
召南 5-130
召戴公(周) 3-149
──── 召伯 3-260
──── 召氏 3-149, 156
蕭同叔子(蕭) 3-195
小良(戎) 1-298
少梁 2-388
召陵 2-28, 31, 45, 5-324, 7-119, 123, 136, 137
召穆公(周) 2-185
召武公(周) 2-85
昭伯(衛)〈子頑〉1-491
召伯(周)→召昭公 2-343
召伯(周)→召戴公 3-260
召伯(周)〈異人〉7-200
召伯(周)→召簡公 6-333, 343
召伯(周)→召桓公 3-56, 267
小白(齊)→齊桓公 1-380, 2-70
召伯廖(周) 1-450
召伯盈(周)→召簡公 6-343, 7-48
召伯奐(周) 6-282
──── 召莊公 5-267
小別 7-138
昭夫人孟子(吳)→孟子 7-380

昭夫人之宮 8-55
蘇忿生(周) 1-249, 3-293
———— 蘇氏 1-418
———— 蘇子 1-418
少師(隨) 1-291, 293, 307, 308, 309
少西氏(陳) 3-84
韶箾 5-140
召昭公(周) 2-344
———— 召伯 2-343
蕭叔(蕭) 1-433
蕭叔大心(宋) 1-395
少習 7-300
蘇氏 3-293
蘇氏(周)→蘇忿生 1-418
召氏→召戴公 3-149, 156
召氏(周) 6-343
蕭氏 7-127
召襄(周) 3-149
召揚(齊) 4-309
蕭魚 4-133, 144, 284
小宛 5-234
昭王(周) 2-30
小王桃甲(晉) 7-249
巢牛臣(楚) 4-378
少衛姬(衛) 2-130
小惟子(楚) 7-168
小戎子(小戎) 1-452
蘇子(周) 2-387, 390
蘇子(周)→蘇忿生 1-418
蘇子(蘇) 2-80
昭子(魯)→叔孫婼 5-340, 350, 6-46, 66, 73, 79, 171, 172, 174, 244, 250, 296, 302, 303, 304, 325
昭子(晉)→士吉射 7-304
小子慭(秦) 2-239, 263
召莊公(周)→召伯奐 5-267
少宰 3-108
少正 4-284
少齊(齊)→少姜 5-278, 285
昭兆 7-164
小邾穆公→小邾子 4-68, 5-307, 6-171
小邾夫人 6-304
小邾射(小邾) 8-9, 13
小邾子(小邾) 4-65, 86, 107, 108, 132, 133, 206, 224, 256, 282, 330, 346, 5-285, 311, 6-170, 7-119, 297
小邾子(小邾)→郳黎來 2-56
小邾子(邾) 2-56
———— 小邾穆公 4-68, 5-307, 6-171
少禘 7-373
韶濩 5-140
少皞氏 2-471, 6-174, 7-52
少皞之虛↔曲阜 7-127
召忽(齊) 1-378, 381
召桓公(周) 3-56, 267
———— 召伯 3-140
昭侯(晉) 1-275
昭姬(魯)→子叔姬 2-428
續簡伯(晉) 2-321, 358
———— 續鞫居 2-358
———— 狐鞫居 2-320
續鞫居(晉)→續簡伯 2-358
速杞 1-309
續氏(晉) 5-291
涑川 3-311
孫嘉(衛) 5-17
孫擊(鄭) 4-76
孫蒯(衛) 4-119, 179, 217, 225, 5-20

——— 孫子 4-179
孫良夫(衛) 3-57, 176, 180, 214, 221, 226, 227, 242
——— 孫子 3-180, 227
——— 孫桓子 3-58, 180, 183, 4-71
孫林父(衛) 3-254, 259, 322, 323, 330, 4-17, 18, 51, 66, 139, 167, 187, 240, 262, 5-9, 18
——— 文子 4-179, 5-20, 144
——— 孫文子 3-327, 4-55, 71, 119, 179, 245, 5-17
——— 孫子 4-71, 182
——— 出奔晉→外大夫奔 3-254, 259
孫免(衛) 3-54
孫文子(衛)→孫林父 3-327, 4-55, 71, 119, 179, 245, 5-17
孫伯(楚)→大心 2-249
孫伯黶(晉) 6-149
孫書(齊) 6-203
——— 子占 6-203
孫昭子(衛) 2-311
孫叔(鄭) 3-320
孫叔(楚)→孫叔敖 3-101, 114
孫叔敖(楚) 3-101
——— 孫叔 3-101, 114
——— 令尹蔿艾獵 3-81
——— 蔿敖 3-92
孫氏(衛) 5-17, 18, 20, 22, 26
孫襄(衛) 5-17
——— 伯國 5-17
孫吳(陳)→陳惠公 6-19, 51
孫子(衛)→孫蒯 4-179
孫子(衛)→孫良夫 3-180, 227
孫子(衛)→孫林父 4-71, 182
孫莊子(衛) 8-109
孫周(晉)→晉悼公 3-390
孫知(鄭) 3-320
孫桓子(衛)→孫良夫 3-58, 180, 183, 4-71
率 1-266
宋景公(宋) 7-170, 8-104
——— 公 7-223, 8-21, 73, 74, 105
——— 宋公 7-119, 198, 226, 227, 243, 244, 249, 334, 335, 346, 348, 373, 8-25
——— 大子欒 6-215, 327
宋景曹(小邾) 8-85
宋公(宋)→宋景公 7-119, 198, 226, 227, 243, 244, 249, 334, 335, 346, 348, 373, 8-25
宋公(宋)→宋共公 3-219, 230, 235, 240, 241, 253, 260, 266, 270, 282, 304
宋公(宋)→宋文公 3-13, 58, 66
宋公(宋)→宋閔公 1-393
宋公(宋)→宋殤公 1-194, 196, 198
宋公(宋)→宋成公 2-224, 226, 239, 318
宋公(宋)→宋昭公 2-370, 390, 397, 418, 427, 438, 474
宋公(宋)→宋襄公 2-91, 98, 124, 132, 136, 138, 140, 145, 146, 149, 151, 152, 156
宋公(宋)→宋元公 6-62, 199, 202, 262, 303
宋公(宋)→宋莊公 1-222, 224, 225, 232, 264, 319, 320, 323, 324, 325, 327, 337, 339
宋公(宋)→宋平公 3-381, 382, 402, 6-50
宋公(宋)→宋桓公 1-399, 404, 406, 415, 447, 465, 466, 2-14, 19, 25, 27, 39, 52, 57, 63, 67
宋公固(宋)→宋共公 3-329
宋共公(宋) 3-329, 332, 333
——— 宋公 3-219, 230, 235, 240, 241, 253, 260, 266, 270, 282, 304

———— 宋公固 3-329
———— 葬→諸侯葬 3-329, 333
———— 卒→諸侯卒 3-329, 332
宋公成(宋)→宋平公 6-35
宋公御說(宋)→宋桓公 2-67
宋公王臣(宋)→宋成公 2-361
宋公玆父(宋)→宋襄公 2-161
宋公佐(宋)→宋元公 6-302
宋公鮑(宋)→宋文公 3-177
宋公馮(宋)→宋莊公 1-359
宋公和(宋)→宋穆公 1-182
宋共姬(魯)→宋伯姬 5-150, 160
———— 葬→內女葬 5-150, 160
宋戴公(宋) 2-474, 3-38, 5-415
宋督(宋)→華父督 1-261, 264
宋萬(宋) 1-394, 395
———— 南宮萬 1-395
———— 南宮長萬 1-393
———— 出奔陳→外大夫奔 1-395
宋穆公(宋) 1-183, 187, 188, 2-364, 474, 3-38
———— 宋公和 1-182
———— 葬→諸侯葬 1-183
———— 卒→諸侯卒 1-182
宋木鬬懷(楚) 7-159
宋武公(宋) 1-156, 302, 2-397, 474, 3-38, 5-415
宋文公(宋) 3-16, 38, 202, 220
———— 公子鮑 2-447
———— 宋公 3-13, 58, 66
———— 宋公鮑 3-177
———— 葬→諸侯葬 3-220
———— 卒→諸侯卒 3-177, 202
宋閔公(宋) 1-395
———— 其君捷 1-394
———— 宋公 1-393
———— 捷 1-394
宋伯姬(魯) 5-150, 160
———— 共姬 5-30
———— 宋共姬 5-150, 160
———— 卒→內女卒 5-150, 160
宋父(魯)〈定公〉6-312
宋殤公(宋) 1-187, 196, 264, 2-432
———— 宋公 1-194, 196, 198
———— 與夷 1-187, 261
宋宣公(宋) 1-189, 5-415
———— 宋公 2-224, 226, 239, 318
———— 宋公王臣 2-361
———— 宋王臣 7-128
———— 卒→諸侯卒 2-361, 363
宋成公(宋) 2-363
宋昭公(宋) 2-364, 378, 448, 3-16
———— 其君杵臼 2-442, 448
———— 宋公 2-370, 390, 397, 418, 427, 438, 474
宋襄公(宋) 2-69, 78, 124, 130, 133, 144, 162, 170
———— 公 2-157
———— 宋公 2-91, 98, 124, 132, 136, 138, 140, 145, 146, 149, 151, 152, 156
———— 宋公玆父 2-161
———— 宋子 2-67
———— 卒→諸侯卒 2-161, 162
———— 大子玆父 2-67
宋襄夫人(周) 2-378
宋厲公(宋) 5-415
宋王臣(宋)→宋成公 7-128
送王姬→婚姻(類) 1-355
———— 單伯送王姬 1-355
宋勇(晉) 7-283

宋元公(宋) 6-214, 327, 331, 334
———— 公 6-215, 225, 226, 246, 250, 304
———— 宋公 6-62, 199, 202, 262, 303
———— 宋公佐 6-302
———— 元公 6-47, 6-62
———— 葬→諸侯葬 6-331, 334
———— 卒→諸侯卒 6-302, 327
———— 佐 5-30
宋元夫人 6-304
———— 曹氏 6-304
宋人遷宿→國遷 1-383
宋子 4-252
宋子(宋)→宋襄公 2-67
宋莊公(宋) 1-264, 322, 360, 2-474
———— 公子馮 1-188, 196
———— 宋公 1-222, 224, 225, 232, 264, 319, 320, 323, 324, 325, 327, 337, 339
———— 宋公馮 1-359
———— 葬→諸侯葬 1-360
———— 卒→諸侯卒 1-359
宋朝(宋) 7-249
宋平公(宋) 4-61, 221, 5-67, 110, 111, 6-47, 48, 7-385
———— 公 5-73, 382
———— 世子成 3-328, 4-25, 52, 53, 66, 86, 107, 108, 115, 132, 133, 197, 206, 220, 224, 256, 264, 282, 330, 346
———— 宋公 3-381, 382, 402, 6-50
———— 宋公成 6-35
———— 平公 5-30, 123, 6-253, 327
———— 葬→諸侯葬 6-48, 50
———— 卒→諸侯卒 6-35, 47
宋華子(宋) 2-130
宋桓公(宋) 1-395, 491, 2-69, 447, 474, 3-38
———— 公子御說 1-392, 395
———— 宋公 1-399, 404, 406, 415, 447, 465, 466, 2-14, 19, 25, 27, 39, 52, 57, 63, 67
———— 宋公御說 2-67
———— 卒→諸侯卒 2-67, 69
宋桓夫人(衛) 1-491
瑣↔沙 4-139, 5-368, 7-175
灑藍 4-251
瑣澤 3-296, 298
壽→壽子 1-341
須(魯)→樊遲 7-357
須(宋)→司城須 2-474, 3-38
遂〈國名〉1-397, 398, 410, 411
遂〈人名〉6-21
遂(魯)→公子遂 3-11, 14
首(晉)→荀首 3-223
修(少皞氏) 7-52
狩→師田(類) 1-281, 363, 8-9
— 西狩 8-9
— 狩於禚 1-363
— 狩于郎 1-281
蒐→師田(類) 6-10, 16, 49, 53, 7-232, 244, 259
— 蒐于紅 6-10, 16
— 大蒐于比蒲 6-49, 53, 7-232, 244
— 大蒐于昌間 6-259
戍→戰爭(類) 2-222, 230, 4-52, 57, 108, 125
— 公子買戍衛 2-222, 230
— 戍鄭虎牢 4-108, 125
— 戍陳 4-52, 57
隨〈國名〉1-291, 292, 308, 310, 320, 308, 363, 364, 2-143, 144, 7-145, 149, 159, 161, 8-65
隨〈地名〉1-206, 213
隨䷐ 4-92

洙 1-381
睢 6-254, 7-315
垂↔犬丘 1-222, 258, 362, 3-60
垂葭↔郥氏 7-231, 233
繻葛 1-287
隨季(晉)→士會 3-108, 116
須句 2-150, 151, 152, 155, 360, 363
須句子(須句) 2-150
垂棘 3-240
垂棘之璧 2-20
垂隴 2-318, 325, 5-69
郰瞞 2-396, 397
殳冒淳 7-321
壽夢(越) 6-299
壽夢之鼎 4-242
須務牟(楚) 6-95
隨武子(晉)→士會 3-92
首山 3-29, 7-396
壽舒 4-325
須遂氏(遂) 1-411
壽於姚(吳) 7-389
壽餘 6-261
豎牛(魯) 5-339, 340, 343, 345, 349, 350
———— 牛 5-338, 351
壽越(吳) 4-55
壽子(衛) 1-341, 342
———— 壽 1-341
首止 1-350, 2-39, 40, 45, 54, 3-332, 385
受鐸 2-126
脩澤 3-284
隨侯(隨) 7-262
隨侯(隨) 1-293, 296, 308, 309, 364
———— 公 1-294
隨會(晉)→士會 2-411
宿〈國名〉1-159, 173, 196, 220, 383, 2-150
宿〈地名〉7-219
宿(魯)→季武子 5-275
叔姜(齊) 1-487
叔堅(晉) 2-83
叔弓(魯) 5-150, 161, 213, 255, 274, 279, 284, 303, 346, 368, 374, 388, 6-10, 15, 23, 24, 34, 48, 50, 88, 91, 143, 144
———— 敬子 5-303
———— 子叔子 5-279
———— 卒→內大夫卒 6-143, 144
叔麇(楚) 2-424
叔禽(鄭) 3-287
叔禽(晉) 5-360
宿男(宿) 1-223
———— 卒→諸侯卒 1-223
叔達 2-469
叔黨(楚)→潘黨 3-112
叔帶(周) 6-345
叔老(魯) 4-165, 208, 257, 282
———— 子叔齊子 4-172
———— 齊子 4-211
———— 卒→內大夫卒 4-282
叔武(衛) 2-247, 251, 252
———— 夷叔 2-251
叔伯→薳呂臣 2-162
叔服(周) 2-305, 308, 3-173
———— 內史叔服 2-307, 422
叔鮒(晉)→羊舌鮒 6-115
叔羆(晉) 4-270
夙沙衛(齊) 4-18, 218, 227, 230, 231, 247, 249
———— 衛 4-249, 253
叔山冉(楚) 3-363

叔孫(魯)→叔孫婼 6-245, 277, 278, 280, 289, 295, 303, 328
叔孫(魯)→叔孫州仇 7-219, 224, 368
叔孫(魯)→叔孫豹 5-52, 64, 104, 224, 227, 228, 241, 338, 339, 340, 343, 339
叔孫僑如(魯) 3-176, 220, 226, 235, 242, 261, 289, 322, 330, 342, 376, 4-321
──── 僑如 3-323, 326, 379
──── 宣伯 2-396, 3-237, 269, 293, 305, 325, 369, 371, 375, 5-336
──── 叔孫宣伯 3-249, 4-357
──── 叔孫氏 4-321
──── 出奔齊→內大夫奔 3-342, 376
叔孫戴伯(魯)→公孫玆 2-34
叔孫得臣(魯) 2-306, 311, 329, 380, 395, 396, 460, 3-51
──── 莊叔 2-331, 335, 383, 396, 463
──── 卒→內大夫卒 3-51
叔孫穆子(魯)→叔孫豹 4-71, 134, 174, 5-104, 108, 111, 130, 221
叔孫不敢(魯)→叔孫成子 7-153
叔孫舒(魯) 8-101
叔孫宣伯(魯)→叔孫僑如 3-249, 4-357
叔孫成子(魯) 7-106, 217
──── 不敢 7-106
──── 叔孫不敢 7-153
──── 卒→內大夫卒 7-153
叔孫昭子(魯)→叔孫婼 5-350, 6-33, 45, 73, 156, 200, 210, 318, 334
叔孫氏(魯)〈族氏〉4-136, 5-336, 347, 349, 350, 336, 6-320, 7-19, 191, 219, 220, 230, 8-12
叔孫氏(魯)〈人名〉1-470
叔孫氏(魯)→叔孫僑如 4-321
叔孫婼(魯) 5-390, 6-35, 43, 273, 277, 300, 302
──── 昭子 5-340, 350, 6-46, 66, 73, 79, 171, 172, 174, 244, 250, 296, 302, 303, 304, 325
──── 叔孫 6-245, 277, 278, 280, 289, 295, 303, 328
──── 叔孫昭子 5-350, 6-33, 45, 73, 156, 200, 210, 318, 334
──── 婼 6-73, 293, 295
──── 卒→內大夫卒 6-302, 325
──── 至自晉→內大夫至 6-293, 295
叔孫莊叔(晉) 5-154
叔孫州仇(魯) 7-211, 228, 274, 289, 290
──── 武叔 7-194, 217, 218, 224, 357
──── 武叔懿子 7-218
──── 叔孫 7-219, 224, 368
──── 懿子 7-339, 357
──── 州仇 7-368
叔孫輒(魯) 7-191, 230, 336
──── 子張 7-336
叔孫豹(魯) 3-373, 376, 4-17, 26, 31, 35, 51, 54, 60, 166, 198, 209, 210, 241, 298, 313, 329, 331, 5-49, 59, 171, 211, 227, 236, 312
──── 穆叔 4-23, 38, 54, 57, 62, 71, 211, 214, 254, 283, 331, 343, 367, 5-110, 117, 152, 179, 180, 183, 184, 236, 307
──── 穆子 5-351, 336
──── 叔孫 5-52, 64, 104, 224, 227, 228, 241, 338, 339, 340, 343, 339
──── 叔孫穆子 4-71, 134, 174, 104, 108, 111, 130, 221
──── 子叔孫 5-348
──── 卒→內大夫卒 5-312, 339~340

———— 豹 4-331, 5-50
叔孫還(齊) 4-268, 357, 5-106
叔申(鄭)→公孫申 3-325, 283, 287
肅愼 6-25
叔牙(魯)→公子牙 1-470
叔安 7-51
叔鞅(魯) 6-259, 269, 273
———— 卒→內大夫卒 6-273
叔魚(晉)→羊舌鮒 6-130, 139, 141
叔詣(魯) 6-301, 7-47
———— 卒→內大夫卒 7-47
叔隗(廧咎如) 2-166, 181
叔劉(晉) 2-166
叔牂(宋)→羊斟 3-22
叔仲(魯)→叔仲惠伯 2-463
叔仲帶(魯)→叔仲昭伯 5-183
叔仲穆子(魯) 6-72
———— 叔仲子 6-73
———— 叔仲小 6-73, 79
叔仲小(魯)→叔仲穆子 6-73, 79
叔仲昭伯(魯) 4-67, 5-111
———— 帶 5-348
———— 叔仲帶 5-183
———— 叔仲昭子 5-343
———— 叔仲子 5-111, 348
叔仲昭子(魯)→叔仲昭伯 5-343
叔仲氏(魯) 2-464
叔仲子(魯)→叔仲昭伯 5-111, 348
叔仲子(魯)→叔仲穆子 6-73
叔仲志(魯) 7-191
叔仲惠伯(魯) 2-371, 385, 395, 5-154
———— 叔仲 2-463
———— 叔彭生 2-394, 418
———— 惠伯 2-271, 421, 433, 461, 464
叔振鐸(曹) 7-332
叔詹(鄭) 2-61, 159, 170
叔輒(魯) 6-242, 250
———— 子叔 6-250
———— 卒→內大夫卒 6-242, 250
叔靑(魯) 8-77, 88
叔椒(晉) 5-360
叔彭生(魯)→叔仲惠伯 2-394, 418
叔豹 2-469
叔向(晉) 4-174, 229, 238, 254, 270, 272, 274, 276, 279, 361, 5-12, 27, 28, 29, 36, 59, 62, 65, 67, 72, 80, 123, 145, 153, 157, 192, 234, 256, 257, 262, 270, 279, 283, 288, 290, 291, 296, 304, 313, 359, 360, 375, 386, 6-12, 25, 45, 51, 56, 58, 107, 113, 115, 116, 117, 121, 130, 139, 141, 146, 152, 7-32, 41, 42, 8-69
———— 叔肸 3-159, 164, 4-144
———— 羊舌肸 4-209, 5-360
———— 卒→內大夫卒 3-159, 164
———— 肸 2-257, 4-254, 5-291, 6-51
叔獻 2-469
叔虎(晉) 4-276
———— 羊舌虎 4-270
叔還(魯) 7-227, 304, 309, 8-10
叔侯(晉)→女齊 5-127, 357
叔興(周) 2-124
———— 內史叔興父 2-245
叔姬(魯) 1-217, 447
———— 歸于紀→內女歸 1-217
叔姬(魯)→杞叔姬 3-231, 270, 273
叔姬(魯)→子叔姬 2-403, 3-51, 52
叔肸(晉)→叔向 3-159, 164, 4-144
盾(晉)→趙盾 2-166, 181

舜 2-294, 469, 471, 6-21
— 帝舜 7-51
郇 2-176, 185
荀家(晉) 3-405
荀庚(晉) 3-210, 221, 227, 318
荀躒(晉) 7-30, 73, 74, 76, 237, 238
———— 知文子 7-237, 245
———— 知伯 7-76, 245
純留 4-225
荀林父(晉) 2-218, 261, 366, 368, 406, 452, 3-16, 53, 66, 68, 88, 92, 126, 147
———— 伯氏 3-151
———— 荀伯 2-368, 3-350
———— 中行伯 3-151, 204, 227
———— 中行桓子 2-411, 3-55, 134
———— 桓子 3-92, 98, 114, 126, 151
純門 1-455, 4-251, 236
荀伯(晉)→荀林父 2-368, 3-350
荀賓(晉) 3-405
荀首(晉) 3-92, 223, 233, 235, 237
———— 首 3-223
———— 知季 3-104, 120
———— 知莊子 3-98, 120, 249, 264
荀叔(晉)→荀息 2-73
荀息(晉) 2-20, 22, 72, 73, 74, 79
———— 荀叔 2-73
荀罃(晉) 3-229, 318, 344, 382, 4-13, 47, 18, 26, 97, 110, 113, 115, 118, 127, 139, 156
———— 武子 4-188
———— 罃 4-22
———— 知武子 3-374, 4-15, 22, 23, 28, 35, 38, 83, 97, 100, 126
———— 知伯 3-414, 4-113, 156
———— 知罃 3-120, 204, 223, 4-95
荀偃(晉) 3-344, 4-14, 97, 100, 110, 113, 115, 156, 166, 174, 208, 210, 211, 232, 242, 243
———— 伯游 4-156, 174
———— 偃 4-214, 226
———— 中行伯 4-174, 229
———— 中行偃 3-395, 398, 399, 402, 4-95
———— 中行獻子 4-195, 214, 225
———— 獻子 4-100, 214, 226
荀躒(晉) 6-33, 149, 270, 272
———— 文伯 6-149
———— 知躒 6-341
荀盈(晉) 5-59, 67, 115, 6-30
———— 伯夙 5-61
———— 盈 4-188
———— 知悼子 4-303, 5-124
———— 知伯 5-126
———— 知盈 5-360
荀吳(晉) 5-10, 212, 252, 6-54, 70, 127, 129, 143, 146, 170, 178, 253, 266
———— 穆子 6-68, 130, 146, 178
———— 吳 4-243
———— 鄭甥 4-243
———— 中行穆子 5-22, 252, 6-68, 130
荀瑤(晉) 8-86, 111, 117
———— 知伯 8-86, 87, 88, 112, 117
淳于公(州) 1-289
———— 州公 1-285
荀寅(晉) 7-59, 123, 187, 232, 235, 237, 239, 295, 303, 304
———— 中行文子 7-187, 237, 8-114
———— 中行寅 7-60

鶉之賁賁 5-69
荀騅(晉) 3-228
郇瑕氏 3-246
鶉火 6-29
荀會(晉) 3-405, 4-31
荀侯 1-313
術(秦)→西乞 2-401
崇 3-14, 18, 24
襲→戰爭(類) 4-299, 325
— 齊侯襲莒 4-299, 325
隰黨(齊) 6-139
隰朋(齊) 2-75, 80, 88, 6-107
隰桑 5-69
隰鉏 4-361
隰城 2-200
隰郕 1-249
勝(楚)→白公 8-48, 51
乘廣 3-114, 116
承匡 2-394, 395, 5-154
乘丘 1-384, 388, 390, 393
升陘 2-152, 155, 293
視(魯) 2-464
柴(衛)→子羔 8-40
邿〈國名〉4 155, 156
邿〈地名〉4-232
尸 6-343
施谷 6-341
鳲鳩氏 6-174
時來 1-240
時門 6-207
施父(魯) 1-313
詩所謂〈大雅 抑〉2-74
———〈小雅 角弓〉3-20
———〈小雅 小弁〉4-381
———〈邶風 簡兮〉4-110
施氏(魯) 5-347
施氏(齊) 7-127, 201
尸氏 6-341
矢魚→師田(類) 1-200, 203
—— 公矢魚于棠 1-200, 203
侍漁 4-352
詩曰〈大雅 假樂〉3-214, 6-244, 351, 7-307
——〈大雅 旣醉〉1-171, 3-195
——〈大雅 綿〉7-279
——〈大雅 文王〉2-323, 3-151, 211, 5-171, 375, 6-290, 7-43
——〈大雅 民勞〉5-279
——〈大雅 思齊〉2-140
——〈大雅 桑柔〉2-316
——〈大雅 抑〉4-19, 272, 289, 5-218
——〈大雅 靈臺〉6-33
——〈大雅 蒸民, 民勞〉2-390
——〈大雅 烝民〉3-25, 4-381, 5-270, 7-145
——〈大雅 瞻卬〉5-35, 6-304
——〈大雅 蕩〉3-25
——〈大雅 板〉3-262, 5-192, 382, 7 30, 90
——〈大雅 旱鹿〉2-89
——〈大雅 旱麓〉3-264
——〈大雅 皇矣〉2-76, 321, 7-38
——〈商頌 烈祖〉6-234
——〈商頌 長發〉3-195, 6-240
——〈召南 羔羊〉4-71
——〈召南 采蘩〉2-332
——〈召南 行露〉2-144, 4-68
——〈小雅 角弓〉5-386
——〈小雅 車舝〉6-352

——〈小雅 巧言〉2-321, 3-163, 5-148, 298
——〈小雅 鹿鳴〉5-416, 6-42
——〈小雅 都人士〉4-196
——〈小雅 北山〉5-392, 419
——〈小雅 四月〉3-125
——〈小雅 常棣〉2-185, 5-413
——〈小雅 桑扈〉3-323
——〈小雅 小明〉2-192, 4-69
——〈小雅 小旻〉2-155, 3-155
——〈小雅 信南山〉3-195
——〈小雅 十月之交〉7-93
——〈小雅 蓼莪〉6-297
——〈小雅 雨無正〉2-439, 6-12, 156
——〈小雅 節南山〉3-254, 4-162, 68
——〈小雅 正月〉2-154, 5-124, 234, 6-46
——〈小雅 采菽〉4-146, 272
——〈鄘風 相鼠〉5-299, 7-217
——〈衛風 氓〉3-262
——〈逸詩〉3-30, 279, 4-56, 5-171, 333, 6-351
——〈曹風 候人〉2-192
——〈周南 兎罝〉3-299
——〈周頌 敬之〉2-155, 3-231
——〈周頌 思文〉3-345
——〈周頌 我將〉2-338, 5-375
——〈周頌 烈文〉4-274, 5-255, 8-109
——〈周頌 豐年〉4-19
——〈周頌 賚〉3-83
——〈邶風 谷風〉2-294
——〈邶風 泉水〉2-326
詩云〈大雅 大明〉4-333
——〈大雅 文王〉1-298, 368, 6-41
——〈大雅 民勞〉2-256
——〈大雅 桑柔〉5-196
——〈大雅 抑〉5-204, 350
——〈大雅 蕩〉5-204
——〈大雅 板〉2-43, 3-69
——〈大雅 皇矣〉2-340, 5-204
——〈召南 甘棠〉7-200
——〈小雅 巧言〉1-326
——〈小雅 南山有臺〉4-333, 6-127
——〈小雅 四牡〉5-121
——〈小雅 裳裳者華〉4-29
——〈小雅 小旻〉4-81
——〈小雅 六月〉3-114
——〈小雅 出車〉1-476
——〈逸詩〉1-425
——〈周南 卷耳〉4-200
豕韋〈人名〉7-51
豕韋〈天文〉6-50
豕韋氏 4-331
侍人賈擧(齊) 4-351, 352
寺人羅(衛) 8-38
寺人孟張(晉) 3-393
寺人勃鞮(晉)→寺人披 2-204
寺人柳(宋) 5-382
寺人貂(齊)〈豎貂〉2-23, 130
寺人披(晉) 2-44, 178
———— 寺人勃鞮 2-204
施孝叔(魯) 3-290, 386
殖(齊)→杞殖 4-327
郋 7-353, 357
息〈國名〉1-250, 403, 2-202, 249, 3-48, 5-36, 8-65
息〈地名〉2-390, 443, 3-249, 7-143
息公子邊(楚)→子邊 2-202
息公子朱(楚) 2-334, 444
———— 公子朱 2-385

———— 子朱 2-390
息嬀(陳) 1-388, 403
———— 文夫人 1-454
式微 5-119
殖綽(齊) 4-230, 231, 253, 280, 5-20
息舟 6-93
息桓(楚) 4-368
息侯(息) 1-250, 388
臣(宋)→華臣 4-220
辰(宋) 7-212, 223, 226, 227, 244
———— 自蕭來奔→外大夫奔 7-244
———— 出奔陳→外大夫奔 7-212, 223
申〈國名〉1-163, 369, 414, 2-202, 234, 249, 5-36, 6-128, 8-65
申〈地名〉2-376, 443, 3-249, 256, 332, 5-311, 327, 6-48, 51, 93
姺 5-227
愼 8-53
莘(虢) 1-467, 468
莘(齊) 3-185
莘(蔡) 1-384, 388, 403
辛甲(周) 4-44
申公巫臣(晉) 7-32
———— 子靈 7-32
申公巫臣(楚) 3-128, 204, 256, 267
———— 屈巫 3-204
———— 巫臣 3-204, 256, 257, 258
申公壽餘(楚) 7-300
申公叔侯(楚) 2-211
———— 申叔 2-234
申公子牟(楚)→王子牟 5-36
申公子儀(楚)→子儀 2-202
申公鬪班(楚)→鬪班 1-462
申蒯(齊) 4-352
申驅 4-309
申句須(魯) 7-230
新宮 3-220, 6-303
新臺↔章華之臺 5-403
申驪(楚) 3-264
申麗(楚) 5-36
辛廖(晉) 1-481
新里 2-135, 6-251
申無宇(楚) 5-169, 331, 6-58, 59
———— 無宇 5-391, 392, 6-99
———— 虞遂 5-291
———— 芋尹無宇 5-391
新密↔新城 2-54
辛伯(周) 1-351, 500
莘北↔城濮 2-243
申犀(楚) 3-145
———— 犀 3-135
申書(晉) 4-270
新石 3-332
申鮮虞(齊) 4-309, 359, 5-80
新城↔曲沃, 新密 2-36, 52, 81, 52, 339, 418, 422, 437, 438
申繻(魯) 1-301, 349, 401
申須(魯) 6-179
申叔(楚)→申公叔侯 2-234
申叔(楚)→申叔豫 4-293
申叔跪(楚) 3-204
申叔時(楚) 3-84, 145, 332, 345
申叔豫(楚) 4-268, 293
———— 申叔 4-293
申叔儀(吳) 7-396
中叔展(楚) 3-128
申夜姑(魯) 6-313
辛有(周) 2-153, 6-149

新作→郊廟(類) 7-112
—— 新作雉門及兩觀 7-112
新作→興作(類) 1-457, 458, 2-142, 143
—— 新延廄 1-457, 458
—— 新作南門 2-142, 143
申舟(楚)→文之無畏 3-135
申池〈建物〉 4-232
申池〈地名〉 2-462
新楚 3-318
新築 3-176, 183
申包胥(楚) 7-149, 155, 159
申豐(魯) 4-313, 5-319, 6-280, 334
申亥(楚) 6-99, 105
申侯(鄭) 2-33, 45, 56, 58
蟋蟀 5-69
實沈 5-256
鄩 6-275, 282
鄩羅(周) 6-282
沈諸梁(楚)→葉公 8-58, 77

【ㅇ】

亞旅 3-201
蛾析(晉) 2-119
亞圉 5-415
我將 6-165
阿澤 4-182
惡(魯) 2-464
——— 子 2-460, 464
——— 卒→未成君卒 2-460, 464
樂擧(宋) 3-202
樂茷(宋) 7-289
樂懼(宋) 3-343
樂頎(魯) 7-230
樂祁(宋)→樂祁犁 6-262, 303, 304, 7-170, 183, 198
樂祁犁(宋) 7-9, 163
———— 司城子梁 7-19
———— 樂祁 6-262, 303, 304, 7-170, 183, 198
———— 子梁 7-183
樂大心(宋) 5-406, 6-246, 262, 301, 311, 7-198, 211, 226, 227
———— 桐門右師 6-302, 7-198
———— 自曹入于蕭→外大夫入 7-226, 227
———— 出奔曹→外大夫奔 7-198, 211
樂得(宋) 8-107
——— 得 8-104
——— 門尹得 8-107
樂呂(宋) 2-474
樂輓(宋) 6-262
樂伯(楚) 3-109
樂轡(宋) 4-61
樂舍(宋) 6-224
樂成(鄭) 5-169
樂霄(晉) 7-36
樂氏 5-45
樂氏(宋) 5-123
樂嬰齊(宋) 3-142
樂裔(宋) 3-334
樂王鮒(晉) 4-272, 274, 279, 304, 305, 5-222, 224
———— 鮒 5-227
———— 樂桓子 5-227
———— 桓子 4-304
樂丁(晉) 7-279
惡曹 1-318
樂朱鉏(宋) 8-104
樂徵(晉) 6-272
樂遄(宋) 4-87

樂莅(宋) 8-101, 104
———— 司城莅 8-105
———— 子潞 8-107
欒桓子(晉)→欒王鮒 5-227
鄂侯(晉)→翼侯 1-213, 275
樂喜(宋)→子罕 4-87, 5-75
鞍 3-176, 186, 228, 244
顏庚(齊) 8-88
顏高(魯) 7-181
晏氂(齊) 4-312
顏鳴(魯) 6-338
安甫 7-211
晏父戎(齊) 4-309
顏息(魯) 7-181
晏弱(齊) 3-160, 4-20, 63
———— 晏子 3-160
———— 晏桓子 3-160, 137, 4-153, 223
晏圉(齊) 7-312
晏嬰(齊)→晏平仲 4-223, 228, 5-288
顏羽(魯) 7-357, 364
———— 子羽 7-364
安孺子(齊) 7-318, 319, 321, 343
———— 荼 7-305, 306
———— 其君荼 7-309
顏懿姬(魯) 4-247
晏子(齊)→晏弱 3-160
晏子(齊)→晏平仲 4-290, 355, 357, 5-106, 142, 276, 290, 291, 296, 298, 309, 367, 388, 6-40, 227, 234, 238, 351, 352
顏琢聚 8-111
晏平仲(齊) 4-288, 310, 5-27, 96, 142, 6-39
———— 晏嬰 4-223, 228, 5-288
———— 晏子 4-290, 355, 357, 5-106, 142, 276, 290, 291, 296, 298, 309, 367, 388, 6-40, 227, 234, 238, 351, 352
———— 嬰 4-358
晏桓子(齊)→晏弱 3-160, 137, 4-153, 223
閼伯 4-90, 5-256
嵒 7-385, 386, 389
鞅(晉)→士鞅 4-308, 7-19, 167
鞅(晉)→趙鞅 7-283, 8-14, 21
艾 1-212, 214, 220, 336, 338, 8-78
哀姜(齊) 1-439, 487, 2-17, 19, 66, 465
———— 歸于齊→夫人大歸 2-460, 465
———— 婦姜 2-336, 338
———— 夫人姜氏 1-437, 484, 2-13, 460, 465, 3-11, 14
———— 夫人氏 2-15, 17
———— 小君哀姜 2-19
———— 葬→夫人葬 2-19
———— 出姜 2-338
———— 薨→夫人薨 2-13
哀公卽位(魯)→卽位 7-262
艾陵 7-356, 368
哀侯(晉) 1-208, 275, 310
罃(晉)→荀罃 4-22
婼(魯)→叔孫婼 6-73, 293, 295
冶區夫(魯) 6-91
冶廑(衛) 2-266, 267
冶父 1-330
野洩(魯)→洩聲子 6-338
野王 3-160
野有蔓草 5-69, 6-165
野有死麕 5-236
野井 6-301, 322
鄀〈國名〉2-202, 344, 8-65
鄀〈地名〉7-168
籥 3-60

若敖(楚) 〈人名〉 2-234, 243, 3-48, 104, 6-70, 290
若敖(楚) 〈族氏〉 5-36
若敖氏(楚) 2-385, 3-46, 47, 48
良(鄭) 4-294
襄(周)→單襄公 5-418
襄(周)→襄王 3-293
襄(晉)→晉襄公 2-454
鍚 1-268
陽 1-483
陽↔唐 6-62
梁 〈國名〉 2-53, 137, 141
梁 〈地名〉 7-300
揚 〈國名〉 5-127
揚 〈地名〉 2-86
養 7-67
羊角 5-47
揚干(晉) 4-32
陽匃(楚) 6-183
———— 令尹子瑕 6-200, 202, 208
———— 子瑕 6-284
陽穀 2-25, 26, 85, 440, 442, 3-167, 7-50, 8-83
煬公(魯) 7-110
襄公葬(魯)→公葬 5-179, 186
襄公卽位(魯)→卽位 4-11
襄公薨(魯)→公薨 5-178, 183
陽關 7-174, 194, 201
陽橋 3-204, 211, 213
陽丘 2-443
梁丘 1-465, 467
梁丘據(齊) 6-227, 7-214
———— 子猶 6-234, 334
襄宮 4-63, 6-343
煬宮 7-100, 110
梁其踁(魯) 5-227, 6-295
楊豚尹宜(楚) 4-235
羊羅(邾) 6-192
楊梁 4-152, 211
陽令終(楚) 7-16
———— 中廏尹 7-23
襄老(楚)→連尹襄老 3-256
陽陵 4-126
揚門 4-232, 6-250
梁伯(梁) 1-313, 2-128, 135, 141, 6-290
陽樊 2-198, 200, 3-293
梁丙(晉) 5-285, 360, 6-25
襄夫人(周) 2-447
———— 夫人 2-448
———— 王姬 2-448
襄夫人(齊)→宣姜 6-215
梁山 3-235, 237
養甥(鄧) 1-312, 369
陽生(齊)→齊悼公 7-309, 317
楊石(晉) 5-360
羊舌大夫(晉) 1-496, 500
羊舌鮒(晉) 6-114, 115
———— 鮒 6-130, 6-139
———— 叔鮒 6-115
———— 叔魚 6-130, 139, 141
羊舌氏(晉) 〈人名〉 4-276
羊舌氏(晉) 〈族氏〉 5-291, 7-30, 32, 5-36
羊舌赤(晉) 4-29, 32
———— 伯華 4-29, 270, 5-360
羊舌職(晉) 3-151, 155, 405, 4-29
羊舌虎(晉)→叔虎 4-270
羊舌肸(晉)→叔向 4-209, 5-360
陽城 5-313

良霄(鄭) 4-134, 143, 163, 5-10, 26, 49, 58, 151, 167, 410
——— 伯有 4-201, 236, 5-69, 72, 110, 121, 148, 162, 163, 165, 168, 169, 174, 280, 408, 410
——— 伯有氏 5-148, 163, 168
——— 自許入于鄭→外大夫入 5-151, 165
——— 出奔許→外大夫奔 5-151, 162
楊孫(秦) 2-267, 285
揚水 7-219
養叔(楚)→養由基 4-162
楊食我(晉) 7-30
——— 伯石 7-32
梁氏(魯) 1-469
陽氏→陽處父 3-294
梁餘子養(晉) 1-496, 498
梁嬴(梁) 2-128
梁嬰(齊) 6-16
梁嬰父(晉) 7-237, 245
梁五(晉) 1-452
襄王(周) 2-62, 64, 184, 220, 377, 378, 380, 383, 4-84
——— 崩→天王崩 2-375, 377
——— 襄 3-293
——— 王 2-88, 184, 185
——— 葬→天王葬 2-380, 383
——— 天王 2-85, 175, 227, 265, 305, 306, 375
——— 天子 2-193
襄牛 2-229, 4-119
陽越(魯) 7-193, 194
養由基(楚) 3-114, 359, 363, 4-162, 200
　　　養叔 4-162
梁由靡(晉) 2-65, 108
襄伊(齊) 4-352
梁益耳(晉) 2-379, 382
梁子(魯) 1-381
陽子(晉)→陽處父 2-298
襄鐘 3-284
陽州 5-182, 6-301, 322, 7-181, 186
陽州(魯) 7-186
襄仲(魯)→公子遂 2-274, 293, 3-63, 168
羊斟(宋) 3-20
——— 叔牂 3-22
陽處父(晉) 2-279, 290, 298, 324, 331, 334, 345, 348, 349, 358
——— 陽氏 3-294
——— 陽子 2-298
——— 處父 2-318, 324
襄罷師(齊) 4-309
錫穴 2-395
陽虎(魯) 7-22, 154, 158, 164, 166, 167, 172, 174, 175, 185, 191, 193, 194, 201, 278, 279, 349
梁弘(晉) 2-289, 321
圉 5-20, 366
圉(衛) 5-420
語(鄭) 1-332
——— 子人 1-333
魚 2-444
圉公陽(楚) 8-55
魚麗 4-261
御龍氏〈人名〉7-51
御龍氏〈族氏〉4-331
魚陵↔魚齒 4-236
魚里 5-101
魚門 2-155
魚府(宋) 3-333, 334, 409
魚石(宋) 3-330, 333, 334, 400, 409, 4-13,

5-36
———— 入于彭城→外大夫入 3-400, 409
———— 出奔楚→外大夫奔 3-330, 333~334
御孫(魯) 1-439
御叔 4-284
御叔(陳) 3-204
魚氏(宋) 2-78
圉陽 6-299
圉人犖(魯) 1-469, 471
御騶 4-317
魚齒↔魚陵 4-236
圉澤 6-343
魚陂 6-95
偃 2-14, 17
偃(晉)→荀偃 4-214, 226
偃(晉)→子犯 2-163
甗 2-132, 134
鄢 1-330
鄢↔鄢陵 1-158, 167, 168, 4-160, 5-331, 360, 6-99
鄢陵↔鄢 2-371, 3-340, 350, 384, 390, 5-36
鄢武子(衛) 8-44
———— 肹 8-44
鄢氏(楚) 7-16
諺曰 3-142, 155, 5-298, 410, 6-130, 204, 7-44, 251
鄢將師(楚) 7-15, 16, 24
偃州員(吳) 6-250
奄 5-227
奄息(秦) 2-351
掩餘(吳) 6-284
廬 2-444
廬(蔡)→蔡平公 6-128
厲〈國名〉2-99, 126, 3-70, 86, 285
厲〈物名〉1-266
汝 3-388, 5-392, 7-263
黎 5-328
呂 3-256, 4-15
呂(晉)→瑕呂飴甥 2-178, 365
女賈(魯) 6-334
呂姜(齊) 8-70
慮癸(魯) 6-134
女公子(魯) 1-469
女寬(晉) 6-341, 7-44
戾丘 2-435
閭丘 4-263, 264
閭丘明(齊) 7-344, 366, 368
閭丘息(齊) 8-83
閭丘嬰(齊) 4-359, 5-147, 182
旅弓矢 2-245
厲嬀(陳) 1-190
呂郤(晉) 2-178, 365
呂級(齊) 6-80
呂錡(晉)→魏錡 3-359
廬柳 2-176
璵璠 7-154
如師→盟會(類) 3-177, 201
—— 齊侯使國佐如師 3-177, 201
呂相(晉) 3-307
呂甥(晉)→瑕呂飴甥 2-83, 113, 365
輿帥 3-201
女叔(陳) 1-441
女叔寬(晉) 7-105
女叔齊(晉)→女齊 5-248
女叔侯(晉)→女齊 5-127, 357
黎氏 3-147
女艾 7-265

厲王(周) 2-185, 326, 3-90, 6-345
女栗 2-387, 390
驪戎 1-452
驪戎男(驪戎) 1-452
汝陰 3-343
與夷(宋)→宋殤公 1-187, 261
如葬→喪紀(類) 1-447, 449
—— 公子友如陳葬原仲 1-447, 449
女齊(晉) 5-27, 126, 157, 360
——— 司馬侯 5-126, 248, 313
——— 叔侯 5-127, 357
——— 女叔齊 5-248
——— 女叔侯 5-127, 357
廬戢黎(楚) 2-424, 444
汝淸 5-372
餘皇 6-183
如會→盟會(類) 2-225, 4-25, 31, 66, 73
—— 鄭伯髡頑如會 4-66, 73
—— 陳侯使袁僑如會 4-25, 31
—— 陳侯如會 2-225
黎侯(黎) 3-149
驪姬(驪戎) 1-452, 2-35, 36, 3-32
繹〈地名〉 2-415, 3-73, 77
繹〈山名〉 7-328
繹→郊廟(類) 3-60
— 猶繹 3-60
櫟 1-336, 400, 407, 420, 2-190, 3-80, 4-150, 174, 177, 5-335, 368, 6-59, 103
酈 2-14, 17
棫林 4-174, 211
易牙(齊) 2-130, 211
——— 雍巫 2-130
逆王后 →婚姻(類) 1 307, 310
——— 逆王后于紀 1-307, 310
——— 劉夏逆王后于齊 4-197, 199
逆時 7-303
年(齊)→夷仲年 1-218
鄾(齊)→高偃 5-147
蝝→災祥(類) 3-141, 153
— 蝝生 3-141, 153
綖 1-266
燕 6-25
郔 3-36, 81, 101
燕簡公(燕)→北燕伯款 5-308, 388
連穀 2-249
延廐 1-457, 458
燕姞(南燕) 3-39
然丹(鄭) 5-335, 6-24, 99, 136, 156
——— 子革 4-252, 6-80, 98
——— 鄭丹 6-59
緣陵 2-94, 95
—— 城→諸侯城 2-94, 95
然明(鄭) 4-344, 379, 5-148, 198
——— 蔑 5-198
——— 鬷蔑 4-352, 7-41
連尹奢(楚)→伍奢 7-24
連尹襄老(楚) 3-120, 204, 223
———— 襄老 3-256
延州來 5 194
延州來季子(吳) 7-10, 355
———— 季子 7-12, 14
連中 8-105
燕仲父(南燕) 1-420
連稱(齊) 1-375
燕姬 5-391, 7-305
說(魯)→南宮敬叔 5-415
列國聘魯→朝聘(類) 1-218, 277, 280, 433, 441, 443, 2-283, 288, 337, 341, 381, 385, 401, 404, 3-74, 78, 221, 227, 221, 227, 230, 231, 261, 268, 260, 265, 289, 290,

401, 412, 4-13, 15, 13, 15, 51, 54, 66, 71, 75, 84, 150, 151, 197, 199, 5-10, 22, 49, 52, 115, 126, 115, 130, 149, 152, 274, 275, 6-62, 66, 241, 245
———— 宋公使向戌來聘 4-197, 199
———— 宋公使華元來聘 3-230, 231, 260, 265
———— 宋公使華定來聘 6-62, 66
———— 吳子使札來聘 5-115, 130
———— 衛侯使公孫剽來聘 4-13, 15
———— 衛侯使甯兪來聘 2-337, 341
———— 衛侯使孫良夫來聘 3-221, 227
———— 衛侯使孫林父來聘 4-66, 71
———— 鄭伯使公子發來聘 4-51, 54
———— 齊侯使慶封來聘 5-49, 52
———— 齊侯使國歸父來聘 2-283, 288
———— 齊侯使國佐來聘 3-74, 78
———— 齊侯使其弟年來聘 1-218, 1-277, 280
———— 秦伯使術來聘 2-401, 404
———— 陳侯使女叔來聘 1-441, 443
———— 晉侯使郤犨來聘 3-289, 290
———— 晉侯使士匄來聘 3-401, 412, 4-75, 84
———— 晉侯使士魴來聘 4-150, 151
———— 晉侯使士燮來聘 3-261, 268
———— 晉侯使士鞅來聘 5-115, 126, 6-241, 245
———— 晉侯使荀庚來聘 3-221, 227
———— 晉侯使荀罃來聘 4-13, 15
———— 晉侯使荀吳來聘 5-10, 22
———— 晉侯使韓起來聘 5-274, 275
———— 楚子使薳罷來聘 5-149, 152
———— 楚子使椒來聘 2-381, 385
———— 荊人來聘 1-433
列國朝魯→朝聘(類) 1-240, 241, 261, 262, 291, 304, 304, 304, 311, 313, 336, 366, 433, 448, 2-56, 94, 96, 142, 213, 214, 394, 395, 400, 403, 400, 404, 429, 433, 3-12, 230, 231, 242, 253, 255, 401, 412, 401, 413, 4-12, 15, 60, 62, 65, 67, 65, 68, 264, 249, 5-82, 86, 285, 307, 6-170, 171, 170, 174, 7-252, 254, 275
———— 郜子來朝 2-142
———— 穀伯綏來朝 1-304
———— 杞伯來朝 1-448, 2-400, 403, 3-230, 231, 401, 412
———— 杞子來朝 2-213, 214
———— 杞侯來朝 1-262
———— 紀侯來朝 1-291, 304
———— 郯子來朝 4-65, 67, 6-170, 174
———— 滕子來朝 1-261, 2-400, 404, 4-60, 62, 7-275
———— 鄧侯吾離來朝 1-304
———— 使鄫子來朝 2-94, 96
———— 世子射姑來朝 1-311, 313
———— 蕭叔朝公 1-433
———— 小邾子來朝 2-56, 4-65, 68, 5-285, 307, 6-170, 171
———— 郳犁來來朝 1-366
———— 曹伯來朝 2-394, 395, 429, 433, 3-253, 255, 4-264, 249
———— 邾人牟人葛人來朝 1-336
———— 邾子來朝 3-12, 3-242, 401, 413, 4-12, 15, 5-82, 86, 7-252, 254
閬門 6-218
裂繻(紀) 1-177, 180
———— 子帛 1-178, 181
黶(晉)→欒黶 4-277
閻 6-25
閻嘉(晉) 6-25
冉求(魯) 7-357
———— 求 8-85
———— 冉有 7-357, 363, 364, 376, 377,

8-13, 85
——— 有子 7-357
冉猛(魯) 7-181, 185
閻沒(晉) 7-44
冉豎(魯) 6-338
閻敖(楚) 1-414
斂盂 2-229
冉有(魯)→冉求 7-357, 363, 364, 376, 377, 8-13, 85
炎帝氏 6-174
閻職(齊) 2-462
嬰(齊)→晏平仲 4-358
嬰(晉)→趙嬰 3-236
盈(晉)→欒盈 4-178
寧(楚)→子國 8-58, 74
纓 1-266
潁〈水名〉3-78, 374, 4-126, 236, 6-80
潁〈地名〉6-25
禜 5-256
甯 2-345, 7-101
嬴 1-275, 279, 7-366, 8-36
郢 2-88, 388, 424, 3-204, 4-196, 6-289, 290, 300, 7-83, 122, 141, 143, 158, 168, 300
鈴 1-268
榮駕鵝(魯)→榮成伯 7-109
榮季(楚)→榮黃 2-249
靈姑浮(越) 7-247
潁考叔(鄭) 1-169, 171, 242, 243, 248
靈姑銔 6-39
英丘 8-87
甯跪(衛) 1-368
甯跪(衛)〈異人〉7-303
靈臺 8-92
泠敦 3-233
甯母 2-57, 59
甯武子(衛) 2-251, 257, 276, 341, 8-109
——— 甯俞 2-257, 266, 337
——— 甯子 2-252, 257
佞夫(周)→王子佞夫 5-150, 158
靈不緩(宋) 8-104
甯相(衛) 3-180, 245
榮成伯(魯) 5-111, 119
——— 榮駕鵝 7-109
甯速(衛)→甯莊子 2-205
榮叔(周) 1-356
榮叔(周)〈異人〉2-342, 344
甯殖(衛)→甯惠子 4-12, 17, 77, 187, 208, 210, 262
嬴氏(秦) 6-200
嬴氏(秦)→懷嬴 2-153
英氏 2-127, 128
甯氏(衛) 5-14, 53, 86
甯氏(衛)→甯喜 5-17
甯嬴(晉) 2-345
靈王(周) 4-153, 5-121, 6-345
——— 崩→天王崩 5-83, 106, 113
——— 王 4-250, 343, 5-47
——— 周王 5-91
——— 天王 5-83, 106
甯俞(衛)→甯武子 2-257, 266, 337
令尹(楚)→屈建 4-367
令尹孫叔敖(楚)→孫叔敖 3-101
令尹圍(楚)→楚靈王 5-204, 218
令尹蔿艾獵(楚)→孫叔敖 3-81
令尹子旗(楚)→蔓成然 6-129, 138
令尹子木(楚)→屈建 4-368
令尹子文(楚)→子文 3-47, 48
令尹子上(楚)→子上 2-298, 313

令尹子常(楚)→子常 7-11, 15
令尹子西(楚)→子西 7-168
令尹子玉(楚)→子玉 2-202, 211
令尹子元(楚)→公子元 1-454
令尹子重(楚)→子重 3-211, 295
令尹子瑕(楚)→陽匄 6-200, 202, 208
令尹大孫伯(楚) 2-403
令尹鬬祈(楚) 1-364
甯子(衛)→甯武子 2-252, 257
甯子(衛)→甯惠子 3-323
甯子(衛)→甯喜 4-255, 262, 313, 314, 5-14
甯莊子(衛) 1-489, 2-139, 207
———— 甯速 2-205
嬰齊(魯)→公孫嬰齊 3-375
嬰齊(楚)→子重 3-277, 5-396
泠州鳩(周) 6-243
泠至(秦) 2-83
靈輒(晉) 3-29
甯惠子(衛) 3-323, 327, 4-179, 262
———— 甯殖 4-12, 17, 77, 187, 208, 210, 262
———— 甯子 3-323
令狐 2-176, 361, 366, 376, 406, 3-295, 311, 314, 317
榮黃(楚) 2-249
———— 榮季 2-249
靈侯(陳)→陳靈公 3-204
甯喜(衛) 4-381, 5-9, 11, 14, 17, 27, 50, 53
———— 悼子 4-255, 262, 313, 314, 5-14
———— 甯氏 5-17
———— 甯子 4-381, 5-17, 53, 57
芮 1-282, 316, 6-25
郳 1-405, 4-63, 7-102
郳甲(宋) 6-224
芮姜 1-280
禮孔(衛) 1-490
裔款(齊) 6-227
芮良夫(周) 2-316
郳犁來(郳) 1-366
芮伯(芮)→芮伯萬 1-282, 313, 280
芮伯萬(芮) 1-280, 316
———— 芮伯 1-282, 313, 280
芮司徒(宋) 5-30
銳司徒 3-193
豫章 5-387, 6-102, 299, 7-78, 113, 138
禮至(衛) 2-195, 198
吳(晉)→荀吳 4-243
吳(陳)→陳惠公 6-128
獒 3-28
敖〈山名〉 3-103, 112
敖〈地名〉 8-77
梧 4-125
郚 1-356, 2-360
— 城→內城 2-360
鄔 1-249, 420, 6-294
伍擧(楚) 5-34, 214, 215, 269, 6-24
———— 椒擧 5-36, 313, 323, 326, 327, 328, 329, 331
吳光(吳)→闔廬 7-68
五鳩 6-174
吳句卑(吳) 7-143
五軍 2-276
五鹿 2-167, 229, 4-363, 7-268, 303
吾離(戎) 4-168
吳滅→滅 6-91, 129, 293, 299, 7-64, 70
—— 吳滅徐 7-64, 70
—— 吳滅巢 6-293, 299
—— 吳滅州來 6-91, 129

五父 1-214, 221, 428, 4-370
—— 文公子佗 1-285
—— 陳佗 1-291
五父之衢 4-134, 7-172, 194
伍奢(楚) 6-200, 210
——— 連尹奢 7-24
——— 奢 6-212
伍尙(楚) 6-212
寤生(鄭)→鄭莊公 1-163
伍胥(楚)→伍員 7-78, 370
五氏↔寒氏 7-197, 207
烏餘(齊) 5-47, 51
於餘丘 1-358
五梧 7-339, 8-99
伍員(楚) 7-71, 137, 149, 264
——— 員 6-212, 214
——— 子胥 7-78, 370
吳子(吳)→夫差 7-264, 330, 339, 344, 346, 351, 353, 354, 355, 366, 368, 380, 387, 8-30, 62, 78
吳子(吳)→吳子壽夢 4-31, 55
吳子(吳)→吳子餘祭 5-115
吳子(吳)→吳子夷末 5-194, 369
吳子(吳)→王僚 6-284, 7-10
吳子(吳)→闔廬 7-67, 70, 71, 112, 122, 138, 156
吳子光(吳)→闔廬 7-243
吳子壽夢(吳) 3-258, 4-110, 152
———— 吳子 4-31, 55
———— 吳子乘 4-151
———— 卒→諸侯卒 4-151, 152
吳子乘(吳)→吳子壽夢 4-151
吳子遏(吳)→吳子諸樊 4-347
吳子餘祭(吳) 5-114, 122
———— 戴吳 5-194
———— 吳子 5-115
吳子夷末(吳) 6-142
———— 句餘 5-104
———— 吳子 5-194, 369
———— 卒→諸侯卒 6-142
吳子諸樊(吳) 4-172, 378, 5-194
———— 吳子遏 4-347
———— 卒→諸侯卒 4-347, 378
———— 大子諸樊 6-288
鄔臧(晉) 7-30
五典 6-80
烏存(莒) 6-283
烏枝鳴(齊) 6-250
伍參(楚) 3-101, 5-34
五雉 6-174
吳大伯(周) 1-480
屋壞→災祥(類) 2-410, 416
—— 大室屋壞 2-410, 416
沃宮 8-105
玉纓 2-249
玉暢 7-385
溫〈國名〉 2-79, 80
溫〈地名〉 1-185, 227, 249, 418, 2-190, 198, 200, 226, 257, 311, 345, 349, 3-160, 293, 294, 4-210, 6-270
溫季(晉)→郤至 3-380, 395
溫子(溫) 2-79
——— 弁衛→諸侯弁 2-79
雍〈國名〉 2-185
雍〈地名〉 2-93, 5-248, 273
雍(齊) 2-211
雍丘 7-346, 347
雍糾(鄭) 1-337, 408
雍姞(宋) 1-322
雍梁 4-236, 5-162

雍廩(齊) 1-379, 381
雍巫(齊)→易牙 2-130
雍門 4-232
雍鉏(衛) 5-20
雍澨 7-141, 143, 156
雍氏(鄭) 1-337
雍榆 4-298, 313
雍子(晉) 6-139
雍子(楚) 5-36
雍姬(鄭) 1-337
瓦 7-179, 187
瓦(楚)→子常 24
瓦屋 1-224, 227
宛(鄭) 1-222, 226
完(衛)→衛桓公 1-193
完(楚) 7-16
宛沒(晉) 4-363
宛濮 2-251
宛射犬(鄭) 4-339
宛春(楚) 2-236, 237
宛茷(齊) 3-189
王(吳)→夫差 7-339, 370, 393, 5-397
王(吳)→王僚 7-13
王(吳)→闔廬 7-156
王(周)→簡王 3-293, 305, 331
王(周)→景王 6-149, 152
王(周)→敬王 6-298, 341, 343, 282, 7-87, 176
王(周)→匡王 2-423, 428
王(周)→靈王 4-250, 343, 5-47
王(周)→襄王 2-88, 184, 185
王(周)→莊王 1-356
王(周)→定王 3-67, 155, 173, 216
王(周)→惠王 1-408, 412, 420, 422, 423, 450, 460, 2-46
王(周)→桓王 1-284, 286, 287, 305, 310, 315
王(楚)→楚康王 5-59, 67
王(楚)→楚共王 3-223, 224, 359, 366, 368
王(楚)→楚武王 1-293
王(楚)→楚成王 2-298, 313, 388
王(楚)→楚昭王 7-159, 161, 313, 314
王(楚)→楚靈王 5-324, 369, 6-20, 98
王(楚)→楚莊王 3-90, 128
王(楚)→楚平王 6-129, 138, 299, 300
王(楚)→楚惠王 8-55, 65, 67
王〈篇名〉5-130
汪 2-328
王甲(齊) 7-319
王季(周) 2-48
王季子(周) 3-73
——— 劉康公 3-77, 152, 173, 305
——— 劉子 3-293, 305
王官 2-332, 339
王官無地(晉) 2-320
汪錡(魯) 7-364
王儋季(周) 5-158
王大子壽(周) 6-146
王僚
—— 州于 6-214
—— 吳子 6-284, 7-10
—— 其君僚 7-9
—— 王 7-13
王猛(齊)→犁彌 7-204
王猛(周)→王子猛 6-260
王穆后 6-146
——— 穆后 6-149, 345
王犯(吳) 7-339
王師敗績→戰爭(類) 3-173, 175
——— 王師敗績于茅戎 3-173, 175

王生(晉) 7-304
王城 2-86, 119, 178, 200, 3-295, 6-260, 267, 270, 282, 341, 7-176
王世子(周) 2-39
———— 王大子鄭 2-45
王孫賈(衛) 7-187, 188
王孫賈(楚) 7-159
王孫滿(周) 2-285, 3-36
王孫牟(衛) 6-80
王孫沒(周) 6-71
王孫彌庸(吳) 7-389
王孫蘇(周) 2-420, 423, 3-149, 156
王孫氏(齊) 7-370
王孫圉(楚) 7-159
王孫燕(楚) 8-56
王孫游(楚) 1-455
王孫由于(楚) 7-145, 159
———— 由于 7-161
王孫齊(衛) 8-102
王孫揮(齊) 4-309
王孫喜(楚) 1-455
王叔文公(周)→王子虎 2-332
王叔陳生(周) 4-53, 128
王叔桓公(周) 2-334, 3-59
王臣救→戰爭(類) 1-367, 368
———— 王人子突救衛 1-367, 368
王臣奔→事變(類) 3-296, 297, 5-150, 158, 6-333, 343
———— 毛伯得(周) 6-333, 343
———— 召簡公(周) 6-333, 343
———— 王子朝(周) 6-333, 343
———— 王子瑕(周) 5-150, 158
———— 尹氏固(周) 6-333, 343
———— 周公楚(周) 3-296, 297
王臣如列國→朝聘(類) 2-420, 428
———— 單伯如齊 2-420, 428
王臣葬→喪紀(類) 7-122
———— 劉文公(周) 7-122
王臣卒→喪紀(類) 2-329, 332, 7-121
———— 王子虎(周) 2-329, 332
———— 劉文公(周) 7-121
王臣至→事變(類) 2-430, 437
———— 單伯(周) 2-430, 437
王臣會→盟會(類) 1-399, 404
———— 單伯會齊侯……鄭伯于鄄 1-399, 404
王臣會伐→戰爭(類) 1-399, 400
———— 單伯會伐宋 1-399, 400
王姚 1-418
王人子突(周) 1-367
王子(楚)→公子穀臣 3-204
王子建(楚)→大子建 6-342
王子姑曹(吳) 7-342, 366
王子克(周) 1-351
———— 子儀 1-351
王子黨(周) 2-80
王子帶(周) 2-86, 88, 92, 154, 193
———— 甘昭公 2-190
———— 大叔 2-154, 190, 200
———— 大叔帶 2-62
王子猛(周) 6-260, 270
———— 王猛 6-260
———— 入于王城→天王入 6-260, 270
———— 卒→未成君卒 6-260, 270
王子牟(楚) 5-34
———— 申公子牟 5-36
王子伯廖(鄭) 3-56
王子伯駢(鄭) 4-81, 144
王子成父(齊) 2-397
王子勝(楚) 6-197
王子佞夫(周) 5-158

———— 佞夫 5-150, 158
王子圍(楚)→楚靈王 5-23, 118
王子朝(周) 6-264, 267, 275, 281, 282, 294, 295, 296, 298, 333, 343, 345, 7-169
———— 奔楚→王臣奔 6-333, 343
———— 西王 6-287
———— 子朝 7-153
王子趙車(周) 7-48
王子地(吳) 7-389
王子職(楚) 2-313
王子捷(周)→王札子 3-149
王子頹(周) 1-420, 422
———— 子頹 1-418, 450
———— 頹 6-345
王子罷(楚) 3-257
王子瑕(周) 5-150
———— 奔晉→王臣奔 5-150, 158
———— 瑕 5-158
王子狐(周) 1-185
王子虎(周) 2-245, 247, 263, 329, 331
———— 王叔文公 2-332
———— 卒→王臣卒 2-329, 332
王子還(周) 6-267
王札子(周) 3-140
———— 王子捷 3-149
王湫(齊) 3-404, 4-63
王大子鄭(周)→王世子 2-45
王豹(齊) 7-319
王何(齊) 4-357, 5-95, 99, 101
王后歸→婚姻(類) 1-310, 311
———— 紀季姜(紀) 1-310, 311
王黑(齊) 6-39
王姬(周) 1-355, 356, 358
———— 歸于齊→王姬歸 1-356, 359
———— 齊王姬 1-359
王姬(周) 2-130
王姬(周)→共姬 1-390
王姬(周)→襄夫人 2-448
王姬歸→婚姻(類) 1-356, 359, 390, 393
———— 共姬(周) 1-390, 393
———— 王姬(周) 1-356, 359
外大夫歸→事變(類) 1-319, 344, 346, 438, 2-228, 257, 3-322, 329, 333~334, 4-297, 300, 6-88, 94~95, 7-233, 240, 352
———— 突歸于鄭 1-319
———— 宋華元自晉歸于宋 3-329, 333~334
———— 衛公孟彄自齊歸于衛 7-352
———— 衛孫林父自晉歸于衛 3-322
———— 衛元咺自晉復歸于衛 2-228, 257
———— 赤歸于曹 1-438
———— 晉趙鞅歸于晉 7-233, 240
———— 陳侯之弟黃自楚歸于陳 4-297, 300
———— 蔡季自陳歸于蔡 1-344, 346
———— 楚公子比自晉歸于楚 6-88, 94~95
外大夫來納幣→婚姻(類) 3-260, 266
———— 宋公使公孫壽來納幣 3-260, 266
外大夫來盟→盟會(類) 1-332, 484, 2-28, 31, 429, 432, 3-57, 58
———— 宋司馬華孫來盟 2-429, 432
———— 衛侯使孫良夫來盟 3-57, 58
———— 齊高子來盟 1-484
———— 弟語來盟 1-332
———— 楚屈完來盟于師 2-28, 31
外大夫盟→盟會(類) 1-318, 320, 2-145, 147
———— 盟于惡曹 1-318, 320
———— 宋人齊人楚人盟于鹿上 2-145, 147
外大夫奔→事變(類) 1-395, 2-225, 348, 358, 362, 366, 376, 378, 420, 427,

3-71, 75, 254, 259, 329, 333~334, 330, 333~334, 382, 386, 4-60, 61, 217, 220, 257, 258, 257, 259, 263, 264, 263, 270, 296, 331, 343, 50, 55, 82, 86, 82, 95~106, 116, 146, 151, 162, 212, 247, 214, 269, 346, 367, 373, 382, 6-10, 14, 34, 39, 6-143, 144, 209, 209, 225, 259, 262, 7-10, 73, 79, 122, 141, 198, 211, 211, 223, 212, 223, 242, 245, 242, 245, 242, 246, 244, 249, 244, 249, 244, 297, 299, 308, 311~312, 356, 365, 357, 373

——— 鍼宜咎(陳) 4-331, 343
——— 慶封(齊) 5-82, 95~106
——— 高無咎(齊) 3-382, 386
——— 高張(齊) 7-308
——— 高止(齊) 5-116, 146
——— 公孟彄(衛) 7-244, 249
——— 公孫辰(蔡) 7-297, 299
——— 公孫會(曹) 6-209
——— 公叔文子(衛) 7-242, 245
——— 公子留(陳) 6-10, 14
——— 公子履(蔡) 4-257, 258
——— 公子比(楚) 5-214, 269
——— 公子地(宋) 7-211, 223
——— 公子黃(陳) 4-257, 259
——— 國夏(齊) 7-308
——— 欒盈(晉) 4-263, 270
——— 牟夷(莒) 5-346, 367
——— 伯車(秦) 5-212, 247
——— 北宮結(衛) 7-242, 246
——— 畀我(邾) 4-296
——— 向寧(宋) 6-209, 225
——— 庶其(邾) 4-263, 264
——— 石惡(衛) 5-82, 86
——— 先蔑(晉) 2-362, 366
——— 世叔齊(衛) 7-357, 373
——— 孫林父(衛) 3-254, 259
——— 宋萬(宋) 1-395
——— 辰(宋) 7-212, 223, 244
——— 樂大心(宋) 7-198, 211
——— 良霄(鄭) 5-151, 162
——— 魚石(宋) 3-330, 333~334
——— 轅頗(陳) 7-356, 365
——— 元咺(衛) 2-225
——— 衛莊公(衛) 7-244, 249
——— 子常(楚) 7-122, 141
——— 子鮮(衛) 5-50, 55
——— 子哀(宋) 2-420, 427
——— 趙陽(衛) 7-242, 245
——— 朝吳(蔡) 6-143, 144
——— 邾快(邾) 7-10
——— 崔杼(齊) 3-71, 75
——— 蕩意諸(宋) 2-376, 378
——— 狐射姑(晉) 2-348, 358
——— 華臣(宋) 4-217, 220
——— 華弱(宋) 4-60, 61
——— 華元(宋) 3-329, 333~334
——— 華定(宋) 6-209, 225
——— 華合比(宋) 5-373, 382
——— 華亥(宋) 6-209, 225, 259, 262
——— 黑肱(邾) 7-73, 79

外大夫爲君逆→婚姻(類) 1-177, 180
——— 逆女, 來逆女 1-177, 180

外大夫入→事變(類) 1-336, 338, 360, 361, 380, 381, 3-400, 409, 4-297, 301, 5-151, 165, 213, 254, 7-226, 227, 309
——— 紀季(紀) 1-360, 361
——— 欒盈(晉) 4-297, 301
——— 樂大心(宋) 7-226, 227
——— 良霄(鄭) 5-151, 165
——— 魚石(宋) 3-400, 409
著丘公(莒) 5-213, 254
——— 齊悼公(齊) 7-309
——— 齊桓公(齊) 1-380, 381

——— 許叔(許) 1-336, 338
外大夫自逆→婚姻(類) 1-447, 3-51, 52
——— 莒慶來逆叔姬 1-447
——— 齊高固來逆叔姬 3-51, 52
外大夫會→盟會(類) 5-151, 171, 7-9, 19
——— 晉士鞅……會于扈 7-9, 19
——— 晉人齊人……會于澶淵 5-151, 171
外僕髡屯(鄭) 2-298
隗氏(狄) 2-190
外州 7-373
畏偪(晉) 2-178
澆 4-44
廖(周) 5-158
堯(夏) 2-469, 471, 5-404
——— 后帝 5-256
蓼 1-320, 8-65
聊 6-228
繞角 3-249, 36
姚句耳(鄭) 3-345, 346
僚柤(魯) 6-316
僚安(晉) 7-36
轑陽 3-47
姚子 7-32
繞朝(秦) 2-413
蓐 5-256
庸 2-442, 443, 444, 446
鄘 5-130
龍 3-179
甬 8-85
龍輔 7-50
用牲于社→郊廟(類) 1-441, 442, 443, 444, 461, 2-430, 436
容城 7-121
用之→事變(類) 2-136, 138, 6-49, 58
——— 邾人執鄫子用之 2-136, 138
——— 執蔡世子有以歸用之 6-49, 58
庸浦 4-162, 194
禹(夏) 2-294, 326, 3-155, 4-274, 331, 5-239, 7-265, 327
牛(魯)→豎牛 5-338, 351
雩 1-289
雩→郊廟(類) 2-85, 91, 3-221, 254, 4-51, 55, 75, 78, 209, 216, 5-82, 86, 285, 307, 374, 387, 6-11, 155, 169, 293, 298, 301, 313, 7-100, 173, 174, 228
— 大雩 2-85, 91, 3-221, 254, 4-51, 55, 75, 78, 209, 216, 5-82, 86, 285, 307, 374, 387, 6-11, 155, 169, 293, 298, 301, 313, 7-100, 173, 174, 228
遇 4-198
雨→災祥(類) 2-25
鄅〈國名〉1-312
鄅〈地名〉8-74
虞 1-315, 2-20, 21, 22, 47, 48, 49, 50, 5-127
邘〈國名〉2-185
邘〈地名〉1-249, 7-333
郰 6-186, 192, 201
尤 6-228
盂 2-145, 149, 7-249, 303
虞公(虞) 1-316, 2-21, 41, 48, 50
右公子職(衛) 1-341, 343, 368
右廣 3-114, 116
虞丘書(晉) 4-209
郵棠 4-234
右大夫說(秦) 3-214
右大夫詹(秦) 4-143
郵良(晉)→郵無恤 7-286
右領差車(楚) 8-64

雩婁 5-23, 372
雨木冰→災祥(類) 3-339
郵無恤(晉) 7-282
―――― 子良 7-282
―――― 郵良 7-286
雩門 1-388, 7-357
雨雹→災祥(類) 2-262, 263, 5-285, 311, 319
―― 大雨雹 2-262, 263, 5-285, 311, 319
羽父(魯)→公子翬 1-198, 229, 237, 242, 252, 253
鄅夫人(宋) 6-192, 201
雨不克葬→喪紀(類) 3-62, 64, 7-254, 257
―――― 雨不克葬 3-62, 64
―――― 雨不克葬戊午日下昃乃克葬 7-254, 257
牛死→災祥(類) 3-33, 7-252
右師 2-363, 448
右司馬 2-390
右司馬稽(楚) 7-78
羽山 5-404
牛傷→災祥(類) 3-33, 252, 7-252, 262
―― 郊牛之口傷 3-33
―― 鼷鼠食郊牛 7-252, 262
―― 鼷鼠食郊牛角 3-252
雨雪→災祥(類) 1-231, 232, 306, 2-80
―― 大雨雪 1-231, 232, 2-80
―― 雨雪 1-306
虞遂(楚)→申無宇 5-291
牛首 1-333, 4-121
虞叔(虞) 1-316
虞閼父(周) 4-370
羽淵 5-405
右盂 2-390
芋尹蓋(楚) 8-30
芋尹無宇(楚)→申無宇 5-391
右尹子辛(楚)→子辛 3-345
鄅子(鄅) 6-192
右宰穀(衛) 4-187, 5-14, 17, 53
右宰醜(魯) 1-199
雨螽→災祥(類) 2-330, 334
―― 雨螽于宋 2-330, 334
虞仲(周) 2-48
右行賈華(晉) 2-83
右行詭(晉) 6-272
右行辛(晉) 3-405
禹刑 5-375
羽頡→馬師頡 5-169
邧 3-48
鄆 2-401, 409, 3-231, 272, 279, 375, 4-150, 151, 5-212, 226, 228, 6-302, 328, 331, 332, 333, 334, 7-9, 10, 22, 46, 47, 64, 163, 174, 210, 215
― 城→內城 2-401, 409, 3-231
鄖〈國名〉 1-320
鄖〈地名〉 6-138, 7-145, 373, 379
鄖公辛(楚)→鬭辛 7-145
鄖公鍾儀(楚) 3-256
―――― 鍾儀 3-256, 277, 282
鄆潰→邑潰 7-47
邧夫人(邧) 3-48
隕霜不殺草李梅實→災祥(類) 2-285
隕霜殺菽→災祥(類) 7-100
隕石→災祥(類) 2-123, 124
―― 隕石于宋五 2-123, 124
邧子(邧) 3-48
鄆田 5-213
熊居(楚)→楚平王 6-101
熊兕 4-44
熊率且比(楚) 1-293
熊負羈(楚) 3-120

熊相禖(楚) 6-331
熊相宜僚(楚) 3-128
熊繹(楚) 6-80
熊宜僚(楚) 8-51
熊摯 2-210
原〈國名〉2-185, 200, 203, 204, 220
原〈地名〉1-249, 3-160, 6-270
原(晉)→趙同 3-104, 236, 266, 4-302
瑗(衛)→蘧伯玉 5-14
員(楚)→伍員 6-212, 214
元(衛)→衛靈公 5-420
元(齊)→齊惠公 2-422
元(蔡) 7-117
洹 3-388
轅 7-354
邧 2-339
元角(衛) 2-251
爰居 2-327
原縠(晉)→先縠 3-129
元公(宋)→宋元公 6-47, 62
袁僑(陳) 4-25, 26, 31
袁克(宋) 6-19
轅濤塗(陳) 2-28, 33, 34, 58, 263
———— 轅宣仲 2-45
原同(晉) 2-181
爰婁 3-201
袁婁 3-177
轅買(陳) 8-11
原伯(原)→原莊公 1-422
原伯貫(周) 2-204
原伯絞(周)〈原公〉6-71
原伯魯(周) 6-193, 7-48
原繁(鄭) 1-207, 287, 402
轅選(陳) 2-328
轅宣仲(陳)→轅濤塗 2-45
原壽過(周) 7-101
原氏(周) 6-193
原氏(晉) 5-291
原襄公(周) 3-156
苑羊牧之(莒) 6-261, 283
苑子(齊)→苑何忌 6-338
原莊公(原) 1-413
———— 原伯 1-422
爰田 2-113
原仲(陳) 1-447, 449
原軫(晉)→先軫 2-229, 243, 289
轅頗(陳) 7-356, 365
———— 出奔鄭→外大夫奔 7-356, 365
原圃 2-285
苑何忌(齊) 6-223, 253, 338
———— 苑子 6-338
原縣 5-406
元咺(衛) 2-225, 228, 247, 251, 252, 257, 264, 266
———— 出奔晉→外大夫奔 2-225
轅咺(陳) 7-365
越子(越)→句踐 7-247, 264, 370, 389, 8-62, 110
越子句踐(越)→句踐 7-246
衛(齊)→夙沙衛 4-249, 253
爲(魯)→臧爲 4-321
圍(楚)→楚靈王 5-214, 329
渭 1-485
魏〈國名〉5-127
魏〈地名〉1-479, 480, 2-413
魏〈篇名〉5-131, 6-25
衛 5-130
蒍 1-249, 2-216, 5-158

鄬 4-66, 72, 73
蔿賈(楚) 2-216, 443, 3-17, 47
——— 伯嬴 3-47
魏絳(晉) 3-405, 4-32, 44, 95, 97, 105, 125, 146, 157, 232
——— 魏莊子 4-44, 174, 302
——— 莊子 4-174
薳居(楚) 6-92, 93
薳啓彊(楚) 4-337, 338, 342, 5-272, 335, 360, 368, 396, 403
衛共姬(衛) 2-130
——— 長衛姬 2-130
魏顆(晉) 3-149
蔿國(周) 1-409, 418
——— 子國 1-409
魏錡(晉) 3-112, 114
——— 呂錡 3-359
——— 廚武子 3-120
——— 廚子 3-120
圍內邑→戰爭(類) 1-373, 374, 4-150, 151, 198, 203, 208, 213, 216, 218
——— 高厚帥師伐我北鄙圍防 4-216, 218
——— 圍台 4-150, 151
——— 齊侯伐我北鄙 圍桃 4-216, 218
——— 齊侯伐我北鄙圍成 4-198, 203
——— 齊侯伐我北鄙圍郕 4-208, 213
衛戴公(衛) 1-491
衛悼公(衛) 8-102
魏曼多(晉)→魏襄子 7-238, 322, 387
衛滅→滅 2-195, 198
——— 衛侯燬滅邢 2-195, 198
衛穆公(衛) 3-203, 219
——— 衛侯 3-159, 180
——— 衛侯速 3-178
——— 葬→諸侯葬 3-219
——— 卒→諸侯卒 3-178, 203
魏戊(晉) 7-36, 43
——— 戊 7-38
衛武(衛)〈武叔〉7-128
衛武公(衛) 5-130
魏武子(晉)→魏犨 2-166, 3-149
衛文公(衛) 1-491, 501, 2-167, 197, 204
——— 衛侯 2-27, 39, 52, 63, 67, 91, 98, 124, 134, 151
——— 衛侯燬 2-195, 196, 198
——— 燬 2-135
——— 葬→諸侯葬 2-197
——— 卒→諸侯卒 2-196
衛賜(魯)→子貢 7-368
魏相(晉) 3-405
魏舒(晉)→魏獻子 4-305, 363, 5-252, 360, 7-90, 100
薳澨 6-288
薳射(楚) 5-368, 372, 6-331, 7-155
——— 沈尹射 5-335, 372
衛宣公(衛) 1-200, 327, 341
——— 公子晉 1-200
——— 衛侯 1-222, 224, 225, 276, 279, 314, 315
——— 衛侯晉 1-324
——— 葬→諸侯葬 1-327
——— 卒→諸侯卒 1-324
——— 晉 1-195
——— 出奔楚→諸侯奔 2-224
薳洩(楚) 5-387
衛成公(衛) 2-276, 311, 7-128, 8-109
——— 公 2-251, 252
——— 衛子 2-197
——— 衛侯 2-224, 227, 229, 247, 251, 252, 257, 266, 331, 337, 370, 410, 416, 418, 438, 3-13, 57, 58, 66, 4-103

——— 衛侯鄭 2-225, 265, 3-67
——— 卒→諸侯卒 3-67
魏壽餘 2-413
衛詩曰〈邶風 柏舟〉5-204
寫氏(魯) 1-253
尉氏(鄭) 4-201, 277
魏氏(晉) 4-303, 304, 7-240, 8-117
薳氏(楚) 5-80, 6-53, 54
衛襄公(衛) 5-196, 390, 413, 415, 420, 421, 7-283, 8-69
——— 衛侯 5-196, 204, 277
——— 衛侯惡 5-390
——— 葬→諸侯葬 5-390, 421
——— 卒→諸侯卒 5-390, 413
魏襄子(晉) 7-237
——— 魏曼多 7-238, 322, 387
蔿掩(楚) 4-375, 379, 5-169
薳掩(楚) 6-92
薳呂臣(楚) 2-249
——— 叔伯 2-162
衛靈公(衛) 7-125, 275, 276
——— 公 6-218
——— 元 5-420
——— 衛侯 6-67, 89, 209, 217, 219, 222, 223, 7-49, 119, 127, 128, 164, 173, 175, 180, 187, 197, 207, 211, 215, 231, 233, 234, 240, 243, 245, 249, 253, 257, 263, 268, 271
——— 衛侯元 7-274
——— 葬→諸侯葬 7-275
——— 卒→諸侯卒 7-274, 276
蔿敖(楚)→孫叔敖 3-92
薳越(楚) 6-254, 261, 284, 288
魏榆 6-12
衛懿公(衛) 1-489, 3-362
——— 衛侯 1-490
蔿子(楚)→蔿子馮 4-379
魏子(晉)→魏獻子 7-36, 38, 41, 43, 44, 90
衛子(衛)→衛成公 2-197
衛子(衛)→公子瑕 2-224
薳子(楚)→薳子馮 4-292, 342
蔿子馮(楚) 4-200, 236
——— 蔿子 4-379
薳子馮(楚) 4-268, 292, 368
——— 薳子 4-292, 342
薳章(楚) 1-291, 308, 311
衛莊公(衛) 1-190
衛莊公(衛)〈異人〉7-373, 8-42, 69
——— 公 8-59, 60, 67, 70
——— 蒯聵 7-283
——— 世子蒯聵 7-244, 275, 8-43, 44
——— 衛侯 8-44, 46, 59, 60, 61, 63, 67
——— 出奔宋→外大夫奔 7-244, 249
——— 大子 7-278, 249, 251, 282, 283, 285, 286
——— 大子蒯聵 7-249, 8-37
魏莊子(晉)→魏絳 4-44, 174, 302
衛定公(衛) 3-259, 323, 327, 328
——— 衛侯 3-219, 221, 227, 235, 253, 259, 270, 282, 296, 304, 323, 327
——— 衛侯臧 3-323
——— 葬→諸侯葬 3-328
——— 卒→諸侯卒 3-323, 327
魏犨(晉) 2-218, 231, 6-107
——— 魏武子 2-166, 3-149
衛州吁(衛)→公子州吁 1-193, 196, 197
尉止(鄭) 4-121, 122, 123
衛遷于帝丘→國遷 2-274, 276
衛出公(衛) 8-109

———— 公 8-92, 93, 97, 102
———— 衛侯 7-379, 382, 383, 8-92, 101
———— 衛侯輒 8-38, 43, 76
———— 輒 7-276
薳罷(楚) 5-80, 149, 152, 272, 374
———— 子蕩 5-80, 152, 356, 387
尉翩(鄭) 4-123, 201
衛獻公(衛) 4-179, 370, 381, 5-14, 116, 6-59, 8-109
———— 衎 3-327
———— 公 4-182, 183, 184, 5-55, 57
———— 衛侯 3-328, 340, 344, 369, 381, 382, 402, 4-13, 14, 25, 52, 53, 66, 86, 107, 108, 119, 132, 133, 167, 185, 187, 206, 224, 256, 264, 279, 282, 330, 346, 363, 5-18, 27, 28, 46
———— 衛侯衎 5-10, 114
———— 葬→諸侯葬 5-116
———— 卒→諸侯卒 5-114
———— 出奔齊→諸侯奔 4-167, 182
魏獻子(晉) 4-302, 5-145, 7-36, 51, 64, 89, 101
———— 魏舒 4-305, 363, 5-252, 360, 7-90, 100
———— 魏子 7-36, 38, 41, 43, 44, 90
———— 獻子 7-44, 52, 100, 101
衛惠公(衛) 1-342, 343, 366, 491
———— 公子朔 1-341
———— 衛侯 1-327, 337, 339, 368, 399, 404, 406
———— 衛侯朔 1-341, 367, 441
———— 入于衛→諸侯入 1-367
———— 卒→諸侯卒 1-441
———— 出奔齊→諸侯奔 1-341, 343
衛桓公(衛) 1-190, 192, 196, 201, 2-207
———— 完 1-193
———— 衛侯 1-174
———— 葬→諸侯葬 1-201, 207
衛侯(衛)→衛穆公 3-159, 180
衛侯(衛)→衛文公 2-27, 39, 52, 63, 67, 91, 98, 124, 134, 151
衛侯(衛)→衛宣公 1-222, 224, 225, 276, 279, 314, 315
衛侯(衛)→衛成公 2-224, 227, 229, 247, 251, 252, 257, 266, 331, 337, 370, 410, 416, 418, 438, 3-13, 57, 58, 66, 4-103
衛侯(衛)→衛襄公 5-196, 204, 277
衛侯(衛)→衛靈公 6-67, 89, 209, 217, 219, 222, 223, 7-49, 119, 127, 128, 164, 173, 175, 180, 187, 197, 207, 211, 215, 231, 233, 234, 240, 243, 245, 249, 253, 257, 263, 268, 271
衛侯(衛)→衛懿公 1-490
衛侯(衛)→衛莊公 8-44, 46, 59, 60, 61, 63, 67
衛侯(衛)→衛定公 3-219, 221, 227, 235, 253, 259, 270, 282, 296, 304, 323, 327
衛侯(衛)→衛出公 7-379, 382, 383, 8-92, 101
衛侯(衛)→衛獻公 3-328, 340, 344, 369, 381, 382, 402, 4-13, 14, 25, 52, 53, 66, 86, 107, 108, 119, 132, 133, 167, 185, 187, 206, 224, 256, 264, 279, 282, 330, 346, 363, 5-18, 27, 28, 46
衛侯(衛)→衛惠公 1-327, 337, 339, 368, 399, 404, 406
衛侯(衛)→衛桓公 1-174
衛侯衎(衛)→衛獻公 5-10, 114
衛侯朔(衛)→衛惠公 1-341, 367, 441
衛侯速(衛)→衛穆公 3-178
衛侯惡(衛)→衛襄公 5-390

衛侯元(衛)→衛靈公 7-274
衛侯臧(衛)→衛定公 3-323
衛侯鄭(衛)→衛成公 2-225, 265, 3-67
衛侯晉(衛)→衛宣公 1-324
衛侯輒(衛)→衛出公 8-38, 43, 76
衛侯燬(衛)→衛文公 2-195, 198
衛姬 6-107
魏頡(晉) 3-405
柔(魯) 1-319
柳(宋) 6-47
由(魯)→子路 8-13, 40
遺(衛)→大叔僖子 7-373
游 1-266
洧 4-14
濰 4-234
濡 5-391
劉 1-249, 4-197, 6-267, 270, 282
留 4-15
幽 1-406, 408, 447, 448
劉康公(周)→王季子 3-77, 152, 173, 305
有鬲氏 4-44
幽公(鄭)→鄭靈公 3-78
庾公差(衛) 4-183
———— 子魚 4-183
有過澆(過) 7-264
幽丘 3-409
有窮 4-44, 7-32
劉卷(周)→劉文公 7-121
游吉(鄭) 5-25, 69, 88, 90, 93, 124, 167, 173, 196, 197, 252, 272, 285, 384, 6-15, 24, 43, 301, 7-64
———— 吉 5-306, 6-306
———— 子大叔 4-339, 379, 380, 5-285, 384, 359, 408, 6-15, 65, 114, 123, 124, 160, 165, 188, 194, 195, 239, 297, 306, 331, 7-136, 197
———— 大叔 4-294, 5-256, 306, 359, 408, 6-239
劉難(晉) 4-232
有年→災祥(類) 1-278, 3-154
—— 大有年 3-154
—— 有年 1-278
有烈山氏 7-52
有飂 7-51
劉累 7-51
劉文公(周) 6-287, 7-122, 123, 293
———— 劉卷 7-121
———— 劉蚡 6-264, 270
———— 劉子 6-281, 264, 267, 270, 282, 294, 341, 343, 7-91, 119, 128, 176
———— 劉狄 6-345
———— 萚→王臣萚 7-122
———— 卒→王臣卒 7-121
有緡 6-51
臾駢(晉) 2-358, 406, 407, 408
劉蚡(周)→劉文公 6-264, 270
柳棼 3-70
有蜚→災祥(類) 1-173, 457, 459
有事→郊廟(類) 3-60, 63, 6-143, 144
—— 有事于武宮 6-143, 144
—— 有事于大廟 3-60, 63
猶三望→郊廟(類) 2-273, 275, 3-33, 35, 253
誘殺→事變(類) 6-48, 51, 154, 156
—— 楚子虔誘蔡侯般殺之于申 6-48, 51
—— 楚子誘戎蠻子殺之 6-154, 156
留舒 8-111
游速(鄭)→子寬 7-162, 211
游孫伯(周) 2-184
有莘 2-242

游氏(曹) 1-440, 444
游氏(鄭) 4-294, 5-246, 280, 6-65
劉氏(周) 7-293
劉氏(秦) 2-413
有若(魯) 7-339
有蜚→災祥(類) 1-411, 413
洧淵 6-207
有閻 7-127
幽王(周) 5-328, 6-345
留吁 3-154, 155
有虞 7-264
由于(楚)→王孫由于 7-161
六月 4-245
蒍尹然(楚) 7-10, 62
劉毅(周) 5-158
有仍氏 7-32
有子(魯)→冉求 7-357
劉子(周)→王季子 3-293, 305
劉子(周)→劉文公 6-281, 264, 267, 270, 282, 294, 341, 343, 7-91, 119, 128, 176
劉子(周)→劉定公 5-239
劉子(周)→劉桓公 7-176, 183
孺子秩(魯) 4-317
劉狄(周)→劉文公 6-345
劉定公(周) 4-194, 5-239
———— 官師 4-199
———— 劉子 5-239
———— 劉夏 4-197
有濟 2-150
劉州鳩(周) 6-71
游楚(鄭)→公孫楚 5-246, 252
劉佗(周) 6-282
游販(鄭) 4-294
——— 子明 4-294
庾皮(周) 6-71
有夏 7-51
劉夏(周)→劉定公 4-197
劉獻公(周) 6-71, 116
———— 劉子 6-89, 178, 260, 264
———— 劉子摯 6-264
虆虎(晉) 2-83
劉桓公(周) 7-174
———— 劉子 7-176, 183
六〈國名〉2-344, 345
六〈地名〉7-78
六軍 3-228
鬻拳(楚) 1-416, 417
六府 2-372
蓼蕭 5-27, 6-66
六順 1-192
六逆 1-192
六羽 1-201, 209
六佾 1-209
陸渾 2-153, 3-34, 36, 245, 6-270
陸渾氏 6-178
陸渾子 6-178
陸渾之戎 6-170
綸 7-265
尹 6-282
允格 5-256
尹公佗(衛) 4-183
尹武公 3-373, 384
——— 尹子 3-341, 381
尹辛(周) 6-282
尹氏(鄭) 1-252
尹氏(周) 2-245, 423, 6-275, 7-174
尹氏(周)→尹氏固 6-333
尹氏固(周) 6-343, 7-48

———— 尹氏 6-333
———— 奔楚→王臣奔 6-333, 343
尹圉(周) 6-282
尹言多(周) 5-158
尹子(周)→尹武公 3-341, 381
尹何(鄭) 5-200
斎似(楚) 2-388
戎 1-176, 177, 179, 180, 218, 220, 233, 411, 413, 420, 438, 445, 452, 2-126, 3-173, 7-127
戎蠻子(戎蠻) 6-154
———— 蠻子 6-156
———— 戎蠻子嘉 6-156
戎蠻子嘉(戎蠻)→戎蠻子 6-156
戎蠻子赤(戎蠻) 7-297
———— 蠻子 7-300
———— 蠻子赤 7-300
戎子(宋) 4-247, 249
戎子駒支(戎) 4-168
戎狄 5-328
戎津(晉) 2-366
慭(晉) 7-375
殷 2-54, 139, 3-55, 5-313
隱公薨(魯)→公薨 1-241
隱大子(蔡)→世子有 6-58, 128, 257
殷虛↔朝歌 7-127
陰〈國名〉6-200
陰〈地名〉6-272
陰口 4-102
陰忌(周) 6-343, 71
陰里(周) 4-153
陰不佞(周) 6-298, 7-48
陰戎 6-25
陰飴甥(晉)→瑕呂飴甥 2-119
陰人 7-303
陰地 3-24, 7-300
陰阪 4-102
邑姜(齊) 5-256, 6-36
揖丘 7-333
邑漬→事變(類) 7-47
—— 鄆漬 7-47
應 2-185
儀(陳)→儀行父 3-204
宜僚(宋) 6-246
儀栗 7-174, 183
倚相(楚) 6-80
宜申(楚)→子西 2-387
懿氏〈地名〉5-26
懿氏(陳) 1-427
意如(魯)→季平子 6-132, 134, 320, 325, 7-76
醫衍(晉) 2-266
醫緩(秦) 3-285
懿子(魯)→孟懿子 7-218
懿子(魯)→叔孫州仇 7-339, 357
儀楚(徐) 5-387
儀行父(陳) 3-69, 76, 80, 84
———— 儀 3-204
犁↔隰 7-354, 373
犁〈顓頊氏〉7-52
夷 1-487, 2-13
夷↔城父 1-409, 2-162, 349, 358, 379, 4-14, 6-24, 7-70, 78
夷(鄭)→鄭靈公 2-454
貳 1-320
伊 2-86
離☲ 3-56
頤☶ 5-91

鳌 3-399
夷姜(齊) 1-341
離姑 6-276
貳廣 4-309
犁丘↔隰 8-88
夷詭諸(周) 1-409
里克(晉) 1-493, 2-22, 65, 69, 72, 73, 74, 79, 5-313
伊雒之戎 3-245
螭魅 2-471, 3-36
舵門 2-397
犁彌(齊) 7-204, 208, 212
———— 王猛 7-204
舵班(宋) 2-397
夷伯(魯) 2-100, 118
尼父(魯)→仲尼 8-45
里析(鄭) 6-189
離城 4-368
夷叔→叔武 2-251
夷叔(衛) 7-128
貍脤 3-382, 388
夷陽五(晉) 3-390
———— 夷羊五 3-395
夷羊五(晉)→夷陽五 3-395
夷射姑(邾) 7-113, 115
夷羿→后羿 4-44
夷吾(晉)→晉惠公 1-452, 2-36, 43, 53, 75, 76, 81
夷王(周) 6-345
伊尹(殷) 4-274
夷儀 1-501, 2-13, 16, 4-330, 338, 346, 361, 363, 370, 381, 5-9, 14, 7-204, 209, 215, 8-109
貳宗 1-273
夷仲年(齊) 1-220, 375
———— 年 1-218
伊川 2-153
夷虎 7-300
溺(魯) 1-360, 361
翼 1-307
翼(邾) 1-174, 6-276
翼(晉) 1-206, 208, 213, 275, 278, 3-402
翼東門 3-402
翼侯(晉) 1-206, 278
———— 鄂侯 1-213, 275
———— 晉侯 1-213
印(鄭) 5-281
仞 2-446
鱗矔(宋) 2-363, 448
印堇父(鄭) 5-24
印段(鄭) 5-69, 121, 163, 193, 196, 252, 283, 7-65
———— 段 4-288
子石 5-69, 163
因氏(邃) 1-411
印氏(鄭) 5-24, 72
鬬輿罷(楚) 7-156
鱗朱(宋) 3-333, 334, 409
日食→災祥(類) 1-181, 276, 345, 346, 411, 441, 443, 445, 461, 2-41, 87, 99, 101, 305, 430, 436, 3-62, 71, 158, 340, 383, 4-166, 198, 257, 263, 264, 296, 330, 5-51, 81, 390, 400, 6-143, 170, 172, 242, 249, 260, 293, 296, 74, 83, 152, 228, 253
—— 日有食之 1-181, 276, 345, 346, 411, 441, 443, 445, 461, 2-41, 87, 99, 101, 305, 430, 436, 3-62, 71, 158, 340, 383, 4-166, 198, 257, 263, 264, 296, 330,

5-51, 81, 390, 400, 6-143, 170, 172, 242, 249, 260, 293, 296, 74, 83, 152, 228, 253
佚之狐(鄭) 2-267
任〈國名〉 2-150
任〈地名〉 7-303
臨 7-303
臨䷒ 3-98
林不狃(魯) 7-362
任氏(薛) 6-36
林雍(魯) 6-338
任人 6-272
林楚(魯) 7-193
臨品 2-446
立→事變(類) 1-195, 6-275
— 立晉 1-195
— 尹氏立王子朝 6-275
立宮→郊廟(類) 3-241, 244, 7-100, 110
—— 立武宮 3-241, 244
—— 立煬宮 7-100, 110
笠澤 8-62
仍 5-328, 7-264
媵婦→婚姻(類) 1-415
—— 公子結媵陳人之婦于鄄 1-415
仍叔之子(周) 1-283, 288

【ㅈ】

訾 1-356, 390
訾 2-311, 3-320, 6-101, 281
玆 5-346, 367
子(魯)→惡 2-460, 464
子(晉)→晉襄公 2-289
刺→事變(類) 2-222, 230, 3-342, 376
— 公子買戍衛不卒戍刺之 2-222, 230
— 刺公子偃 3-342, 376
子家(魯)→公孫歸父 3-78, 137, 168
子家(鄭)→公子歸生 2-416, 454, 3-44, 78
子家(齊)→慶封 5-99
子家(齊)→析歸父 5-97
子家(齊)→析文子 4-228
子家(蔡)→聲子 5-221, 225
子家(楚) 2-388
———— 仲歸 2-388
子家懿伯(魯)〈子家羈〉 6-316
—————— 羈 7-106
—————— 子家子 6-318, 320, 322, 323, 325, 7-22, 26, 28, 47, 49, 76, 92, 106
子家子(魯)→子家懿伯 6-318, 320, 322, 323, 325, 7-22, 26, 28, 47, 49, 76, 92, 106
子干(楚)→公子比 5-269, 270, 6-94, 100, 101, 105, 107
子彊(楚) 4-368
子彊(齊) 6-338
———— 彊 5-276
———— 高彊 7-238, 251
———— 陳武子 6-338
子車(宋) 8-21
子車(齊)→子淵捷 6-16, 338
子車氏(秦) 2-351
子庚(楚) 4-154, 162, 196, 235, 236, 268
———— 公子午 4-200, 225
子高(楚)→葉公 8-54, 56, 64, 65
子羔(衛) 8-40
———— 柴 8-40
子高魴(衛) 6-222
子孔(鄭) 4-78, 102, 104, 122, 124, 235, 236, 251, 252, 6-157
———— 公子嘉 4-99, 241
子孔(楚)→成嘉 2-404, 424

子公(鄭)→公子宋 3-44
子公(齊) 6-41
子工(齊) 6-16
子貢(魯) 7-254, 325, 380, 383
──── 賜 7-256
──── 衛賜 7-368
──── 子贛 8-34, 35, 46, 109, 110
子贛(魯)→子貢 8-34, 35, 46, 109, 110
子寬(鄭) 5-333, 6-190
──── 游速 7-162, 211
──── 渾罕 5-333
子蟜(衛) 4-182
子蟜(鄭) 4-78, 104, 123, 127, 174, 203, 211, 236, 284, 7-64
──── 公孫蠆 4-99, 165, 166, 167, 210, 250
子蟜(齊) 5-168
子駒 2-396
赭丘 6-253
子國(鄭) 3-240, 4-21, 54, 63, 76, 78, 122
──── 公子發 4-51, 99, 108
子國(周)→蔿國 1-409
子國(楚) 8-67, 74
──── 寧 8-58, 74
子糾(齊)→公子糾 1-380, 381
子禽(周) 1-418
子金(晉)→瑕呂飴甥 2-110
子旗(鄭) 6-165
──── 豐施 5-406
子旗(齊) 5-276, 309, 6-16, 37, 165
──── 欒施 6-34, 39
子旗(楚)→蔓成然 6-101, 206, 7-159
子期(楚) 7-145, 156, 168, 313, 355, 8-30, 51, 53
──── 公子結 7-242, 313, 353
子南(鄭)→公孫楚 5-243, 244, 246
子南(衛)→公子郢 7-276
子南(楚) 4-268, 290, 291, 293
──── 公子追舒 4-200, 282
子南氏(鄭)→公孫楚 5-243
子囊(楚) 3-332, 4-58, 59, 72, 78, 95, 118, 120, 126, 143, 152, 162, 163, 194, 196
──── 公子貞 4-53, 66, 75, 107, 109, 151, 167
子囊帶(齊) 6-338
子都(鄭)→公孫閼 1-242, 243
子同(魯) 1-291, 300, 302
子梁(宋)→樂祁犁 7-183
訾梁 6-95
子良(鄭) 3-44, 70, 80, 90, 104, 134, 135, 223, 255, 4-252, 5-410
──── 去疾 3-44
──── 公子去疾 3-214, 220
子良(齊) 6-37
──── 高彊 6-39, 46
子良(晉)→郵無恤 7-282
子良(楚) 8-67
子良氏(鄭) 4-251
子閭 7-313, 8-55
── 公子啓 7-313
子旅氏(周) 6-270
子靈(宋)→公子圍龜 3-241
子靈(晉)→申公巫臣 7-32
子靈(楚) 5-36
子路(魯) 8-13, 40
──── 季路 8-13
──── 季子 8-38, 40
──── 由 8-13, 40

——— 仲由 7-230, 8-33
子潞(宋)→樂茷 8-107
呰婁 2-135, 284, 293
子柳(鄭) 6-165
子蠻(鄭)→鄭靈公 3-204
子貉(鄭)→鄭靈公 7-32
子明(宋)→溷 7-198
子明(鄭)→游販 4-294
子木(衛) 7-382
子木(楚)→屈建 4-375, 379, 5-35, 36, 57, 59, 61, 67, 218
子木(楚)→大子建 8-48
呰毋 4-118
玆無還(魯) 7-213
子文(楚) 2-58, 162, 215, 216, 3-46, 48
——— 令尹子文 3-47, 48
——— 鬪穀於菟 1-462, 2-47, 144, 3-48
子亹(鄭)〈公子亹〉1-350
子美(鄭)→子產 4-365
子尾(齊) 5-96, 101, 106, 182, 276, 304, 307, 6-16, 46
——— 公孫蠆 5-146, 171, 303
——— 子尾氏 5-367
子尾氏(齊)→子尾 5-367
子般(魯) 1-466, 469, 471
——— 卒→未成君卒 1-466, 471
子般(鄭)→駟弘 7-279, 286
子反(楚) 3-101, 145, 204, 233, 256, 257, 258, 299, 332, 345, 366, 368, 5-36
——— 公子側 3-340
——— 側 3-233, 277, 368
子虢(鄭) 3-320
子帛(紀)→裂繻 1-178, 181
子伯(衛) 1-489, 4-182
子伯季子(衛) 8-46
子犯(晉) 2-167, 168, 173, 176, 220, 236, 238, 239, 240, 268, 3-104, 6-107
——— 卜偃 1-480, 2-23, 50, 96, 163, 198, 279
——— 偃 2-163
——— 狐偃 2-166, 176, 198, 217, 218, 243, 263, 379
子邊(楚) 2-202
——— 屈禦寇 2-202
——— 息公子邊 2-202
子駢(楚) 4-368
玆夫(莒)→蒲餘侯 6-139
子服(鄭)→石制 3-125
子服(周) 3-55
子服景伯(魯) 7-290, 324, 327, 383, 393, 8-34
——— 景伯 7-324, 339, 342, 393, 8-35
——— 子服何 7-342
子服昭伯(魯) 6-168, 278
——— 子服回 6-169, 277
子服子(魯)→孟椒 5-111
子服椒(魯)→孟椒 5-303
子服湫(魯)→孟椒 6-126
子服何(魯)→子服景伯 7-342
子服惠伯(魯)→孟椒 4-361, 5-104, 111, 186, 399, 6-75, 121, 130
子服回(魯)→子服昭伯 6-169, 277
子封(鄭)→公子呂 1-166, 167
子駟(鄭) 3-284, 320, 343, 346, 383, 4-20, 21, 73, 76, 78, 81, 104, 119, 121, 122, 284
——— 公子騑 4-99
——— 騑 4-81
子思(鄭) 7-307, 8-111

——— 國參 7-85
——— 桓子思 7-332
子師僕(鄭) 4-122, 123
子師氏(鄭) 4-122
子駟氏(鄭) 5-165
子山(宋) 3-334
——— 山 3-330
子山(吳) 7-143
子山(齊) 6-41
子産(鄭) 4-76, 123, 124, 201, 252, 333, 364, 365, 370, 379, 380, 5-21, 25, 45, 69, 87, 93, 143, 148, 153, 161, 163, 165, 173, 174, 175, 176, 177, 186, 192, 197, 198, 200, 201, 214, 236, 243, 244, 246, 252, 256, 263, 268, 272, 280, 281, 309, 318, 325, 328, 333, 356, 375, 384, 404, 405, 406, 408, 410, 412, 6-29, 36, 44, 55, 65, 68, 114, 123, 124, 126, 127, 157, 160, 163, 165, 169, 180, 188, 189, 190, 194, 195, 196, 204, 207, 239, 240, 306, 7-385
——— 公孫僑 4-284, 5-252, 256, 324, 384
——— 僑 4-333, 5-87, 93, 187, 200, 201, 379, 6-157, 160, 163
——— 子美 4-365
子桑(秦)→公孫枝 2-92, 110, 332
子上(鄭)→駟帶 5-167
子上(楚) 2-243, 298, 313
——— 令尹子上 2-298, 313
——— 鬪勃 2-241
子商(齊) 6-41
子常(楚) 6-289, 342, 7-23, 24, 117, 138, 141, 159, 271
——— 囊瓦 6-289, 7-113, 122
——— 令尹子常 7-11, 15
——— 瓦 7-24
——— 楚瓦 7-141
——— 出奔鄭→外大夫奔 7-122, 141
子西(鄭) 4-123, 201, 236, 251, 252, 333, 336, 374, 5-34, 69, 148, 7-64
——— 公孫夏 4-203, 284, 347
——— 夏 5-34
子西(楚) 2-243, 249, 388
——— 司馬子西 2-211
——— 商公 2-388
——— 宜申 2-387
——— 鬪宜申 2-210, 388
子西(楚) 6-342, 7-68, 155, 156, 159, 161, 263, 271, 313, 8-30, 48, 51, 53
——— 公子申 7-313, 387
——— 令尹子西 7-168
子胥(楚)→伍員 7-78, 370
子石(鄭)→公孫段 5-69
子石(鄭)→印段 5-69, 163
子石(齊)→公孫青 6-223
子皙(鄭) 5-148, 153, 162, 222, 243, 245, 262
——— 公孫黑 4-201, 5-148, 243, 252, 274, 280
——— 子皙氏 5-163
子皙(楚) 5-59, 269, 6-94, 100, 105
——— 公子黑肱 5-59, 268, 6-94, 95
子皙氏(鄭)→子皙 5-163
子鮮(衛) 4-184, 187, 5-14, 55, 8-109
——— 鱄 4-185, 5-50, 55
——— 出奔晉→外大夫奔 5-50, 55
子城(宋)→公子城 6-225
子成(齊) 6-16, 41
子叔(魯)→叔輒 6-250
子叔(衛)→公孫剽 4-15, 68, 5-17
子叔聲伯(魯)→公孫嬰齊 3-249, 373, 375

子叔孫(魯)→叔孫豹 5-348
子叔嬰齊(魯)→公孫嬰齊 3-376
子叔子(魯)→叔弓 5-279
子叔齊子(魯)→叔老 4-172
子叔黑背(衛)→黑背 3-283
子叔姬(魯) 2-400, 420, 421, 428, 431, 432, 439, 3-51
——— 昭姬 2-428
——— 叔姬 2-403, 3-51, 52
——— 卒→內女卒 2-400, 403
子息(齊)→慶嗣 5-99
子辛(楚) 3-409, 4-15, 24, 31, 56, 5-36
——— 公子壬夫 4-12, 52, 56
——— 右尹子辛 3-345
子氏(魯)→仲子 1-171
子雅(齊) 5-96, 106, 276, 307, 309
——— 公孫竈 5-146, 309
子我(齊)→闞止 8-14, 15, 17, 19
孫惡(鄭) 4-76
子惡(楚)→郤宛 7-15, 16
子哀(宋) 2-420, 427
——— 高哀 2-427
——— 來奔→外大夫奔 2-420, 427
子野(魯) 5-179, 184
——— 卒→未成君卒 5-179, 184
子野(晉)→師曠 6-12
子揚(楚) 3-47
——— 鬪般 3-47
子揚窓(庸) 2-444
子魚(宋) 2-67, 140, 149, 152, 157
——— 公子目夷 2-78, 147
——— 目夷 2-67
——— 司馬子魚 2-138
子魚(衛)→庾公差 4-183
子魚(衛)→祝佗 7-125, 127
子魚(楚) 6-183
——— 魴 6-183
子言(魯)→季寤 7-194
子餘(晉)→趙衰 2-181, 6-107
子如(鄭)→公子班 3-283, 284, 320
子輿(晉) 3-189
子然(鄭) 3-284, 4-15, 252
子然(鄭)→駟歂 7-200
子淵捷(齊) 6-338
——— 子車 6-16, 338
子閻(楚) 3-256
訾敖(楚)→公子比 6-101
子玉(齊)→陳瓘 8-33, 63
子玉(楚) 2-171, 210, 216, 234, 236, 238, 241, 243, 249, 388, 3-126
——— 得臣 2-224, 241, 249, 3-126
——— 成得臣 2-162, 210
——— 令尹子玉 2-202, 211
子玉(楚)→觀從 6-100
子玉霄(衛) 6-222
子姚(鄭)→罕達 7-279, 286, 347
子羽(魯)→顏羽 7-364
子羽(衛) 7-382
子羽(鄭) 3-320
子羽(鄭)→公孫揮 4-344, 5-118, 168, 196, 197, 214, 222, 224, 360, 6-45
子盂(楚) 4-368
子元(鄭) 6-59
子元(鄭)→鄭厲公 1-207
子元(楚)→公子元 1-454, 455
子員(晉) 5-12
子越(楚)→子越椒 2-446, 3-47
子越椒(楚) 2-385, 3-46
——— 伯棼 2-234, 3-48

———— 子越 2-446, 3-47
———— 椒 2-381
子游(宋) 1-395
子游(鄭) 6-204, 165
———— 駟偃 6-204
子游(鄭)→公子偃 3-243
子猶(齊)→梁丘據 6-234, 334
子兪彌(鄭) 3-39
子儀(周)〈王子儀〉1-351
子儀(周)→王子克 1-351
子儀(鄭) 2-267
子儀(楚) 2-202, 424
———— 申公子儀 2-202
———— 鬪克 2-202
子儀(楚)〈異人〉5-36
子儀克(宋) 8-73
子耳(鄭) 4-76, 78, 118, 120, 122, 5-410
———— 公孫輒 4-99, 107, 108
子人(鄭)→語 1-333
子印(鄭) 3-320
子人氏(鄭) 2-59
子賸(鄭)→罕達 7-388
子臧(鄭) 2-192, 3-39
子臧(曹) 3-321, 331, 375, 4-172
———— 公子欣時 3-321
子張(魯)→叔孫輒 7-336
子張(鄭) 3-134
子張(鄭) 4-236, 289
———— 公孫黑肱 4-288
———— 伯張 4-289
子張(鄭)→豐卷 5-176
子適(衛)→公子瑕 2-267
子展(衛) 4-182, 187, 8-109
子展(鄭) 4-78, 79, 102, 104, 119, 137, 138, 144, 236, 251, 252, 294, 364, 365, 374, 5-21, 27, 28, 29, 45, 69, 72, 87, 90, 121
———— 公孫舍之 4-99, 100, 132
子占(齊)→孫書 6-203
子丁(鄭) 4-76
子朝(宋) 7-373
子朝(周)→王子朝 7-153
子朝(蔡) 5-34
子周(齊) 6-41
子朱(晉) 5-12
子朱(楚)→息公子朱 2-390
子舟(楚)→文之無畏 2-390
子重(楚) 3-101, 211, 249, 256, 258, 276, 279, 354, 364, 368, 385, 413, 4-24, 26
———— 公子嬰齊 3-178, 214, 243, 253, 272, 4-24, 26
———— 令尹子重 3-211, 295
———— 嬰齊 3-277, 5-396
子仲(魯)→公子憖 6-72, 73, 121, 7-26
子之(衛)→公孫彌牟 7-383, 8-97
子之(齊)→慶舍 5-95, 99, 101
訾枝 2-443
子齹(鄭) 6-165
子捷(楚) 4-368
子招(陳)→公子招 5-225
子叢(魯)→公子買 2-230
子蕩(楚) 3-256, 257
子蕩(楚)→薳罷 5-80, 152, 356, 387
子大叔(鄭)→游吉 4-339, 379, 380, 5-285, 384, 359, 408, 6-15, 65, 114, 123, 124, 160, 165, 188, 194, 195, 239, 297, 306, 331, 7-136, 197
子頹(周)→王子頹 1-418, 450
子貝(楚) 2-446

子蒲(秦) 7-155, 156
子豐(鄭) 4-73, 5-299
子皮(鄭) 4-182, 5-122, 163, 165, 169, 173, 176, 193, 200, 201, 221, 224, 236, 306, 359, 384, 412, 6-44, 45, 55, 126
———— 罕虎 5-171, 211, 252, 304, 367, 384, 6-43, 49
———— 虎 5-173, 201
子皮(宋)→華貙 6-246
子皮氏(鄭) 5-412
子瑕(鄭)→公子瑕 3-39
子瑕(鄭)→駟乞 6-204
子瑕(楚)→陽匄 6-284
子罕(宋) 4-221, 5-73
———— 司城 5-75
———— 司城氏 5-123
———— 司城子罕 5-123
———— 樂喜 4-87, 5-75
子罕(鄭) 3-284, 325, 332, 343, 374, 4-21, 61, 73, 201, 204
———— 公子喜 3-322, 339
子韓晳(齊) 6-134
子行(衛) 4-182
子行(齊)→陳子行 8-15, 17
子行敬子(衛) 7-125
子革(鄭)→然丹 4-252, 6-80, 98
子革氏(鄭) 4-251
子狐(鄭) 4-76
子虎(秦) 7-155
子華(鄭) 2-61, 126, 192, 3-39
———— 鄭世子華 2-57
———— 大子華 2-59
子還成(衛) 8-43
———— 瞞成 8-44
———— 司徒瞞成 8-42
子侯(鄭) 4-76, 284
子欣(宋) 8-21
子熙(鄭) 4-76
爵 1-423
柞 5-402
禚 1-359, 363, 7-207, 8-36
作甲→賦稅(類) 3-172, 174
—— 作丘甲 3-172, 174
作軍→賦稅(類) 4-132, 134, 136
—— 作三軍 4-132, 134, 136
汋陵 3-343
作武其卒章曰〈周頌 武〉3-122
鵲巢 5-236
作頌曰〈周頌 時邁〉3-122
鵲岸 5-368
汋曰〈周頌 汋〉3-93
作主→郊廟(類) 2-317, 324
—— 作僖公主 2-317, 324
汋陂 3-343
潛 1-176, 179, 7-10, 11, 78
蠶室 7-339
箴尹固(楚) 8-56
箴尹克黃(楚) 3-48
———— 生 3-48
箴尹宜咎(陳) 5-335
戕→事變(類) 3-165, 167
— 邾人戕鄫子于鄫 3-165, 167
章(楚)→楚惠王 7-313
鄣 1-460
蔣 2-185, 4-152
漳 3-47, 7-315
莊 7-312
臧賈(魯) 4-218, 321
———— 賈 4-321

長葛 1-202, 211, 2-212, 216
莊姜(齊) 1-190
張匄(宋) 6-246, 253
張骼(晉) 4-339, 5-360
臧堅(魯) 4-218
匠慶(魯) 4-40
莊公(齊)→齊莊公 5-80, 108, 117
莊公葬(魯)→公葬 1-475, 477
莊公薨(魯)→公薨 1-465, 471
長丘 2-397
廧咎如 2-166, 3-221, 226
張君臣(晉) 4-209
莊宮 6-343, 7-176
莊堇(宋) 6-253
匠麗氏(晉) 3-398
張老(晉) 3-405, 4-32
長武子(晉) 8-87
臧武仲(魯) 3-414, 4-37, 163, 185, 246, 264, 283, 321, 327
———— 悼子 3-313
———— 臧孫 4-187, 218, 298, 314, 317, 319, 321, 317, 327
———— 臧孫紇 4-144, 298, 321, 5-415
———— 臧紇 4-50, 187, 218, 314, 319, 321, 327
———— 出奔邾→內大夫奔 4-298, 319
———— 紇 3-313, 321
臧文仲(魯) 1-392, 2-144, 148, 155, 193, 210, 274, 288, 327, 345, 351, 459, 466, 8-88
———— 臧孫 2-210
———— 臧孫達 1-392
———— 臧孫辰 1-452, 456, 2-386
———— 卒→內大夫卒 2-386
莊伯(晉) 2-48
臧賓如(魯) 7-344
將鉏(宋) 3-343
臧宣叔(魯) 3-168, 175, 183, 215, 227, 4-321
———— 宣叔 8-88
———— 臧孫 3-213
———— 臧孫許 3-173, 176, 230
———— 卒→內大夫卒 3-230
———— 許 3-168
臧昭伯(魯) 6-315, 323, 328
———— 臧孫 6-315, 316, 320
臧孫(魯)→臧武仲 4-187, 218, 298, 314, 317, 319, 321, 317, 327
臧孫(魯)→臧文仲 2-210
臧孫(魯)→臧宣叔 3-213
臧孫(魯)→臧昭伯 6-315, 316, 320
臧孫達(魯)→臧哀伯 1-270
臧孫達(魯)→臧文仲 1-392
臧孫辰(魯)→臧文仲 1-452, 456, 2-386
臧孫許(魯)→臧宣叔 3-173, 176, 230
臧孫紇(魯)→臧武仲 4-144, 298, 321, 5-415
莊叔(魯) 5-351
莊叔(魯)→叔孫得臣 2-331, 335, 383, 396, 463
萇叔(周)→萇弘 7-105
臧氏(魯) 4-317, 319, 321, 5-347, 6-315, 328, 329
臧氏老(魯) 6-315, 328, 329
長岸 6-170, 6-183
臧哀伯(魯) 1-265
———— 臧孫達 1-270
長魚矯(晉) 3-390, 395
莊王(周) 1-351, 418
———— 王 1-351, 1-356

臧爲(魯) 4-321
——— 爲 4-321
長衛姬(衛)→衛共姬 2-130
張柳朔(晉) 7-304
牆人 6-281
長子 4-225
莊子(魯)→魏絳 4-174
長勺 1-383, 387
長勺氏 7-127
長牂(衛) 2-252
長樗 4-25, 28
張趯(晉) 5-285, 306, 360, 6-25
——— 孟 5-306
長狄僑如(狄) 2-396, 5-154
長狄緣斯 2-397
莊朝(宋) 4-217
臧疇(魯) 4-218
將仲子兮 5-28
萇弘(周) 6-50, 178, 187, 287, 294, 7-105, 127, 128, 293, 294
——— 萇叔 7-105
章華之宮 5-391
章華之臺↔新臺 5-396
臧會(魯) 6-328, 329
——— 會 6-315, 328, 329
張侯(晉)→解張 3-186, 187
臧紇(魯)→臧武仲 4-50, 187, 218, 314, 319, 321, 327
臧僖伯(魯)→公子彄 1-202, 211
災→災祥(類) 1-332, 333, 419, 2-142, 3-220, 4-85, 90, 150, 160, 6-23, 29, 186, 187~190, 7-111, 289, 290, 298
— 亳社災 7-298
— 西宮災 2-142
— 宋衛陳鄭災 6-186, 187~190
— 宋災 4-85, 90, 150, 160
— 新宮災 3-220
— 御廩災 1-332, 333
— 齊大災 1-419
— 陳災 6-23, 29
— 雉門及兩觀災 7-111
— 桓宮僖宮災 7-289, 290
宰渠伯糾(周) 1-281, 282
——— 渠伯糾 1-281, 282
宰孔(周)→宰周公 2-69, 70, 71
梓愼(魯) 5-83, 399, 6-143, 179, 187, 210, 249, 296
宰周公(周) 2-265
——— 宰孔 2-69, 70, 71
——— 周公 2-423
——— 周公閱 2-271, 420
載馳 1-491, 4-254
宰咺(周) 1-159, 171
著(晉) 4-270
雎 7-142, 145
著丘公(莒) 5-332, 6-138
——— 莒子去疾 6-133
——— 去疾 5-193, 213, 254
——— 自齊入于莒→外大夫入 5-213, 254
——— 卒→諸侯卒 6-133, 138
渚宮 2-388
鴡鳩氏 6-174
褚師段(宋)〈子石〉 4-261
褚師比(衛) 8-42, 44, 94
——— 褚師聲子 8-92
褚師聲子(衛)→褚師比 8-92
褚師子肥(宋) 7-335
褚師子申(衛) 6-218
褚師定子(宋) 8-101

褚師圃(衛) 6-215, 222, 7-207
褚氏 6-341
著雍 4-115, 243, 6-127
災祥(類)
——— 鸜鵒來巢 6-301, 312
——— 饑 3-74, 141, 153, 4-331
——— 多麋 1-410
——— 大水 1-259, 260, 328, 371, 390, 392, 438, 442, 444, 3-74, 235, 4-330
——— 大雨震電 1-231, 232
——— 大旱 2-145, 148, 3-57
——— 螟 1-202, 225, 367
——— 無麥苗 1-371, 372
——— 無麥禾 1-451
——— 無冰 1-331, 3-172, 5-81, 83
——— 不雨 1-464, 2-20, 24, 25, 24, 2-319, 2-387, 2-410
——— 山崩 2-94, 96, 3-235, 237
——— 星不見 1-371, 372
——— 星隕 1-371, 372
——— 星孛 2-418, 422, 6-170, 179, 7-388
——— 蝝 3-141, 153
——— 屋壞 2-410, 416
——— 雨 2-25
——— 雨木冰 3-339
——— 雨雹 2-262, 263, 5-285, 311, 319
——— 牛死 3-33, 7-252
——— 牛傷 3-33, 252, 7-252, 262
——— 雨雪 1-231, 232, 306, 2-80
——— 雨螽 2-330, 334
——— 隕霜不殺草李梅實 2-285
——— 隕霜殺菽 7-100
——— 隕石 2-123, 124
——— 有年 1-278, 3-154
——— 有蜚 1-173, 457, 459
——— 有蜮 1-411, 413
——— 日食 1-181, 276, 345, 346, 411, 441, 443, 445, 461, 2-41, 87, 99, 101, 305, 430, 436, 3-62, 71, 158, 340, 383, 4-166, 198, 257, 263, 264, 296, 330, 5-51, 81, 390, 400, 6-143, 170, 172, 242, 249, 260, 293, 296, 74, 83, 152, 228, 253
——— 災 1-332, 333, 419, 2-142, 3-220, 4-85, 90, 150, 160, 6-23, 29, 186, 187~190, 7-111, 289, 290, 298
——— 螽 1-285, 2-99, 375, 3-54, 130, 140, 4-66, 7-379, 385, 388
——— 地震 2-381, 4-208, 6-199, 275, 287, 7-289
——— 震 2-100, 118
——— 退鷁 2-123, 124
——— 火 3-154, 156
——— 獲麟 8-9
載馳 1-491
赤(曹)〈曹僖公〉1-438
翟 2-44
狄 1-466, 485, 489, 2-53, 63, 65, 79, 80, 88, 91, 95, 2-126, 132, 143, 145, 166, 167, 175, 178, 184, 185, 190, 261, 264, 266, 274, 276, 278, 279, 284, 2-293, 294, 3-79, 83, 293, 297, 317, 350, 395, 5-212
籍丘子鉏(齊) 7-181
赤棘 3-173, 174, 299
籍談(晉) 5-360, 6-149, 152, 270, 272
適歷 7-73, 74
翟僂新(宋) 6-251
狄滅→滅 2-79, 80
—— 狄滅溫 2-79, 80
狄虒彌(魯) 4-110
籍氏(晉) 6-149
籍偃(晉) 3-405, 4-270

赤狄 3-34, 43, 55, 59, 83, 131, 147, 226, 7-300
籍秦(晉) 7-27, 176, 235, 251
狄泉↔翟泉 6-275, 7-90, 100
翟泉↔狄泉 2-262, 263
糴茷(晉) 3-283, 287, 295
鱄(衛)→子鮮 4-185, 5-50, 55
旃(魯)→公之 6-315
戰→戰爭(類)
鄟 3-242, 244
展禽(魯) 2-208, 327
鄟陵 6-332, 341
鄟門 4-97
田丙(宋) 8-73
田賦 7-378, 380, 376, 377
田賦→賦稅(類) 7-378, 380
—— 用田賦 7-378, 380
鱄設諸 6-214, 7-12, 13
前城 6-270, 272
田蘇(晉) 4-69
展氏(魯) 2-118
展氏(魯)→無駭 1-229
展輿(莒) 5-193, 213, 254
———— 出奔吳→諸侯奔 5-213, 254
展如(吳) 7-366, 368
旃然 4-236
澶淵 4-256, 258, 5-10, 26, 151, 171
展玉父(魯) 5-127
顓項 6-21, 174
顓項氏 2-471, 7-52
顓項之虛〈衛〉 6-36, 180
顓臾 2-150
展莊叔(魯) 5-104, 126
戰爭(類)
———— 彊田 5-213, 255
———— 乞師 2-206, 210
———— 公救 1-451, 455, 3-253, 256, 4-53, 198
———— 內大夫救 2-98, 101, 126, 381, 384, 4-150, 151, 298, 313
———— 師救 2-132
———— 王臣救 1-367, 368
———— 諸侯相救 1-475, 476, 2-13, 15, 52, 54, 132, 223, 331, 334, 3-13, 16, 17, 67, 70, 89, 129, 243, 249, 4-109, 126, 7-323, 332, 353, 355
———— 公伐 1-218, 220, 2-146, 151, 152, 284, 293, 360, 363, 7-323, 328, 337, 339, 341, 366, 380, 381, 445, 445, 2-207, 211, 27, 29, 52, 54, 3-165, 219, 222, 282, 284, 304, 305, 341, 373, 381, 384, 382, 388, 42, 43, 57, 58, 4-86, 97, 108, 121, 132, 139, 133, 143, 7-351, 353, 356, 366
———— 內大夫伐 1-194, 235, 237, 306, 324, 325, 344, 346, 358, 360, 361, 2-284, 293, 329, 331, 418, 421, 3-73, 77, 79, 261, 269, 4-166, 178, 208, 211, 256, 258, 6-34, 42, 7-263, 274, 276, 310
———— 伐我 1-415, 2-205, 208, 451, 453, 3-176, 179, 4-75, 78, 108, 121, 150, 151, 198, 203, 198, 203, 207, 208, 213, 216, 218, 216, 218, 217, 219, 224, 225, 345, 347, 7-173, 175, 179, 186, 334, 339, 356, 357
———— 諸侯相伐 1-179, 181, 193, 194, 201, 251, 202, 218, 220, 237, 239, 284, 332, 333, 399, 405, 406, 407, 406, 407, 420, 451, 452, 451, 455, 461, 463, 466, 2-14, 16, 25, 26, 28, 56, 57, 63, 65, 75, 79, 85, 87, 98, 101, 99, 102, 126, 100, 119, 127, 132, 133, 133, 134, 137, 139,

143, 144, 145, 149, 151, 152, 160, 161, 161, 175, 190, 206, 207, 222, 229, 285, 297, 306, 311, 306, 311, 320, 328, 330, 332, 331, 334, 337, 339, 362, 371, 381, 383, 386, 388, 394, 395, 430, 437, 431, 451, 452, 3-13, 16, 17, 14, 18, 19, 24, 34, 36, 43, 50, 52, 53, 61, 62, 62, 65, 66, 68, 66, 67, 70, 73, 77, 73, 77, 75, 78, 89, 129, 130, 131, 130, 131, 133, 134, 140, 165, 167, 220, 223, 221, 226, 222, 223, 231, 233, 243, 249, 252, 254, 253, 256, 272, 279, 272, 273, 281, 322, 325, 329, 332, 400, 409, 4-12, 14, 16, 18, 24, 26, 26, 35, 53, 59, 75, 78, 86, 104, 107, 118, 108, 118, 133, 143, 134, 150, 167, 194, 216, 216, 217, 225, 236, 240, 245, 297, 309~312, 330, 337, 330, 338, 330, 339, 347, 374, 347, 378, 5-11, 45, 312, 329, 346, 368, 374, 387, 374, 388, 6-63, 6-80, 64, 87, 143, 146, 154, 155, 199, 201, 199, 203, 259, 261, 7-84, 86, 112, 113, 122, 228, 229, 232, 253, 256, 263, 271, 289, 304, 304, 308, 310, 308, 310, 310, 346, 348, 346, 348, 352, 353, 355, 379, 385, 387

公圍 2 52, 54, 4-224, 232, 6-332, 337, 7-229, 231

——— 內大夫圍 3-220, 226, 4-12, 13, 6-88, 91, 7-163, 211, 217~218, 219, 290

——— 師圍 1-373, 374

——— 諸侯圍 1-202, 211, 2-52, 54, 137, 140, 160, 161, 196, 207, 211, 213, 217, 228, 258, 265, 267, 274, 276, 330, 334, 400, 404, 3-34, 38, 67, 69, 88, 89, 133, 137, 273, 281, 4 36, 43, 66, 72, 6-48, 51, 273, 275, 7-122, 137, 153, 162, 210, 215, 262, 263, 288, 290, 323, 332

——— 圍內邑 4-150, 151, 198, 203, 208, 213, 216, 218

——— 公次 1-360, 361, 2-27, 30, 98, 101, 6-301, 322, 7-28, 47

——— 內大夫次 4-12, 14, 298, 313

——— 師次 1-372, 460

——— 諸侯次 1-384, 388, 2-13, 388, 390, 7-197, 207, 231, 233, 253, 257

——— 公追 1-411, 413, 2-205

——— 公侵 1-383, 2-27, 29, 7-119, 123, 163, 164, 178, 181, 184

——— 歸內邑 7-335, 346

——— 歸內田 3-71, 75, 7-210, 215

——— 克 1-158, 167, 168

——— 棄師 1-485

——— 來乞師 3-303, 304, 340, 344, 382, 402, 414

——— 來歸俘 1-368, 369

——— 內大夫侵 2-29, 34, 3-242, 249, 4-329, 337, 7-180, 191

——— 內入 1-177, 180, 222, 241, 243, 263, 271, 2-213, 215, 4-150, 151, 7-323, 328

——— 諸侯相入 1-176, 179, 201, 208, 237, 237, 240, 485, 489, 2-142, 143, 223, 230, 283, 285, 344, 430, 437, 431, 3-80, 84, 254, 258, 272, 279, 4-346, 364~365, 346, 370, 6-186, 192, 7-122, 152, 154, 334, 335, 387, 389

——— 內戰 1-315, 317, 324, 325, 327, 344, 345, 380, 381, 2-152, 2-155, 3-176, 186~187

——— 諸侯戰 1-451, 452, 2-100, 108, 2-132, 134, 152, 156, 223, 317, 320, 361, 366, 401, 406~409, 3-19, 20, 88, 92~125, 176, 183, 340, 350, 6-170, 183, 7-122, 141, 275, 282~285, 356, 368

──── 內取 1-236, 238, 236, 238, 2-151, 152, 207, 211, 284, 293, 360, 363, 3-42, 43, 66, 68, 73, 77, 242, 244, 4-155, 156, 5-212, 226, 312, 332, 7-84
──── 內取田 2-272, 274, 3-178, 201, 4-239, 242, 7-274, 276
──── 諸侯相取 1-193, 212, 216, 2-24
──── 內敗 1-236, 238, 383, 387, 384, 388, 390, 2-14, 17, 14, 17, 395, 396, 5-346, 368
──── 內敗績 1-380, 381
──── 來獻捷 1-463, 464, 2-146
──── 師還 1-373, 374
──── 殲 1-410, 411
──── 戍 2-222, 230, 4-52, 57, 108, 125
──── 襲 4-299, 325
──── 王師敗績 3-173, 175
──── 王臣會伐 1-399, 400
──── 諸侯相侵 1-405, 406, 438, 457, 459, 2-20, 24, 91, 95, 145, 222, 229, 264, 266, 265, 278, 279, 284, 293, 336, 381, 387, 395, 411, 3-13, 13, 14, 18, 19, 24, 34, 38, 34, 43, 54, 178, 213, 242, 245, 260, 264, 282, 283, 339, 342, 381, 383, 401, 413, 4-12, 15, 17, 21, 74, 76, 132, 138, 151, 152, 240, 250, 7-173, 175, 179, 191, 322, 323, 322, 323, 352, 354, 387
──── 諸侯敗 1-384, 388, 2-100, 119, 283, 290, 284, 294, 3-296, 299, 5-212, 252, 6-274, 284, 7-242, 246~247
──── 諸侯敗績 1-327, 451, 452, 2-132, 134, 152, 156, 223, 317, 320, 3-19, 20, 88, 92~125, 176, 183, 176, 186~187, 340, 366, 7-122, 141, 275, 285, 356, 368
──── 取內邑 3-12, 16, 6-302, 333, 7-334, 343
──── 取師 1-237, 239, 7-346, 347, 386, 388~389
──── 侵我 2-205, 207, 362, 369, 430, 431, 438, 439, 4-167
──── 降 1-373, 374, 460
展陂 3-233
展瑕(魯) 5-127
展喜(魯) 2-208
顚頡(晉) 2-166, 231
竊→告盜(類) 7-181, 194
─ 盜竊寶玉大弓 7-181, 194
折 1-319
節 5-275
苫越(魯)→苫夷 7-186
苫夷(魯) 7-175
──── 苫越 7-186
珽 1-266
鄭〈篇名〉 5-130
棰↔檇 2-147
鄭簡公(鄭) 4-73, 6-62, 65, 7-65
──── 葬→諸侯葬 6-62, 65
──── 鄭伯 4-75, 77, 99, 122, 133, 143, 144, 206, 208, 211, 224, 236, 256, 264, 282, 330, 333, 336, 346, 374, 5-21, 27, 34, 69, 87, 88, 93, 110, 118, 153, 157, 162, 163, 186, 192, 236, 252, 256, 273, 299, 309, 311, 312, 312, 323, 329, 356, 366, 384, 399, 6-15, 43
──── 鄭伯嘉 6-62
──── 卒→諸侯卒 6-62, 65
定姜(齊) 3-323, 4-119, 184
──── 夫人姜氏 3-327
──── 夫人婦姜氏 3-323, 326
庭堅 2-345, 469
正考父(宋) 5-415
鄭共叔(鄭)→共叔段 1-174
定公葬(魯)→公葬 7-254, 257

定公卽位(魯)→卽位 7-99
定公薨(魯)→公薨 7-252, 256
鄭丘緩(晉) 3-186
———— 緩 3-187
靜女 7-200
鄭丹(鄭)→然丹 6-59
鄭悼公(鄭) 3-239, 248
———— 鄭伯 3-231, 233, 235, 239, 240, 243
———— 鄭伯費 3-242
———— 卒→諸侯卒 3-242, 248
鄭悼公(鄭) 4-284
鄭羅(鄭) 7-347
鄭滅→滅 7-162, 164
—— 鄭游速帥師滅許 7-162, 164
鄭穆公(鄭) 2-285, 3-16, 35, 39, 5-410, 7-32
———— 公子蘭 2-271, 3-39
———— 蘭 3-39
———— 葬→諸侯葬 3-35
———— 鄭伯 2-318, 370, 390, 411, 416, 418, 438, 454
———— 鄭伯蘭 3-34
———— 卒→諸侯卒 3-34, 39
鄭武公(鄭) 1 163, 171, 184, 3-39, 4-370
鄭文公(鄭) 2-159, 170
———— 鄭伯 1-447
———— 鄭伯捷 2-278
———— 鄭捷 7-128
———— 卒→諸侯卒 2-278
井伯(虞) 2-50
鄭伯(鄭)→公子儀 1-361, 362, 399
鄭伯(鄭)→鄭簡公 4-75, 77, 99, 122, 133, 143, 144, 206, 208, 211, 224, 236, 256, 264, 282, 330, 333, 336, 346, 374, 5-21, 27, 34, 69, 87, 88, 93, 110, 118, 153, 157, 162, 163, 186, 192, 236, 252, 256, 273, 299, 309, 311, 312, 312, 323, 329, 356, 366, 384, 399, 6-15, 43
鄭伯(鄭)→鄭穆公 2-318, 370, 390, 411, 416, 418, 438, 454
鄭伯(鄭)→鄭文公 1-447
鄭伯(鄭)→鄭成公 3-264, 270, 272, 275, 276, 284, 287, 298, 304, 325, 328, 340, 362, 400, 409, 51
鄭伯(鄭)→鄭勝 7-283, 8-29
鄭伯(鄭)→鄭襄公 3-58, 59, 66, 70, 79, 86, 89, 126, 134, 204
鄭伯(鄭)→鄭厲公 1-324, 325, 327, 331, 332, 337, 338, 347, 399, 404, 406, 407, 408, 413, 420, 422, 423
鄭伯(鄭)→鄭莊公 1-158, 168, 183, 184, 190, 214, 217, 221, 222, 226, 228, 232, 233, 235, 237, 238, 239, 240, 241, 242, 243, 244, 248, 250, 251, 258, 259, 260, 262, 271, 283, 285, 286, 287, 299, 315, 4-370, 6-59
鄭伯(鄭)→鄭定公 6-67, 68, 89, 114, 124, 157, 160, 297
鄭伯(鄭)→鄭獻公 7-119, 172, 175, 180
鄭伯(鄭)→鄭僖公 4-25, 52, 53
鄭伯堅(鄭)→鄭襄公 3-230
鄭伯睔(鄭)→鄭成公 4-17, 21
鄭伯髡頑(鄭)→鄭僖公 4-66
鄭伯寧(鄭)→鄭定公 7-28
鄭伯突(鄭)→鄭厲公 1-334, 336, 421
鄭伯蘭(鄭)→鄭穆公 3-34
鄭伯寤生(鄭)→鄭莊公 1-318
鄭伯蠆(鄭)→鄭獻公 7 197
鄭伯捷(鄭)→鄭文公 2-278
定姒(杞) 4-36, 40

———— 夫人姒氏 4-36
———— 小君定姒 4-36
———— 葬→夫人葬 4-36, 40
———— 薨→夫人薨 4-36, 40
定姒(杞) 7-254, 257
———— 姒氏 7-253, 257
———— 葬→夫人葬 7-254, 257
———— 卒→夫人卒 7-253, 257
正常(魯) 7-294
鄭甥(晉)→荀吳 4-243
鄭書 7-30
鄭書有之 7-30
鄭成公(鄭) 3-255, 355, 4-20
———— 鄭伯 3-264, 270, 272, 275, 276, 284, 287, 298, 304, 325, 328, 340, 362, 400, 409, 4-51
———— 鄭伯睔 4-17, 21
———— 卒→諸侯卒 4-17, 21
鄭世子華(鄭)→子華 2-57
鄭昭公(鄭) 1-322, 338, 347, 6-59
———— 公子忽 1-185, 222, 227, 317
———— 檀伯 1-338
———— 曼伯 1-207, 287, 6-59
———— 世子忽 1-334
———— 出奔衛→諸侯奔 1-319
———— 大子 1-299
———— 大子忽 1-297, 298
———— 忽 1-298, 319
鄭勝(鄭)〈鄭聲公〉7-283
———— 鄭伯 7-283, 8-29
鄭襄公(鄭) 3-230
———— 公子堅 3-44
———— 葬→諸侯葬 3-230
———— 鄭伯 3-58, 59, 66, 70, 79, 86, 89, 126, 134, 204
———— 鄭伯堅 3-230
———— 卒→諸侯卒 3-230
鄭厲公(鄭) 1-322, 338, 339, 388, 400, 401, 402, 422, 2-58, 184
———— 公子突 1-233
———— 突 1-319, 322
———— 入于櫟→諸侯入 1-336
———— 子元 1-207
———— 葬→諸侯葬 1-422
———— 鄭伯 1-324, 325, 327, 331, 332, 337, 338, 347, 399, 404, 406, 407, 408, 413, 420, 422, 423
———— 鄭伯突 1-334, 336, 421
———— 卒→諸侯卒 1-421
———— 出奔蔡→諸侯奔 1-334, 338
正輿子(萊) 4-18, 63
鄭靈公(鄭) 3-44
———— 其君夷 3-42, 44
———— 幽公 3-78
———— 夷 2-454
———— 子蠻 3-204
———— 子貉 7-32
———— 大子夷 2-459
定王(周) 3-36, 55, 156, 241
———— 崩→天王崩 3-235, 241
———— 王 3-67, 155, 173, 216
———— 天王 3-73, 235
貞子(衛)→北宮喜 6-222
鄭子(鄭)→公子儀 1-350, 3-39, 400
鄭子元(鄭) 1-286
鄭莊公(鄭) 1-238, 247, 248, 318, 322
———— 公 1-166, 167, 169, 170, 184
———— 寤生 1-163
———— 葬→諸侯葬 1-318
———— 鄭伯 1-158, 168, 183, 184,

190, 214, 217, 221, 222, 226, 228, 232, 233, 235, 237, 238, 239, 240, 241, 242, 243, 244, 248, 250, 251, 258, 259, 260, 262, 271, 283, 285, 286, 287, 299, 315, 4-370, 6-59
———— 鄭伯寤生 1-318
———— 卒→諸侯卒 1-318, 322
程鄭(晉) 3-405, 4-303, 344, 379
鄭定公(鄭) 7-28
———— 葬→諸侯葬 7-28
———— 鄭伯 6-67, 68, 89, 114, 124, 157, 160, 297
———— 鄭伯寧 7-28
———— 卒→諸侯卒 7-28
鄭周父(齊) 3-189
鄭祭足(鄭)→祭伯 1-185, 207
鄭詹(鄭) 1-410, 411
鄭捷(鄭)→鄭文公 7-128
鄭翩(宋) 6-246, 253
鄭獻公(鄭) 7-197
———— 葬→諸侯葬 7-197
———— 鄭伯 7-119, 172, 175, 180
———— 鄭伯蠆 7-197
———— 卒→諸侯卒 7-197
鄭桓公(鄭) 6-163
程滑(晉) 3-402
鄭姬(鄭)〈齊桓公 姬妾〉2-130
鄭姬(鄭)〈陳哀公 元妃〉6-14
鄭僖公(鄭) 4-73, 74, 76
———— 葬→諸侯葬 4-74
———— 鄭伯 4-25, 52, 53
———— 鄭伯髡頑 4-66
———— 卒→諸侯卒 4-66, 73
濟 1-190, 411, 413, 2-272, 274, 8-36
祭〈國名〉2-185, 4-152
齊〈篇名〉5-130
制 1-163, 4-125
諸 1-458, 459, 2-401, 409
— 城→內城 1-458, 459, 2-401, 409
諸浮 2-411
齊簡公(齊) 8-14
———— 公 8-17, 19, 21
———— 其君壬 8-11, 26
齊姜(齊)〈魯成公 夫人〉4-17, 19
———— 夫人姜氏 4-16
———— 小君齊姜(齊) 4-17
———— 葬→夫人葬 4-17, 19
———— 薨→夫人薨 4-16, 19
齊姜(齊)〈邾文公 夫人〉2-422
齊姜(齊)〈晉獻公 夫人〉1-452, 2-36
齊頃公(齊) 3-159, 179, 272
———— 頃 6-16
———— 葬→諸侯葬 3-272
———— 齊侯 3-137, 160, 167, 177, 179, 185, 186, 193, 228, 235, 253, 270
———— 齊侯無野 3-271
———— 卒→諸侯卒 3-271
齊景公(齊) 4-357, 6-134, 7-304, 306
———— 景公 5-296
———— 公 5-101, 298, 303, 307, 6-39, 227, 238
———— 葬→諸侯葬 7-304
———— 齊侯 5-27, 49, 85, 288, 374, 388, 390, 6-67, 68, 89, 134, 154, 155, 156, 219, 223, 227, 233, 234, 259, 261, 301, 302, 322, 328, 332, 333, 334, 351, 352, 7-26, 46, 47, 50, 172, 173, 175, 197, 201, 204, 207, 208, 209, 210, 211, 212, 214, 224, 228, 231, 233, 234, 243, 249, 253, 257, 263, 268, 271, 304
———— 齊侯杵臼 7-304

———— 卒→諸侯卒 7-304, 306
帝丘 2-274, 276
齊歸(胡) 5-184, 6-49, 53, 57
———— 夫人歸氏 6-48
———— 小君齊歸 6-49
———— 葬→夫人葬 6-49, 57
———— 薨→夫人薨 6-48, 53
弟年(齊) 1-277
———— 齊仲年 1-280
齊悼公(齊) 7-318, 343, 352
———— 公 7-345
———— 公子陽生 7-306, 317
———— 陽生 7-309, 317
———— 入于齊 7-309
———— 葬→諸侯葬 7-352
———— 齊侯 7-343, 344, 346, 351
———— 齊侯陽生 7-351
———— 卒→諸侯卒 7-351, 354
齊滅→滅 1-385, 389, 397, 398, 4-61, 63
—— 齊師滅譚 1-385, 389
—— 齊人滅遂 1-397, 398
—— 齊侯滅萊 4-61, 63
提彌明(晉) 3-28
弟縉(晉) 1-310
齊潘(齊)→齊昭公 7-128
隄上 6-343
濟西 3-12, 16, 70, 75
齊昭公(齊) 2-130, 421
———— 齊潘 7-128
———— 齊侯 2-224, 226, 283, 370
———— 齊侯潘 2-418
———— 卒→諸侯卒 2-418, 421
濟隧 4-139
帝舜→舜 7-51
齊氏(衛) 6-217, 218, 222
齊氏(衛)→齊豹 6-222
齊惡(衛) 5-211, 415
———— 齊子 5-222, 225
諸鞅(越) 8-88
齊襄公(齊) 1-375, 378, 380, 397
———— 其君諸兒 1-373
———— 葬→諸侯葬 1-380
———— 齊侯 1-336, 338, 343, 348, 349, 350, 359, 362, 363, 371, 372, 375, 376
齊靈公(齊) 4-18, 241, 249, 357
———— 葬→諸侯葬 4-241
———— 齊侯 3-282, 304, 340, 381, 385, 389, 404, 4-18, 20, 28, 61, 63, 153, 194, 198, 203, 207, 208, 213, 216, 218, 225, 227, 229, 234, 240, 247, 249, 253
———— 齊侯環 4-240
———— 卒→諸侯卒 4-240, 249
———— 環 4-194
齊王姬(周)→共姬 1-359
帝乙 2-326, 7-349
齊懿公(齊) 2-130, 427, 462
———— 公子商人 2-419, 421
———— 其君商人 2-459
———— 商人 2-422
———— 齊侯 2-431, 439, 440, 441, 442, 452, 453, 461
齊人遷陽→國遷 1-483
齊子(魯)→叔老 4-211
齊子(衛) 1-491
齊子(衛)→齊惡 5-222, 225
齊子氏(衛) 6-217
齊莊公(齊) 4-249, 351, 360, 361
———— 公 4-352

―――― 光 4-247, 249

―――― 其君光 4-346

―――― 世子光 4-25, 52, 53, 86, 107, 108, 132, 133

―――― 莊公 5-80, 108, 117

―――― 齊侯 4-256, 264, 268, 279, 282, 288, 297, 299, 301, 309, 312, 325, 327, 337, 338

―――― 大子 4-234

―――― 太子光 4-13, 110, 121, 139

制田 3-374

齊仲年(齊)→弟年 1-280

齊豹(衛) 6-215, 216, 7-79

―――― 齊氏 6-222

齊惠公(齊) 2-130, 463, 3-73, 75, 6-37

―――― 公子元 2-427, 462

―――― 元 2-422

―――― 葬→諸侯葬 3-73

―――― 齊侯 3-12, 42, 43, 52, 57, 58, 66, 75

―――― 齊侯元 3-71

―――― 卒→諸侯卒 3-71, 75

帝鴻氏 2-471

齊桓公(齊) 1-381, 427, 501, 2-130, 132, 134, 138, 168, 178, 208, 258, 294, 5-313, 324, 6-41, 59, 107

―――― 公 2-130

―――― 公子小白 1-378

―――― 小白 1-380, 2-70

―――― 入于齊→外大夫入 1-380, 381

―――― 葬→諸侯葬 2-132, 134

―――― 齊侯 1-389, 393, 397, 399, 404, 406, 415, 425, 433, 434, 447, 448, 450, 452, 461, 463, 464, 465, 466, 475, 476, 477, 491

―――― 齊侯小白 2-128

―――― 卒→諸侯卒 2-128, 130

齊孝公(齊) 2-130, 134, 208, 213, 215

―――― 葬→諸侯葬 2-213

―――― 齊侯 2-160, 161, 208

―――― 齊侯昭 2-213

―――― 卒→諸侯卒 2-213, 215

齊侯(齊)〈齊平公〉8-72, 82

齊侯(齊)→齊頃公 3-137, 160, 167, 177, 179, 185, 186, 193, 228, 235, 253, 270

齊侯(齊)→齊景公 5-27, 49, 85, 288, 374, 388, 390, 6-67, 68, 89, 134, 154, 155, 156, 219, 223, 227, 233, 234, 259, 261, 301, 302, 322, 328, 332, 333, 334, 351, 352, 7-26, 46, 47, 50, 172, 173, 175, 197, 201, 204, 207, 208, 209, 210, 211, 212, 214, 224, 228, 231, 233, 234, 243, 249, 253, 257, 263, 268, 271, 304

齊侯(齊)→齊悼公 7-343, 344, 346, 351

齊侯(齊)→齊昭公 2-224, 226, 283, 370

齊侯(齊)→齊襄公 1-336, 338, 343, 348, 349, 350, 359, 362, 363, 371, 372, 375, 376

齊侯(齊)→齊靈公 3-282, 304, 340, 381, 385, 389, 404, 4-18, 20, 28, 61, 63, 153, 194, 198, 203, 207, 208, 213, 216, 218, 225, 227, 229, 234, 240, 247, 249, 253

齊侯(齊)→齊懿公 2-431, 439, 440, 441, 442, 452, 453, 461

齊侯(齊)→齊莊公 4-256, 264, 268, 279, 282, 288, 297, 299, 301, 309, 312, 325, 327, 337, 338

齊侯(齊)→齊惠公 3-12, 42, 43, 52, 57, 58, 66, 75

齊侯(齊)→齊桓公 1-389, 393, 397, 399, 404, 406, 415, 425, 433, 434, 447, 448, 450,

452, 461, 463, 464, 465, 466, 475, 476, 477, 491
齊侯(齊)→齊孝公 2-160, 161, 208
齊侯(齊)→齊僖公 1-183, 212, 218, 220, 224, 225, 228, 231, 233, 235, 237, 238, 241, 243, 244, 262, 275, 276, 277, 279, 280, 283, 285, 297, 298, 299, 315, 327
諸侯歸→事變(類) 1-334, 338, 2-227, 228, 265, 266, 3-341, 371, 375, 5-10, 18, 6-90, 128, 90, 128
——— 歸之于京師 2-227
——— 衛侯衎復歸于衛 5-10, 18
——— 衛侯鄭歸于衛 2-265, 266
——— 鄭世子忽復歸于鄭 1-334, 338
——— 曹伯歸自京師 3-341, 371, 375
——— 曹伯襄復歸于曹 2-228
——— 陳侯吳歸于陳 6-90, 128
——— 蔡侯廬歸于蔡 6-90, 128
諸侯同滅→滅 2-19, 22, 442, 446, 4-107, 110, 113
——— 滅庸 2-442, 446
——— 遂滅偪陽 4-107, 110, 113
——— 虞師晉師滅下陽 2-19, 22
諸侯來盟→盟會(類) 5-115, 129
——— 杞子來盟 5-115, 129
齊侯祿父(齊)→齊僖公 1-332
諸侯盟→盟會(類) 1-178, 181, 183, 190, 224, 227, 2-19, 23, 136, 143, 278, 279, 431, 438, 3-79, 81, 7-172, 175, 173, 175, 180
——— 盟于密 1-178, 181
——— 盟于石門 1-183, 190
——— 盟于瓦屋 1-224, 227
——— 宋公曹人邾人盟于曹南 2-136
——— 衛人及狄盟 2-278, 279
——— 衛侯鄭伯盟于曲濮 7-180
——— 齊人狄人盟于邢 2-143
——— 諸侯盟于扈 2-431, 438
——— 齊侯宋公江人黃人盟于貫 2-19, 23
——— 齊侯衛侯盟于沙 7-173, 175
——— 齊侯鄭伯盟于鹹 7-172, 175
——— 楚子陳侯鄭伯盟于辰陵 3-79, 81
齊侯無野(齊)→齊頃公 3-271
齊侯潘(齊)→齊昭公 2-418
諸侯奔→事變(類) 1-334, 338, 319, 341, 343, 385, 389, 438, 2-41, 47, 79, 224, 247, 399, 401, 4-167, 182, 5-213, 254, 285, 308, 6-242, 257, 274, 283, 7-64, 70, 351, 353
——— 莒共公(莒) 6-274, 283
——— 譚子(譚) 1-385, 389
——— 北燕伯款(燕) 5-285, 308
——— 徐子章羽(徐) 7-64, 70
——— 郕伯(郕) 2-399, 401
——— 溫子(溫) 2-79
——— 衛宣公(衛) 2-224
——— 衛獻公(衛) 4-167, 182
——— 衛惠公(衛) 1-341, 343
——— 展輿(莒) 5-213, 254
——— 鄭昭公(鄭) 1-319
——— 鄭厲公(鄭) 1-334, 338
——— 曹羈(曹) 1-438
——— 蔡侯朱(蔡) 6-242, 257
——— 弦子(弦) 2-41, 47
諸侯相救→戰爭(類) 1-475, 476, 2-13, 15, 52, 54, 132, 223, 331, 334, 3-13, 16, 17, 67, 70, 89, 129, 243, 249, 4-109, 126, 7-323, 332, 353, 355
——— 救江 2-331, 334
——— 求許 2-52, 54
——— 救邢 2-13, 15
——— 吳救陳 7-353, 355
——— 衛人救陳 3-89, 129
——— 狄救齊 2-132
——— 鄭駟弘帥師救曹 7-323, 332

———— 齊人救邢 1-475, 476
———— 晉郤缺帥師救鄭 3-67, 70
———— 晉欒書帥師救鄭 3-243, 249
———— 晉趙盾帥師救陳 3-13, 16, 17
———— 楚公子貞帥師救鄭 4-109, 126
———— 楚人救衛 2-223

諸侯相伐→戰爭(類) 1-179, 181, 193, 194, 201, 251, 202, 218, 220, 237, 239, 284, 332, 333, 399, 405, 406, 407, 406, 407, 420, 451, 452, 451, 455, 461, 463, 466, 2-14, 16, 25, 26, 28, 56, 57, 63, 65, 75, 79, 85, 87, 98, 101, 99, 102, 126, 100, 119, 127, 132, 133, 133, 134, 137, 139, 143, 144, 145, 149, 151, 152, 160, 161, 161, 175, 190, 206, 207, 222, 229, 285, 297, 306, 311, 306, 311, 320, 328, 330, 332, 331, 334, 337, 339, 362, 371, 381, 383, 386, 388, 394, 395, 430, 437, 431, 451, 452, 3-13, 16, 17, 14, 18, 19, 24, 34, 36, 43, 50, 52, 53, 61, 62, 62, 65, 66, 68, 66, 67, 70, 73, 77, 73, 77, 75, 78, 89, 129, 130, 131, 130, 131, 133, 134, 140, 165, 167, 220, 223, 221, 226, 222, 223, 231, 233, 243, 249, 252, 254, 253, 256, 272, 279, 272, 273, 281, 322, 325, 329, 332, 400, 409, 4-12, 14, 16, 18, 24, 26, 26, 35, 53, 59, 75, 78, 86, 104, 107, 118, 108, 118, 133, 143, 134, 150, 167, 194, 216, 216, 217, 225, 236, 240, 245, 297, 309~312, 330, 337, 330, 338, 330, 339, 347, 374, 347, 378, 5-11, 45, 312, 329, 346, 368, 374, 387, 374, 388, 6-63, 6-80, 64, 87, 143, 146, 154, 155, 199, 201, 199, 203, 259, 261, 7-84, 86, 112, 113, 122, 228, 229, 232, 253, 256, 263, 271, 289, 304, 304, 308, 310, 308, 310, 310, 346, 348, 346, 348, 352, 353, 355, 379, 385, 387
———— 莒人伐杞 1-193
———— 及江人黃人伐陳 2-28
———— 徐伐莒 2-362, 371
———— 宋公伐鄭 7-346, 348
———— 宋公伐邾 6-199, 201
———— 宋公衛侯許男滕子伐鄭 2-151, 152
———— 宋公曹伯衛人邾人伐齊 2-132, 133
———— 宋公陳侯……于棐林伐鄭 3-13, 16, 17
———— 宋公陳侯蔡人衛人伐鄭 1-194
———— 宋公楚子……執宋公以伐宋 2-145, 149
———— 宋師伐滕 3-73, 77
———— 宋師伐陳 3-89, 129
———— 宋向巢帥師伐鄭 7-310, 379, 385
———— 宋樂髡帥師伐曹 7-289
———— 宋人伐鄭 1-202, 7-352
———— 宋人伐曹 2-100, 119
———— 宋人伐陳 4-216
———— 宋人以齊人……伐鄭 1-332, 333
———— 宋人齊人衛人伐鄭 1-406, 407
———— 宋人齊人邾人伐郳 1-405
———— 宋人蔡人衛人伐戴 1-237, 239
———— 吳伐郯 3-252, 254
———— 吳伐越 7-84, 86
———— 吳伐陳 7-308, 310
———— 吳子遏伐楚 4-347, 378
———— 衛公孟彄帥師伐曹 7-228, 229, 232
———— 衛石買帥師伐曹 4-216, 217
———— 衛孫林父帥師伐齊 4-240, 245
———— 衛人伐齊 2-206
———— 衛人伐晉 2-306, 311
———— 衛人伐邢 2-137, 139
———— 戎伐凡伯于楚丘以歸 1-218, 220
———— 狄伐鄭 2-175, 190

―――― 狄伐晉 2-63, 65, 75
―――― 狄伐邢 1-466
―――― 鄭公孫夏帥師伐陳 4-347, 374
―――― 鄭公子去疾帥師伐許 3-220, 223
―――― 鄭公子喜帥師伐許 3-322, 325
―――― 鄭伯伐許 3-231, 233
―――― 鄭伐許 3-222, 223
―――― 鄭師伐宋 4-16, 18
―――― 鄭人伐衛 1-179, 181
―――― 鄭罕達帥師伐宋 7-253, 256
―――― 齊高發帥師伐莒 6-199, 203
―――― 齊師伐莒 3-130, 131
―――― 齊師曹師伐厲 2-99, 102, 126
―――― 齊人伐山戎 1-461, 463
―――― 齊人伐衛 1-451, 452
―――― 齊人伐戎 1-420
―――― 齊人伐鄭 2-56, 57
―――― 齊人徐人伐英氏 2-127
―――― 齊人陳人曹人伐宋 1-399
―――― 齊崔杼帥師伐莒 4-330, 338
―――― 齊侯伐莒 6-259, 261
―――― 齊侯伐萊 3-66
―――― 齊侯伐北燕 5-374, 388
―――― 齊侯伐徐 6-154, 155
―――― 齊侯伐宋 2-160, 161, 7-304
―――― 齊侯伐衛遂伐晉 4-297, 309~312
―――― 齊侯衛侯伐晉 7-263, 271
―――― 齊侯侵我西鄙遂伐曹 2-431
―――― 齊侯許男伐北戎 2-79
―――― 邾人鄭人伐宋 1-201, 251
―――― 晉郤缺帥師伐蔡 2-430, 437
―――― 晉郤克衛孫良夫伐廧咎如 3-221, 226
―――― 晉欒書帥師伐鄭 3-272
―――― 晉伐鮮虞 6-64, 87
―――― 晉師白狄伐秦 3-61, 62
―――― 晉師伐秦 4-108, 118
―――― 晉士鞅衛孔圉帥師伐鮮虞 7-122
―――― 晉荀林父帥師伐陳 3-66, 68
―――― 晉荀罃帥師伐許 4-26, 35
―――― 晉荀吳帥師伐鮮虞 6-143, 146
―――― 晉陽處父帥師伐楚 2-331, 334
―――― 晉人宋人伐鄭 3-14, 18
―――― 晉人宋人衛人曹人伐鄭 3-73, 77
―――― 晉人宋人陳人鄭人伐秦 2-320, 328
―――― 晉人衛人陳人鄭人伐宋 2-451, 452
―――― 晉人陳人鄭人伐許 2-285, 297
―――― 晉趙鞅帥師伐鮮虞 7-308, 310
―――― 晉趙鞅帥師伐衛 7-304
―――― 晉韓厥帥師伐鄭 4-12, 14
―――― 晉侯伐衛 2-222, 229, 306, 311
―――― 晉侯伐鄭 3-133, 134
―――― 晉侯伐秦 2-337, 339
―――― 晉侯衛世子臧伐齊 3-165, 167
―――― 秦伐晉 2-386, 388
―――― 秦師伐晉 3-19, 24
―――― 秦人白狄伐晉 3-273, 281
―――― 秦人伐晉 2-330, 332, 3-140, 4-134, 150
―――― 蔡人衛人陳人從王伐鄭 1-284
―――― 楚公子結帥師伐陳 7-353, 355
―――― 楚公子申帥師伐陳 7-387
―――― 楚公子嬰齊帥師伐莒 3-272, 279
―――― 楚公子嬰齊帥師伐吳 4-24, 26
―――― 楚公子嬰齊帥師伐鄭 3-243, 249, 253, 256
―――― 楚公子午帥師伐鄭 4-225, 236
―――― 楚公子貞帥師伐吳 4-167, 194
―――― 楚公子貞帥師伐鄭 4-75, 78
―――― 楚公子貞帥師伐陳 4-53, 59
―――― 楚公子貞鄭公孫輒帥師伐宋 4-107, 118
―――― 楚師伐陳 3-62, 65
―――― 楚薳罷帥師伐吳 5-374, 387

──── 楚人伐徐 2-98, 101
──── 楚人伐宋 2-207
──── 楚人伐隨 2-143, 144
──── 楚人伐吳 7-112, 113
──── 楚人伐鄭 2-14, 16, 25, 26, 3-52, 53, 381, 383
──── 楚人伐陳 2-161, 7-346, 348
──── 楚人伐黃 2-85, 87
──── 楚子伐麇 2-394, 395
──── 楚子伐徐 6-63, 6-80
──── 楚子伐宋 3-130, 131
──── 楚子伐吳 4-330, 337
──── 楚子伐陸渾之戎 3-34, 36
──── 楚子伐鄭 3-43, 50, 67, 70, 75, 78, 329, 332, 4-86, 104
──── 楚子鄭伯伐宋 3-400, 409, 4-133, 143
──── 楚子蔡侯……伐吳 5-312, 329, 5-346, 368
──── 楚子蔡侯陳侯伐鄭 5-11, 45
──── 楚子蔡侯陳侯許男伐鄭 4-330, 339
──── 荊伐鄭 1-406, 407, 451, 455
──── 邢人狄人伐衛 2-133, 134
諸侯相如→朝聘(類) 1-283, 285, 285, 289
──── 如紀 1-283
朝于紀 1 285
──── 如曹 1-285, 289
諸侯相入→戰爭(類) 1-176, 179, 201, 208, 237, 237, 240, 485, 489, 2-142, 143, 223, 230, 283, 285, 344, 430, 437, 431, 3-80, 84, 254, 258, 272, 279, 4-346, 364~365, 346, 370, 6-186, 192, 7-122, 152, 154, 334, 335, 387, 389
──── 莒人入向 1-176, 179
──── 宋公入曹 7 334, 335
──── 宋人衛人入鄭 1-237
──── 於越入吳 7-152, 154, 387, 389
──── 吳入郢 7-122
──── 吳入州來 3-254, 258
──── 衛師入郕 1-201, 208
──── 衛侯入于夷儀 4-346, 370
──── 狄入衛 1-485, 489
──── 鄭公孫舍之帥師入陳 4-346, 364~365
──── 鄭人入滑 2-142, 143
──── 齊人鄭人入郕 1-237, 240
──── 齊侯侵我西鄙遂伐曹入其郛 2-431
──── 邾人入鄅 6-186, 192
──── 晉郤缺帥師伐蔡戊申入蔡 2-430, 437
──── 秦人入鄀 2-344
──── 秦人入滑 2-283, 285
──── 晉侯入曹 2-223, 230
──── 楚人入鄆 3-272, 279
──── 楚子入陳 3-80, 84
諸侯相取→戰爭(類) 1-193, 212, 216, 2-24
──── 徐人取舒 2-24
──── 取牟婁 1-193
──── 取長葛 1-212, 216
諸侯相侵→戰爭(類) 1-405, 406, 438, 457, 459, 2-20, 24, 91, 95, 145, 222, 229, 264, 266, 265, 278, 279, 284, 293, 336, 381, 387, 395, 411, 3-13, 13, 14, 18, 19, 24, 34, 38, 34, 43, 54, 178, 213, 242, 245, 260, 264, 282, 283, 339, 342, 381, 383, 401, 413, 4-12, 15, 17, 21, 74, 76, 132, 138, 151, 152, 240, 250, 7-173, 175, 179, 191, 322, 323, 322, 323, 352, 354, 387
──── 介人侵蕭 2-265
──── 宋皇瑗帥師侵鄭 7-322, 323
──── 衛北宮括帥師侵鄭 3-381, 383
──── 衛孫良夫帥師侵宋 3-242, 245
──── 衛人侵狄 2-278, 279

——— 衛侯之弟黑背帥師侵鄭 3-282, 283
——— 戎侵曹 1-438
——— 赤狄侵齊 3-34, 43
——— 狄侵宋 2-387
——— 狄侵衛 2-91, 145, 411
——— 狄侵鄭 2-95
——— 狄侵齊 2-264, 266, 284, 293, 336, 381, 395
——— 鄭公孫舍之帥師侵宋 4-132, 138
——— 鄭公子喜帥師侵宋 3-339, 342
——— 鄭人侵宋 1-405, 406
——— 鄭人侵蔡 4-74, 76
——— 鄭人侵許 1-457, 459
——— 齊人執衛行人北宮結以侵衛 7-173, 175
——— 晉欒書帥師侵蔡 3-260, 264
——— 晉士匄帥師……乃還 4-240, 250
——— 晉師宋師衛甯殖侵鄭 4-17, 21
——— 晉士鞅帥師侵鄭遂侵衛 7-179, 191
——— 晉魏曼多帥師侵衛 7-322, 323, 387
——— 晉人宋人衛人陳人侵鄭 3-19, 24
——— 晉趙盾衛孫免侵陳 3-54
——— 晉趙鞅帥師侵齊 7-352, 354
——— 晉趙穿帥師侵崇 3-14, 18
——— 晉侯侵曹 2-222, 229
——— 楚公子壬夫帥師侵宋 4-12, 15
——— 楚公子貞帥師侵宋 4-151, 152
——— 楚師鄭師侵衛 3-178, 213
——— 楚人鄭人侵宋 3-401, 413
——— 楚人侵鄭 2-20, 24, 3-34, 38
——— 楚子鄭人侵陳 3-13
——— 楚子鄭人侵陳遂侵宋 3-13
諸侯城→興作(類) 2-13, 16, 18, 20, 94, 95, 5-115, 124, 7-85, 87~91
——— 杞 5-115, 124
——— 成周 7-85, 87, 91
——— 緣陵 2-94, 95
——— 楚丘 2-18, 20
——— 邢 2-13, 16
齊侯昭(齊)→齊孝公 2-213
齊侯小白(齊)→齊桓公 2-128
諸侯送女→婚姻(類) 1-277
——— 齊侯送姜氏于讙 1-277
齊侯陽生(齊)→齊悼公 7-351
諸侯遇→盟會(類) 1-222, 225, 362, 465~467
——— 宋公齊侯遇于梁丘 1-465~467
——— 遇于垂 1-222, 225
——— 齊侯陳侯鄭伯遇于垂 1-362
齊侯元(齊)→齊惠公 3-71
諸侯圍→戰爭(類) 1-202, 211, 2-52, 54, 137, 140, 160, 161, 196, 207, 211, 213, 217, 228, 258, 265, 267, 274, 276, 330, 334, 400, 404, 3-34, 38, 67, 69, 88, 89, 133, 137, 273, 281, 4-36, 43, 66, 72, 6-48, 51, 273, 275, 7-122, 137, 153, 162, 210, 215, 262, 263, 288, 290, 323, 332
——— 宋師圍曹 3-34, 38
——— 宋人圍滕 3-67, 69
——— 宋人圍曹 2-137, 140, 7-323, 332
——— 圍緡 2-160, 161, 207, 211
——— 圍長葛 1-202, 211
——— 狄圍衛 2-274, 276
——— 鄭人圍許 3-273, 281
——— 齊國夏衛石曼姑帥師圍戚 7-288, 290
——— 諸侯遂圍許 2-228, 258
——— 晉士鞅帥師圍鮮虞 7-153, 162
——— 晉人圍郊 6-273, 275
——— 晉人秦人圍鄭 2-265, 267
——— 晉趙鞅帥師圍衛 7-210, 215
——— 陳人圍頓 4-36, 43
——— 楚公子棄疾帥師圍蔡 6-48, 51
——— 楚公子貞帥師圍陳 4-66, 72

——— 楚人圍江 2-330, 334
——— 楚人圍巢 2-400, 404
——— 楚人圍陳 2-196
——— 楚人圍蔡 7-122, 137
——— 楚人圍許 2-52, 54
——— 楚人陳侯蔡侯鄭伯許男圍宋 2-213, 217
——— 楚子圍宋 3-133, 137
——— 楚子圍鄭 3-88, 89
——— 楚子陳侯隨侯許男圍蔡 7-262, 263
諸侯入→事變(類) 1-336, 367
——— 衛惠公(衛) 1-367
——— 鄭厲公(鄭) 1-336
諸侯葬→喪紀(類) 1-183, 201, 207, 224, 284, 314, 318, 327, 334, 344, 358, 360, 380, 422, 436, 2-29, 34, 57, 91, 347, 132, 134, 197, 213, 283, 290, 348, 358, 382, 3-35, 73, 88, 133, 158, 158, 219, 220, 230, 272, 304, 321, 328, 329, 333, 4-36, 60, 74, 206, 209, 240, 241, 296, 5-12, 45, 116, 151, 213, 284, 303, 373, 374, 390, 421, 6-12, 19, 35, 47, 48, 50, 62, 65, 91, 129, 133, 155, 169, 186, 193, 199, 241, 244, 293, 331, 334, 7-27, 28, 63, 64, 73, 114, 115, 121, 122, 180, 180, 197, 198, 227, 275, 297, 298, 299, 304, 346, 352, 353, 357, 388
——— 杞悼公(杞) 7-122
——— 杞文公(杞) 5-373
——— 杞平公(杞) 6-293
——— 杞桓公(杞) 4-60
——— 杞孝公(杞) 4-296
——— 杞僖公(杞) 7-346
——— 滕頃公(滕) 7-299
——— 滕悼公(滕) 7 28
——— 滕成公(滕) 5-284, 303
——— 滕隱公(滕) 7-357
——— 薛襄公(薛) 7-227
——— 薛獻公(薛) 7-73
——— 薛惠公(薛) 7-353
——— 宋共公(宋) 3-329, 333
——— 宋穆公(宋) 1-183
——— 宋文公(宋) 3-220
——— 宋元公(宋) 6-331, 334
——— 宋莊公(宋) 1-360
——— 宋平公(宋) 6-48, 50
——— 衛穆公(衛) 3-219
——— 衛文公(衛) 2-197
——— 衛宣公(衛) 1-327
——— 衛襄公(衛) 5-390, 421
——— 衛靈公(衛) 7-275
——— 衛定公(衛) 3-328
——— 衛獻公(衛) 5-116
——— 衛桓公(衛) 1-201, 207
——— 鄭簡公(鄭) 6-62, 65
——— 鄭穆公(鄭) 3-35
——— 鄭襄公(鄭) 3-230
——— 鄭厲公(鄭) 1-422
——— 鄭莊公(鄭) 1-318
——— 鄭定公(鄭) 7-28
——— 鄭獻公(鄭) 7-197
——— 鄭僖公(鄭) 4-74
——— 齊頃公(齊) 3-272
——— 齊景公(齊) 7-304
——— 齊悼公(齊) 7-352
——— 齊襄公(齊) 1-380
——— 齊靈公(齊) 4-241
——— 齊惠公(齊) 3-73
——— 齊桓公(齊) 2-132, 134
——— 齊孝公(齊) 2-213
——— 齊僖公(齊) 1-334
——— 曹共公(曹) 2-382
——— 曹悼公(曹) 7-27
——— 曹武公(曹) 6-133

——— 曹文公(曹) 3-133
——— 曹宣公(曹) 3-304, 321
——— 曹成公(曹) 4-240
——— 曹昭公(曹) 2-57
——— 曹莊公(曹) 1-436
——— 曹靖公(曹) 7-180
——— 曹平公(曹) 6-186, 193
——— 曹桓公(曹) 1-314
——— 郲悼公(郲) 5-213
——— 郲莊公(郲) 7-114, 115
——— 晉頃公(晉) 7-63, 64
——— 晉悼公(晉) 4-206, 209
——— 晉文公(晉) 2-283, 290
——— 晉昭公(晉) 6-155, 169
——— 晉襄公(晉) 2-348, 358
——— 晉平公(晉) 6-35, 47
——— 陳宣公(陳) 2-91
——— 陳成公(陳) 4-36
——— 陳哀公(陳) 6-12, 19
——— 陳靈公(陳) 3-88
——— 陳莊公(陳) 1-358
——— 陳惠公(陳) 7-121
——— 陳桓公(陳) 1-284
——— 陳懷公(陳) 7-180
——— 秦景公(秦) 5-373, 374
——— 秦哀公(秦) 7-198
——— 秦惠公(秦) 7-297
——— 蔡景公(蔡) 5-151
——— 蔡文侯(蔡) 3-158
——— 蔡宣公(蔡) 1-224
——— 蔡昭公(蔡) 7-298
——— 蔡靈公(蔡) 6-91, 129
——— 蔡平公(蔡) 6-241, 244
——— 蔡桓侯(蔡) 1-344
——— 許悼公(許) 6-199
——— 許穆公(許) 2-29, 34
——— 許昭公(許) 3-158
——— 許靈公(許) 5-12, 45
——— 許元公(許) 7-388
——— 許僖公(許) 2-347
齊侯杵臼(齊)→齊景公 7-304
諸侯戰→戰爭(類) 1-451, 452, 2-100, 108, 2-132, 134, 152, 156, 223, 317, 320, 361, 366, 401, 406~409, 3-19, 20, 88, 92~125, 176, 183, 340, 350, 6-170, 183, 7-122, 141, 275, 282~285, 356, 368
——— 宋公及楚人戰于泓 2-152, 156
——— 宋師及齊師戰于甗 2-132, 134
——— 宋華元帥師……戰于大棘 3-19, 20
——— 衛孫良夫帥師……戰于新築 3-176, 183
——— 衛人及齊人戰 1-451, 452
——— 齊國書帥師及吳戰于艾陵 7-356, 368
——— 晉荀林父帥師及楚子戰于邲 3-88, 92~125
——— 晉人及秦人戰于令狐 2-361, 366
——— 晉人秦人戰于河曲 2-401, 406~409
——— 晉趙鞅……帥師戰于鐵 7-275, 282~285
——— 晉侯及秦伯戰于韓 2-100, 108
——— 晉侯及秦師戰于彭衙 2-317, 320
——— 晉侯及楚子鄭伯戰于鄢陵 3-340, 350
——— 晉侯齊師……楚人戰于城濮 2-223
——— 蔡侯以吳子……戰于柏擧 7-122, 141
——— 楚人及吳戰于長岸 6-170, 183
諸侯卒→喪紀(類) 1-182, 218, 219, 222, 223, 282, 285, 314, 315, 318, 322, 323, 324, 332, 344, 346, 355, 359, 407, 421, 434, 441, 451, 463, 2-27, 34, 57, 67, 69, 68, 72, 87, 95, 128, 130, 161, 162, 161, 165, 163, 176, 196, 213, 215, 226, 278, 278, 279, 344, 348, 355, 361, 363, 381, 410, 410, 416, 418, 421, 459, 3-34, 39, 42, 66, 67, 67, 68, 71, 75, 133, 158, 158, 166,

167, 177, 202, 178, 203, 230, 242, 248, 271, 283, 304, 322, 323, 323, 327, 329, 332, 339, 343, 383, 4-17, 21, 35, 37, 60, 61, 66, 73, 83, 111, 151, 152, 155, 162, 198, 203, 215, 224, 240, 249, 296, 299, 347, 378, 5-11, 44, 114, 212, 214, 269, 284, 346, 373, 374, 390, 413, 6-9, 14, 35, 43, 35, 47, 62, 63, 64, 65, 73, 78, 133, 133, 138, 142, 155, 169, 186, 187, 209, 274, 293, 302, 327, 332, 342, 7-10, 28, 114, 115, 119, 121, 178, 179, 197, 198, 227, 243, 247, 274, 276, 290, 298, 304, 306, 308, 313, 335, 351, 354, 352, 356, 386

―― 渠丘公(莒) 3-322
―― 著丘公(莒) 6-133, 138
―― 杞悼公(杞) 7-121
―― 杞文公(杞) 5-373, 374
―― 杞成公(杞) 2-161, 165
―― 杞平公(杞) 6-293
―― 杞桓公(杞) 4-60, 61
―― 杞孝公(杞) 4-296, 299
―― 杞僖公(杞) 7-335
―― 滕頃公(滕) 7-298
―― 滕悼公(滕) 7-28
―― 滕文公(滕) 3-339, 343
―― 滕成公(滕) 5-284
―― 滕昭公(滕) 3-66
―― 滕隱公(滕) 7-356
―― 滕侯(滕) 1-218, 219
―― 薛伯(薛) 1-463
―― 薛襄公(薛) 7-227
―― 薛獻公(薛) 7-73, 78
―― 薛惠公(薛) 7-352
―― 宋共公(宋) 3-329, 332
―― 宋穆公(宋) 1-182
―― 宋文公(宋) 3-177, 202
―― 宋宣公(宋) 2-361, 363
―― 宋襄公(宋) 2-161, 162
―― 宋元公(宋) 6-302, 327
―― 宋莊公(宋) 1-359
―― 宋平公(宋) 6-35, 47
―― 宋桓公(宋) 2-67, 69
―― 宿男(宿) 1-223
―― 吳子壽夢(吳) 4-151, 152
―― 吳子夷末(吳) 6-142
―― 吳子諸樊(吳) 4-347, 378
―― 闔廬(吳) 7-243, 247
―― 衛穆公(衛) 3-178, 203
―― 衛文公(衛) 2-196
―― 衛宣公(衛) 1-324
―― 衛成公(衛) 3-67
―― 衛襄公(衛) 5-390, 413
―― 衛靈公(衛) 7-274, 276
―― 衛定公(衛) 3-323, 327
―― 衛獻公(衛) 5-114
―― 衛惠公(衛) 1-441
―― 鄭簡公(鄭) 6-62, 65
―― 鄭悼公(鄭) 3-242, 248
―― 鄭穆公(鄭) 3-34, 39
―― 鄭文公(鄭) 2-278
―― 鄭成公(鄭) 4-17, 21
―― 鄭襄公(鄭) 3-230
―― 鄭厲公(鄭) 1-421
―― 鄭莊公(鄭) 1-318, 322
―― 鄭定公(鄭) 7-28
―― 鄭獻公(鄭) 7-197
―― 鄭僖公(鄭) 4-66, 73
―― 齊頃公(齊) 3-271
―― 齊景公(齊) 7-304, 306
―― 齊悼公(齊) 7-351, 354
―― 齊昭公(齊) 2-418, 421
―― 齊靈公(齊) 4-240, 249
―― 齊惠公(齊) 3-71, 75

——— 齊桓公(齊) 2-128, 130
——— 齊孝公(齊) 2-213, 215
——— 齊僖公(齊) 1-332
——— 曹共公(曹) 2-381
——— 曹悼公(曹) 7-10
——— 曹武公(曹) 6-133
——— 曹文公(曹) 3-133
——— 曹宣公(曹) 3-304
——— 曹成公(曹) 4-224
——— 曹昭公(曹) 2-57
——— 曹莊公(曹) 1-434
——— 曹靖公(曹) 7-178
——— 曹平公(曹) 6-186, 187
——— 曹桓公(曹) 1-314, 315
——— 邾悼公(邾) 5-212
——— 邾文公(邾) 2-410, 416
——— 邾宣公(邾) 4-215
——— 邾儀父(邾) 1-407
——— 邾子瑣(邾) 1-451
——— 邾莊公(邾) 7-114, 115
——— 邾定公(邾) 3-383
——— 秦康公(秦) 2-459
——— 秦景公(秦) 5-346
——— 秦共公(秦) 3-42
——— 秦哀公(秦) 7-198
——— 秦惠公(秦) 7-290
——— 秦桓公(秦) 3-323
——— 晉景公(晉) 3-283
——— 晉頃公(晉) 7-63, 64
——— 晉悼公(晉) 4-198, 203
——— 晉文公(晉) 2-278, 279
——— 晉成公(晉) 3-67, 68
——— 晉昭公(晉) 6-155, 169
——— 晉襄公(晉) 2-348, 355
——— 晉平公(晉) 6-35, 43
——— 晉獻公(晉) 2-68, 72
——— 晉惠公(晉) 2-163, 176
——— 陳共公(陳) 2-410
——— 陳穆公(陳) 2-226
——— 陳宣公(陳) 2-87
——— 陳成公(陳) 4-35, 37
——— 陳哀公(陳) 6-9, 14
——— 陳厲公(陳) 1-323
——— 陳莊公(陳) 1-355
——— 陳惠公(陳) 7-119
——— 陳桓公(陳) 1-282, 285
——— 陳懷公(陳) 7-179
——— 東國(蔡) 6-274
——— 蔡穆侯(蔡) 2-95
——— 蔡文侯(蔡) 3-158
——— 蔡宣公(蔡) 1-222
——— 蔡平公(蔡) 6-209
——— 蔡桓侯(蔡) 1-344, 346
——— 郟敖(楚) 5-214, 269
——— 楚康王(楚) 5-83, 111
——— 楚共王(楚) 4-155, 162
——— 楚昭王(楚) 7-308, 313
——— 楚莊王(楚) 3-166, 167
——— 楚平王(楚) 6-332, 342
——— 許穆公(許) 2-27, 34
——— 許僖公(許) 2-344
——— 許昭公(許) 3-158
——— 許靈公(許) 5-11, 44
——— 許元公(許) 7-386
諸侯次→戰爭(類) 1-384, 388, 2-13, 388, 390, 7-197, 207, 231, 233, 253, 257
——— 齊師宋師次于郎 1-384, 388
——— 齊侯衛侯次于渠蒢 7-253, 257
——— 齊侯衛侯次于垂葭 7-231, 233
——— 齊侯衛侯次于五氏 7-197, 207
——— 次于聶北 2-13
——— 楚子蔡侯次于厥貉 2-388, 390
諸侯敗→戰爭(類) 1-384, 388, 2-100, 119, 283, 290, 284, 294, 3-296, 299, 5-212,

252, 6-274, 284, 7-242, 246~247
——— 於越敗吳于檇李 7-242, 246~247
——— 吳敗頓……許之師于雞父 6-274, 284
——— 晉荀吳帥師敗狄于大鹵 5-212, 252
——— 晉人及姜戎敗秦師于殽 2-283, 290
——— 晉人敗狄于交剛 3-296, 299
——— 晉人敗狄于箕 2-284, 294
——— 楚人敗徐于婁林 2-100, 119
——— 荊敗蔡師于莘 1-384, 388
諸侯敗績→戰爭(類) 1-327, 451, 452, 2-132, 134, 152, 156, 223, 317, 320, 3-19, 20, 88, 92~125, 176, 183, 176, 186~187, 340, 366, 7-122, 141, 275, 285, 356, 368
——— 宋師敗績 2-152, 156, 3-19, 20
——— 衛師敗績 3-176, 183
——— 衛人敗績 1-451, 452
——— 鄭師敗績 7-275, 285
——— 齊師宋師衛師燕師敗績 1-327
——— 齊師敗績 2-132, 134, 3-176, 186~187, 7-356, 368
——— 秦師敗績 2-317, 320
——— 晉師敗績 3-88, 92~125
——— 楚師敗績 2-223, 7-122, 141
——— 楚子鄭師敗績 3-340, 366
齊侯環(齊)→齊靈公 4-240
諸侯會→盟會(類) 1-262, 271, 397, 398, 404, 405, 2-25, 26, 145, 149, 452, 453, 3-66, 68, 79, 83, 5-311, 323, 7-211, 243, 249
——— 宋公楚子……會于盂 2-145, 149
——— 齊侯宋公……會于鄄 1-404, 405
——— 齊侯宋公……會于陽穀 2-25, 26
——— 齊侯宋公會于洮 7-243, 249
——— 齊侯宋人……會于北杏 1-397, 398
——— 齊侯衛侯鄭游速會于安甫 7-211
——— 諸侯會于扈 2-452, 453
——— 晉侯宋公……會于扈 3-66, 68
——— 晉侯會狄于欑函 3-79, 83
——— 楚子蔡侯……會于申 5-311, 323
——— 會于鄧 1-262, 271
齊僖公(齊) 1-334, 6-107
——— 葬→諸侯葬 1-334
——— 齊侯 1-183, 212, 218, 220, 224, 225, 228, 231, 233, 235, 237, 238, 241, 243, 244, 262, 275, 276, 277, 279, 280, 283, 285, 297, 298, 299, 315, 327
——— 齊侯祿父 1-332
——— 卒→諸侯卒 1-332
藻 1-266
胙 2-185, 4-152
洮 2-63, 64, 197, 204, 207, 208, 274
曹 1-491
條 1-272
鄛 4-66, 73
鯈 2-444, 454
朝歌↔殷虛 4-312, 361, 7-232, 239, 249, 274, 295
趙簡子(晉)→趙鞅 6-306, 7-83, 93, 136, 170, 187, 8-26
曹開(齊) 4-309
朝郟 3-409
趙景子(晉)→趙成 5-410
曹共公(曹) 2-169, 382
——— 葬→諸侯葬 2-382
——— 曹伯襄 2-228, 381
——— 卒→諸侯卒 2-381
趙括(晉) 3-32, 92, 104, 108, 228, 249, 260, 266
——— 屛 3-104, 236, 266, 4-302
——— 屛季 3-32
曹劌(魯) 1-385, 435
——— 劌 1-385, 387

曹羇(曹) 1-438
―――― 出奔陳 1-438
趙羅(晉) 7-283, 285
曹南 2-136
曹悼公(曹) 7-27
―――― 葬→諸侯葬 7-27
―――― 曹伯午 7-10
―――― 卒→諸侯卒 7-10
趙盾(晉) 2-349, 366, 369, 370, 375, 384, 406, 418, 423, 3-13, 17, 19, 24, 25, 28, 30, 32, 54
―――― 盾 2-166, 181
―――― 宣孟 3-266
―――― 宣子 2-350, 358, 366, 373, 408, 423, 3-25, 29, 30
―――― 趙孟 2-355, 377
―――― 趙宣子 2-369, 372, 411, 423, 454, 3-18, 30
趙同(晉) 3-92, 104, 152, 240, 249, 260, 266
―――― 原 3-104, 236, 266, 4-302
―――― 原叔 3-152
趙孟(晉)→趙盾 2-355, 377
趙孟(晉)→趙鞅 7-60, 245, 285, 286, 354, 300
趙武(晉) 3-405, 4-367, 370, 5-26, 49, 58, 59, 171, 211, 6-227
―――― 武 3-266, 5-154, 218, 236
―――― 文子 5-72, 218, 300
―――― 趙孟 5-57, 59, 61, 62, 65, 67, 69, 154, 157, 179, 180, 227, 234, 236, 239, 250, 267, 273
―――― 趙文子 4-232, 5-27, 47, 57, 58, 112, 145, 169, 180, 187, 194, 218, 227, 270, 300
曹武公(曹) 4-279, 6-133
―――― 葬→諸侯葬 6-133
―――― 曹伯 4-256, 264, 282, 330, 346
―――― 曹伯滕 6-133
―――― 卒→諸侯卒 6-133
曹門 3-409
曹文公(曹) 2-395, 3-133
―――― 葬→諸侯葬 3-133
―――― 曹伯 2-394, 418, 429, 433, 438, 3-13, 58, 66
―――― 曹伯壽 3-133
―――― 卒→諸侯卒 3-133
趙文子(晉)→趙武 4-232, 5-27, 47, 57, 58, 112, 145, 169, 180, 187, 194, 218, 227, 270, 300
曹伯(曹)→曹武公 4-256, 264, 282, 330, 346
曹伯(曹)→曹文公 2-394, 418, 429, 433, 438, 3-13, 58, 66
曹伯(曹)→曹伯陽 7-333, 335
曹伯(曹)→曹宣公 3-159, 219, 235, 253, 270, 282, 304, 321
曹伯(曹)→曹成公 3-328, 331, 341, 375, 381, 382, 4-52, 53, 66, 86, 107, 108, 132, 133, 206, 224
曹伯(曹)→曹昭公 2-14, 39, 52
曹伯(曹)〈曹隱公〉7-119
曹伯(曹)→曹桓公 1-311
曹伯盧(曹)→曹宣公 3-304
曹伯滕(曹)→曹武公 6-133
曹伯露(曹)→曹靖公 7-178
曹伯班(曹)→曹昭公 2-57
曹伯負芻(曹)→曹成公 4-224
曹伯須(曹)→曹平公 6-186
曹伯襄(曹)→曹共公 2-228, 381
曹伯陽(曹) 7-332, 334
―――― 曹伯 7-333, 335
曹伯射姑(曹)→曹莊公 1-434

曹伯午(曹)→曹悼公 7-10
曹伯終生(曹)→曹桓公 1-314
朝聘(類)
―――― 假田 1-258, 259
―――― 告糴 1-452, 456
―――― 公如京師 3-303, 305
―――― 公如列國 1-348, 349, 425, 433, 435, 437, 2-78, 98, 284, 297, 330, 335, 410, 416, 3-43, 51, 52, 65, 71, 72, 75, 76, 220, 223, 230, 231, 283, 287, 400, 409, 4-24, 27, 36, 42, 74, 75, 151, 154, 262, 264, 5-82, 110, 274, 283, 346, 357, 389, 399, 6-62, 67, 91, 129, 143, 149, 242, 258, 275, 289, 7-9, 10, 26, 28, 47, 114
―――― 公朝王 2-225, 227, 258
―――― 公至 1-263, 271, 339, 341, 432, 433, 445, 2-29, 53, 99, 128, 130, 207, 261, 284, 336, 418, 419, 452, 3-219, 220, 231, 232, 289, 290, 382, 401, 412, 3-43, 51, 52, 57, 60, 65, 71, 72, 159, 241, 253, 271, 304, 329, 341, 342, 381, 4-25, 26, 51, 52, 53, 75, 107, 109, 133, 134, 154, 155, 207, 239, 256, 263, 282, 331, 346, 5-114, 119, 346, 390, 415, 6-90, 154, 168, 331, 332, 334, 7-9, 10, 46, 47, 121, 163, 178, 179, 210, 229, 243, 352, 387
―――― 公還 2-411, 416
―――― 歸粟 7-152, 153
―――― 來 1-159, 175, 290, 291, 307, 310, 475, 478, 2-261, 262, 264, 4-224, 225
―――― 內大夫聘列國 1-442, 447, 449, 466, 2-39, 45, 57, 91, 226, 266, 272, 273, 307, 315, 347, 351, 347, 354, 348, 358, 363, 371, 394, 396, 429, 430, 432, 438, 452, 459, 460, 463, 3-11, 14, 12, 16, 60, 73, 74, 77, 166, 168, 235, 237, 242, 249, 243, 249, 260, 265, 289, 292, 293, 343, 4-17, 23, 35, 38, 51, 54, 60, 62, 63, 66, 68, 86, 92, 209, 214, 239, 245, 257, 261, 329, 331, 5-82, 88, 116, 147, 150, 161, 274, 279, 274, 283, 284, 303, 373, 374, 380, 388, 6-10, 15, 24, 33, 35, 43, 48, 50, 155, 169, 273, 277, 300, 302, 7-163, 166, 211, 224~225, 304
―――― 內大夫聘周 2-266, 272, 306, 375, 377, 380, 383, 3-65, 67, 4-331, 6-259
―――― 乃復 5-274, 283, 6-62, 67, 91, 129, 242, 258, 275, 289, 7-114
―――― 來言 3-259, 262
―――― 來唁 6-301, 322, 7-46, 47, 73, 76
―――― 來朝子 2-38
―――― 來渝平 1-212, 213
―――― 夫人如 1-366, 405, 415, 419, 2-380
―――― 夫人至 2-380
―――― 列國聘魯 1 218, 277, 280, 433, 441, 443, 2-283, 288, 337, 341, 381, 385, 401, 404, 3-74, 78, 221, 227, 221, 227, 230, 231, 261, 268, 260, 265, 289, 290, 401, 412, 4-13, 15, 13, 15, 51, 54, 66, 71, 75, 84, 150, 151, 197, 199, 5-10, 22, 49, 52, 115, 126, 115, 130, 149, 152, 274, 275, 6-62, 66, 241, 245
―――― 列國朝魯 1-240, 241, 261, 262, 291, 304, 304, 304, 311, 313, 336, 366, 433, 448, 2-56, 94, 96, 142, 213, 214, 394, 395, 400, 403, 400, 404, 429, 433, 3-12, 230, 231, 242, 253, 255, 401, 412, 401, 413, 4-12, 15, 60, 62, 65, 67, 65, 68, 264, 249, 5-82, 86, 285, 307, 6-170, 171, 170, 174, 7-252, 254, 275

———— 王臣如列國 2-420, 428
———— 諸侯相如 1-283, 285, 285, 289
———— 周歸脤 7-243
———— 周來求 1-334, 337, 2-379, 383
———— 周來聘 1-218, 220, 231, 281, 283, 306, 432, 2-265, 271, 3-73, 77
———— 周錫命 1-356, 2-306, 3-260, 267
———— 天王狩 2-227, 258
趙朔(晉) 3-64, 92
———— 趙莊子 3-104
曹宣公(曹) 3-255, 304, 318, 321, 371, 4-172
———— 葬→諸侯葬 3-304, 321
———— 曹伯 3-159, 219, 235, 253, 270, 282, 304, 321
———— 曹伯盧 3-304
———— 卒→諸侯卒 3-304
趙宣子(晉)→趙盾 2-369, 372, 411, 423, 454, 3-18, 30
趙成(晉) 5-360, 6-25
———— 趙景子 5-410
曹成公(曹) 3-321, 331, 4-240
———— 公子負芻 3-321
———— 葬→諸侯葬 4-240
———— 曹伯 3-328, 331, 341, 375, 381, 382, 4-52, 53, 66, 86, 107, 108, 132, 133, 206, 224
———— 曹伯負芻 4-224
———— 卒→諸侯卒 4-224
趙成子(晉)→趙衰 2-323, 345
曹昭公(曹) 2-57
———— 葬→諸侯葬 2-57
———— 曹伯 2-14, 39, 52
———— 曹伯班 2-57
———— 卒→諸侯卒 2-57
曹隧 4-217
趙夙(晉) 1-479
曹叔振鐸(周) 2-258
趙勝(晉) 4-312
曹氏→宋元夫人 6-304
趙氏(晉) 2-366, 3-398, 4-302, 7-60, 170, 201, 202, 235, 240, 245, 286
條氏 7-127
趙鞅(晉) 6-301, 341, 7-59, 183, 187, 210, 215, 232, 233, 235, 240, 274, 275, 278, 279, 293, 295, 296, 303, 304, 308, 348, 352, 354, 391, 8-11, 29, 63
———— 簡子 7-167, 279, 282, 285, 286, 8-63, 69
———— 鞅 7-283, 8-14, 21
———— 趙簡子 6-306, 7-83, 93, 136, 170, 187, 8-26
———— 趙孟 7-60, 245, 285, 286, 354, 300
———— 志父 7-279, 8-63, 79
趙陽(衛) 7-242, 245
———— 出奔宋→外大夫奔 7-242, 245
趙襄子(晉) 8-117
趙黶(衛) 6-24
趙嬰(晉) 3-234, 266
———— 嬰 3-236
趙嬰齊(晉) 3-92, 112
朝吳(蔡) 6-94, 143, 144, 7-23
———— 出奔鄭→外大夫奔 6-143, 144
曹莊公(曹) 1-436
———— 葬→諸侯葬 1-436
———— 曹伯射姑 1-434
———— 卒→諸侯卒 1-434
趙莊子(晉)→趙朔 3-104
趙莊姬(晉) 3-234, 266
———— 孟姬 3-398

———— 姬氏 3-266
趙旃(晉) 3-112, 114, 119, 228, 318
曹靖公(曹) 7-180
———— 葬→諸侯葬 7-180
———— 曹伯露 7-178
———— 卒→諸侯卒 7-178
趙朝(晉) 7-36
趙稷(晉) 7-235, 303
趙穿(晉) 2-407, 408, 454, 3-14, 18, 30
———— 孟子餘 5-273
趙衰(晉) 2-166, 173, 181, 204, 217, 218, 276, 320, 369, 379
———— 成季 2-349, 3-266
———— 子餘 2-181, 6-107
———— 趙成子 2-323, 345
曹大子(曹)→世子射姑 1-313
曹平公(曹) 6-186, 187, 193
———— 葬→諸侯葬 6-186, 193
———— 曹伯須 6-186
———— 卒→諸侯卒 6-186, 187
曹桓公(曹) 1-314, 315
———— 葬→諸侯葬 1-314
———— 曹伯 1-311
———— 曹伯終生 1-314
———— 卒→諸侯卒 1-314, 315
趙獲(晉) 5-300
趙姬(晉) 2-181
卒哭 2-300
螽→災祥(類) 1-285, 2-99, 375, 3-54, 130, 140, 4-66, 7-379, 385, 388
鍾 7-333
鍾建(楚) 7-145, 159
宗區(虢) 1-468
宗丘 6-136
終葵氏 7-127
鬷戾(魯) 6-320, 338
宗魯(衛) 6-216, 217, 223
———— 鬷明 7-42
鍾離 3-330, 339, 4-110, 5-335, 6-284, 299
鬷蔑(鄭)→然明 4-352, 7-41
鬷明(鄭)→宗魯 7-42
鍾巫 1-253
宗伯 2-325
從祀→郊廟(類) 7-180, 191
—— 從祀先公 7-180, 191
鬷聲姬(魯) 4-247
宗豎(陳) 8-10, 11
鍾吾 7-14
鍾吾子(徐) 7-70
鍾儀(楚)→鄖公鍾儀 3-256, 277, 282
鬷夷氏 7-51
種因(越) 7-264
宗子(宗) 2-404
宗子陽(齊)〈宗樓〉 7-366
鬷川 7-51
佐(宋)→宋元公 5-30
佐(齊)→北郭子車 5-97
坐 2-257
左公子洩(衛) 1-341, 343, 368
左廣 3-114
左師 2-363, 448
左史老(楚) 8-64
左司馬 2-390
左司馬戌(楚)→沈尹戌 7-78, 138, 143
左司馬眅(楚) 7-300
左師巢(宋)→向巢 8-24
左師展(魯) 6-325
左鄢父(周) 2-194
左盂 2-390

左巻 6-282
左行共華(晉) 2-83
紂(殷) 3-36, 104, 147, 4-36, 5-204, 313, 328, 392, 6-51
株〈有烈山氏〉7-52
州〈國名〉1-320, 8-65
州〈地名〉1-249, 5-302, 7-183
邾 1-484, 486, 487, 2-136, 146, 151, 152, 155, 284, 293, 360, 363, 418, 419, 421, 422, 423
鑄〈國名〉4-321
鑄〈地名〉6-325
周 4-331
犨 6-103
州公→淳于公 1-285
周公(周) 2-184, 185, 208, 277, 466, 3-375, 4-152, 274, 5-128, 131, 246, 275, 6-322, 7-127, 128, 164, 377, 8-91
周公(周)→宰周公 2-423
周公(周)→周公楚 3-296, 297
周公忌父(周) 2-80, 190
周公閱(周)→宰周公 2-271, 420
周公楚(周) 3-293
——— 周公 3-296, 297
——— 出奔晉→王臣奔 3-296, 297
周公黑肩(周) 1-351
周公黑肩(周)→周桓公 1-286
州仇(魯)→叔孫州仇 7-368
州屈 6-331
周歸脤→朝聘(類) 7-243
——— 天王使石尙來歸脤 7-243
周南 5-130
周內史 1-270
舟道 8-83
邾悼公(邾) 4-242, 5-59, 213
——— 葬→諸侯葬 5-213
——— 卒→諸侯卒 5-212
——— 邾子 4-224, 264, 239, 256, 282, 330, 5-82
——— 邾子華 5-212
州來 3-254, 258, 5-36, 335, 6-206, 284, 24, 80, 91, 129, 7-276, 288
周來求→朝聘(類) 1-334, 337, 2-379, 383
——— 家父來求車 1-334, 337
——— 毛伯來求金 2-379, 383
周來聘→朝聘(類) 1-218, 220, 231, 281, 283, 306, 432, 2-265, 271, 3-73, 77
——— 家父來聘 1-306
——— 南季來聘 1-231
——— 凡伯來聘 1-218, 220
——— 仍叔之子來聘 1-283
——— 祭叔來聘 1-432
——— 天王使王季子來聘 3-73, 77
——— 天王使宰渠伯糾來聘 1-281
——— 天王使宰周公來聘 2-265, 271
朱毛(齊) 7-321
周廟 4-152
疇無餘(越) 7-389
廚武子(晉)→魏錡 3-120
邾文公(邾) 2-138, 363, 415, 416, 421, 422
——— 卒→諸侯卒 2-410, 416
——— 邾子 2-226, 415
——— 邾子蘧蒢 2-410
朱方 5-104, 329, 335
州兵 2-113
裯父(魯)〈昭公〉6-312
州賓(晉) 4-269
周社 7-172
奏肆夏 4-38
周書所謂〈康誥〉3-151
周書曰〈康誥〉3-55, 204, 266, 366, 6-16

———〈逸書〉5-204
———〈蔡仲之命〉2-49
周書有之〈書經 康誥〉2-163
周錫命→朝聘(類) 1-356, 2-306, 3-260, 267
——— 王使榮叔來錫桓公命 1-356
——— 天王使毛伯來錫公命 2-306
——— 天子使召伯來賜公命 3-260, 267
邾宣公(邾) 3-413, 4-209
——— 卒→諸侯卒 4-215
——— 邾子 3-401, 402, 4-12, 15, 25, 52, 66, 86, 107, 108, 132, 133, 206, 207, 346
——— 邾子牼 4-215
周頌曰〈周頌 我將〉2-439
周首 2-397
周詩曰〈大雅 旣醉〉5-204
周詩有之曰〈逸詩〉4-78
周氏(鄭) 1-337
婤姶(衛) 5-420
周王(周)→靈王 5-91
州吁(衛)→公子州吁 1-191, 192, 195, 199
州于(吳)→王僚 6-214
邾隱公(邾) 7-254, 353, 8-84
——— 邾子 7-114, 119, 244, 252, 253, 254, 274, 344, 353, 8-82, 90
——— 邾子益 7-323, 328, 335, 351
邾儀父(邾) 1-158, 162, 343, 345
——— 卒→諸侯卒 1-407
——— 邾子克 1-162, 407
周任(周) 1-215, 5-350
周任有言曰 5-350
廚子(晉)→魏錡 3-120
邾子(邾)→邾悼公 4-224, 264, 239, 256, 282, 330, 5-82
邾子(邾)→邾文公 2-226, 415
邾子(邾)→邾宣公 3-401, 402, 4-12, 15, 25, 52, 66, 86, 107, 108, 132, 133, 206, 207, 346
邾子(邾)→邾隱公 7-114, 119, 244, 252, 253, 254, 274, 344, 353, 8-82, 90
邾子(邾)→邾莊公 6-49, 278, 332, 7-115
邾子(邾)→邾定公 3-12, 15, 25, 66, 86, 107, 108, 132, 133, 159, 235, 242, 253
周子(晉)→晉悼公 3-402
邾子蘧篨(邾)→邾文公 2-410
邾子牼(邾)→邾宣公 4-215
邾子克(邾)→邾儀父 1-162, 407
邾子瑣(邾) 1-451
——— 卒→諸侯卒 1-451
邾子益(邾)→邾隱公 7-323, 328, 335, 351
邾子穿(邾)→邾莊公 7-114
邾子華(邾)→邾悼公 5-212
邾子貜且(邾)→邾定公 3-383
州綽(齊) 4-352
州綽(晉) 4-231, 232, 279, 280, 352
邾莊公(邾) 6-53, 192, 7-113, 114
——— 葬→諸侯葬 7-114, 115
——— 卒→諸侯卒 7-114, 115
——— 邾子 6-49, 278, 332, 7-115
——— 邾子穿 7-114
州田 5-299, 406
邾定公(邾) 2-422
——— 卒→諸侯卒 3-383
——— 邾子 3-12, 15, 25, 66, 86, 107, 108, 132, 133, 159, 235, 242, 253
——— 邾子貜且 3-383
——— 貜且 2-423
舟之僑(虢) 1-485, 2-231, 255, 256
周志有之 2-321

周歂(衛) 2-266, 267
酒泉 1-423
邾快(邾) 7-10
———— 來奔→外大夫奔 7-10
邾瑕 7-308
—— 城→內城 7-308
州縣 5-300
周桓公(周) 1-217, 500
———— 周公黑肩 1-286
鬻姒 7-305, 7-319
鬻熊 2-210
竹刑 7-200
浚→興作(類) 1-381
— 浚洙 1-381
仲(魯)→公子遂 2-371, 463, 464, 3-168
仲(魯)→仲壬 5-339, 349, 350
重(魯) 7-26
重〈少皞氏〉7-52
仲堪 2-469
仲江(宋) 4-178
仲慶父(魯) 1-374
重館 2-274
重丘 4-217, 346, 367, 5-85
中丘 1-218, 220, 235, 237
—— 城→內城 1-218, 2-220
中廄尹(楚)→陽令終 7-23
仲歸(楚)→子家 2-388
仲幾(宋) 6-262, 7-85, 99, 102
中南 5-313
仲尼(魯) 4-118, 5-59, 200, 416, 7-230, 256, 373, 376, 385, 8-12
———— 孔子 7-110, 293, 8-27, 40
———— 孔丘 5-415, 7-212, 213, 214, 8-26, 43, 45
———— 尼父 8-45
仲尼聞之曰〈仲叔于奚〉3-181
仲尼曰〈郯子〉6-178
——— 〈叔孫昭子〉5-350
——— 〈叔向〉6-141
——— 〈虞人〉6-233
——— 〈魏子, 賈辛〉7-43
——— 〈子產〉4-375, 5-200
——— 〈子大叔〉6-240
——— 〈臧武仲〉4-327
——— 〈臧文仲〉2-327
——— 〈宗魯〉6-223
——— 〈晉〉7-59
——— 〈天王狩〉2-258
——— 〈楚靈王〉6-86
——— 〈鮑牽〉3-386
仲尼謂〈子產〉6-127
仲梁懷(魯) 7-154, 158
中牟 7-304
中牟(晉) 7-207
衆父(魯)→公子益師 1-175
中分 4-104
中山↔鮮虞 7-123, 290
仲山甫(周) 3-25
中城 3-273, 281, 7-163
—— 城→內城 3-273, 281, 7-163
仲孫→公孫無知 5-313
仲孫(齊) 1-475
———— 齊仲孫湫 1-478
———— 仲孫湫 2-92
仲孫羯(魯)→孟孝伯 4-329, 5-82, 115, 116, 179
仲孫蔑(魯)→孟獻子 3-65, 141, 235, 242, 375, 402, 4-12, 17, 18, 51, 240
仲孫速(魯)→孟莊子 4-256, 298

仲孫湫(齊)→仲孫 2-92
仲孫何忌(魯)→孟懿子 7-85, 114, 163, 180, 211, 228, 263, 274, 290, 310, 8-11
仲孫貜(魯)→孟僖子 6-24, 34, 49, 292
仲遂(魯)→公子遂 3-60
仲叔于奚(衛) 3-180
仲顔莊叔(魯) 5-127
仲嬰齊(魯)→公孫嬰齊 3-328
仲雍 7-325
仲容 2-469
仲熊 2-469
仲由(魯)→子路 7-230, 8-33
重耳(晉)→晉文公 1-452, 2-36, 44, 83, 163, 173, 165, 245
中人 6-127
仲壬(魯) 5-336
——— 仲 5-339, 349, 350
仲子(魯) 1-156, 159, 171
——— 夫人子氏 1-178
——— 子氏 1-171
——— 薨→夫人薨 1-178
仲子(宋) 4-247
仲子之宫 1-201, 208
仲章(潞) 3-147
仲足(鄭)→祭伯 1-322
中犨 6-93
衆仲(魯) 1-197, 208, 228, 229
仲佗(宋) 7-212, 223, 226, 227
仲行(秦) 2-351
中行穆子(晉)→荀吳 5-22, 252, 6-68, 130
中行文子(晉)→荀寅 7-187, 237, 8-114
中行伯(晉)→荀林父 3-151, 204, 227
中行伯(晉)→荀偃 4-174, 229
中行伯(晉)→中行吳 5-360
中行氏(晉) 4-303, 7-60, 235, 238, 245, 249, 251
中行偃(晉)→荀偃 3-395, 398, 399, 402, 4-95
中行吳(晉) 5-360
——— 中行伯 5-360
中行寅(晉)→荀寅 7-60
中行獻子(晉)→荀偃 4-195, 214, 225
中行桓子(晉)→荀林父 2-411, 3-55, 134
中行喜(晉) 4-279
仲虺(殷) 3-93, 4-195, 5-163, 7-102
卽位→吉慶(類) 1-258, 259, 2-305, 3-11, 172, 4-11, 5-211, 7-99, 109, 262
—— 文公(魯) 2-305
—— 宣公(魯) 3-11
—— 成公(魯) 3-172
—— 昭公(魯) 5-211
—— 哀公(魯) 7-262
—— 襄公(魯) 4-11
—— 定公(魯) 7-99
—— 桓公(魯) 1-258, 259
烝 1-289, 306, 2-300, 4-209
烝→郊廟(類) 1-306
鄫 2-127, 276, 3-165, 167, 4-42, 50, 51, 54, 57, 60, 62, 63, 5-131
鄫↔鄫衍 4-12, 14, 22, 5-312, 332, 7-322, 324, 325
繒 3-167
鄫季姬(魯) 2-96, 124
——— 季姬 2-94, 100
——— 歸于鄫→內女復歸 2-100
——— 卒→內女卒 2-124
鄫鼓父(魯) 5-127
繒關 7-300
曾阜(魯) 5-241
烝野 3-47

郜衍↔郜 7-330, 8-72
曾夭(魯) 5-241
郜子(郜) 2-94, 96, 3-165, 167
郜大子(郜)→世子巫 4-54
至→婚姻(類)
坻 6-68
知季(晉)→荀首 3-104, 120
知起(晉) 4-279
坻箕之山 5-372
知悼子(晉)→荀盈 4-303, 5-124
知躒(晉)→荀躒 6-341
知武子(晉)→荀罃 3-374, 4-15, 22, 23, 28, 35, 38, 83, 97, 100, 126
知文子(晉)→荀躒 7-237, 245
知伯(晉)→荀躒 7-76, 245
知伯(晉)→荀罃 3-414, 4-113, 156
知伯(晉)→荀盈 5-126
知伯(晉)→荀瑤 8-86, 87, 88, 112, 117
志父(晉)→趙鞅 7-279, 8-63, 79
知朔(晉) 4-188
知徐吾(晉) 7-36
知氏(晉) 6-33
知罃(晉)→荀罃 3-120, 204, 223, 4-95
枝如子躬(楚) 6-103
知盈→荀盈 5-360
志曰 5-307
知莊子(晉)→荀首 3-98, 120, 249, 264
地震→災祥(類) 2-381, 4-208, 6-199, 275, 287, 7-289
稷 1-262, 3-149, 7-155
稷曲 7-361
稷門 6-261, 7-158, 339
直柄 5-291
直轅 7-138
直人 6-281
織紝 3-213
辰 5-256
辰(宋) 6-215
晉 8-111
晉(衛)→衛宣公 1-195
震→災祥(類) 2-100, 118
— 震夷伯之廟 2-100, 118
軫 1-320
秦〈地名〉1-464
秦〈篇名〉5-131
陳 5-131
津 1-416
秦康公(秦) 2-365
———— 卒→諸侯卒 2-459
———— 秦伯 2-388, 401, 404, 406, 407, 413
———— 秦伯罃 2-459
———— 大子罃 2-210
秦康公(秦) 3-311
陳乞(齊) 7-303, 309, 311, 312
——— 陳僖子 7-317, 366
——— 陳子 7-318, 321
——— 僖子 7-321
陳鍼子(陳) 1-227
晉景公(晉) 3-147, 287, 313, 314
———— 卒→諸侯卒 3-283
———— 晉侯 3-79, 126, 133, 134, 142, 147, 149, 151, 152, 155, 156, 159, 160, 165, 167, 173, 183, 216, 219, 221, 227, 228, 231, 235, 237, 253, 258, 259, 261, 262, 266, 267, 270, 277, 283, 284, 285
———— 晉侯獳 3-283
秦景公(秦) 4-95, 5-372, 373, 374
———— 葬→諸侯葬 5-373, 374

———— 卒→諸侯卒 5-346
———— 秦伯 4-178, 5-212, 263, 346
晉頃公(晉) 7-63, 64
———— 葬→諸侯葬 7-63, 64
———— 卒→諸侯卒 7-63, 64
———— 晉侯 6-178, 241, 295, 7-30
———— 晉侯去疾 7-63
陳共公(陳) 2-311
———— 卒→諸侯卒 2-410
———— 陳子 2-226
———— 陳侯 2-318, 325, 370, 390
———— 陳侯朔 2-410
秦共公(秦) 3-17
———— 卒→諸侯卒 3-42
———— 秦伯稻 3-42
秦公子(秦)→伯車 5-248, 270
晉公子(晉)→晉文公 2-169, 170, 171, 172
陳瓘(齊) 7-362, 8-33, 63
———— 子玉 8-33, 63
晉君(晉)→晉惠公 2-83, 103, 110
陳嬀(陳) 3-39
陳嬀(陳)〈異人〉 1-413
———— 惠后 1-413, 2-190
秦堇父(魯) 4-110, 118
晉悼公(晉) 3-405, 4-203, 206, 209, 7-64, 375
———— 孫周 3-390
———— 葬→諸侯葬 4-206, 209
———— 卒→諸侯卒 4-198, 203
———— 周子 3-402
———— 晉侯 3-401, 402, 413, 4-13, 14, 25, 29, 31, 32, 38, 42, 44, 52, 53, 66, 69, 75, 77, 86, 90, 103, 105, 107, 108, 115, 128, 132, 133, 144, 145, 146, 150, 156, 157, 174, 188, 189, 195, 203
———— 晉侯周 4-198
晉悼夫人(杞) 4-299, 5-127, 154
辰陵 3-79, 81, 86
晉滅→滅 3-140, 147, 154, 155, 6-170, 178
—— 晉師滅赤狄潞氏 3-140, 147
—— 晉荀吳帥師滅陸渾之戎 6-170, 178
—— 晉人滅赤狄甲氏及留吁 3-154, 155
秦穆公(秦) 2-279, 332, 340, 3-307, 310, 311, 314
———— 公 2-340
———— 秦伯 2-75, 83, 92, 100, 102, 106, 108, 119, 121, 173, 176, 178, 198, 267, 290, 316, 323, 332, 340
———— 秦伯任好 2-351
陳穆公(陳) 2-141
———— 卒→諸侯卒 2-226
———— 陳侯款 2-226
秦穆夫人(晉) 1-452
秦穆姬(晉) 2-50, 102, 110
———— 伯姬 2-114
晉武公(晉)→曲沃武公 1-409, 5-127
陳無宇(齊)→陳桓子 4-63, 338, 342, 5 99, 278, 283
陳武子(齊)→子彊 6-338
晉文公(晉) 3-39, 126, 293, 307, 308, 310, 4-84, 168, 370, 5-285, 313, 324, 6-107, 149, 178, 7-60, 102, 128
———— 公 2-178, 198, 220, 233, 237, 239, 258, 268
———— 公子 2-166, 167, 168, 169, 173
———— 公子重耳 2-165
———— 葬→諸侯葬 2-283, 290
———— 卒→諸侯卒 2-278, 279
———— 重耳 1-452, 2-36, 44, 83, 163, 173, 165, 245
———— 晉公子 2-169, 170, 171, 172

——— 晉重 7-128
——— 晉侯 2-178, 180, 182, 198, 200, 203, 204, 211, 220, 222, 223, 224, 226, 229, 230, 239, 241, 242, 243, 245, 258, 261, 266, 267, 271
——— 晉侯重耳 2-278
陳文子(齊) 4-288, 310, 337, 348, 5-58, 85, 97, 101
——— 陳須無 5-59
秦伯(秦)→秦康公 2-388, 401, 404, 406, 407, 413
秦伯(秦)→秦景公 4-178, 5-212, 263, 346
秦伯(秦)→秦穆公 2-75, 83, 92, 100, 102, 106, 108, 119, 121, 173, 176, 178, 198, 267, 290, 316, 323, 332, 340
秦伯(秦)→秦哀公 7-149, 198
秦伯(秦)→秦惠公 7-290
秦伯(秦)→秦桓公 3-285, 295, 323
秦伯稻(秦)→秦共公 3-42
秦伯罃(秦)→秦康公 2-459
秦伯任好(秦)→秦穆公 2-351
秦丕兹(魯) 4-118
陳書(齊) 7-366, 368
陳宣公(陳) 2-91, 4-370
——— 葬→諸侯葬 2-91
——— 卒→諸侯卒 2-87
——— 陳侯 1-362, 404, 406, 428, 441, 447, 2-27, 39, 52
——— 陳侯杵臼 2-87
晉成公(晉) 3-32, 204
——— 公子黑臀 3-30, 36
——— 卒→諸侯卒 3-67, 68
——— 晉侯 3-55, 58, 59, 66, 68
——— 晉侯黑臀 3-67
陳成公(陳) 4-31, 36, 37, 370
——— 葬→諸侯葬 4-36
——— 卒→諸侯卒 4-35, 37
——— 陳侯 3-79, 84, 4-25
——— 陳侯午 4-35
陳成子(齊)→陳恒 8-14, 35, 26, 111
陳世子款(陳) 2-57, 63
晉昭公(晉) 6-155, 169
——— 葬→諸侯葬 6-155, 169
——— 卒→諸侯卒 6-155, 169
——— 晉侯 6-68, 116
——— 晉侯夷 6-155
晉小子侯(晉) 1-305
陳須無(齊)→陳文子 5-59
陳氏(齊) 5-101, 290, 6-37, 39, 352, 8-19, 33
陳哀公(陳) 6-12, 14
——— 葬→諸侯葬 6-12, 19
——— 卒→諸侯卒 6-9, 14
——— 陳侯 4-52, 66, 67, 73, 257, 259, 297, 300, 330, 364, 365, 5-11, 85, 110, 118, 311, 312, 346, 6-9
——— 陳侯溺 6-9
秦哀公(秦) 7-149, 198
——— 葬→諸侯葬 7-198
——— 卒→諸侯卒 7-198
——— 秦伯 7-149, 198
晉陽 7-232, 235
晉襄公(晉) 2-294, 321, 358, 355, 3-310, 311, 5-285, 6-149
——— 襄 2-454
——— 子 2-289
——— 葬→諸侯葬 2-348, 358
——— 卒→諸侯卒 2-348, 355
——— 晉侯 2-306, 307, 311, 313, 317, 320, 330, 335, 337, 339
——— 晉侯驩 2-348

陳厲公(陳) 1-428, 4-370
———— 卒→諸侯卒 1-323
———— 陳侯 1-319
———— 陳侯躍 1-323
晉厲公(晉) 3-317, 355, 390, 393, 395, 398, 402, 4-225
———— 其君州蒲 3-400
———— 晉侯 3-282, 289, 294, 295, 296, 299, 303, 304, 305, 307, 318, 323, 328, 331, 340, 341, 344, 354, 355, 371, 375, 380, 381, 382
———— 大子州蒲 3-284
陳逆(齊)→陳子行 8-14, 19
辰嬴(秦)→懷嬴 2-355
秦嬴(秦) 4-154
晉靈公(晉) 2-355, 366, 3-30, 311
———— 其君夷皐 3-19
———— 晉侯 2-370, 376, 411, 438, 453, 454, 3-18, 28
陳靈公(陳) 3-17, 69, 76, 88
———— 其君平國 3-72
———— 靈侯 3-204
———— 葬→諸侯葬 3-88
———— 陳侯 2-418, 438, 454, 3-13, 68
晉午(晉)→晉定公 7-283
陳寅(宋) 7-170, 183
秦子(魯) 1-381
陳子(齊)→陳乞 7-318, 321
陳子(齊)→陳恒 8-112
陳子(陳)→陳共公 2-226
陳子(陳)→陳懷公 7-119
陳子行(齊) 7-366
———— 子行 8-15, 17
———— 陳逆 8-14, 19
陳莊(齊) 7-362
陳莊公(陳) 1-358, 4-370
———— 葬→諸侯葬 1-358
———— 卒→諸侯卒 1-355
———— 陳侯 1-337, 339
———— 陳侯林 1-355
晉定公(晉) 7-389
———— 晉午 7-283
———— 晉侯 7-73, 74, 76, 119, 170, 183, 237, 387, 393, 8-29, 88
秦周 4-232
晉重(晉)→晉文公 7-128
晉陳(楚) 7-16
秦遄(魯) 6-313, 7-158
陳佗→五父 1-291
晉平公(晉) 4-209, 299, 5-124, 6-35, 43
———— 公 4-305, 5-127
———— 葬→諸侯葬 6-35, 47
———— 卒→諸侯卒 6-35, 43
———— 晉侯 4-206, 210, 224, 226, 229, 242, 245, 250, 256, 264, 274, 282, 330, 339, 344, 346, 361, 5-10, 27, 28, 47, 80, 115, 127, 186, 192, 248, 256, 263, 274, 275, 278, 279, 283, 299, 313, 356, 357, 367, 380, 386, 388, 400, 404, 405, 406, 419, 6-12, 21, 30
———— 晉侯彪 6-35
———— 平公 5-12, 46, 6-67, 7-32
———— 彪 4-226
陳豹(齊) 8-15, 19
陳恒(齊)〈陳常〉8-10, 21, 26, 27, 35
———— 成子 8-17, 19, 36, 111, 112, 114
———— 陳成子 8-14, 35, 26, 111
———— 陳子 8-112
晉獻公(晉) 1-436, 452, 2-72, 114, 3-307, 314, 5-127, 6-107

——————— 公 2-20
——————— 卒→諸侯卒 2-68, 72
——————— 晉侯 1-479, 493, 2-38, 43, 47, 50, 53, 71
——————— 晉侯佹諸 2-68
晉惠公(晉) 3-307, 350, 4-168, 6-107
——————— 夷吾 1-452, 2-36, 43, 53, 75, 76, 81
——————— 晉君 2-83, 103, 110
——————— 晉侯 2-100, 102, 104, 106, 108, 110, 119, 121, 171
——————— 晉侯夷吾 2-176
陳惠公(陳) 7-121
——————— 孫吳 6-19, 51
——————— 吳 6-128
——————— 葬→諸侯葬 7-121
——————— 卒→諸侯卒 7-119
——————— 陳侯吳 6-90, 7-119
秦惠公(秦) 2-297
——————— 葬→諸侯葬 7-297
——————— 卒→諸侯卒 7-290
——————— 秦伯 7-290
陳桓公(陳) 1-199, 215, 284, 4-370
——————— 葬→諸侯葬 1-284
——————— 卒→諸侯卒 1-282, 285
——————— 陳侯 1-194, 196, 214, 221, 222, 262
——————— 陳侯鮑 1-282, 285
秦桓公(秦) 3-149, 317
——————— 卒→諸侯卒 3-323
——————— 秦伯 3-285, 295, 323
陳桓子(齊) 1-431, 5-142, 298, 367, 6-16, 37
——————— 無宇 6-16
——————— 陳無宇 4-63, 338, 342, 5-99, 278, 283
——————— 桓子 5-97, 6-16, 37, 40, 41
晉懷公(晉) 2-163, 176, 182, 6-107
——————— 大子圉 2-110, 119, 128, 129, 153
陳懷公(陳) 7-180, 268
——————— 公 7-269
——————— 葬→諸侯葬 7-180
——————— 卒→諸侯卒 7-179
——————— 陳子 7-119
——————— 陳侯 7-269
——————— 陳侯柳 7-179
晉侯(晉)→曲沃武公 1-408, 412, 413
晉侯(晉)→翼侯 1-213
晉侯(晉)→晉景公 3-79, 126, 133, 134, 142, 147, 149, 151, 152, 155, 156, 159, 160, 165, 167, 173, 183, 216, 219, 221, 227, 228, 231, 235, 237, 253, 258, 259, 261, 262, 266, 267, 270, 277, 283, 284, 285
晉侯(晉)→晉頃公 6-178, 241, 295, 7-30
晉侯(晉)→晉悼公 3-401, 402, 413, 4-13, 14, 25, 29, 31, 32, 38, 42, 44, 52, 53, 66, 69, 75, 77, 86, 90, 103, 105, 107, 108, 115, 128, 132, 133, 144, 145, 146, 150, 156, 157, 174, 188, 189, 195, 203
晉侯(晉)→晉文公 2-178, 180, 182, 198, 200, 203, 204, 211, 220, 222, 223, 224, 226, 229, 230, 239, 241, 242, 243, 245, 258, 261, 266, 271, 267
晉侯(晉)→晉成公 3-55, 58, 59, 66, 68
晉侯(晉)→晉昭公 6-68, 116
晉侯(晉)→晉襄公 2-306, 307, 311, 313, 317, 320, 330, 335, 337, 339
晉侯(晉)→晉厲公 3-282, 289, 294, 295, 296, 299, 303, 304, 305, 307, 318, 323, 328, 331, 340, 341, 344, 354, 355, 371, 375, 380, 381, 382
晉侯(晉)→晉靈公 2-370, 376, 411, 438, 453,

454, 3-18, 28
晉侯(晉)→晉定公 7-73, 74, 76, 119, 170, 183, 237, 387, 393, 8-29, 88
晉侯(晉)→晉平公 4-206, 210, 224, 226, 229, 242, 245, 250, 256, 264, 274, 282, 330, 339, 344, 346, 361, 5-10, 27, 28, 47, 80, 115, 127, 186, 192, 248, 256, 263, 274, 275, 278, 279, 283, 299, 313, 356, 357, 367, 380, 386, 388, 400, 404, 405, 406, 419, 6-12, 21, 30
晉侯(晉)→晉獻公 1-479, 493, 2-38, 43, 47, 50, 53, 71
晉侯(晉)→晉惠公 2-100, 102, 104, 106, 108, 110, 119, 121, 171
陳侯(陳)→陳共公 2-318, 325, 370, 390
陳侯(陳)〈陳閔公〉7-262, 8-30
陳侯(陳)→陳宣公 1-362, 404, 406, 428, 441, 447, 2-27, 39, 52
陳侯(陳)→陳哀公 4-52, 66, 67, 73, 257, 259, 297, 300, 330, 364, 365, 5-11, 85, 110, 118, 311, 312, 346, 6-9
陳侯(陳)→陳厲公 1-319
陳侯(陳)→陳靈公 3-13, 68, 2-418, 438, 454
陳侯(陳)→陳莊公 1-337, 339
陳侯(陳)→陳桓公 1-194, 196, 214, 221, 222, 262
陳侯(陳)→陳懷公 7-269
晉侯去疾(晉)→晉頃公 7-63
陳侯款(陳)→陳穆公 2-226
晉侯佹諸(晉)→晉獻公 2-68
陳侯林(陳)→陳莊公 1-355
陳侯朔(陳)→陳共公 2-410
陳侯躍(陳)→陳厲公 1-323
陳侯吳(陳)→陳惠公 6-90, 7-119
陳侯柳(陳)→陳懷公 7-179
晉侯獳(晉)→晉景公 3-283
晉侯夷(晉)→晉昭公 6-155
晉侯夷吾(晉)→晉惠公 2-176
陳侯溺(陳)→陳哀公 6-9
陳侯杵臼(陳)→陳宣公 2-87
晉侯周(晉)→晉悼公 4-198
晉侯重耳(晉)→晉文公 2-278
陳侯鮑(陳)→陳桓公 1-282, 285
晉侯彪(晉)→晉平公 6-35
晉侯驩(晉)→晉襄公 2-348
晉侯黑臀(晉)→晉成公 3-67
晉姬(晉) 2-422
秦姬(魯) 6-313
陳僖子(齊)→陳乞 7-317, 366
晉僖侯(晉) 1-302
疾(衛)→世叔齊 8-60
絰皇 1-416
窒皇 3-135
斟灌〈人名〉7-264
斟灌〈國名〉4 44
斟鄩 7-264
斟尋氏 4-44
縶(衛)→公孟 6-209
執內女→事變(類) 2-420, 428
——— 齊人執子叔姬 2-420, 428
執內大夫以歸→事變(類) 6-90, 126
—————— 晉人執季孫意如以歸 6-90, 126
執訊 2-454
執王臣→事變(類) 2-420, 428
——— 齊人執單伯 2-420, 428
執外大夫→事變(類) 1-318, 322, 410, 411, 2-23, 28, 4-134, 143, 224, 225, 5-11, 27, 6-49, 7-99, 102, 163, 170, 173, 175
———— 宋人執鄭祭仲 1-318, 322

———— 齊人執衛行人北宮結以侵衛 7-173, 175
———— 齊人執鄭詹 1-410, 411
———— 齊人執陳轅濤塗 2-23, 28
———— 晉人執宋仲幾于京師 7-99, 102
———— 晉人執宋行人樂祁犂 7-163, 170
———— 晉人執衛甯喜 5-11, 27
———— 晉人執衛行人石買 4-224, 225
———— 執蔡世子有以歸 6-49
———— 楚人執鄭行人良霄 4-134, 143
執諸侯→事變(類) 2-41, 50, 135, 138, 136, 145, 149, 223, 227, 3-272, 276, 328, 331, 4-207, 209, 239, 242, 5-311, 327, 7-297, 297, 300
———— 宋人執滕子嬰齊 2-135, 138
———— 宋人執小邾子 7-297
———— 邾人執鄫子 2-136
———— 晉人執莒子邾子以歸 4-207, 209
———— 晉人執虞公 2-41, 50
———— 晉人執衛侯 2-227
———— 晉人執戎蠻子赤 7-297, 300
———— 晉人執鄭伯 3-272, 276
———— 晉人執邾子 4-239, 242
———— 晉侯執曹伯 3-328, 331
———— 執宋公 2-145, 149
———— 執曹伯 2-223
———— 楚人執徐子 5-311, 327
執諸侯以歸→事變(類) 1-384, 388~389, 2-206, 210, 3-140, 147, 4-207, 209, 7-120, 162, 242, 252, 334, 335
———— 以頓子牂歸 7-242
———— 以潞子嬰兒歸 3-140, 147
———— 以曹伯陽歸 7-334, 335
———— 以蔡侯獻舞歸 1-384, 388~389
———— 以沈子嘉歸 7-120
———— 以許男斯歸 7-162
———— 以胡子豹歸 7-252
———— 晉人執莒子邾子以歸 4-207, 209
———— 楚人滅夔 以夔子歸 2-206, 210
執諸侯以來→事變(類) 7-323, 328
———— 以邾子益來 7-323, 328
執齗 3-213
執鍼 3-213

【ㅊ】

次睢 2-138
且姚(吳) 7-382
且于 4-325, 352
且知 7-22
踖陵 1-416
欑茅 1-249, 2-200
欑函 3-79, 83
札(吳)→公子札 5-115
參 5-256
鄒般(宋) 8-73
昌間 6-259
倉葛 2-200
倉門 4-124
蒼舒 2-469
倉野 7-300
昌衍 2-262
蔡 1-334, 338, 344, 346
蔡(周)→蔡叔 4-274
蔡甲午(蔡)→蔡侯 7-128
蔡景公(蔡) 3-211, 5-151
———— 葬→諸侯葬 5-151
———— 蔡景侯 5-158
———— 蔡侯 3-214, 4-330, 5-11, 85, 87, 88
———— 其君固 5-150
蔡景侯(蔡)→蔡景公 5-158
蔡季(蔡) 1-344, 346

祭公(周) 1-307, 310
蔡公(楚)→楚平王 6-59, 93, 94, 95
祭公謀父(周) 6-80
蔡鳩居(楚) 3-116
蔡潰→國潰 2-27, 29
蔡滅→事變(類) 7-120, 137
—— 蔡公孫姓帥師滅沈 7-120, 137
蔡穆侯(蔡) 2-54
———— 卒→諸侯卒 2-95
———— 蔡侯肸 2-95
蔡墨(晉) 7-51, 83, 86, 93, 348
——— 史黯 8-79
——— 蔡史墨 7-60
蔡文公(蔡)→蔡文侯 3-158
蔡文侯(蔡) 4-259
———— 葬→諸侯葬 3-158
———— 卒→諸侯卒 3-158
———— 蔡文公 3-158
———— 蔡侯 2-438, 454
———— 蔡侯申 3-158
祭伯(鄭) 1-159, 175
——— 封人仲足 1-322
——— 鄭祭足 1-185, 207
——— 仲足 1-322
——— 祭足 1-287
——— 祭仲 1-164, 318, 322, 337, 350
——— 祭仲足 1-287
采蘩 5-236
蔡史墨(晉)→蔡墨 7-60
采桑 2-65
蔡宣公(蔡) 1-224
———— 葬→諸侯葬 1-224
———— 卒→諸侯卒 1-222
———— 蔡侯考父 1-222
蔡昭侯(蔡) 7-116, 298, 299
———— 葬→諸侯葬 7-298
———— 蔡侯 7-117, 119, 122, 123, 137, 138, 288
———— 蔡侯申 7-296
蔡叔(蔡) 1-319
祭叔(周) 1-432
蔡叔(周)〈異人〉5-246, 7-127
——— 蔡 4-274
采菽 6-171
蔡哀侯(蔡) 1-388, 403, 404
———— 蔡侯 1-388, 403
———— 蔡侯獻舞 1-384, 388
蔡靈公(蔡) 6-91, 129
———— 葬→諸侯葬 6-91, 129
———— 蔡靈侯 6-51
———— 蔡侯 5-311, 312, 346
———— 蔡侯般 6-48, 50
蔡靈侯(蔡)→蔡靈公 6-51
蔡洧(許) 6-92, 93
蔡朝(齊) 3-160, 167
蔡仲 7-127
—— 胡 7-127
祭仲(鄭)→祭伯 1-164, 318, 322, 337, 350
蔡遷于州來→國遷 7-276, 288
蔡平公(蔡) 6-241, 244
———— 廬 6-128
———— 葬→諸侯葬 6-241, 244
———— 卒→諸侯卒 6-209
———— 蔡侯廬 6-90, 209
———— 平侯 6-257
蔡桓侯(蔡) 1-344, 346
———— 葬→諸侯葬 1-344
———— 卒→諸侯卒 1-344, 346
———— 蔡侯 1-262, 271, 339, 341
———— 蔡侯封人 1-344

蔡侯(蔡)→蔡景公 3-214, 4-330, 5-11, 85, 87, 88
蔡侯(蔡)→蔡文侯 2-438, 454
蔡侯(蔡)→蔡昭侯 7-117, 119, 122, 123, 137, 138, 288
蔡侯(蔡)→蔡哀侯 1-388, 403
蔡侯(蔡)→蔡靈公 5-311, 312, 346
蔡侯(蔡) 〈蔡莊公〉 2-145, 2-213, 2-224, 2-226, 2-388, 2-390
——— 蔡甲午 7-128
蔡侯(蔡)→蔡桓侯 1-262, 271, 339, 341
蔡侯考父(蔡)→蔡宣公 1-222
蔡侯東國(蔡)→東國 6-274
蔡侯般(蔡)→蔡靈公 6-48, 50
蔡侯封人(蔡)→蔡桓侯 1-344
蔡侯申(蔡)→蔡文侯 3-158
蔡侯申(蔡)→蔡昭侯 7-296
蔡侯廬(蔡)→蔡平公 6-90, 209
蔡侯朱(蔡) 6-242, 257, 7-23
——— 大子朱 6-244
——— 出奔楚→諸侯奔 6-242, 257
蔡侯獻舞(蔡)→蔡哀侯 1-384, 388
蔡侯肸(蔡)→蔡穆侯 2-95
蔡姬(蔡) 2-26, 130
處父(晉)→陽處父 2-318, 324
瘠(魯)→厚成叔 4-185
刺→事變(類) 3-342, 376
戚 2-307, 311, 313, 376, 3-259, 385, 327, 328, 331, 5-9, 17, 18, 20, 144, 7-275, 278, 279, 288, 290, 43, 4-14, 17, 18, 22, 23, 52, 57, 167, 179, 195, 6-56, 59, 8-37
戚田 5-26, 413
泉 2-86
闡 7-334, 335, 343, 346, 8-36
泉丘 6-53, 54
泉宮↔泉臺 2-443
泉臺↔泉宮 2-442, 443
逌臺 6-234
千畝 1-272
穿封戌(楚) 5-23, 6-20
歂孫(魯) 1-393, 425
天王(周)→簡王 4-12
天王(周)→景王 5-239, 6-259
天王(周)→敬王 6-275, 333, 7-172, 243
天王(周)→襄王 2-85, 175, 227, 265, 305, 306, 375
天王(周)→靈王 5-83, 106
天王(周)→定王 3-73, 235
天王(周)→平王 1-159, 171, 181
天王(周)→桓王 1-281, 283, 306, 334, 337
天王居→事變(類) 2-175, 190, 6-260, 270, 275
——— 劉子單子以王猛居于皇 6-260, 270
——— 天王居于狄泉 6-275
——— 天王出居于鄭 2-175, 190
天王崩→喪紀(類) 1-181, 183, 334, 2-62, 64, 375, 377, 3-20, 235, 241, 4-12, 5-83, 106, 113, 6-259, 264
——— 簡王(周) 4-12
——— 景王(周) 6-259, 264
——— 匡王(周) 3-20
——— 襄王(周) 2-375, 377
——— 靈王(周) 5-83, 106, 113
——— 定王(周) 3-235, 241
——— 平王(周) 1-181, 183
——— 惠王(周) 2-62, 64
——— 桓王(周) 1-334
天王狩→朝聘(類) 2-227, 258
——— 天王狩于河陽 2-227, 258
天王葬→喪紀(類) 1-360, 361, 2-380, 383, 3-34, 4-16, 6-259, 267

——— 簡王(周) 4-16
——— 景王(周) 6-259, 267
——— 匡王(周) 3-34
——— 襄王(周) 2-380, 383
——— 桓王(周) 1-360, 361
天子(周)→敬王 8-87
天王居→事變(類) 6-260, 270, 275
天王入→事變(類) 6-260, 270, 333, 343
——— 敬王(周) 6-333, 343
——— 王子猛(周) 6-260, 270
遷邑→事變(類) 1-356
—— 齊師遷紀郱鄑郚 1-356
踐土 2-224, 243, 263, 4-259, 5-324, 6-311, 7-102, 128
鐵 7-275, 282, 286
詹父(周) 1-315, 418
詹桓伯(周) 6-25
妾(晉) 2-129
捷(宋)→宋閔公 1-394
輒(衛)→衛出公 7-276
捷菑(邾) 2-419, 422, 423
淸↔淸原 1-194, 196, 3-131, 390, 7-357
淸丘 3-89, 129, 131, 132, 6-53
淸發 7-141
淸沸魋(晉) 3-395
靑蠅 4-169
淸原↔淸 2-276, 3-402
淸尹(楚)→淸尹弗忌 3-257
淸尹弗忌(楚) 3-256
———— 淸尹 3-257
淸人 1-493
靑鳥氏 6-174
菁菁者莪 6-171
彘 6-345
彘(魯)→孟孺子 8-72, 99
禘 2-300, 6-143, 7-191
禘→郊廟(類) 1-483, 2-63, 66
— 吉禘于莊公 1-483
— 禘于大廟 2-63, 66
彘季(晉)→士魴 3-414
彘裘(晉) 4-188
彘子(晉)→先縠 3-93, 98, 103, 104, 108, 112
椒 7-264
椒(楚)→子越椒 2-381
楚(鄭)→公孫楚 5-244
招(陳)→公子招 6-9, 14
焦〈國名〉5-127
焦〈地名〉2-162, 267, 267, 3-24, 4-14, 6-270
楚康王(楚) 5-111, 118, 6-80, 105, 227
———— 王 5-59, 67
———— 卒→諸侯卒 5-83, 111
———— 楚子 4-194, 235, 268, 330, 337, 339, 342, 364, 379, 5-11, 23, 44, 45, 90, 91
———— 楚子昭 5-83
楚建(楚)→大子建 6-224
楚共王(楚) 3-204, 256, 355, 359, 4-162, 5-214, 269, 329, 396, 6-105, 107
———— 王 3-223, 224, 359, 366, 368
———— 楚子 3-233, 282, 299, 329, 332, 340, 343, 345, 354, 360, 400, 409, 4-86, 95, 104, 133, 160
———— 楚子審 4-155
楚丘 1-218, 220, 501, 2-18, 20, 88, 4-115
—— 城→諸侯城 2-18, 20
楚丘(魯) 5-351
茖丘 3-341
楚宮 5-178, 183

楚隆(晉) 8-79

楚滅→滅 2-41, 47, 87, 88, 206, 210, 337, 340, 344, 345, 3-62, 63, 89, 128, 383, 399, 4-347, 368, 5-312, 330, 6-11, 19, 49, 58, 7-242, 246, 252, 256

―― 楚公子結……帥師滅頓 7-242, 246

―― 楚屈建帥師滅舒鳩 4-347, 368

―― 楚師滅陳 6-11, 19

―― 楚師滅蔡 6-49, 58

―― 楚人滅江 2-337, 340

―― 楚人滅夔 2-206, 210

―― 楚人滅舒蓼 3-62, 63

―― 楚人滅舒庸 3-383, 399

―― 楚人滅六 2-344, 345

―― 楚人滅弦 2-41, 47

―― 楚人滅黃 2-87, 88

―― 楚子滅蕭 3-89, 128

―― 楚子滅胡 7-252, 256

―― 楚子蔡侯……遂滅賴 5-312, 330

椒鳴(楚) 5-36

楚穆王(楚) 2-313, 388

―――― 世子商臣 2-307

―――― 楚子 2-381, 383, 388, 390, 394, 395

―――― 大子商臣 2-298, 313

楚武王(楚) 1-191, 291, 363~364, 414, 6-290, 8-65

―――― 王 1-293

―――― 楚子 1-292, 308, 310, 311, 328, 330

楚文王(楚) 1-369, 388, 414, 2-58, 3-48, 6-290, 8-65

―――― 楚子 1-369, 388, 403, 414, 416, 417

楚夫人嬴氏(秦) 6-200

楚成王(楚) 1-403, 2-313, 388, 3-310, 5-331, 7-24

―――― 頵 2-307

―――― 王 2-298, 313, 388

楚昭王(楚) 7-116, 137, 149, 313, 315, 316

―――― 王 7-159, 161, 313, 314

―――― 楚子 7-67, 142, 145, 158, 252, 262, 263, 310, 313, 314

―――― 楚子軫 7-309

―――― 大子壬 6-342

楚靈王(楚) 5-272, 6-105, 128, 257, 7-65

―――― 公子圍 5-23, 169, 211, 214, 221, 268, 269

―――― 令尹圍 5-204, 218

―――― 王 5-324, 369, 6-20, 98

―――― 王子圍 5-23, 118

―――― 圍 5-214, 329

―――― 楚王 5-313, 359

―――― 楚子 5-311, 312, 318, 323, 328, 329, 331, 346, 356, 360, 368, 372, 387, 391, 396, 403, 6-23, 24, 51, 58, 59, 63, 70, 80, 92

―――― 楚子虔 6-48

楚瓦(楚)→子常 7-141

楚王(楚)→楚靈王 5-313, 359

楚子(楚)→郟敖 5-149, 152

楚子(楚)→楚康王 4-194, 235, 268, 330, 337, 339, 342, 364, 379, 5-11, 23, 44, 45, 90, 91

楚子(楚)→楚共王 3-233, 282, 299, 329, 332, 340, 343, 345, 354, 360, 400, 409, 4-86, 95, 104, 133, 160

楚子(楚)→楚穆王 2-381, 383, 388, 390, 394, 395

楚子(楚)→楚武王 1-292, 308, 310, 311, 328, 330

楚子(楚)→楚文王 1-369, 388, 403, 414, 416, 417
楚子(楚)→楚昭王 7-67, 142, 145, 158, 252, 262, 263, 310, 313, 314
楚子(楚)→楚靈王 5-311, 312, 318, 323, 328, 329, 331, 346, 356, 360, 368, 372, 387, 391, 396, 403, 6-23, 24, 51, 58, 59, 63, 70, 80, 92
楚子(楚)→楚莊王 2-446, 3-13, 17, 34, 36, 43, 48, 50, 53, 63, 67, 70, 75, 78, 79, 80, 84, 88, 89, 101, 109, 114, 116, 122, 128, 130, 131, 133, 135, 137, 139, 142
楚子(楚)→楚平王 6-136, 138, 154, 156, 197, 200, 202, 208, 210, 257, 299, 331
楚子(楚)→楚惠王 8-64
楚子居(楚)→楚平王 6-332
楚子虔(楚)→楚靈王 6-48
楚子麇(楚)→郟敖 5-214
楚子旅(楚)→楚莊王 3-166
楚子昭(楚)→楚康王 5-83
楚子審(楚)→楚共王 4-155
楚子軫(楚)→楚昭王 7-309
楚莊夫人(楚) 4-104
楚莊王(楚) 2-424, 3-167, 204, 211, 5-214, 7-24
——— 王 3-90, 128
——— 卒→諸侯卒 3-166, 167
——— 楚子 2-446, 3-13, 17, 34, 36, 43, 48, 50, 53, 63, 67, 70, 75, 78, 79, 80, 84, 88, 89, 101, 109, 114, 116, 122, 128, 130, 131, 133, 135, 137, 139, 142
——— 楚子旅 3-166
草蟲 5-69
楚平王(楚) 6-103, 105, 128, 342, 7-24
——— 公子棄疾 6-19, 24, 48, 51, 88, 94, 95
——— 棄疾 6-59, 100, 101, 107
——— 王 6-129, 138, 299, 300
——— 熊居 6-101
——— 卒→諸侯卒 6-332, 342
——— 蔡公 6-59, 93, 94, 95
——— 楚子 6-136, 138, 154, 156, 197, 200, 202, 208, 210, 257, 299, 331
——— 楚子居 6-332
楚惠王(楚) 8-53, 75
——— 王 8-55, 65, 67
——— 章 7-313
——— 楚子 8-64
蜀 3-167, 178, 213, 214, 5-396
屬鏤 7-370
燭庸之越(齊) 4-309
燭之武(鄭) 2-267, 454
葱靈 7-201
崔 5-76
崔(齊)→崔杼 4-357, 359, 367
崔彊(齊) 5-76, 78
崔明(齊) 5-76, 78
崔武子(齊)→崔杼 4-23, 310, 348
崔成(齊) 5-76, 78
崔氏(齊) 4-351, 352, 360, 78, 80, 106
崔氏(齊)→崔杼 3-71, 5-76
崔如(齊) 4-309
崔夭(齊) 2-239
崔子(齊)→崔杼 4-22, 310, 347, 348, 351, 352, 355, 359, 363, 5-76, 78, 108
崔杼(齊) 3-75, 389, 402, 4-12, 18, 63, 97, 121, 178, 249, 251, 310, 330, 338, 345, 346, 347, 357, 359, 5-76, 108
——— 崔 4-357, 359, 367

——— 崔武子 4-23, 310, 348
——— 崔氏 3-71, 5-76
——— 崔子 4-22, 310, 347, 348, 351, 352, 355, 359, 363, 5-76, 78, 108
——— 出奔衛→外大夫奔 3-71, 75
鰌(周) 6-71
湫 1-416
趡 1-343, 345
萑谷 6-341
丑父(齊)→逢丑父 3-189, 193
萑苻 6-239
騅甥(鄧) 1-369
郰人紇(魯)〈叔梁紇〉4-110, 218
娵訾 5-168
騅歂(晉) 2-83
追喜(晉) 4-232
築→興作(類) 1-355, 358, 451, 457, 463, 463, 464, 3-401, 413, 6-24, 33, 7-232
— 築臺于郎 1-463
— 築臺于薛 1-463
— 築臺于秦 1-464
— 築郎囿 6-24, 33
— 築鹿囿 3-401, 413
— 築郿 1-451, 457
— 築蛇淵囿 7-232
— 築王姬之館 1-355, 358
郚 5-36, 6-139
祝柯↔督揚 4-239
祝固(齊) 6-227
祝丘 1-284, 362
—— 城→內城 1-284
祝鳩氏 6-174
祝跪(周) 1-418
祝其↔夾谷 7-212
祝聃(鄭) 1-233, 287
祝襄(宋) 8-107
祝鼃(衛) 6-217
祝融 2-210
祝融之虛 6-179
祝應(虢) 1-468
祝佗(衛) 7-125, 127
——— 子魚 7-125, 127
祝佗父(齊) 4-352
出姜(齊)→哀姜 2-338
蟲 6-201, 202
蟲牢 3-235, 241, 256, 4-236
聚 1-444
取內邑→戰爭(類) 3-12, 16, 6-302, 333, 7-334, 343
——— 齊人取濟西田 3-12, 16
——— 齊人取讙及闡 7-334, 343
——— 齊侯取鄆 6-302, 333
湨梁 4-206, 209, 227, 284
檇李 7-242, 246, 247, 264
炊鼻 6-338
取師→戰爭(類) 1-237, 239, 7-346, 347, 386, 388~389
—— 宋皇瑗帥師取鄭師于雍丘 7-346, 347
—— 鄭罕達帥師取宋師于嵒 7-386, 388~389
—— 取三師 1-237, 239
取殺→事變(類) 1-380
—— 取子糾殺 1-380
翠被 6-80
側(楚)→子反 3-233, 277, 368
側室 1-273
衺 1-337, 339
絺 1-249
治兵→師田(類) 1-373
緇衣 5-27

漆 4-263, 264, 7-254, 258
— 城→內城 7-254, 258
七輿 4-303
七月 5-320
沈 2-329, 331, 3-264, 5-36, 256, 6-128, 274, 284, 7-120, 137
沈潰→國潰 2-329, 331
沈鹿 1-308
寢門 3-135
祲祥 6-49, 53
侵我→戰爭(類) 2-205, 207, 362, 369, 430, 431, 438, 439, 4-167
—— 莒人侵我東鄙 4-167
—— 狄侵我西鄙 2-362, 369
—— 齊人侵我西鄙 2-205, 207, 430, 431, 438, 439
鍼尹固(楚) 7-142
沈尹射(楚)→薳射 5-335, 372
沈尹壽(楚) 4-342
沈尹戌(楚) 6-206, 289, 299, 300, 7-11, 23, 67, 70, 78
———— 左司馬戌 7-78, 138, 143
沈尹赤(楚) 5-372
沈尹朱(楚) 8-67
沈子(沈) 5-85, 311, 312, 346
沈子嘉(沈) 7-120
沈子逞(沈) 6-274, 287
沈子揖初(沈) 3-264
稱國→亂賊 2-461, 3-400, 402, 7-9, 13, 233
—— 莒弑其君庶其 2-461
—— 晉弑其君州蒲 3-400, 402
—— 吳弑其君僚 7-9, 13
—— 薛弑其君比 7-233
稱臣→亂賊 1-193, 196, 261, 264, 373, 375~377, 394, 395, 2-79, 307, 313, 419, 422, 3-19, 30, 42, 44, 72, 4-346, 352, 5-9, 17, 114, 122, 150, 158, 6-88, 99, 199, 201, 7-309, 321
—— 宋督弑其君與夷 1-261, 264
—— 宋萬弑其君捷 1-394, 395
—— 衛寗喜弑其君剽 5-9, 17
—— 衛州吁弑其君完 1-193, 196
—— 鄭公子歸生弑其君夷 3-42, 44
—— 齊公子商人弑其君舍 2-419, 422
—— 齊無知弑其君諸兒 1-373, 375~377
—— 齊陳乞弑其君荼 7-309, 321
—— 齊崔杼弑其君光 4-346, 352
—— 晉里克弑其君卓……荀息 2-79
—— 晉趙盾弑其君夷皐 3-19, 30
—— 陳夏徵舒弑其君平國 3-72
—— 蔡世子般弑其君固 5-150, 158
—— 楚公子比……弑其君虔于乾谿 6-88, 99
—— 楚世子商臣弑其君頵 2-307, 313
—— 許世子止弑其君買 6-199, 201
—— 閽弑吳子餘祭 5-114, 122
稱人→亂賊 2-442, 448, 459, 462, 5-179, 193
—— 莒人弑其君密州 5-179, 193
—— 宋人弑其君杵臼 2-442, 448
—— 齊人弑其君商人 2-459, 462

【ㅋ】

夬䷪ 7-52

【ㅌ】

佗(楚) 7-16
墮邑→興作(類) 7-228, 230
—— 季孫斯仲孫何忌帥師墮費 7-228, 230
—— 叔孫州仇帥師墮郈 7-228, 230
卓(晉)→公子卓 2-79
橐皐 7-379, 380
鐸父(齊) 4-352

鐸遏寇(晉) 3-405
卓子(晉)→公子卓 1-452, 2-35, 74
鐸辰 3-155
擢兮 6-165
紞 1-266
湯(殷) 2-326, 5-324, 7-102
蕩伯姬(魯) 2-196
蕩氏(鄭) 3-334
蕩意諸(宋) 2-448
——— 來奔→外大夫奔 2-376, 378
——— 司城 2-376
——— 司城蕩 2-448
——— 司城蕩意諸 2-378, 396
蕩澤(宋) 3-333
湯刑 5-375
蕩侯(楚) 6-80
蕩虺(宋) 2-448
駘〈國名〉6-25
駘〈地名〉7-321
台 4-150
大甲(殷) 4-274
台谷 3-413
太公(周) 4-194
大公(齊) 2-208
大宮 3-39, 89
大牢 1-300
大廟 1-262, 265, 270, 3-60, 63
大伯(周) 2-48, 7-325
大傅陽子(晉) 2-350
大史(晉)→董狐 3-30
大姒 7-164
大師賈佗(晉) 2-350
大史固(魯) 7-369
大史克(魯) 2-466
大師子穀(楚) 8-64
大史子餘(齊) 8-17
泰山 1-226
大誓曰〈尙書〉6-294
——— 〈逸書〉5-225
大誓云〈尙書〉5-183
大叔(衛)→世叔齊 7-376
大叔(鄭)→共叔段 1-166, 167
大叔(鄭)→游吉 4-294, 5-256, 306, 359, 408, 6-239
大叔(周)→王子帶 2-154, 190, 200
大叔段(鄭)→共叔段 1-167
大叔帶(周)→王子帶 2-62
大叔文子(衛) 4-381, 5-18, 124
——— 文子 5-57
——— 大叔儀 4-185, 5-57
大叔遺(衛)→大叔僖子 8-59, 76
大叔儀(衛)→大叔文子 4-185, 5-57
大叔懿子(衛) 7-375
大叔疾(衛)→世叔齊 7-373, 8-94
大叔僖子(衛) 8-59
——— 遺 7-373
——— 大叔遺 8-59, 76
大室 2-410, 416
大岳 1-247
大王(周) 2-48
太原↔大鹵 5-252
大子(衛)→世叔齊 8-61, 63
大子(衛)→衛莊公 7-278, 249, 251, 282, 283, 285, 286
大子(鄭)→鄭昭公 1-299
大子(齊)→齊莊公 4-234
大子(晉)→大子申生 1-495, 496, 500, 2-36
大子(郕)→大子朱儒 2-401

大子角(衛) 5-17
大子建(楚) 6-200, 202, 210, 288, 7-24, 8-48
———— 王子建 6-342
———— 子木 8-48
———— 楚建 6-224
大子髡頑(鄭) 3-384
大子光(齊)→齊莊公 4-13, 110, 121, 139
大子蒯聵(衛)→衛莊公 7-249, 8-37
大子欒(宋)→宋景公 6-215, 327
大子祿(楚) 6-95
大子免(陳) 1-285
大子般(蔡)→世子般 5-158
大子僕(莒)→莒僕 2-466
大子商臣(楚)→楚穆王 2-298, 313
大子壽(周) 6-345
大子申生(晉) 1-479, 493, 2-43
———— 共子 7-32
———— 共大子 2-81
———— 世子申生 2-38
———— 大子 1-495, 496, 500, 2-36
大子罃(秦)→秦康公 2-210
大子圉(晉)→晉懷公 2-110, 119, 128, 129, 153
大子御寇(陳)→公子御寇 1-425
大子偃師(陳) 4-364
大子友(吳) 7-389
大子夷(鄭)→鄭靈公 2-459
大子壬(楚)→楚昭王 6-342
大子茲父(宋)→宋襄公 2-67
大子臧(衛)→世子臧 3-167
大子適郢(吳) 8-92
大子諸樊(吳)→吳子諸樊 6-288
大子終纍(吳) 7-168
大子痤(宋)→世子痤 5-30
大子佐(宋)→世子佐 5-327, 382
大子朱(蔡)→蔡侯朱 6-244
大子朱儒(郲) 2-399
———— 大子 2-401
大子州蒲(晉)→晉厲公 3-284
大子止(許)→世子止 6-201
大子疾(衛)→世叔齊 8-70
大子革(邾) 7-344, 8-84
大子忽(鄭)→鄭昭公 1-297, 298
大子弘(秦) 2-110
大子華(鄭)→子華 2-59
大宰 1-252
大宰(楚)→伯州犁 5-61
大宰督(宋) 1-395
大宰伯州犁(晉)→伯州犁 3-354
大宰犯(楚) 6-254
大宰嚭(吳) 7-264, 325, 380, 383, 393, 397, 8-30, 92
大宰石㚟(鄭)→石㚟
大宰子商(楚)→公子辰 3-283
大宰子餘(吳) 7-344
大行 4-312, 7-183
大皞氏 6-174
大皞之虛 6-179
大姬(鄭) 4-370
澤門 4-221
澤邑 6-275
涌 1-414
頹(周)→王子頹 6-345
隤 1-249
隤凱 2-469
頹叔(周) 2-185, 190
退鷁→災祥(類) 2-123, 124
—— 六鷁退飛 2-123, 124

鬪克(楚)→子儀 2-202
鬪穀於菟(楚)→子文 1-462, 2-47, 144, 3-48
鬪丹獲(楚) 1-309
鬪廉(楚) 1-312, 320, 321
——— 鬪射師 1-462
鬪緡(楚) 1-414
鬪班(楚) 1-455
——— 申公鬪班 1-462
鬪般(楚)→子揚 3-47
鬪勃(楚)→子上 2-241
鬪伯比(楚) 1-292, 293, 307, 310, 328, 3-48
鬪成然(楚)→蔓成然 6-138
鬪巢(楚) 7-159
鬪辛(楚) 7-145, 158, 159
——— 鄖公辛 7-145
鬪御彊(楚) 1-455
鬪射師(楚)→鬪廉 1-462
鬪梧(楚) 1-455
鬪韋龜(楚) 5-331, 6-93, 105
鬪宜申(楚)→子西 2-210, 388
鬪章(楚) 2-24, 279
——— 鬪椒 3-24
鬪椒(楚)→鬪章 3-24
特宮(晉) 2-83

【ㅍ】

巴 6-25
巴子(巴) 1-311
巴姬 6-105
阪高 2-443
阪泉 2-198
八愷 2-469
八索 6-80
八元 2-469
郥(吳) 6-288
邶 5-130
沛 6-233
貝丘 1-376
郥氏↔垂葭 7-233
郥陽 6-200
邶殿 5-106
彭 1-327
祊 1-222, 226
彭名(楚) 3-114, 211, 355, 4-37
彭封彌子(衛)→彌子瑕 8-93
彭生(楚) 5-335
彭城 3-400, 409, 413, 415, 4-12, 13, 5-36
彭水 6-222
彭衙 2-317, 320, 321, 328
祊田 1-259, 260
彭仲爽(申) 8-65
平→盟會(類) 3-42, 43, 139, 145, 5-389, 390, 7-210, 212, 226, 227
— 公及齊侯平莒及郯 3-42, 43
— 及鄭平 7-226, 227
— 及齊平 7-210, 212
— 暨齊平 5-389, 390
— 宋人及楚人平 3-139, 145
平(楚) 8-51
平公(宋)→宋平公 5-30, 123, 6-253, 327
平丘 5-180, 6-204, 89, 114, 123, 141, 149
平宮 6-270
平壽 6-217
平陽 3-62, 65
—— 城→內城 3-62, 65
平王(周) 1-183, 184, 2-153, 185, 4-128, 370
——— 崩→天王崩 1-181, 183

—— 天王 1-159, 171, 181
平陰 4-227, 230, 280, 312, 352, 6-275, 322
平子(魯)→季平子 6-42, 73, 79, 91, 126, 130, 168, 169, 172, 313, 315, 318, 325, 329, 336, 338, 7-49, 110, 154
平莊 8-101
平州 3-12, 15
平中 7-116
平畤 5-158, 6-270, 267
平夏(楚) 5-269
平侯(蔡)→蔡平公 6-257
敝無存(齊) 7-204, 209
嬖叔(晉) 6-30
圃(衛) 5-86
蒲↔蒲城 1-276, 279, 452, 2-43, 44, 3-270, 274, 6-59, 8-94
暴 2-375
鮑牽(齊) 3-385, 386
—— 鮑莊子 3-386
鮑癸(晉) 3-109
蒲姑 6-25
蒲姑氏 6-238
鮑國(齊) 3-386, 5-101, 6-245
—— 文子 6-37
—— 鮑文子 6-134, 313, 7-201
蒲宮 5-221
鮑牧(齊) 7-312, 343, 345
—— 鮑子 7-318, 319, 345
鮑文子(齊)→鮑國 6-134, 313, 7-201
蒲胥 3-135
蒲城↔蒲 2-165, 178
蒲騷 1-320, 328
暴隧 3-332
鮑叔(齊)→鮑叔牙 1-381
鮑叔牙(齊) 1-378, 6-107
—— 鮑叔 1-381
鮑氏(齊) 5-101, 6-37, 39, 7-370
蒲餘侯(莒) 6-138, 139
—— 玆夫 6-139
匏有苦葉 4-174
鮑子(齊)→鮑牧 7-318, 319, 345
鮑莊子(齊)→鮑牽 3-386
圃田 7-127
鮑點(齊) 7-318
圃車 6-270
蒲圃〈建物〉4-40
蒲圃〈地名〉4-242, 7-191, 193
蒲侯氏 4-325
幅 1-266
彪(晉)→晉平公 4-226
豹(魯)→叔孫豹 4-331, 5-50
豹(長狄) 5-154
豹鳥 6-80
彪傒(衛) 7-90, 100
酆 2-185
豐 7-300
豐䷶ 3-56
馮 7-169
馮簡子(鄭) 5-196, 197
豐愆(宋) 6-246
豐丘 8-19
酆宮 5-324
豐卷(鄭) 5-176
—— 子張 5-176
酆舒(潞) 3-147
酆舒(狄) 2-369
豐施(鄭)→子旗 5-406
豐氏(鄭) 5-163, 214, 215, 406, 302

風雨 6-165
豐點(魯) 4-317
被廬 2-217, 7-60
韠 1-266
畢 2-185, 6-25
邲 3-88, 120, 122, 131, 134, 204, 222, 5-360, 369
畢萬(晉) 1-479, 480, 481
偪姞 2-355
偪陽 4-107, 110, 113, 115, 116
偪陽子(偪陽) 4-115

【ㅎ】

瑕 1-291, 2-267, 409, 3-318, 368, 6-270, 296
瑕(周)→王子瑕 5-158
夏(鄭)→子西 5-34
夏↔漢 5-128, 6-99
河 2-176, 198, 290, 229, 255, 332, 407, 408, 3-92, 101, 112, 122, 159, 290, 293, 295, 334, 349, 4-78, 103, 146, 226, 243, 5-248, 274, 283, 6-43, 62, 67, 91, 129, 258, 275, 289, 7-51, 76, 114, 233, 278
瑕嘉(晉)〈詹嘉〉3-173
河曲 2-401, 406, 3-311
夏區夫(陳) 7-388
瑕禽(周) 4-128
何忌(魯)→孟懿子 5-416
夏南(陳)→夏徵舒 3-204
瑕呂飴甥(晉) 2-110
———— 呂 2-178, 365
———— 呂甥 2-83, 113, 365
———— 陰飴甥 2-119
———— 子金 2-110
———— 瑕甥 2-178
夏戊(衛) 7-375, 8-93
———— 夏丁氏 8-93
夏父弗忌(魯) 2-325
瑕甥(晉)→瑕呂飴甥 2-178
河西 2-413
夏書曰
———— 〈大禹謨〉 5-35
———— 〈益稷〉 2-217
———— 〈逸書〉 1-374, 2-192, 372, 3-380, 4-56, 190, 265, 327, 6-172, 139, 7-316, 8-75
夏齧(陳) 6-274, 284, 287
瑕叔盈(鄭) 1-243
瑕辛(周) 6-71
夏氏(陳) 3-76, 84, 204, 4-370
下陽 2-19, 22, 23
河陽 2-227, 258
夏陽說(晉) 3-245
夏汭 5-335, 368
下陰 6-200
夏丁氏(衛)→夏戊 8-93
夏州 3-84
夏之御寇(齊) 4-309
夏徵舒(陳) 3-72, 76, 80, 84
———— 夏南 3-204
夏虛↔大夏 7-127
河縣 3-313
夏后 7-51
夏后皐(夏) 2-279
夏后相 7-264
夏后氏之璜 7-127, 8-26
夏訓有之曰〈夏書〉4-44
夏姬(鄭) 3-69, 204, 256, 5-36
漢 1-292, 308, 364, 2-32, 144, 239, 388,

3-256, 5-111, 6-101, 7-51, 117, 138, 145, 315
韓 2-185, 5-127
韓↔韓原 2-81, 100, 104, 3-307, 350
寒 4-44
邗 7-348
韓簡(晉) 2-106, 108, 115
韓簡子(晉)→韓不信 7-91, 101, 102, 237
韓固(晉) 7-36
韓厥(晉) 3-92, 183, 189, 228, 266, 318, 344, 362, 398, 4-12, 14, 95
——— 韓獻子 3-98, 183, 246, 249, 264, 332, 337, 413, 4-36, 38, 68
韓起(晉) 4-95, 97, 156, 232
——— 宣子 4-69
——— 起 4-69
邯鄲 7-235, 268, 295, 303
邯鄲午(晉) 7-215, 235
罕達(鄭) 7-253, 256, 275, 279, 385, 386
——— 子姚 7-279, 286, 347
——— 武子賸 7-347
——— 子賸 7-388
韓無忌(晉)→公族穆子 3-405, 4-69
韓服(巴) 1-311
韓不信(晉) 7-36, 85, 90, 238
——— 伯音 7-89
——— 韓簡子 7-91, 101, 102, 237
罕朔(鄭) 5-412
——— 馬師氏 5-412
韓宣子(晉) 5-46, 57, 145, 180, 275, 288, 300, 302, 359, 381, 386, 404, 406, 412, 413, 420, 6-51, 54, 56, 107, 129, 130, 139, 278
——— 起 5-46, 275, 165
——— 宣子 5-275, 276, 277, 279, 304, 6-25, 107, 130, 139, 160, 165, 178, 297
——— 韓起 5-9, 274, 303, 360, 366, 6-49, 157
——— 韓子 5-179, 360, 384, 405, 6-160, 161, 163
韓須(晉) 5-278, 360
韓氏(晉) 4-302, 5-302, 7-240, 8-117
罕氏(鄭) 5-29, 122, 123, 163
寒氏↔五氏 7-215
韓襄(晉) 4-209, 5-360
韓原↔韓 2-108
罕夷(晉) 1-496, 499
寒浞 4-44
韓穿(晉) 3-92, 112, 228, 259, 262
罕魋(鄭) 5-412
韓獻子(晉)→韓厥 3-98, 183, 246, 249, 264, 332, 337, 413, 4-36, 38, 68
韓奕 3-275
罕虎(鄭)→子皮 5-171, 211, 252, 304, 367, 384, 6-43, 49
翰胡(曹) 6-253
含 2-342, 344
鹹 2-91, 92, 395, 396, 5-154, 7-172, 175
闞公氏 7-109
咸丘 1-304
函氏 4-211
闞止(齊) 8-14
——— 子我 8-14, 15, 17, 19
闔廬(吳) 7-13, 71, 141, 143, 247, 271
——— 公子光 6-183, 214, 284, 7-12
——— 吳光 7-68
——— 吳子 7-67, 70, 71, 112, 122, 138, 156

―――― 吳子光 7-243
―――― 王 7-156
頜氏(遂) 1-411
合左師(宋)→向戌 4-220, 5-30, 222, 325
降→戰爭(類) 1-373, 374, 460
― 郕降于齊師 1-373, 374
― 齊人降鄣 1-460
項 2-127, 129
奚 1-344, 345
該〈少皞氏〉7-52
解梁城 2-102
奚斯(魯)→公子魚 1-487
解揚(晉) 2-376, 3-17, 142
解張(晉) 3-186
―――― 張侯 3-186, 187
奚齊(晉) 1-452, 2-35, 36, 69, 72, 73, 74
奚仲 7-102
海陘 4-213
解狐(晉) 4-29
杏 6-296, 8-36
行父(魯)→季文子 3-262, 375
行人子員(晉) 4-38, 83
許 1-241, 242, 243, 244, 247
許(魯)→臧宣叔 3-168
虛〈天文〉5-83
虛〈地名〉3-383, 1-324, 325
許公(許)→許莊公 1-245
許公爲(衛) 8-46
虛丘 2-17
許君(許)→許莊公 1-244
許男(許)→許男斯 7-119
許男(許)→許悼公 5-110, 118, 311, 312, 346
許男(許)→許穆公 2-27
許男(許)→許昭公 2-370, 418, 438, 3-126
許男(許)→許靈公 3-214, 233, 4-211, 330
許男(許)→許元公 7-262
許男(許)→許莊公 1-406
許男(許)→許僖公
許男斯(許) 7-162
―――― 許男 7-119
許男錫我(許)→許昭公 3-158
許男成(許)→許元公 7-386
許男新臣(許)→許穆公 2-27
許男業(許)→許僖公 2-344
許男甯(許)→許靈公 5-11
許大夫百里(許) 1-244
許悼公(許) 6-199, 201
―――― 其君買 6-199
―――― 葬→諸侯葬 6-199
―――― 許男 5-110, 118, 311, 312, 346
許穆公(許) 2-29, 34
―――― 葬→諸侯葬 2-29, 34
―――― 卒→諸侯卒 2-27, 34
―――― 許男 2-27
―――― 許男新臣 2-27
許穆夫人(衛) 1-491
許伯(楚) 3-109
許昭公(許) 3-158
―――― 葬→諸侯葬 3-158
―――― 卒→諸侯卒 3-158
―――― 許男 2-370, 418, 438, 3-126
―――― 許男錫我 3-158
許叔(許) 1-244, 336, 338
―――― 入于許→外大夫入 1-336, 338
許偃(楚) 3-114, 297
許靈公(許) 3-211, 239, 339, 4-35, 5-44, 45
―――― 葬→諸侯葬 5-12, 45
―――― 卒→諸侯卒 5-11, 44

———— 許男 3-214, 233, 4-211, 330
———— 許男甯 5-11
許元公(許) 7-388
———— 葬→諸侯葬 7-388
———— 卒→諸侯卒 7-386
———— 許男 7-262
———— 許男成 7-386
許圍(許) 6-92, 93
許莊公(許) 1-243
———— 許公 1-245
———— 許君 1-244
———— 許男 1-406
許田 1-226, 258, 259
虛朾 3-402, 415
許遷于白羽→國遷 6-186, 197
許遷于葉→國遷 3-330, 339
許遷于容城→國遷 7-121
許遷于夷→國遷 6-23, 24
許僖公(許) 2-54, 5-331
———— 葬→諸侯葬 2-347
———— 卒→諸侯卒 2-344
———— 許男業 2-344
獻于 4-236
獻子(晉)→郤克 3-159
獻子(晉)→士鞅 7-183
獻子(晉)→荀偃 4-100, 214, 226
獻子(晉)→魏獻子 7-44, 52, 100, 101
弦〈國名〉2-41, 47
弦〈地名〉7-78
弦多(齊) 7-366
玄冥 6-190
玄冥師 5-256
弦施(齊) 7-303, 312
弦子(弦) 2-41, 47
———— 奔黃→諸侯奔 2-41, 47
玄鳥氏 6-174
玄妻 7-32
玄枵 5-83
桔柣門 1-455
挾(魯) 1-231
——— 卒→內大夫卒 1-231
夾谷↔祝其 7-210, 212
邢〈國名〉1-200, 466, 475, 476, 501, 2-13, 15, 137, 139, 143, 143, 185, 195, 198, 4-152, 6-128
— 城→諸侯城 2-13, 16
邢〈地名〉5-36, 7-303
衡 1-266
荊〈楚〉1-384, 399, 406, 451
熒↔熒澤 3-362
陘 1-249, 2-27, 30, 5-356, 7-247
邢公(齊) 4-309
邢蒯(晉) 4-279
邢丘 3-55, 4-75, 77, 81
邢帶(晉) 5-360
邢大夫(晉)→郤至 3-204
邢伯(晉) 4-229
衡父(魯)→公衡 3-215, 5-396
衡山 4-26
荊山 5-313, 6-80
陘隰 2-444
荊尸 1-363
衡雍 2-243, 375, 377, 3-122, 4-84
熒庭 4-312
陘庭 1-278, 275
陘庭之田 1-275
熒澤↔河北, 熒 1-489, 3-112
邢侯(邢) 2-124
邢侯(晉) 6-139, 141

惠(周)→惠王 3-293
惠伯(魯)→孟椒 5-303
惠伯(魯)→叔仲惠伯 2-271, 421, 433, 461, 464
惠叔(魯) 2-371, 425, 433
——— 難 2-308, 425
惠王(周) 1-409, 418, 467, 2-62, 184, 6-345
——— 崩→天王崩 2-62, 64
——— 王 1-408, 412, 420, 422, 423, 450, 460, 2-46
——— 惠 3-293
惠牆伊戾(宋) 5-30
惠后(陳)→陳嬀 1-413, 2-190
胡→蔡仲 7-127
胡〈國名〉6-128, 274, 284, 7-252, 256
胡〈地名〉7-68
鄗〈山名〉3-103
鄗〈地名〉7-303
扈〈國名〉5-227
扈〈地名〉1-434, 2-362, 370, 377, 431, 438, 452, 453, 3-16, 66, 67, 68, 342, 376, 7-9, 19
虎(鄭)→子皮 5-173, 201
狐季姬 6-107
胡公(陳) 4-370, 5-291
胡公不淫 6-21
壺丘 2-384
壺口 7-303
瓠丘 4-13
狐鞫居(晉)→續簡伯 2-320
狐突(晉) 1-496, 497, 500, 2-81, 163, 6-107
虎牢↔制 1-422, 2-33, 376, 4-18, 22, 23, 97, 108, 125, 126
—— 城→內城 4-18, 23
狐毛(晉) 2-163, 218, 243
虎門 6-37, 39
狐父(晉) 6-56
狐氏(晉) 5-291
狐氏→狐溱 3-294
狐壤 1-252
狐偃(晉)→子犯 2-166, 176, 198, 217, 218, 243, 263, 379
狐射姑(晉) 2-348, 349
——— 賈季 2-355, 358, 369, 411
——— 出奔狄→外大夫奔 2-348, 358
瓠葉 5-236
狐庸(楚) 3-258, 5-36
——— 屈狐庸 5-194
狐人 7-169
胡子(胡) 5-85, 311, 312, 7-119, 256
胡子髡(胡) 6-274, 287
胡子豹(胡) 7-252, 256
狐廚 2-126
狐溱(晉) 2-204
——— 狐氏 3-294
狐駘 4-50
胡姬 7-319, 343
溷(宋)〈樂溷〉7-170, 183
—— 子明 7-198
渾敦 2-471
渾良夫(衛) 8-37, 38, 60, 61, 67
婚姻(類)
——— 姑逆婦 2-336, 338
——— 公逆女 1-437
——— 來求婦 2-274
——— 內女歸 1-178, 217, 441, 3-271, 275
——— 內女來 1-447, 449, 2-226, 3-51, 53
——— 內女來歸 2-431, 439, 3-154,

156, 234
——— 內女復歸 1-394, 2-100
——— 內大夫納幣 2-320, 329
——— 內大夫逆女 1-277, 279, 3-11, 14, 322, 325
——— 來逆婦 2-196
——— 來媵 3-262, 270, 271, 276, 282
——— 大夫以夫人至 3-11, 14, 3-323, 326
——— 大夫宗婦覿用幣 1-437, 439
——— 大夫致女 3-271, 275
——— 夫人大歸 2-460, 465
——— 夫人入 1-437
——— 夫人至 1-277
——— 送王姬 1-355
——— 逆王后 1-307, 310, 4-197, 199
——— 王后歸 1-310, 311
——— 王姬歸 1-356, 359, 390, 393
——— 外大夫來納幣 3-260, 266
——— 外大夫爲君逆 1-177, 180
——— 外大夫自逆 1-447, 3-51, 52
——— 媵婦 1-415
——— 諸侯送女 1-277
渾罕(鄭)→子寬 5-333
忽(鄭)→鄭昭公 1-298, 319
泓 2-152, 156, 162, 7-389
紅 6-10, 16
鴻口 6-250
鴻駵魋(衛) 6-218
鴻鴈 4-214
和 1-268
和(秦) 5-263, 267
火 5-285, 6-29
火→災祥(類) 3-154, 156
— 成周宣榭火 3-154, 156
華牼(宋) 6-226, 246
華多僚(宋) 6-246
華登(宋) 6-225, 246, 250, 251, 253, 262
華龍滑(衛) 1-490
華免(齊) 3-404
華父督(宋) 1-261
——— 督 1-264
——— 先臣督 2-432
——— 宋督 1-261, 264
華不注 3-187
華費遂(宋) 5-329, 6-225, 246
華臣(宋) 4-87, 217, 220
——— 臣 4-220
——— 出奔陳→外大夫奔 4-217, 220
華臣氏(宋) 4-220
華氏(宋) 3-240, 6-215, 224, 225, 246, 250, 251, 253, 254, 262, 8-48
華弱(宋) 4-60, 61
——— 來奔 4-60, 61
華御事(宋) 2-363, 390
華閱(宋) 4-87, 167, 178, 220
華吳(宋) 4-220
華耦(宋) 2-384, 432, 448
——— 司馬子伯 2-474, 3-38
——— 司馬華孫 2-429, 432
華元(宋) 2-448, 3-19, 20, 22, 135, 145, 202, 214, 230, 231, 237, 240, 260, 265, 295, 297, 329, 330, 333, 334, 340, 413, 4-12, 17, 18
——— 出奔晉→外大夫奔 3-329, 333~334
華寅(衛) 6-218
華定(宋) 5-115, 6-43, 62, 66, 209, 214, 215, 242, 259, 262
——— 司徒 5-126
——— 出奔陳→外大夫奔 6-209, 225

華齊(衛) 6-217
和組父(晉) 4-31
華周(齊)→華還 4-325
華妵(宋) 6-251
華仲(衛) 2-252
華泉 3-189
華椒(宋) 3-128, 129
華貙(宋) 6-246, 253, 262
――― 子皮 6-246
華豹(宋) 6-253
華合比(宋) 5-373, 382
――― 出奔衛→外大夫奔 5-373, 382
華亥(宋) 5-382, 6-24, 49, 209, 214, 215, 225, 242, 253, 259, 262
――― 出奔陳→外大夫奔 6-209, 225
――― 出奔楚→外大夫奔 6-259, 262
華還(齊) 4-325
――― 華周 4-325
華喜(宋) 3-333, 334, 413
貜且(邾)→邾定公 2-423
環(齊)→齊靈公 4-194
讙 1-277, 7-194, 210, 215, 334, 335, 343, 346, 8-36
桓公(鄭) 3-90
桓公葬(魯)→公葬 1-349
桓公卽位(魯)→卽位 1-258, 259
桓公薨(魯)→公薨 1-348, 349
桓宮 1-434, 436, 7-289, 290
桓跳(齊) 4-309
豢龍氏 7-51
還無社(蕭) 3-128
桓司馬(宋)→向魋 8-21, 73
桓叔(晉) 1-273, 275, 2-48
――― 成師 1-272
桓氏(宋)→向魋 7-373, 8-21, 73
桓氏(鄭) 3-333, 334, 8-25
桓王(周) 1-217, 249, 351, 360, 361, 4-370
――― 崩→天王崩 1-334
――― 王 1-284, 286, 287, 305, 310, 315
――― 葬→天王葬 1-360, 361
――― 天王 1-281, 283, 306, 334, 337
桓子(魯)→季桓子 7-154, 193, 194
桓子(齊)→陳桓子 5-97, 6-16, 37, 40, 41
桓子(晉)→荀林父 3-92, 98, 114, 126, 151
桓子(晉)→欒王鮒 4-304
桓子思(鄭)→子思 7-332
桓主(晉)→欒黶 4-270
桓魋(宋)→向魋 7-388, 8-21
滑〈國名〉 2-142, 143, 184, 283, 285, 3-63, 5-127
滑〈地名〉 1-360, 361, 3-383, 6-341, 343
滑羅(衛) 7-229
滑伯(滑) 1-406
黃(陳)→公子黃 4-257, 259, 297
黃〈國名〉 1-308, 416, 2-23, 41, 47, 85, 87, 88, 5-256
黃〈地名〉 1-173, 343, 345, 3-60, 7-228, 229
黃〈水名〉 5-110
皇 6-260, 6-270
荒谷 1-330
皇國父(宋) 4-221
皇武子(鄭) 2-285
皇門 3-89
黃父↔黑壤 2-453, 3-59, 6-301, 306, 7-136
皇父充石(宋)→司徒皇父 2-397
皇非我 8-104, 107
――― 非我 8-73

皇戌(鄭) 3-204, 222, 3-233, 239

皇氏(宋) 8-74, 107

皇野(宋) 8-21

―――― 司馬子仲 8-21

皇奄傷(宋) 6-262

黃淵(晉) 4-270

皇緩(宋) 8-74, 104

皇鄖(宋) 4-87

―――― 子仲 8-73

皇瑗(宋) 7-322, 346, 347, 379, 382, 8-73, 74

黃夷(衛) 1-489

皇耳 4-119

黃帝 2-198

黃帝氏 6-174

黃池 8-79

皇辰(鄭) 3-409

荒浦 4-342

皇皇者華 4-38

皇懷(宋) 8-104

皇頡(鄭) 5-23, 24

會(魯)→臧會 6-315, 328, 329

會(魯)〈冉會〉7-181

淮 1-308, 2-124, 127, 129, 6-24, 68, 7-138, 348

懷 1-249, 3-55

悝(衛)→孔悝 8-37

會稽 7-264

回祿 6-190

鄶城 2-298

懷嬴(秦) 2-173

辰嬴 2-355

―――― 嬴氏 2-153

淮夷 2-92, 5-311, 312, 7-19

懷子(晉)→欒盈 4-269

獲(衛) 8-38

獲(鄭)→公孫獲 1-244

獲大夫→事變(類) 2-14, 17, 3-19, 20, 4-74, 76, 6-274, 287, 7-356, 368

―――― 獲莒挐 2-14, 17

―――― 獲宋華元 3-19, 20

―――― 獲齊國書 7-356, 368

―――― 獲陳夏齧 6-274, 287

―――― 獲蔡公子燮 4-74, 76

獲麟→災祥(類) 8-9

獲諸侯→事變(類) 2-100, 108

―――― 獲晉侯 2-100, 108

横 6-246

殽 2-279, 283, 290, 316, 320, 321, 332, 424

孝伯(魯)→孟孝伯 4-347

孝伯(衛) 1-190

囂尹午(楚) 6-80

孝侯(晉) 1-275

郈 6-328, 7-211, 218, 219, 220, 224, 228, 230

后夔 7-32

侯獳(鄭) 3-384

侯獳(晉) 2-258

侯麗 3-318

后緡 7-264

郈魴假(魯) 6-328

侯犯(魯) 7-218, 219, 220

侯宣多(鄭) 2-195, 271, 454, 3-39

厚成叔(魯) 4-185

―――― 瘠 4-185

―――― 厚孫 4-185

郈昭伯(魯) 6-315, 320

郈孫(魯) 6-316, 318, 320

厚孫(魯)→厚成叔 4-185
侯叔夏(魯) 2-396
侯氏 6-272
侯氏(鄭) 4-122
郈氏(魯) 6-315
后羿 4-44, 7-32
—— 夷羿 4-44
后庸(越) 8-101, 110
侯羽(鄭) 3-256
后子(秦)→伯車 5-247, 248, 250, 270, 372
后臧(楚) 7-156
后杼 4-44
郈田 3-293
候正 3-201
后帝→堯 5-256
侯朝(齊) 4-309
后稷(周) 2-326, 3-39, 6-25
侯晉(鄭) 4-122, 123
薰隧 5-252, 280
虺 3-399
虺(長狄) 5-154
毁→興作(類) 2-442, 443
— 毁泉臺 2-442, 443
燬(衛)→衛文公 2-135
翬(魯)→公子翬 1-194, 198, 235
鄬 1-360, 361, 2-205
鄬(魯) 1-394
鄬魁壘(晉) 8-117
攜王(周) 6-345
鷸冠 2-192
黑肱(邾) 7-73, 79
———— 來奔→外大夫奔 7-73, 79
黑背(衛) 3-282
———— 子叔黑背 3-283
黑壤↔黃父 3-58, 59, 60
黑要(楚) 3-204, 256, 257
釁夏(魯) 8-91
紇(魯)→臧武仲 3-313, 321
興作(類)
———— 內城 1-218, 2-220, 231, 232, 284, 340, 341, 458, 459, 465, 466, 2-360, 401, 409, 3-62, 65, 231, 273, 281, 4-18, 23, 65, 68, 155, 163, 198, 203, 241, 254, 241, 254, 7-163, 244, 254, 258, 289, 298, 303, 308
———— 新作 1-457, 458, 2-142, 143
———— 諸侯城 2-13, 16, 18, 20, 94, 95, 5-115, 124, 7-85, 87~91
———— 浚 1-381
———— 築 1-355, 358, 451, 457, 463, 463, 464, 3-401, 413, 6-24, 33, 7-232
———— 墮邑 7-228, 230
———— 毁 2-442, 443
豷(夏) 4-44, 7-265
熙〈少皥氏〉7-52
戲 4-86, 97, 284
僖公葬(魯)→公葬 2-305, 310
僖公薨(魯)→公薨 2-284, 297
僖閔 4-134
僖宮 7-289, 290
戲童 3-384
僖負羈(曹) 2-169, 230, 231
僖叔(魯)→公子牙 1-470
姬氏(晉)→趙莊姬 3-266
戲陽 6-30
戲陽速(衛) 7-249, 251
僖子(齊)→陳乞 7-321
肸(衛)→鄢武子 8-44
肸(晉)→叔向 2-257, 4-254, 5-291, 6-51

類例 索引

【郊廟】

刻桷

—— 刻桓宮桷 1-436, 439

改卜牛 3-33, 252, 7-252, 262

去樂卒事 6-143, 144

考宮獻羽

———— 考仲子之宮初獻六羽 1-201

郊

— 郊 7-252, 262

— 三卜郊不從乃免牲 4-65, 67

— 用郊 3-382

納鼎

—— 取郜大鼎于宋 1-262, 265

丹楹

—— 丹桓宮楹 1-434, 436

大事

—— 大事于大廟躋僖公 2-319, 325

大雩 1-284, 289

免牲

—— 免牲 2-273, 275

—— 免牛 3-252

—— 三卜郊不從乃免牲 4-65, 67

卜郊不從

———— 五卜郊不從 3-282

———— 四卜郊不從乃不郊 4-132

不告月猶朝廟

———————— 閏月不告月猶朝于廟 2-348, 360

不郊 3-33, 35, 253, 282, 4-132

不視朔

——— 公四不視朔 2-441, 442

嘗 1-332, 333

新作

—— 新作雉門及兩觀 7-112

繹

— 猶繹 3-60

用牲于社 1-441, 442, 443, 444, 461, 2-430, 436

雩 2-85, 91, 3-221, 254, 4-51, 55, 75, 78, 209, 216, 5-82, 86, 285, 307, 374, 387, 6-11, 155, 169, 293, 298, 301, 313, 7-100, 173, 174, 228

有事

—— 有事于武宮 6-143, 144

—— 有事于大廟 3-60, 63

猶三望 2-273, 275, 3-33, 35, 253

立宮

—— 立武宮 3-241, 244

—— 立煬宮 7-100, 110

作主

—— 作僖公主 2-317, 324

從祀

—— 從祀先公 7-180, 191

烝 1-306

禘

— 吉禘于莊公 1-483

— 禘于大廟 2-63, 66

【吉慶】

生
— 子同生 1-291, 300
卽位
—— 文公(魯) 2-305
—— 宣公(魯) 3-11
—— 成公(魯) 3-172
—— 昭公(魯) 5-211
—— 哀公(魯) 7-262
—— 襄公(魯) 4-11
—— 定公(魯) 7-99
—— 桓公(魯) 1-258, 259

【盟會】

乞盟
—— 鄭伯乞盟 2-62, 63, 64
公不與盟 6-89, 126
公遇
—— 遇于穀 1-433
—— 遇于魯濟 1-461
—— 遇于淸 1-194, 196
公會
—— 公及夫人姜氏會齊侯于陽穀 2-85
—— 公及齊侯……會王世子于首止 2-39, 45
—— 公會杞伯姬于洮 1-446, 448
—— 公會紀侯于郕 1-276, 279
—— 公會紀侯于成 1-290, 297
—— 公會劉子……于平丘 6-89, 114
—— 公會宋公……于袲 1-337, 339
—— 公會宋公……于曹 1-339
—— 公會宋公于龜 1-324, 325
—— 公會宋公于夫鍾 1-320
—— 公會宋公于闞 1-320
—— 公會宋公于虛 1-324, 325
—— 公會吳于鄫 7-322, 324
—— 公會吳于橐皐 7-379, 380
—— 公會衛侯宋皇瑗于鄖 7-379, 382
—— 公會衛侯于桃丘 1-314
—— 公會戎于潛 1-176, 179
—— 公會宰周公……于葵丘 2-67, 69
—— 公會鄭伯于垂 1-258
—— 公會鄭伯于時來 1-240, 242
—— 公會鄭伯于曹 1-331, 333
—— 公會齊侯……于檉 2-14, 16
—— 公會齊侯……于稷 1-262, 264, 328
—— 公會齊侯……于鹹 2-91, 92
—— 公會齊侯……于淮 2-124, 127, 129
—— 公會齊侯于濼 1-348, 349
—— 公會齊侯于防 1-231, 233
—— 公會齊侯于城濮 1-448
—— 公會齊侯于艾 1-336, 338
—— 公會齊侯于嬴 1-275, 279
—— 公會齊侯于平州 3-12, 15
—— 公會齊侯于夾谷 7-210, 212
—— 公會齊侯于讙 1-277
—— 公會齊侯衛侯于牽 7-243, 249
—— 公會齊侯鄭伯于中丘 1-235, 237
—— 公會晉師于瓦 7-179, 187
—— 公會晉人……于澶淵 5-10, 26
—— 公會晉侯……世會吳于柤 4-107, 110
—— 公會晉侯……于溴梁 4-206, 209
—— 公會晉侯……于沙隨 3-340, 371
—— 公會晉侯……于沙隨 4-282, 290
—— 公會晉侯……于商任 4-264, 279, 288
—— 公會晉侯……于溫 2-226, 257
—— 公會晉侯……于鄬 4-66, 72
—— 公會晉侯……于夷儀 4-330, 338
—— 公會晉侯……于夷儀 4-346, 361
—— 公會晉侯……于戚 4-52, 57
—— 公會晉侯……于黃池 7-387, 389
—— 公會晉侯……于黑壤 3-58
—— 公會晉侯衛侯于瑣澤 3-296, 298

—— 公會楚公子嬰齊于蜀 3-178, 214
—— 衛侯會公于沓 2-410, 416
—— 鄭伯會公于棐 2-411, 416
—— 會于蕭魚 4-133, 144

公會盟
—— 公及莒人盟于浮來 1-224, 228
—— 公及戎盟于唐 1-177, 180
—— 公及戎盟于唐 1-263, 271
—— 公及齊大夫盟于蔇 1-379, 381
—— 公及諸侯盟于皐鼬 7-120, 127~128
—— 公及齊侯盟于穀 2-452, 453
—— 公及齊侯盟于落姑 1-475, 477
—— 公及邾儀父盟于蔑 1-158, 162
—— 公及晉侯盟 2-330, 335
—— 公及晉侯盟 2-411
—— 公及晉侯盟于長樗 4-25, 28
—— 公及楚人……盟于蜀 3-178, 214
—— 公盟于越及鄭伯 1-258, 260
—— 公會莒子衛甯速盟于向 2-205, 207
—— 公會紀侯莒子盟于曲池 1-323, 325
—— 公會宋公燕人盟于穀丘 1-323, 325
—— 公會王人……盟于洮 2-63, 64
—— 公會衛子莒慶盟于洮 2-197, 204
—— 公會鄭伯盟于武父 1-324, 325
—— 公會齊侯……盟于甯母 2-57, 59
—— 公會齊侯……盟于牡丘 2-98, 101
—— 公會齊侯……盟于鄟陵 6-332, 341
—— 公會齊侯紀侯盟于黃 1-343, 345
—— 公會齊侯盟于柯 1-397, 398
—— 公會諸侯盟于薄 2-146, 149
—— 公會諸侯盟于宋 2-214
—— 公會齊侯盟于艾 1-212, 214, 220
—— 公會齊侯盟于扈 1-434
—— 公會諸侯晉大夫盟于扈 2-362, 370
—— 公會邾儀父盟于趡 1-343, 345
—— 公會晉侯……盟于踐土 2-224, 247
—— 公會晉侯……盟于澶淵 4-256, 258
—— 諸侯盟于葵丘 2-68, 71
—— 諸侯盟于首止 2-40
—— 諸侯盟于祝柯 4-239, 241
—— 楚屈完來盟于師盟于召陵 2-28, 31
—— 會王人……盟于翟泉 2-262, 263
—— 會齊侯盟于黃 7-228

及盟
—— 及郤犫盟 3-289
—— 及向戌盟于劉 4-197
—— 及蘇子盟于女栗 2-387, 390
—— 及孫良夫盟 3-221, 227
—— 及孫林父盟 4-66, 71
—— 及荀庚盟 3-221, 227
—— 及齊高傒盟于防 1-425
—— 及晉處父盟 2-318, 324
—— 盟于宿 1-159, 173, 220

內大夫涖盟 2-25, 26, 363, 371, 5-390, 7-227
—— 公孫敖如莒涖盟 2-363, 371
—— 公子友如齊涖盟 2-25, 26
—— 叔孫婼如齊涖盟 5-390
—— 叔還如鄭涖盟 7-227

內大夫盟
—— 盟于折 1-319
—— 及齊侯宋公盟 1-415
—— 會陳人……盟于齊 2-137, 141
—— 公孫敖會宋公……盟于垂隴 2-318, 325
—— 公子遂會晉趙盾盟于衡雍 2-375, 377
—— 公子遂會雒戎盟于暴 2-375, 377
—— 公子遂及齊侯盟于郪丘 2-441, 442
—— 臧孫許及晉侯盟于赤棘 3-173, 174
—— 及國佐盟于袁婁 3-177, 201
—— 季孫行父及晉郤犫盟于扈 3-342, 376
—— 仲孫蔑會晉侯……同盟于虛朾

3-402, 415
—— 叔孫豹及……陳袁僑盟 4-26, 31
—— 大夫盟 4-206, 210
—— 仲孫速會莒人盟于向 4-256, 257
—— 豹及諸侯之大夫盟于宋 5-50, 64
—— 仲孫玃會邾子盟于祲祥 6-49, 53
—— 仲孫何忌及邾子盟于拔 7-114, 116
—— 叔孫州仇……盟于句繹 7-274
內大夫會
—— 季孫宿……會吳于向 4-165, 168
—— 季孫宿會晉士匄……于戚 4-167, 195
—— 季孫宿會晉侯……于邢丘 4-75, 77
—— 季孫意如會……于厥慭 6-49, 55
—— 季孫意如會晉荀躒于適歷 7-73, 74
—— 季孫行父會齊侯于陽穀 2-440, 442
—— 公孫歸父會齊侯于穀 3-134, 137
—— 公孫歸父會楚子于宋 3-139, 142
—— 公孫敖會晉侯于戚 2-307, 313
—— 叔弓會楚子于陳 6-23, 24
—— 叔孫僑如會晉士燮……于鍾離 3-330, 339
—— 叔孫僑如會晉荀首于穀 3-235, 237
—— 叔孫豹會晉士匄于柯 4-241, 254
—— 叔孫豹會晉趙武……于虢 5-211, 218
—— 叔孫豹會晉趙武……于宋 5-49, 57~58
—— 叔詣會晉趙鞅……于黃父 6-301, 306
—— 叔彭生會晉郤缺于承匡 2-394, 395
—— 叔還會吳于柤 7-309
—— 仲孫蔑衛孫林父會吳于善道 4-51, 55
—— 仲孫蔑會齊高固于無婁 3-141
—— 仲孫蔑會晉荀……于戚 4-18, 23
—— 仲孫蔑會晉荀罃……于戚 4-17, 22
來會公
—— 邾子來會公 7-244
逃歸
—— 鄭伯逃歸不盟 2-40, 46
—— 陳侯逃歸 4-67, 73
同盟
—— 公會單子……同盟于雞澤 4-25, 31
—— 公會齊侯……同盟于幽 1-447, 448
—— 公會晉侯……同盟于斷道 3-159, 160
—— 公會晉侯……同盟于戚 3-328, 331
—— 公會晉侯……同盟于蟲牢 3-235, 241
—— 公會晉侯……同盟于蒲 3-270, 274
—— 同盟于柯陵 3-381, 385
—— 同盟于馬陵 3-253, 256
—— 同盟于亳城北 4-133, 140
—— 同盟于新城 2-418, 422
—— 同盟于平丘 6-89, 123
—— 同盟于戲 4-86, 97
—— 諸侯同盟于重丘 4-346, 367
—— 晉人宋人……同盟于淸丘 3-89, 129
—— 會齊侯……同盟于幽 1-406, 1-408
夫人享
—— 夫人姜氏享齊侯于祝丘 1-362
夫人會
—— 夫人姜氏會齊侯于穀 1-372
—— 夫人姜氏會齊侯于防 1-371, 372
—— 夫人姜氏會齊侯于卞 2-128, 130
—— 夫人姜氏會齊侯于禚 1-359
胥命
—— 齊侯衛侯胥命于蒲 1-276, 279
如師
—— 齊侯使國佐如師 3-177, 201
如會
—— 鄭伯髡頑如會 4-66, 73
—— 陳侯使袁僑如會 4-25, 31
—— 陳侯如會 2-225
王臣會

——— 單伯會齊侯……鄭伯于鄄 1-399, 404
外大夫來盟
——— 宋司馬華孫來盟 2-429, 432
——— 衛侯使孫良夫來盟 3-57, 58
——— 齊高子來盟 1-484
——— 弟語來盟 1-332
——— 楚屈完來盟于師 2-28, 31
外大夫盟
——— 盟于惡曹 1-318, 320
——— 宋人齊人楚人盟于鹿上 2-145, 147
外大夫會
——— 晉士鞅……會于扈 7-9, 19
——— 晉人齊人……會于澶淵 5-151, 171
諸侯來盟
——— 杞子來盟 5-115, 129
諸侯盟
——— 盟于密 1-178, 181
——— 盟于石門 1-183, 190
——— 盟于瓦屋 1-224, 227
——— 宋公曹人邾人盟于曹南 2-136
——— 衛人及狄盟 2-278, 279
——— 衛侯鄭伯盟于曲濮 7 180
——— 齊人狄人盟于邢 2-143
——— 諸侯盟于扈 2-431, 438
——— 齊侯宋公江人黃人盟于貫 2-19, 23
——— 齊侯衛侯盟于沙 7-173, 175
——— 齊侯鄭伯盟于鹹 7-172, 175
——— 楚子陳侯鄭伯盟于辰陵 3-79, 81
諸侯遇
——— 宋公齊侯遇于梁丘 1-465~467
——— 遇于垂 1-222, 225
——— 齊侯陳侯鄭伯遇于垂 1-362
諸侯會
——— 宋公楚子……會于盂 2-145, 149
——— 齊侯宋公……會于鄄 1-404, 405
——— 齊侯宋公……會于陽穀 2-25, 26
——— 齊侯宋公會于洮 7-243, 249
——— 齊侯宋人……會于北杏 1-397, 398
——— 齊侯衛侯鄭游速會于安甫 7-211
——— 諸侯會于扈 2-452, 453
——— 晉侯宋公……會于扈 3-66, 68
——— 晉侯會狄于欑函 3-79, 83
——— 楚子蔡侯……會于申 5-311, 323
——— 會于鄧 1-262, 271
平
— 公及齊侯平莒及郯 3-42, 43
— 及鄭平 7-226, 227
— 及齊平 7-210, 212
— 暨齊平 5-389, 390
— 宋人及楚人平 3-139, 145

【賦稅】

稅畝 3-141, 153
舍軍
—— 舍中軍 5-345, 347
作甲
—— 作丘甲 3-172, 174
作軍
—— 作三軍 4-132, 134, 136
田賦
—— 用田賦 7-378, 380

【事變】

公居
—— 居于鄆 6-331, 332, 334, 7-9, 10, 46, 47
公孫
—— 公孫于齊 6-301, 322
公在
—— 公在乾侯 7-63, 64, 72, 74, 84, 86
公在楚 5-114, 116
國潰
—— 莒潰 3-272, 379
—— 蔡潰 2-27, 29

—— 沈潰 2-329, 331
國遷
—— 宋人遷宿 1-383
—— 衛遷于帝丘 2-274, 276
—— 齊人遷陽 1-483
—— 蔡遷于州來 7-276, 288
—— 許遷于白羽 6-186, 197
—— 許遷于葉 3-330, 339
—— 許遷于容城 7-121
—— 許遷于夷 6-23, 24
—— 邢遷于夷儀 2-13, 15, 16
歸于
—— 衛侯鄭自楚復歸于衛 2-225, 251
—— 晉人執戎蠻子赤歸于楚 7-297, 300
歸諸侯
——— 歸邾子益于邾 7-335, 344
及大夫
——— 及其大夫孔父 1-261, 264
——— 及其大夫仇牧 1-394, 395
——— 晉里克弑……及其大夫荀息 2-79
亂
— 王室亂 6-260, 267~270
納
— 納公孫寧儀行父于陳 3-80, 84
— 納頓子于頓 2-196, 202
— 納子糾 1-380, 381
— 齊高偃帥師納北燕伯于陽 6-62, 64
— 晉人納捷菑于邾弗克納 2-419, 423
— 晉趙鞅……納衛世子蒯聵于戚 7-275, 278
內大夫來歸
———— 季子來歸 1-475, 477
內大夫奔
———— 公孫歸父(魯) 3-166, 168
———— 公孫敖(魯) 2-375, 377
———— 公子慶父(魯) 1-484, 486~7
———— 公子憖(魯) 6-63, 73
———— 叔孫僑如(魯) 3-342, 376
———— 臧武仲(魯) 4-298, 319
內大夫至
———— 季平子(魯) 6-132, 134
———— 叔孫婼(魯) 6-293, 295
大去國
——— 紀侯大去其國 1-363, 365
逃來
—— 鄭詹自齊逃來 1-410
盜殺
—— 盜殺衛侯之兄縶 6-209, 217
—— 盜殺鄭公子騑公子發公孫輒 4-108, 122
—— 盜殺陳夏區夫 7-388
—— 盜殺蔡侯申 7-296, 299
亡
— 梁亡 2-137, 141
滅
— 莒滅 4-60, 62
— 國君滅 6-274, 287
— 內滅 2-127, 129
— 吳滅 6-91, 129, 293, 299, 7-64, 70
— 衛滅 2-195, 198
— 狄滅 2-79, 80
— 鄭滅 7-162, 164
— 齊滅 1-385, 389, 397, 398, 4-61, 63
— 諸侯同滅 2-19, 22, 442, 446, 4-107, 110, 113
— 晉滅 3-140, 147, 154, 155, 6-170, 178
— 楚滅 2-41, 47, 87, 88, 206, 210, 337, 340, 344, 345, 3-62, 63, 89, 128, 383, 399, 4-347, 368, 5-312, 330, 6-11, 19, 49, 58, 7-242, 246, 252, 256
叛
— 宋公之弟……入于蕭以叛 7-226, 227
— 宋華亥……入于宋南里以叛 6-242, 246
— 衛孫林父入于戚以叛 5-9, 18
— 晉荀寅士吉射入于朝歌以叛 7-232, 237~239

— 晉趙鞅入于晉陽以叛 7-232, 235
放大夫
——— 晉放其大夫胥甲父于衛 3-11, 15
——— 執陳公子招放之于越 6-11
——— 蔡人放其大夫公孫獵于吳 7-290
夫人孫
——— 夫人姜氏孫于邾 1-484, 487
——— 夫人孫于齊 1-355, 357
殺
— 不書名
— ——— 宋殺其大夫 2-196
— ——— 宋人殺其大夫 2-361, 364
— ——— 宋人殺其大夫司馬 2-376, 378
— ——— 曹殺其大夫 1-445
— 書名
— —— 莒殺其公子意恢 6-133, 139
— —— 殺其公子御寇 1-424, 425
— —— 殺其弟佞夫 5-150, 158
— —— 殺無知 1-379, 381
— —— 殺州吁 1-195, 199
— —— 殺陳孔奐 6-11
— —— 殺陳佗 1-291
— —— 宋公殺其世子痤 5-11, 30
— —— 宋殺其大夫山 3-330, 334
— —— 王札子殺召伯毛伯 3-140, 149
— —— 衛殺其大夫孔達 3-133, 134
— —— 衛殺其大夫甯喜 5-50, 53
— —— 衛殺其大夫元咺及公子瑕 2-264, 266
— —— 鄭殺其大夫公孫黑 5-274, 280~281
— —— 鄭殺其大夫公子嘉 4-241, 251
— —— 鄭殺其大夫申侯 2-56, 58
— —— 鄭人殺良霄 5-151, 167
— —— 齊殺其大夫高厚 4-240, 251
— —— 齊殺其大夫國佐 3-400, 404
— —— 晉殺其大夫郤錡郤犨郤至 3-383, 390~398, 399
— —— 晉殺其大夫里克 2-79, 80
— —— 晉殺其大夫丕鄭父 2-84
— —— 晉殺其大夫胥童 3-399, 400
— —— 晉殺其大夫先縠 3-130, 131
— —— 晉殺其大夫陽處父 2-348, 358
— —— 晉殺其大夫趙同趙括 3-260, 266
— —— 晉里克殺其君之子奚齊 2-69, 74
— —— 晉人殺其大夫士縠及箕鄭父 2-380, 383
— —— 晉人殺其大夫先都 2-380, 382
— —— 晉人殺欒盈 4-299, 325
— —— 晉侯殺其世子申生 2-38, 43
— —— 陳殺其大夫慶虎及慶寅 4-297, 300
— —— 陳殺其大夫洩冶 3-67, 69
— —— 陳人殺其大夫公子過 6-11, 19
— —— 陳侯之弟招殺陳世子偃師 6-9, 14
— —— 執齊慶封 5-312, 329
— —— 蔡殺其大夫公孫姓公孫霍 7-297, 299
— —— 蔡殺其大夫公子駟 7-276, 288
— —— 蔡殺其大夫公子燮 4-256, 258
— —— 楚公子棄疾殺公子比 6-88, 100~101
— —— 楚殺其大夫公子申 4-18, 24
— —— 楚殺其大夫公子壬夫 4-52, 56
— —— 楚殺其大夫公子追舒 4-282, 290~291
— —— 楚殺其大夫公子側 3-340, 368
— —— 楚殺其大夫屈申 5-345, 356
— —— 楚殺其大夫郤宛 7-9, 15~16
— —— 楚殺其大夫得臣 2-224
— —— 楚殺其大夫成熊 6-63, 70
— —— 楚殺其大夫宜申 2-387, 388
— —— 楚人殺陳夏徵舒 3-80, 84
— —— 楚人執陳行人干徵師殺之 6-10, 14
釋諸侯
——— 釋宋公 2-146, 149

成亂
—— 成宋亂 1-262, 264
王臣奔
—— 毛伯得(周) 6-333, 343
—— 召簡公(周) 6-333, 343
—— 王子朝(周) 6-333, 343
—— 王子瑕(周) 5-150, 158
—— 尹氏固(周) 6-333, 343
—— 周公楚(周) 3-296, 297
王臣至
—— 單伯(周) 2-430, 437
外大夫歸
—— 突歸于鄭 1-319
—— 宋華元自晉歸于宋 3-329, 333~334
—— 衛公孟彄自齊歸于衛 7-352
—— 衛孫林父自晉歸于衛 3-322
—— 衛元咺自晉復歸于衛 2-228, 257
—— 赤歸于曹 1-438
—— 晉趙鞅歸于晉 7-233, 240
—— 陳侯之弟黃自楚歸于陳 4-297, 300
—— 蔡季自陳歸于蔡 1-344, 346
—— 楚公子比自晉歸于楚 6-88, 94~95
外大夫奔
—— 鍼宜咎(陳) 4-331, 343
—— 慶封(齊) 5-82, 95~106
—— 高無咎(齊) 3-382, 386
—— 高張(齊) 7-308
—— 高止(齊) 5-116, 146
—— 公孟彄(衛) 7-244, 249
—— 公孫辰(蔡) 7-297, 299
—— 公孫會(曹) 6-209
—— 公叔文子(衛) 7-242, 245
—— 公子留(陳) 6-10, 14
—— 公子履(蔡) 4-257, 258
—— 公子比(楚) 5-214, 269
—— 公子地(宋) 7-211, 223
—— 公子黃(陳) 4-257, 259
—— 國夏(齊) 7-308
—— 欒盈(晉) 4-263, 270
—— 牟夷(莒) 5-346, 367
—— 伯車(秦) 5-212, 247
—— 北宮結(衛) 7-242, 246
—— 畀我(邾) 4-296
—— 向寧(宋) 6-209, 225
—— 庶其(邾) 4-263, 264
—— 石惡(衛) 5-82, 86
—— 先蔑(晉) 2-362, 366
—— 世叔齊(衛) 7-357, 373
—— 孫林父(衛) 3-254, 259
—— 宋萬(宋) 1-395
—— 辰(宋) 7-212, 223, 244
—— 樂大心(宋) 7-198, 211
—— 良霄(鄭) 5-151, 162
—— 魚石(宋) 3-330, 333~334
—— 轅頗(陳) 7-356, 365
—— 元咺(衛) 2-225
—— 衛莊公(衛) 7-244, 249
—— 子常(楚) 7-122, 141
—— 子鮮(衛) 5-50, 55
—— 子哀(宋) 2-420, 427
—— 趙陽(衛) 7-242, 245
—— 朝吳(蔡) 6-143, 144
—— 邾快(邾) 7-10
—— 崔杼(齊) 3-71, 75
—— 蕩意諸(宋) 2-376, 378
—— 狐射姑(晉) 2-348, 358
—— 華臣(宋) 4-217, 220
—— 華弱(宋) 4-60, 61
—— 華元(宋) 3-329, 333~334
—— 華定(宋) 6-209, 225
—— 華合比(宋) 5-373, 382
—— 華亥(宋) 6-209, 225, 259, 262
—— 黑肱(邾) 7-73, 79

外大夫入
———— 紀季(紀) 1-360, 361
———— 欒盈(晉) 4-297, 301
———— 樂大心(宋) 7-226, 227
———— 良霄(鄭) 5-151, 165
———— 魚石(宋) 3-400, 409
———— 著丘公(莒) 5-213, 254
———— 齊悼公(齊) 7-309
———— 齊桓公(齊) 1-380, 381
———— 許叔(許) 1-336, 338
用之
—— 邾人執鄫子用之 2-136, 138
—— 執蔡世子有以歸用之 6-49, 58
誘殺
—— 楚子虔誘蔡侯般殺之于申 6-48, 51
—— 楚子誘戎蠻子殺之 6-154, 156
邑潰
—— 鄆潰 7-47
立
— 立晉 1-195
— 尹氏立王子朝 6-275
刺
— 公子買戍衛不卒戍刺之 2-222, 230
— 刺公子偃 3-342, 376
戕
邾人戕鄫子丁鄫 3-165, 167
諸侯歸
——— 歸之于京師 2-227
——— 衛侯衎復歸于衛 5-10, 18
——— 衛侯鄭歸于衛 2-265, 266
——— 鄭世子忽復歸于鄭 1-334, 338
——— 曹伯歸自京師 3-341, 371, 375
——— 曹伯襄復歸于曹 2-228
——— 陳侯吳歸于陳 6-90, 128
——— 蔡侯廬歸丁蔡 6-90, 128
諸侯奔
——— 莒共公(莒) 6-274, 283
——— 譚子(譚) 1-385, 389
——— 北燕伯款(燕) 5-285, 308
——— 徐子章羽(徐) 7-64, 70
——— 郕伯(郕) 2-399, 401
——— 溫子(溫) 2-79
——— 衛宣公(衛) 2-224
——— 衛獻公(衛) 4-167, 182
——— 衛惠公(衛) 1-341, 343
——— 展輿(莒) 5-213, 254
——— 鄭昭公(鄭) 1-319
——— 鄭厲公(鄭) 1-334, 338
——— 曹羇(曹) 1-438
——— 蔡侯朱(蔡) 6-242, 257
——— 弦子(弦) 2-41, 47
諸侯入
——— 衛惠公(衛) 1-367
——— 鄭厲公(鄭) 1-336
執內女
——— 齊人執子叔姬 2-420, 428
執內大夫以歸
————— 晉人執季孫意如以歸 6-90, 126
執王臣
——— 齊人執單伯 2-420, 428
執外大夫
———— 宋人執鄭祭仲 1-318, 322
———— 齊人執衛行人北宮結以侵衛 7-173, 175
———— 齊人執鄭詹 1-410, 411
———— 齊人執陳轅濤塗 2-23, 28
———— 晉人執宋仲幾于京師 7-99, 102
———— 晉人執宋行人樂祁犁 7-163, 170
———— 晉人執衛甯喜 5-11, 27
———— 晉人執衛行人石買 4-224, 225
———— 執蔡世子有以歸 6-49
———— 楚人執鄭行人良霄 4-134, 143
執諸侯

—— 宋人執滕子嬰齊 2-135, 138
—— 宋人執小邾子 7-297
—— 邾人執鄫子 2-136
—— 晉人執莒子邾子以歸 4-207, 209
—— 晉人執虞公 2-41, 50
—— 晉人執衛侯 2-227
—— 晉人執戎蠻子赤 7-297, 300
—— 晉人執鄭伯 3-272, 276
—— 晉人執邾子 4-239, 242
—— 晉侯執曹伯 3-328, 331
—— 執宋公 2-145, 149
—— 執曹伯 2-223
—— 楚人執徐子 5-311, 327
執諸侯以歸
—— 以頓子牂歸 7-242
—— 以潞子嬰兒歸 3-140, 147
—— 以曹伯陽歸 7-334, 335
—— 以蔡侯獻舞歸 1-384, 388~389
—— 以沈子嘉歸 7-120
—— 以許男斯歸 7-162
—— 以胡子豹歸 7-252
—— 晉人執莒子邾子以歸 4-207, 209
—— 楚人滅夔 以夔子歸 2-206, 210
執諸侯以來
—— 以邾子益來 7-323, 328
蔡滅
—— 蔡公孫姓帥師滅沈 7-120, 137
天王居
—— 劉子單子以王猛居于皇 6-260, 270
—— 天王居于狄泉 6-275
—— 天王出居于鄭 2-175, 190
天王入
—— 敬王(周) 6-333, 343
—— 王子猛(周) 6-260, 270
遷邑
—— 齊師遷紀郱鄑郚 1-356
取殺
—— 取子糾殺 1-380
亂賊
—— 稱國
—— —— 莒弑其君庶其 2-461
—— —— 晉弑其君州蒲 3-400, 402
—— —— 吳弑其君僚 7-9, 13
—— —— 薛弑其君比 7-233
—— 稱臣
—— —— 宋督弑其君與夷 1-261, 264
—— —— 宋萬弑其君捷 1-394, 395
—— —— 衛甯喜弑其君剽 5-9, 17
—— —— 衛州吁弑其君完 1-193, 196
—— —— 鄭公子歸生弑其君夷 3-42, 44
—— —— 齊公子商人弑其君舍 2-419, 422
—— —— 齊無知弑其君諸兒 1-373, 375~377
—— —— 齊陳乞弑其君荼 7-309, 321
—— —— 齊崔杼弑其君光 4-346, 352
—— —— 晉里克弑其君卓……荀息 2-79
—— —— 晉趙盾弑其君夷皐 3-19, 30
—— —— 陳夏徵舒弑其君平國 3-72
—— —— 蔡世子般弑其君固 5-150, 158
—— —— 楚公子比……弑其君虔于乾谿 6-88, 99
—— —— 楚世子商臣弑其君頵 2-307, 313
—— —— 許世子止弑其君買 6-199, 201
—— —— 閽弑吳子餘祭 5-114, 122
—— 稱人
—— —— 莒人弑其君密州 5-179, 193
—— —— 宋人弑其君杵臼 2-442, 448
—— —— 齊人弑其君商人 2-459, 462
獲大夫
—— 獲莒挐 2-14, 17
—— 獲宋華元 3-19, 20
—— 獲齊國書 7-356, 368
—— 獲陳夏齧 6-274, 287
—— 獲蔡公子燮 4-74, 76

獲諸侯
——— 獲晉侯 2-100, 108

【師田】
大閱 1-290, 300
焚
— 焚咸丘 1-304
狩
— 西狩 8-9
— 狩於禚 1-363
— 狩于郎 1-281
蒐
— 蒐于紅 6-10, 16
— 大蒐于比蒲 6-49, 53, 7-232, 244
— 大蒐于昌間 6-259
矢魚
—— 公矢魚于棠 1-200, 203
治兵 1-373

【喪紀】
公喪至
——— 公之喪至自乾侯 7-99, 106, 109
——— 公之喪至自齊 1-348
公葬
文公(魯) 2 460, 463
—— 宣公(魯) 3-172
—— 成公(魯) 3-402, 415
—— 昭公(魯) 7-100, 110
—— 襄公(魯) 5-179, 186
—— 莊公(魯) 1-475, 477
—— 定公(魯) 7-254, 257
—— 桓公(魯) 1-349
—— 僖公(魯) 2-305, 310
內女葬
——— 紀伯姬(魯) 1-363
——— 紀叔姬(魯) 1-461
——— 宋共姬(魯) 5-150, 160
來會葬
——— 滕子來會葬 7-253
——— 王使召伯來會葬 2-343, 344
——— 天王使叔服來會葬 2-305, 307
夫人葬
——— 敬嬴(徐) 3-62, 64
——— 穆姜(齊) 4-86
——— 文姜(齊) 1-424
——— 聲姜(齊) 2-451, 453
——— 成風(須句) 2-343
——— 哀姜(齊) 2-19
——— 定姒(杞)〈成公妾〉4-36, 40
——— 定姒(杞)〈定公夫人〉7-254, 257
——— 齊姜(齊) 4-17, 19
——— 齊歸(胡) 6-49, 57
王臣葬
——— 劉文公(周) 7-122
雨不克葬
———— 雨不克葬 3-62, 64
———— 雨不克葬戊午日不昃乃克葬 7-254, 257
諸侯葬
——— 杞悼公(杞) 7-122
——— 杞文公(杞) 5-373
——— 杞平公(杞) 6-293
——— 杞桓公(杞) 4-60
——— 杞孝公(杞) 4-296
——— 杞僖公(杞) 7-346
——— 滕頃公(滕) 7-299
——— 滕悼公(滕) 7-28
——— 滕成公(滕) 5-284, 303
——— 滕隱公(滕) 7-357
——— 薛襄公(薛) 7-227
——— 薛獻公(薛) 7-73
——— 薛惠公(薛) 7-353
——— 宋共公(宋) 3-329, 333
——— 宋穆公(宋) 1-183

——— 宋文公(宋) 3-220
——— 宋元公(宋) 6-331, 334
——— 宋莊公(宋) 1-360
——— 宋平公(宋) 6-48, 50
——— 衛穆公(衛) 3-219
——— 衛文公(衛) 2-197
——— 衛宣公(衛) 1-327
——— 衛襄公(衛) 5-390, 421
——— 衛靈公(衛) 7-275
——— 衛定公(衛) 3-328
——— 衛獻公(衛) 5-116
——— 衛桓公(衛) 1-201, 207
——— 鄭簡公(鄭) 6-62, 65
——— 鄭穆公(鄭) 3-35
——— 鄭襄公(鄭) 3-230
——— 鄭厲公(鄭) 1-422
——— 鄭莊公(鄭) 1-318
——— 鄭定公(鄭) 7-28
——— 鄭獻公(鄭) 7-197
——— 鄭僖公(鄭) 4-74
——— 齊頃公(齊) 3-272
——— 齊景公(齊) 7-304
——— 齊悼公(齊) 7-352
——— 齊襄公(齊) 1-380
——— 齊靈公(齊) 4-241
——— 齊惠公(齊) 3-73
——— 齊桓公(齊) 2-132, 134
——— 齊孝公(齊) 2-213
——— 齊僖公(齊) 1-334
——— 曹共公(曹) 2-382
——— 曹悼公(曹) 7-27
——— 曹武公(曹) 6-133
——— 曹文公(曹) 3-133
——— 曹宣公(曹) 3-304, 321
——— 曹成公(曹) 4-240
——— 曹昭公(曹) 2-57
——— 曹莊公(曹) 1-436
——— 曹靖公(曹) 7-180
——— 曹平公(曹) 6-186, 193
——— 曹桓公(曹) 1-314
——— 邾悼公(邾) 5-213
——— 邾莊公(邾) 7-114, 115
——— 晉頃公(晉) 7-63, 64
——— 晉悼公(晉) 4-206, 209
——— 晉文公(晉) 2-283, 290
——— 晉昭公(晉) 6-155, 169
——— 晉襄公(晉) 2-348, 358
——— 晉平公(晉) 6-35, 47
——— 陳宣公(陳) 2-91
——— 陳成公(陳) 4-36
——— 陳哀公(陳) 6-12, 19
——— 陳靈公(陳) 3-88
——— 陳莊公(陳) 1-358
——— 陳惠公(陳) 7-121
——— 陳桓公(陳) 1-284
——— 陳懷公(陳) 7-180
——— 秦景公(秦) 5-373, 374
——— 秦哀公(秦) 7-198
——— 秦惠公(秦) 7-297
——— 蔡景公(蔡) 5-151
——— 蔡文侯(蔡) 3-158
——— 蔡宣公(蔡) 1-224
——— 蔡昭公(蔡) 7-298
——— 蔡靈公(蔡) 6-91, 129
——— 蔡平公(蔡) 6-241, 244
——— 蔡桓侯(蔡) 1-344
——— 許悼公(許) 6-199
——— 許穆公(許) 2-29, 34
——— 許昭公(許) 3-158
——— 許靈公(許) 5-12, 45
——— 許元公(許) 7-388
——— 許僖公(許) 2-347
天王葬
——— 簡王(周) 4-16

—— 景王(周) 6-259, 267
—— 匡王(周) 3-34
—— 襄王(周) 2-380, 383
—— 桓王(周) 1-360, 361
公薨
—— 文公(魯) 2-459, 461
—— 閔公(魯) 1-484, 486
—— 宣公(魯) 3-166, 168
—— 成公(魯) 3-401, 413
—— 昭公(魯) 7-85, 92
—— 襄公(魯) 5-178, 183
—— 隱公(魯) 1-241
—— 莊公(魯) 1-465, 471
—— 定公(魯) 7-252, 256
—— 桓公(魯) 1-348, 349
—— 僖公(魯) 2-284, 297
夫人薨
—— 敬嬴(徐) 3-61
—— 穆姜(齊) 4-86, 92
—— 文姜(齊) 1-421
—— 聲姜(齊) 2-441, 443
成風(須句) 2-337, 342
—— 哀姜(齊) 2-13
—— 定姒(杞) 4-36, 40
—— 齊姜(齊) 4-16, 19
—— 齊歸(胡) 6-48, 53
—— 仲子(魯) 1-178
歸賵
—— 王使榮叔歸含且賵 2-342, 344
—— 王使榮叔歸含且賵 2-342, 344
—— 天王使……歸惠公仲子之賵 1-159, 171
歸喪
—— 齊人歸公孫敖之喪 2-429
來求賻
武氏子來求賻 1-182, 187
來歸襚
—— 秦人來歸僖公成風之襚 2-382, 385
內女卒
—— 紀伯姬(魯) 1-362
—— 紀叔姬(魯) 1-458
—— 伯姬(魯) 2-68
—— 鄫季姬(魯) 2-124
—— 子叔姬(魯) 2-400, 403
—— 杞叔姬(魯) 3-261, 268, 273
—— 宋伯姬(魯) 5-150, 160
內大夫卒
—— 季武子(魯) 5-390, 419
—— 季文子(魯) 4-53, 59
—— 季平子(魯) 7-153, 154
—— 季桓子(魯) 7-289, 294
—— 公孫嬰齊(魯) 3-382, 388
—— 公孫敖(魯) 2-419, 425
—— 公孫兹(魯) 2-124
—— 公子彄(魯) 1-202
—— 公子遂(魯) 3-60, 63
—— 公子牙(魯) 1-465, 470
—— 公子友(魯) 2-123
—— 公子益師(魯) 1-160, 175
—— 孟莊子(魯) 4-298, 317
—— 孟椒(魯) 4-240
—— 孟孝伯(魯) 5-179, 184
—— 孟僖子(魯) 6-292
—— 無駭(魯) 1-225, 229
—— 叔弓(魯) 6-143, 144
—— 叔老(魯) 4-282
—— 叔孫得臣(魯) 3-51
—— 叔孫成子(魯) 7-153
—— 叔孫婼(魯) 6-302, 325
—— 叔孫豹(魯) 5-312, 339~340
—— 叔鞅(魯) 6-273
—— 叔詣(魯) 7-47
—— 叔輒(魯) 6-242, 250
—— 叔向(晉) 3-159, 164
—— 臧文仲(魯) 2-386

———— 臧宣叔(魯) 3-230
———— 挾(魯) 1-231
未成君卒
———— 惡(魯) 2-460, 464
———— 王子猛(周) 6-260, 270
———— 子般(魯) 1-466, 471
———— 子野(魯) 5-179, 184
夫人卒
———— 聲子(魯) 1-182, 183
———— 定姒(杞) 7-253, 257
———— 孟子(吳) 7-379, 380
王臣卒
———— 王子虎(周) 2-329, 332
———— 劉文公(周) 7-121
諸侯卒
———— 渠丘公(莒) 3-322
———— 著丘公(莒) 6-133, 138
———— 杞悼公(杞) 7-121
———— 杞文公(杞) 5-373, 374
———— 杞成公(杞) 2-161, 165
———— 杞平公(杞) 6-293
———— 杞桓公(杞) 4-60, 61
———— 杞孝公(杞) 4-296, 299
———— 杞僖公(杞) 7-335
———— 滕頃公(滕) 7-298
———— 滕悼公(滕) 7-28
———— 滕文公(滕) 3-339, 343
———— 滕成公(滕) 5-284
———— 滕昭公(滕) 3-66
———— 滕隱公(滕) 7-356
———— 滕侯(滕) 1-218, 219
———— 薛伯(薛) 1-463
———— 薛襄公(薛) 7-227
———— 薛獻公(薛) 7-73, 78
———— 薛惠公(薛) 7-352
———— 宋共公(宋) 3-329, 332
———— 宋穆公(宋) 1-182
———— 宋文公(宋) 3-177, 202
———— 宋宣公(宋) 2-361, 363
———— 宋襄公(宋) 2-161, 162
———— 宋元公(宋) 6-302, 327
———— 宋莊公(宋) 1-359
———— 宋平公(宋) 6-35, 47
———— 宋桓公(宋) 2-67, 69
———— 宿男(宿) 1-223
———— 吳子壽夢(吳) 4-151, 152
———— 吳子夷末(吳) 6-142
———— 吳子諸樊(吳) 4-347, 378
———— 闔廬(吳) 7-243, 247
———— 衛穆公(衛) 3-178, 203
———— 衛文公(衛) 2-196
———— 衛宣公(衛) 1-324
———— 衛成公(衛) 3-67
———— 衛襄公(衛) 5-390, 413
———— 衛靈公(衛) 7-274, 276
———— 衛定公(衛) 3-323, 327
———— 衛獻公(衛) 5-114
———— 衛惠公(衛) 1-441
———— 鄭簡公(鄭) 6-62, 65
———— 鄭悼公(鄭) 3-242, 248
———— 鄭穆公(鄭) 3-34, 39
———— 鄭文公(鄭) 2-278
———— 鄭成公(鄭) 4-17, 21
———— 鄭襄公(鄭) 3-230
———— 鄭厲公(鄭) 1-421
———— 鄭莊公(鄭) 1-318, 322
———— 鄭定公(鄭) 7-28
———— 鄭獻公(鄭) 7-197
———— 鄭僖公(鄭) 4-66, 73
———— 齊頃公(齊) 3-271
———— 齊景公(齊) 7-304, 306
———— 齊悼公(齊) 7-351, 354
———— 齊昭公(齊) 2-418, 421
———— 齊靈公(齊) 4-240, 249

——— 齊惠公(齊) 3-71, 75
——— 齊桓公(齊) 2-128, 130
——— 齊孝公(齊) 2-213, 215
——— 齊僖公(齊) 1-332
——— 曹共公(曹) 2-381
——— 曹悼公(曹) 7-10
——— 曹武公(曹) 6-133
——— 曹文公(曹) 3-133
——— 曹宣公(曹) 3-304
——— 曹成公(曹) 4-224
——— 曹昭公(曹) 2-57
——— 曹莊公(曹) 1-434
——— 曹靖公(曹) 7-178
——— 曹平公(曹) 6-186, 187
——— 曹桓公(曹) 1-314, 315
——— 邾悼公(邾) 5-212
——— 邾文公(邾) 2-410, 416
——— 邾宣公(邾) 4-215
——— 邾儀父(邾) 1-407
——— 邾子瑣(邾) 1-451
——— 邾莊公(邾) 7-114, 115
——— 邾定公(邾) 3-383
——— 秦康公(秦) 2-459
——— 秦景公(秦) 5-346
——— 秦共公(秦) 3-42
——— 秦哀公(秦) 7-198
——— 秦惠公(秦) 7-290
——— 秦桓公(秦) 3-323
——— 晉景公(晉) 3-283
——— 晉頃公(晉) 7-63, 64
——— 晉悼公(晉) 4-198, 203
——— 晉文公(晉) 2-278, 279
——— 晉成公(晉) 3-67, 68
——— 晉昭公(晉) 6-155, 169
——— 晉襄公(晉) 2-348, 355
——— 晉平公(晉) 6-35, 43
——— 晉獻公(晉) 2-68, 72
——— 晉惠公(晉) 2-163, 176
——— 陳共公(陳) 2-410
——— 陳穆公(陳) 2-226
——— 陳宣公(陳) 2-87
——— 陳成公(陳) 4-35, 37
——— 陳哀公(陳) 6-9, 14
——— 陳厲公(陳) 1-323
——— 陳莊公(陳) 1-355
——— 陳惠公(陳) 7-119
——— 陳桓公(陳) 1-282, 285
——— 陳懷公(陳) 7-179
——— 東國(蔡) 6-274
——— 蔡穆侯(蔡) 2-95
——— 蔡文侯(蔡) 3-158
——— 蔡宣公(蔡) 1-222
——— 蔡平公(蔡) 6-209
——— 蔡桓侯(蔡) 1-344, 346
——— 郟敖(楚) 5-214, 269
——— 楚康王(楚) 5-83, 111
——— 楚共王(楚) 4-155, 162
——— 楚昭王(楚) 7-308, 313
——— 楚莊王(楚) 3-166, 167
——— 楚平王(楚) 6-332, 342
——— 許穆公(許) 2-27, 34
——— 許僖公(許) 2-344
——— 許昭公(許) 3-158
——— 許靈公(許) 5-11, 44
——— 許元公(許) 7-386
來奔喪
——— 邾子來奔喪 7-253
來逆喪
——— 杞伯來逆叔姬之喪以歸 3-270, 273
夫人喪以歸
——— 齊人以歸 2-13
夫人喪至
——— 夫人氏之喪至自齊 2-15, 17
如葬

—— 公子友如陳葬原仲 1-447, 449
天王崩
——— 簡王(周) 4-12
——— 景王(周) 6-259, 264
——— 匡王(周) 3-20
——— 襄王(周) 2-375, 377
——— 靈王(周) 5-83, 106, 113
——— 定王(周) 3-235, 241
——— 平王(周) 1-181, 183
——— 惠王(周) 2-62, 64
——— 桓王(周) 1-334

【告盜】

得
— 得寶玉大弓 7-197, 201
肆眚
—— 肆大眚 1-424
竊
— 盜竊寶玉大弓 7-181, 194

【災祥】

鸜鵒來巢 6-301, 312
饑
— 饑 3-74, 141, 153
— 大饑 4-331
多麋 1-410
大水
—— 大水 1-259, 260, 328, 371, 438, 442, 444, 3-74, 235, 4-330
—— 宋大水 1-390, 392
大雨震電 1-231, 232
大旱 2-145, 148, 3-57
螟 1-202, 225, 367
無麥苗 1-371, 372
無麥禾
——— 大無麥禾 1-451
無冰 1-331, 3-172, 5-81, 83
不雨
—— 不雨 1-464, 2-20, 24, 25, 24
—— 自十有二月不雨至于秋七月 2-319
—— 自正月不雨至于秋七月 2-387
—— 自正月不雨至于秋七月 2-410
山崩
—— 沙鹿崩 2-94, 96
—— 梁山崩 3-235, 237
星不見
——— 恒星不見 1-371, 372
星隕
—— 星隕如雨 1-371, 372
星孛
—— 有星孛于大辰 6-170, 179
—— 有星孛于東方 7-388
—— 有星孛入于北斗 2-418, 422
蝝
— 蝝生 3-141, 153
屋壞
—— 大室屋壞 2-410, 416
雨 2-25
雨木冰 3-339
雨雹
—— 大雨雹 2-262, 263, 5-285, 311, 319
牛死 3-33, 7-252
牛傷
—— 郊牛之口傷 3-33
—— 鼷鼠食郊牛 7-252, 262
—— 鼷鼠食郊牛角 3-252
雨雪 1-231, 232, 306, 2-80
雨螽 2-330, 334
隕霜不殺草李梅實 2-285
隕霜殺菽 7-100
隕石
—— 隕石于宋五 2-123, 124
有年
—— 大有年 3-154

—— 有年 1-278
有蜚 1-173, 457, 459
有蜮 1-411, 413
日食
—— 日有食之 1-181, 276, 345, 346, 411, 441, 443, 445, 461, 2-41, 87, 99, 101, 305, 430, 436, 3-62, 71, 158, 340, 383, 4-166, 198, 257, 263, 264, 296, 330, 5-51, 81, 390, 400, 6-143, 170, 172, 242, 249, 260, 293, 296, 74, 83, 152, 228, 253
災 1-332, 333, 419, 2-142, 3-220, 4-85, 90, 150, 160, 6-23, 29, 186, 187~190, 7-111, 289, 290, 298
螽 1-285, 2-99, 375, 3-54, 130, 140, 4-66, 7-379, 385, 388
地震 2-381, 4-208, 6-199, 275, 287, 7-289
震
— 震夷伯之廟 2-100, 118
退鷁
—— 六鷁退飛 2-123, 124
火
— 成周宣榭火 3-154, 156
獲麟 8-9

【戰爭】

疆田
—— 叔弓帥師疆鄆田 5-213, 255
乞師
—— 公子遂如楚乞師 2-206, 210
公救
—— 公救成至遇 4-198
—— 公會齊人宋人救鄭 1-451, 455
—— 公會晉侯……杞伯救鄭 3-253, 256
—— 公會晉侯……齊世子光救陳 4-53
內大夫救
———— 季孫宿帥師救台 4-150, 151
———— 公孫敖帥師……救徐 2-98, 101, 126
———— 公子遂會晉人……救鄭 2-381, 384
———— 叔孫豹帥師救晉 4-298, 313
師救
—— 師救齊 2-132
王臣救
——— 王人子突救衛 1-367, 368
諸侯相救
———— 救江 2-331, 334
———— 求許 2-52, 54
———— 救邢 2-13, 15
———— 吳救陳 7-353, 355
———— 衛人救陳 3-89, 129
———— 狄救齊 2-132
———— 鄭駟弘帥師救曹 7-323, 332
———— 齊人救邢 1-475, 476
———— 晉郤缺帥師救鄭 3-67, 70
———— 晉欒書帥師救鄭 3-243, 249
———— 晉趙盾帥師救陳 3-13, 16, 17
———— 楚公子貞帥師救鄭 4-109, 126
———— 楚人救衛 2-223
公伐
—— 公伐莒取向 3 42, 43
—— 公伐杞 3-165
—— 公伐戎 1-445
—— 公伐齊 1-380, 381
—— 公伐邾 1-218, 220, 2-146, 151, 152, 284, 293, 360, 363, 7-323, 328
—— 公以楚師伐齊 2-207, 211
—— 公自京師遂會……伐秦 3-304, 305
—— 公會單子……伐鄭 3-382, 388
—— 公會宋公……于袲伐鄭 1-337, 339, 341
—— 公會宋人齊人伐徐 1-445
—— 公會吳伐齊 7-351, 353
—— 公會吳伐齊 7-356, 366

—— 公會尹子……伐鄭 3-341, 373
—— 公會尹子單子……伐鄭 3-381, 384
—— 公會齊人……伐衛 1-366
—— 公會齊侯……伐鄭 2-52, 54
—— 公會齊侯……遂伐楚 2-27, 29
—— 公會齊侯伐萊 3-57, 58
—— 公會晉侯……伐鄭 3-219, 222
—— 公會晉侯……伐鄭 3-282, 284
—— 公會晉侯……伐鄭 4-108, 121
—— 公會晉侯……伐鄭 4-132, 139
—— 公會晉侯……伐鄭 4-133, 143
—— 公會晉侯……伐鄭 4-86, 97

內大夫伐
———— 季孫斯……帥師伐邾 7-274, 276
———— 季孫意如……帥師伐莒 6-34, 42
———— 公孫歸父帥師伐邾 3-73, 77
———— 公孫歸父會齊人伐莒 3-79
———— 公子慶父帥師伐於餘丘 1-358
———— 公子遂帥師伐邾 2-284, 293
———— 及宋人衛人伐邾 1-344, 346
———— 及鄭師伐宋 1-324, 325
———— 伐邾 1-306
———— 叔老會鄭伯……宋人伐許 4-208, 211
———— 叔孫僑如會晉士燮……伐郯 3-261, 269
———— 叔孫得臣會晉人……鄭人伐沈 2-329, 331
———— 叔孫豹會晉荀偃……伐秦 4-166, 178
———— 叔彭生帥師伐邾 2-418, 421
———— 溺會齊師伐衛 1-360, 361
———— 仲孫速帥師伐邾 4-256, 258
———— 仲孫何忌帥師伐邾 7-263
———— 仲孫何忌帥師伐邾 7-310
———— 翬帥師會宋公……伐鄭 1-194
———— 翬帥師會齊人鄭人伐宋 1-235, 237

伐我
—— 莒人伐我東鄙 4-108, 121
—— 莒人伐我東鄙 4-150, 151
—— 莒人伐我東鄙 4-75, 78
—— 高厚帥師伐我北鄙 4-216, 218
—— 吳伐我 7-334, 339
—— 齊國書帥師伐我 7-356, 357
—— 齊國夏帥師伐我西鄙 7-173, 175
—— 齊國夏帥師伐我西鄙 7-179, 186
—— 齊師伐我北鄙 4-224, 225
—— 齊人伐我北鄙 2-205, 208
—— 齊人宋人陳人伐我西鄙 1-415
—— 齊崔杼帥師伐我北鄙 4-345, 347
—— 齊侯伐我北鄙 3-176, 179
—— 齊侯伐我北鄙 4-207
—— 齊侯伐我北鄙 4-216, 218
—— 齊侯伐我北鄙圍成 4-198, 203
—— 齊侯伐我北鄙圍郕 4-208, 213
—— 齊侯伐我西鄙 2-451, 453
—— 邾人伐我南鄙 4-198, 203
—— 邾人伐我南鄙 4-217, 219

諸侯相伐
———— 莒人伐杞 1-193
———— 及江人黃人伐陳 2-28
———— 徐伐莒 2-362, 371
———— 宋公伐鄭 7-346, 348
———— 宋公伐邾 6-199, 201
———— 宋公衛侯許男滕子伐鄭 2-151, 152
———— 宋公曹伯衛人邾人伐齊 2-132, 133
———— 宋公陳侯……于棐林伐鄭 3-13, 16, 17
———— 宋公陳侯蔡人衛人伐鄭 1-194
———— 宋公楚子……執宋公以伐宋 2-145, 149
———— 宋師伐滕 3-73, 77
———— 宋師伐陳 3-89, 129
———— 宋向巢帥師伐鄭 7-310, 379, 385

———— 宋樂髡帥師伐曹 7-289
———— 宋人伐鄭 1-202, 7-352
———— 宋人伐曹 2-100, 119
———— 宋人伐陳 4-216
———— 宋人以齊人……伐鄭 1-332, 333
———— 宋人齊人衛人伐鄭 1-406, 407
———— 宋人齊人邾人伐郳 1-405
———— 宋人蔡人衛人伐戴 1-237, 239
———— 吳伐郯 3-252, 254
———— 吳伐越 7-84, 86
———— 吳伐陳 7-308, 310
———— 吳子遏伐楚 4-347, 378
———— 衛公孟彄帥師伐曹 7-228, 229, 232
———— 衛石買帥師伐曹 4-216, 217
———— 衛孫林父帥師伐齊 4-240, 245
———— 衛人伐齊 2-206
———— 衛人伐晉 2-306, 311
———— 衛人伐邢 2-137, 139
———— 戎伐凡伯于楚丘以歸 1-218, 220
———— 狄伐鄭 2-175, 190
———— 狄伐晉 2-63, 65, 75
———— 狄伐邢 1-466
———— 鄭公孫夏帥師伐陳 4-347, 374
———— 鄭公子去疾帥師伐許 3-220, 223
———— 鄭公子喜帥師伐許 3-322, 325
———— 鄭伯伐許 3-231, 233
———— 鄭伐許 3-222, 223
———— 鄭師伐宋 4-16, 18
———— 鄭人伐衛 1-179, 181
———— 鄭罕達帥師伐宋 7-253, 256
———— 齊高發帥師伐莒 6-199, 203
———— 齊師伐莒 3-130, 131
———— 齊師曹師伐厲 2-99, 102, 126
———— 齊人伐山戎 1-461, 463
———— 齊人伐衛 1-451, 452
———— 齊人伐戎 1-420
———— 齊人伐鄭 2-56, 57
———— 齊人徐人伐英氏 2-127
———— 齊人陳人曹人伐宋 1-399
———— 齊崔杼帥師伐莒 4-330, 338
———— 齊侯伐莒 6-259, 261
———— 齊侯伐萊 3-66
———— 齊侯伐北燕 5-374, 388
———— 齊侯伐徐 6-154, 155
———— 齊侯伐宋 2-160, 161, 7-304
———— 齊侯伐衛遂伐晉 4-297, 309~312
———— 齊侯衛侯伐晉 7-263, 271
———— 齊侯侵我西鄙遂伐曹 2-431
———— 齊侯許男伐北戎 2-79
———— 邾人鄭人伐宋 1-201, 251
———— 晉郤缺帥師伐蔡 2-430, 437
———— 晉郤克衛孫良夫伐廧咎如 3-221, 226
———— 晉欒書帥師伐鄭 3-272
———— 晉伐鮮虞 6-64, 87
———— 晉師白狄伐秦 3-61, 62
———— 晉師伐秦 4-108, 118
———— 晉士鞅衛孔圉帥師伐鮮虞 7-122
———— 晉荀林父帥師伐陳 3-66, 68
———— 晉荀罃帥師伐許 4-26, 35
———— 晉荀吳帥師伐鮮虞 6-143, 146
———— 晉陽處父帥師伐楚 2-331, 334
———— 晉人宋人伐鄭 3-14, 18
———— 晉人宋人衛人曹人伐鄭 3-73, 77
———— 晉人宋人陳人鄭人伐秦 2-320, 328
———— 晉人衛人陳人鄭人伐宋 2-451, 452
———— 晉人陳人鄭人伐許 2-285, 297
———— 晉趙鞅帥師伐鮮虞 7-308, 310
———— 晉趙鞅帥師伐衛 7-304
———— 晉韓厥帥師伐鄭 4-12, 14
———— 晉侯伐衛 2-222, 229, 306, 311
———— 晉侯伐鄭 3-133, 134
———— 晉侯伐秦 2-337, 339

———— 晉侯衛世子臧伐齊 3-165, 167
———— 秦伐晉 2-386, 388
———— 秦師伐晉 3-19, 24
———— 秦人白狄伐晉 3-273, 281
———— 秦人伐晉 2-330, 332, 3-140, 4-134, 150
———— 蔡人衛人陳人從王伐鄭 1-284
———— 楚公子結帥師伐陳 7-353, 355
———— 楚公子申帥師伐陳 7-387
———— 楚公子嬰齊帥師伐莒 3-272, 279
———— 楚公子嬰齊帥師伐吳 4-24, 26
———— 楚公子嬰齊帥師伐鄭 3-243, 249, 253, 256
———— 楚公子午帥師伐鄭 4-225, 236
———— 楚公子貞帥師伐吳 4-167, 194
———— 楚公子貞帥師伐鄭 4-75, 78
———— 楚公子貞帥師伐陳 4-53, 59
———— 楚公子貞鄭公孫輒帥師伐宋 4-107, 118
———— 楚師伐陳 3-62, 65
———— 楚薳罷帥師伐吳 5-374, 387
———— 楚人伐徐 2-98, 101
———— 楚人伐宋 2-207
———— 楚人伐隨 2-143, 144
———— 楚人伐吳 7-112, 113
———— 楚人伐鄭 2-14, 16, 25, 26, 3-52, 53, 381, 383
———— 楚人伐陳 2-161, 7-346, 348
———— 楚人伐黃 2-85, 87
———— 楚子伐麇 2-394, 395
———— 楚子伐徐 6-63, 6-80
———— 楚子伐宋 3-130, 131
———— 楚子伐吳 4-330, 337
———— 楚子伐陸渾之戎 3-34, 36
———— 楚子伐鄭 3-43, 50, 67, 70, 75, 78, 329, 332, 4-86, 104
———— 楚子鄭伯伐宋 3-400, 409, 4-133, 143
———— 楚子蔡侯……伐吳 5-312, 329, 5-346, 368
———— 楚子蔡侯陳侯伐鄭 5-11, 45
———— 楚子蔡侯陳侯許男伐鄭 4-330, 339
———— 荊伐鄭 1-406, 407, 451, 455
———— 邢人狄人伐衛 2-133, 134
公圍
—— 公圍成 6-332, 337
—— 公圍成 7-229, 231
—— 公圍新城 2-52, 54
—— 公會晉侯……同圍齊 4-224, 232
內大夫圍
———— 季孫斯仲孫忌帥師圍鄆 7-163
———— 叔弓帥師圍費 6-88, 91
———— 叔孫僑如帥師圍棘 3-220, 226
———— 叔孫州仇仲孫何忌帥師圍邾 7-290
———— 叔孫州仇仲孫何忌帥師圍郈 7-211, 217～218, 219
———— 仲孫蔑會晉欒黶……圍宋彭城 4-12, 13
師圍
—— 師及齊師圍郕 1-373, 374
諸侯圍
——— 宋師圍曹 3-34, 38
——— 宋人圍滕 3-67, 69
——— 宋人圍曹 2-137, 140, 7-323, 332
——— 圍緡 2-160, 161, 207, 211
——— 圍長葛 1-202, 211
——— 狄圍衛 2-274, 276
——— 鄭人圍許 3-273, 281
——— 齊國夏衛石曼姑帥師圍戚 7-288, 290
——— 諸侯遂圍許 2-228, 258
——— 晉士鞅帥師圍鮮虞 7-153, 162
——— 晉人圍郊 6-273, 275
——— 晉人秦人圍鄭 2-265, 267
——— 晉趙鞅帥師圍衛 7-210, 215

—— 陳人圍頓 4-36, 43
—— 楚公子棄疾帥師圍蔡 6-48, 51
—— 楚公子貞帥師圍陳 4-66, 72
—— 楚人圍江 2-330, 334
—— 楚人圍巢 2-400, 404
—— 楚人圍陳 2-196
—— 楚人圍蔡 7-122, 137
—— 楚人圍許 2-52, 54
—— 楚人陳侯蔡侯鄭伯許男圍宋 2-213, 217
—— 楚子圍宋 3-133, 137
—— 楚子圍鄭 3-88, 89
—— 楚子陳侯隨侯許男圍蔡 7-262, 263
圍內邑
—— 高厚帥師伐我北鄙圍防 4-216, 218
—— 圍台 4-150, 151
—— 齊侯伐我北鄙 圍桃 4-216, 218
—— 齊侯伐我北鄙圍成 4-198, 203
—— 齊侯伐我北鄙圍郕 4-208, 213
公次
—— 次于乾侯 7-28, 47
—— 次于匡 2-98, 101
—— 次于陽州 6-301, 322
—— 次于陘 2-27, 30
—— 次于滑 1-360, 361
內大夫次
—— 叔孫豹帥師救晉次于雍榆 4-298, 313
—— 仲孫蔑會齊崔杼……次于鄫 4-12, 14
師次
—— 師次于郎 1-372
—— 次于成 1-460
諸侯次
齊師宋師次于郎 1-384, 388
—— 齊侯衛侯次于渠蒢 7-253, 257
—— 齊侯衛侯次于垂葭 7-231, 233
—— 齊侯衛侯次于五氏 7-197, 207
—— 次于聶北 2-13
—— 楚子蔡侯次于厥貉 2-388, 390
公追
—— 公追戎于濟西 1-411, 413
—— 公追齊師 2-205
公侵
—— 公侵宋 1-383
—— 公侵鄭 7-163, 164
—— 公侵齊 7-178, 181, 184
—— 公會劉子……于召陵侵楚 7-119, 123
—— 侵蔡 2-27, 29
歸內邑
—— 齊人歸讙及闡 7-335, 346
歸內田
—— 齊人歸我濟西田 3-71, 75
—— 齊人來歸鄆讙龜陰田 7-210, 215
克
— 克段于鄢 1-158, 167, 168
棄師
—— 鄭棄其師 1-485
來乞師
—— 晉侯使郤錡來乞師 3-303, 304
—— 晉侯使欒黶來乞師 3-340, 344
—— 晉侯使士魴來乞師 3-402, 414
—— 晉侯使荀罃來乞師 3-382
來歸俘
—— 齊人來歸衛俘 1-368, 369
內大夫侵
—— 季孫斯仲孫何忌帥師侵衛 7-180, 191
—— 公孫玆……侵陳 2-29, 34
—— 仲孫羯帥師侵齊 4-329, 337
—— 仲孫蔑叔孫僑如帥師侵宋 3-242, 249
內入 1-177, 180, 222, 241, 243, 263, 271, 2-213, 215, 4-150, 151, 7-323, 328

諸侯相入
———— 季孫宿帥師救台遂入鄆 4-150, 151
———— 公及齊侯鄭伯入許 1-241, 243
———— 公子遂帥師入杞 2-213, 215
———— 無駭帥師入極 1-177, 180
———— 我入祊 1-222
———— 入杞 1-263, 271
———— 入邾 7-323, 328
內戰
—— 及齊師戰于乾時 1-380, 381
—— 及齊師戰于奚 1-344, 345
—— 及齊侯宋公衛侯燕人戰 1-327
—— 及齊侯戰于鞍 3-176, 186~187
—— 及邾人戰于升陘 2-152, 2-155
—— 戰于郎 1-315, 317
—— 戰于宋 1-324, 325
諸侯戰
——— 宋公及楚人戰于泓 2-152, 156
——— 宋師及齊師戰于甗 2-132, 134
——— 宋華元帥師……戰于大棘 3-19, 20
——— 衛孫良夫帥師……戰于新築 3-176, 183
——— 衛人及齊人戰 1-451, 452
——— 齊國書帥師及吳戰于艾陵 7-356, 368
——— 晉荀林父帥師及楚子戰于邲 3-88, 92~125
——— 晉人及秦人戰于令狐 2-361, 366
——— 晉人秦人戰于河曲 2-401, 406~409
——— 晉趙鞅……帥師戰于鐵 7-275, 282~285
——— 晉侯及秦伯戰于韓 2-100, 108
——— 晉侯及秦師戰于彭衙 2-317, 320
——— 晉侯及楚子鄭伯戰于鄢陵 3-340, 350
——— 晉侯齊師……楚人戰于城濮 2-223
——— 蔡侯以吳子……戰于柏擧 7-122, 141
——— 楚人及吳戰于長岸 6-170, 183
內取
—— 公伐莒取向 3-42, 43
—— 公伐邾取須句 2-151, 152
—— 公伐邾取訾婁 2-284, 293
—— 取郜 1-236, 238
—— 取穀 2-207, 211
—— 取根牟 3-66, 68
—— 取防 1-236, 238
—— 取須句 2-360, 363
—— 取邿 4-155, 156
—— 取繹 3-73, 77
—— 取鄆 5-212, 226
—— 取鄟 3-242, 244
—— 取鄫 5-312, 332
—— 取闞 7-84
內取田
——— 取漷東田及沂西田 7-274, 276
——— 取汶陽田 3-178, 201
——— 取濟西田 2-272, 274
——— 取邾田自漷水 4-239, 242
諸侯相取
———— 徐人取舒 2-24
———— 取牟婁 1-193
———— 取長葛 1-212, 216
內敗
—— 公敗宋師于菅 1-236, 238
—— 公敗宋師于乘丘 1-384, 388
—— 公敗宋師于鄑 1-390
—— 公敗齊師于長勺 1-383, 387
—— 公敗邾師于偃 2-14, 17
—— 叔弓帥師敗莒師于蚡泉 5-346, 368
—— 叔孫得臣敗狄于鹹 2-395, 396
—— 敗莒師于酈 2-14, 17
內敗績
——— 我師敗績 1-380, 381
來獻捷
——— 齊侯來獻戎捷 1-463, 464
——— 楚人使宜申來獻捷 2-146

師還 1-373, 374
殲 1-410, 411
— 齊人殲于遂 1-410, 411
戍
— 公子買戍衛 2-222, 230
— 戍鄭虎牢 4-108, 125
— 戍陳 4-52, 57
襲
— 齊侯襲莒 4-299, 325
王師敗績
———— 王師敗績于茅戎 3-173, 175
王臣會伐
———— 單伯會伐宋 1-399, 400
諸侯相侵
———— 介人侵蕭 2-265
———— 宋皇瑗帥師侵鄭 7-322, 323
———— 衛北宮括帥師侵鄭 3-381, 383
———— 衛孫良夫帥師侵宋 3-242, 245
———— 衛人侵狄 2-278, 279
———— 衛侯之弟黑背帥師侵鄭 3-282, 283
———— 戎侵曹 1-438
———— 赤狄侵齊 3-34, 43
———— 狄侵宋 2-387
———— 狄侵衛 2-91, 145, 411
———— 狄侵鄭 2-95
———— 狄侵齊 2-264, 266, 284, 293, 336, 381, 395
———— 鄭公孫舍之帥師侵宋 4-132, 138
———— 鄭公子喜帥師侵宋 3-339, 342
———— 鄭人侵宋 1-405, 406
———— 鄭人侵蔡 4-74, 76
———— 鄭人侵許 1-457, 459
———— 齊人執衛行人北宮結以侵衛 7-173, 175
———— 晉欒書帥師侵蔡 3-260, 264
———— 晉士匄帥師……乃還 4-240, 250
———— 晉師宋師衛甯殖侵鄭 4-17, 21
———— 晉士鞅帥師侵鄭遂侵衛 7-179, 191
———— 晉魏曼多帥師侵衛 7-322, 323, 387
———— 晉人宋人衛人陳人侵鄭 3-19, 24
———— 晉趙盾衛孫免侵陳 3-54
———— 晉趙鞅帥師侵齊 7-352, 354
———— 晉趙穿帥師侵崇 3-14, 18
———— 晉侯侵曹 2-222, 229
———— 楚公子壬夫帥師侵宋 4-12, 15
———— 楚公子貞帥師侵宋 4-151, 152
———— 楚師鄭師侵衛 3-178, 213
———— 楚人鄭人侵宋 3-401, 413
———— 楚人侵鄭 2-20, 24, 3-34, 38
———— 楚子鄭人侵陳 3-13
———— 楚子鄭人侵陳遂侵宋 3-13
諸侯敗
———— 於越敗吳于檇李 7-242, 246~247
———— 吳敗頓……許之師于雞父 6-274, 284
———— 晉荀吳帥師敗狄于大鹵 5-212, 252
———— 晉人及姜戎敗秦師于殽 2-283, 290
———— 晉人敗狄于交剛 3-296, 299
———— 晉人敗狄于箕 2-284, 294
———— 楚人敗徐于婁林 2-100, 119
———— 荊敗蔡師于莘 1-384, 388
諸侯敗績
———— 宋師敗績 2-152, 156, 3-19, 20
———— 衛師敗績 3-176, 183
———— 衛人敗績 1-451, 452
———— 鄭師敗績 7-275, 285
———— 齊師宋師衛師燕師敗績 1-327
———— 齊師敗績 2-132, 134, 3-176, 186~187, 7-356, 368
———— 秦師敗績 2-317, 320
———— 晉師敗績 3-88, 92~125
———— 楚師敗績 2-223, 7-122, 141
———— 楚子鄭師敗績 3-340, 366
取內邑

——— 齊人取濟西田 3-12, 16
——— 齊人取讙及闡 7-334, 343
——— 齊侯取鄆 6-302, 333
取師
—— 宋皇瑗帥師取鄭師于雍丘 7-346, 347
—— 鄭罕達帥師取宋師于嵒 7-386, 388~389
—— 取三師 1-237, 239
侵我
—— 莒人侵我東鄙 4-167
—— 狄侵我西鄙 2-362, 369
—— 齊人侵我西鄙 2-205, 207, 430, 431, 438, 439
降
— 郕降于齊師 1-373, 374
— 齊人降鄣 1-460

【朝聘】

假田
—— 假許田 1-258, 259
告糴
—— 臧孫辰告糴于齊 1-452, 456
公如京師 3-303, 305
公如列國
———— 如齊 1-348, 349, 425, 433, 435, 437, 2-78, 98, 284, 297, 3-43, 51, 52, 65, 71, 72, 75, 76, 7-9, 10, 26
———— 如晉 2-330, 335, 410, 416, 3-220, 223, 230, 231, 283, 287, 400, 409, 4-24, 27, 36, 42, 74, 75, 151, 154, 262, 264, 5-274, 283, 346, 357, 6-62, 67, 91, 129, 143, 149, 242, 258, 275, 289, 7-28, 47, 114
———— 如楚 5-82, 110, 389, 399
公朝王
——— 公朝于王所 2-225, 227, 258
公至
—— 公至自乾侯 7-46, 47
—— 公至自穀 2-452
—— 公至自救陳 4-53
—— 公至自唐 1-263, 271
—— 公至自伐萊 3-57
—— 公至自伐戎 1-445
—— 公至自伐鄭 1-339, 341, 2-53, 3-219, 382, 4-109, 133
—— 公至自伐齊 2-207, 4-239, 7-352
—— 公至自伐秦 3-304
—— 公至自伐楚 2-29
—— 公至自瓦 7-179
—— 公至自圍成 7-229
—— 公至自圍許 2-261
—— 公至自齊 1-432, 433, 2-284, 3-43, 51, 52, 65, 71, 72, 6-331, 332, 334, 7-9, 10
—— 公至自晉 2-336, 418, 3-220, 231, 232, 289, 290, 401, 412, 4-25, 51, 53, 75, 154, 155, 263, 5-346, 6-154, 168
—— 公至自楚 5-114, 119, 390, 415
—— 公至自侵鄭 7-163
—— 公至自侵齊 7-178
—— 公至自夾谷 7-210
—— 公至自黃 7-229
—— 公至自會 2-99, 128, 130, 419, 3-60, 159, 241, 253, 271, 329, 341, 342, 381, 4-26, 52, 107, 134, 207, 256, 282, 331, 346, 6-90, 7-121, 243, 387
公還
—— 公還自晉 2-411, 416
歸粟
—— 歸粟于蔡 7-152, 153
來
— 介葛盧來 2-261, 262, 264
— 白狄來 4-224, 225
— 寔來 1-290, 291

— 祭公來 1-307, 310
— 祭伯來 1-159, 175
— 齊仲孫來 1-475, 478
內大夫聘列國
———— 季孫斯仲孫何忌如晉 7-163, 166
———— 季孫宿如宋 4-257, 261
———— 季孫宿如衛 4-66, 68
———— 季孫宿如晉 4-60, 63, 86, 92, 239, 245, 5-274, 283, 373, 380
———— 季孫意如如晉 6-155, 169
———— 季孫行父如齊 3-11, 14, 74, 77
———— 季孫行父如陳 2-347, 351
———— 季孫行父如晉 2-347, 354, 429, 430, 432, 438, 3-243, 249, 3-289, 292
———— 公孫歸父如齊 3-73, 74
———— 公孫歸父如晉 3-166, 168
———— 公孫嬰齊如莒 3-260, 265
———— 公孫嬰齊如晉 3-242, 249
———— 公孫敖如莒 2-363, 371
———— 公孫敖如齊 2-307, 315
———— 公孫敖如晉 3-343
———— 公孫玆如牟 2-39, 45
———— 公子慶父如齊 1-466
———— 公子遂叔孫得臣如齊 2-460, 463
———— 公子遂如京師遂如晉 2-266, 272
———— 公子遂如宋 2-394, 396
———— 公子遂如齊 2-226, 452, 459, 3-12, 16
———— 公子遂如齊至黃乃復 3-60
———— 公子遂如晉 2-273, 348, 358
———— 公子友如齊 2-57, 91
———— 公子友如陳 1-442, 447, 449
———— 叔弓如滕 5-284, 303
———— 叔弓如宋 5-150, 161, 6-48, 50
———— 叔弓如晉 5-274, 279, 6-10, 15
———— 叔弓如楚 5-374, 388
———— 叔老如齊 4-257
———— 叔孫僑如如齊 3-289, 293
———— 叔孫婼如宋 6-300, 302
———— 叔孫婼如晉 6-35, 43, 273, 277
———— 叔孫州仇如齊 7-211, 224~225
———— 叔孫豹如宋 4-17, 23
———— 叔孫豹如邾 4-60, 62
———— 叔孫豹如晉 4-35, 38, 209, 214, 329, 331
———— 叔孫豹鄫世子巫如晉 4-51, 54
———— 叔還如齊 7-304
———— 仲孫羯如晉 5-82, 88, 116, 147
———— 仲孫蔑如宋 3-235, 237
———— 仲孫貜如齊 6-24, 33
內大夫聘周
———— 公孫敖如京師 2-375, 377
———— 公子遂如京師 2-266, 272
———— 叔孫得臣如京師 2-306, 380, 383
———— 叔孫豹如京師 4-331
———— 叔鞅如京師 6-259
———— 仲孫蔑如京師 3-65, 67
乃復
—— 至河乃復 5-274, 283, 6-62, 67, 91, 129, 242, 258, 7-114
—— 至河有疾乃復 6-275, 289
來言
—— 晉侯使韓穿來言……歸之于齊 3-259, 262
來唁
—— 齊侯使高張來唁公 7-46, 47

—— 齊侯唁公于野井 6-301, 322
—— 晉侯使荀躒唁公于乾侯 7-73, 76
來朝子
——— 杞伯姬來朝其子 2-38
來渝平
——— 鄭人來渝平 1-212, 213
夫人如
——— 夫人姜氏如莒 1-415, 419
——— 夫人姜氏如齊 1-405, 2-380
——— 夫人姜氏如齊師 1-366
夫人至
——— 夫人姜氏至自齊 2-380
列國聘魯
———— 宋公使向戌來聘 4-197, 199
———— 宋公使華元來聘 3-230, 231, 260, 265
———— 宋公使華定來聘 6-62, 66
———— 吳子使札來聘 5-115, 130
———— 衛侯使公孫剽來聘 4-13, 15
———— 衛侯使甯俞來聘 2-337, 341
———— 衛侯使孫良夫來聘 3-221, 227
———— 衛侯使孫林父來聘 4-66, 71
———— 鄭伯使公子發來聘 4-51, 54
———— 齊侯使慶封來聘 5-49, 52
———— 齊侯使國歸父來聘 2-283, 288
———— 齊侯使國佐來聘 3-74, 78
———— 齊侯使其弟年來聘 1-218, 1-277, 280
———— 秦伯使術來聘 2-401, 404
———— 陳侯使女叔來聘 1-441, 443
———— 晉侯使郤犨來聘 3-289, 290
———— 晉侯使士匄來聘 3-401, 412, 4-75, 84
———— 晉侯使士魴來聘 4-150, 151
———— 晉侯使士燮來聘 3-261, 268
———— 晉侯使士鞅來聘 5-115, 126, 6-241, 245
———— 晉侯使荀庚來聘 3-221, 227
———— 晉侯使荀罃來聘 4-13, 15
———— 晉侯使荀吳來聘 5-10, 22
———— 晉侯使韓起來聘 5-274, 275
———— 楚子使薳罷來聘 5-149, 152
———— 楚子使椒來聘 2-381, 385
———— 荊人來聘 1-433
列國朝魯
———— 郜子來朝 2-142
———— 穀伯綏來朝 1-304
———— 杞伯來朝 1-448, 2-400, 403, 3-230, 231, 401, 412
———— 杞子來朝 2-213, 214
———— 杞侯來朝 1-262
———— 紀侯來朝 1-291, 304
———— 郯子來朝 4-65, 67, 6-170, 174
———— 滕子來朝 1-261, 2-400, 404, 4-60, 62, 7-275
———— 鄧侯吾離來朝 1-304
———— 使鄫子來朝 2-94, 96
———— 世子射姑來朝 1-311, 313
———— 蕭叔朝公 1-433
———— 小邾子來朝 2-56, 4-65, 68, 5-285, 307, 6-170, 171
———— 郳犁來來朝 1-366
———— 曹伯來朝 2-394, 395, 429, 433, 3-253, 255, 4-264, 249
———— 邾人牟人葛人來朝 1-336
———— 邾子來朝 3-12, 3-242, 401, 413, 4-12, 15, 5-82, 86, 7-252, 254
王臣如列國
————— 單伯如齊 2-420, 428
諸侯相如
———— 如紀 1-283
———— 朝于紀 1-285
———— 如曹 1-285, 289

周歸脤
——— 天王使石尙來歸脤 7-243
周來求
——— 家父來求車 1-334, 337
——— 毛伯來求金 2-379, 383
周來聘
——— 家父來聘 1-306
——— 南季來聘 1-231
——— 凡伯來聘 1-218, 220
——— 仍叔之子來聘 1-283
——— 祭叔來聘 1-432
——— 天王使王季子來聘 3-73, 77
——— 天王使宰渠伯糾來聘 1-281
——— 天王使宰周公來聘 2-265, 271
周錫命
——— 王使榮叔來錫桓公命 1-356
——— 天王使毛伯來錫公命 2-306
——— 天子使召伯來賜公命 3-260, 267
天王狩
——— 天王狩于河陽 2-227, 258

【婚姻】

姑逆婦
——— 逆婦姜 2-336, 338
公逆女
——— 公如齊逆女 1-437
來求婦
——— 杞伯姬來求婦 2-274
內女歸
——— 共姬(魯) 3-271, 275
——— 伯姬(魯) 1-178
——— 伯姬(魯)〈異人〉1-441
——— 叔姬(魯) 1-217
內女來
——— 杞伯姬來 1-447, 449, 2-226
——— 齊高固及子叔姬來 3-51, 53
內女來歸
——— 杞叔姬來歸 3-234
——— 郯伯姬來歸 3-154, 156
——— 齊人來歸子叔姬 2-431, 439
內女復歸
——— 紀叔姬(魯) 1-394
——— 鄫季姬(魯) 2-100
內大夫納幣
——— 公子遂(魯) 2-320, 329
內大夫逆女
——— 公子遂如齊逆女 3-11, 14
——— 叔孫僑如如齊逆女 3-322, 325
——— 如齊逆女 1-277, 279
來逆婦
——— 宋蕩伯姬來逆婦 2-196
來媵
——— 衛人來媵 3-262, 270
——— 齊人來媵 3-282
——— 晉人來媵 3-271, 276
大夫以夫人至
——— 僑如以夫人婦姜氏至自齊 3-323, 326
——— 遂以夫人婦姜至自齊 3-11, 14
大夫宗婦覿用幣 1-437, 439
大夫致女
——— 季孫行父如宋致女 3-271, 275
夫人大歸
——— 哀姜(齊) 2-460, 465
夫人入
——— 夫人姜氏入 1-437
夫人至
——— 夫人姜氏至自齊 2-380
送王姬
——— 單伯送王姬 1-355
逆王后
——— 逆王后于紀 1-307, 310
——— 劉夏逆王后于齊 4-197, 199
王后歸

――― 紀季姜(紀) 1-310, 311
王姬歸
――― 共姬(周) 1-390, 393
――― 王姬(周) 1-356, 359
外大夫來納幣
――――― 宋公使公孫壽來納幣 3-260, 266
外大夫爲君逆
――――― 逆女, 來逆女 1-177, 180
外大夫自逆
――――― 莒慶來逆叔姬 1-447
――――― 齊高固來逆叔姬 3-51, 52
媵婦
―― 公子結媵陳人之婦于鄄 1-415
諸侯送女
―――― 齊侯送姜氏于讙 1-277

【興作】

內城
―― 莒父 7-244
―― 啓陽 7-289
―― 郎 1-231, 232
―― 武城 4-241, 254
―― 防 1-458, 459, 4-155, 163
―― 費 4-65, 68
―― 毗 7-303
―― 向 1-340, 341
―― 西郛 4-241, 254, 7-298
―― 成 4-198, 203
―― 霄 7-244
―― 小穀 1-465, 466
―― 郚 2-360
―― 鄆 2-401, 409, 3-231
―― 諸 1-458, 459
―― 邾瑕 7-308
―― 中丘 1-218, 2-220
―― 中城 3-273, 281, 7-163
―― 祝丘 1-284
―― 漆 7-254, 258
―― 平陽 3-62, 65
―― 虎牢 4-18, 23
新作
―― 新作雉門及兩觀 7-112
諸侯城
――― 杞 5-115, 124
――― 成周 7-85, 87, 91
――― 緣陵 2-94, 95
――― 楚丘 2-18, 20
――― 邢 2-13, 16
浚
― 浚洙 1-381
築
― 築臺于郎 1-463
― 築臺于薛 1-463
― 築臺于秦 1-464
― 築郎囿 6-24, 33
― 築鹿囿 3-401, 413
― 築郿 1-451, 457
― 築蛇淵囿 7-232
― 築王姬之館 1-355, 358
墮邑
―― 季孫斯仲孫何忌帥師墮費 7-228, 230
―― 叔孫州仇帥師墮郈 7-228, 230
毁
― 毁泉臺 2-442, 443

故事 · 熟語 索引

【ㄱ】

假途滅虢 2-47~50
賈怠無卒 6-146
各自爲政 3-21
澗溪(谿)毛 1-186
艱難險阻 2-234
敢在下風 2-108
降心相從 2-251
彊以克弱而安之 彊不義也 不義而彊 其斃必速 5-234
絳縣老人 5-154
改步改玉 7-155
介山之志 2-182, 183
擧棋不定 4-381
居利思義 7-38
擧不踰等 5-148
居安思危 4-146
距躍三百 2-231
去疾莫如盡 7-264
車轍馬跡 6-80
車側郭門 4-360
劒及屨及 3-135
儉德之共也 侈惡之大也 1-439
結草報恩 3-149, 150
結草銜環 3-149, 150
傾柯衛足 3-386
敬謝不敏 5-187
輕則寡謀 無禮則脫 2-285
輕則失親 失親患必至 2-46
季路一言 8-13
啓寵納侮 7-103
苦口惡石 4-319
高仰驕也 卑俯替也 7-254
賈而欲贏而惡囂乎 5-241
固陰冱寒 5-319
姑慈婦聽 6-353
高下在心 3-142
曲而不屈 5-135
哭秦庭 7-149
困獸猶鬪 3-126
裹糧坐甲 2-407
瓜衍之賞 3-151
過而能改 3-25
過而能改 善莫大焉 3-25
寬猛相濟 6-240
寬以濟猛 猛以濟寬 6-240
匡救彌縫 2-208
廣而不宣 5-136
肱三折 7-238
驕奢淫泆 1-191
驕奢淫逸 1-191
狡焉思啓 3-267
狡焉思逞 3-267
狡焉思肆 3-267
驕而不亡者 未之有也 7-240

驕則亂生 5-73
教之以義方 1-191
屨及劒及 3-135
舊相識 5-143
求逞於人不可 與人同欲盡濟 5-318
久病成良醫 7-239
求善不厭 6-107
苟信不繼 盟無益也 1-326
屨賤踊貴 5-291
口血未乾 4-104
國家之立也 本大而末小 是以能固 1-273
國狗之瘈 無不噬也 7-382
國無小 不可易也 2-155
國將亡 本必先顚 而後枝葉從之 1-478
國將亡 必多制 5-375
國之不可小 有備故也 6-196
國之興也 視民如傷 是其福也 其亡也 以民爲土芥 是其禍也 7-269
國之興也以福 其亡也以禍 7-269
國將興 聽於民 將亡 聽於神 1-468
君令臣共 6-353
君義臣行 1-192
君子貴其身而後能及人 6-302
君子能知其過 必有令圖 5-248
君子務在擇人 5-130
君子務知大者遠者 小人務知小者近者 5-201
君子不重傷 不禽二毛 2-157
君子不欲多上人 1-287
君子非無賄之難 立而無令名之患 6-160
君子有遠慮 小人從邇 5-111
君子之行 思其終也 思其復也 4-381
君子之喜怒 以已亂也 3-163
躬擐甲胄 3-308
勸善懲惡 3-326
鬼神非人實親 惟德是依 2-49
貴而能貧 4-289
克己復禮 仁也 6-86
瑾瑜匿瑕 3-142
勤而不德 5-140
勤恤其民 而與之勞逸 7-271
金玦衣尨 1-497
金石樂 4-103
及瓜而代 1-375
棄甲於思 3-22
棄車走林 3-114
棄舊不祥 6-146
棄德崇姦 2-185
棄德崇姦 禍之大者也 2-185
棄德從賊 8-56
棄同卽異 5-124
其貌不揚 1-42
旗靡轍亂 1-387
其所善者 吾則行之 其所惡者 吾則改之 是吾師也 5-199
岐陽之蒐 5-324
器二不匱 7-321
棄人用犬 3-28
忌則多怨 2-76
棄好背盟 4-226

【ㄴ】

樂而不淫 5-131
樂而不荒 5-72, 136
亂無象 4-90
鸞鳳和鳴 1-427
難不已 將自斃 1-478
襤褸篳路 3-104
南風不競 4-238
納汙藏垢 3-142
納汙藏疾 3-142
納汙含垢 3-142
狼子野心 3-46
魯文在手 1-156
老將知而耄及之 5-240

老鶴乘軒 1-489
鹿死不擇音 2-454
能敬無災 5-307
能補過者 君子也 5-416
能信 不爲人下 5-218
陵人不祥 2-110

【ㄷ】

多難興邦 5-313
多陵人者皆不在 8-112
多魚之漏 2-23
多行無禮 必自及也 4-40
多行不義 必自斃 1-164
斷髮文身 7-325
撞鍾舞女 6-227
大福不再 6-99
大事奸義 必有大咎 7-101
大義滅親 1-200
大風有隧 貪人敗類 2-316
道殣相望 5-291
悼心失圖 5-396
盜賊公行 5-187
盜憎主人 民惡其上 3-337
桃弧棘矢 5-319
東道主 2-267
東道主人 2-267
東門之役 1-196
同室操戈 5-243
同惡相求 6-107
同惡相恤 1-476
冬日之日 2-369
棟折榱崩 5-200
同罪異罰
同罪異罰 非刑也 4-61
動則思禮 7-79
動則思禮 行則思義 7-79
董狐之筆 3-30
董狐直筆 3-30
董狐筆 3-30
得寵而忘舊 何以使人 2-181
滕薛爭長 1-241

【ㅁ】

摩厲(磨礪)以須 6-80
馬腹逃鞭 3-142
馬首是瞻 4-174
馬首欲東 4-174
莫之與京 1-427
蔓草猶不可除 1-164
末大必折 6-59
末大必折 尾大不掉 6-59
秣馬厲兵 3-366
秣馬利兵 3-366
面縛輿櫬 2-54
面縛銜璧 2-54
滅德立違 1-269
滅此朝食 3-186
明恕而行 1-186
名列前茅 3-92
名以制義 義以出禮 禮以體政 政以正民 1-272
明恥教戰 2-157
暮虢朝虞 2-47~50
謀之多族 民之多違 事滋無成 4-78
冒天下之大不韙 1-250
毛皮之附 2-96
目動言肆 2-408
木本水源 6-25
墓木拱矣 2-279
墓木已拱 2-279
無過亂門 6-204
無愧辭 5-67
無能爲 1-199
無能爲役 3-183

無德以及遠方 莫如惠恤其民而善用之 3-211
無禮而好陵人 怙富而卑其上 弗能久矣 5-262
無禮必亡 6-302
無禮必食言 3-299
無謀非德 7-136
無犯非義 7-136
武不違敵 2-299
無喪而慼 憂必讎焉 無戎而城 讎必保焉 2-43
無所用之 7-370
無始禍 無怙亂 無重怒 2-110
無信患作 2-96
無信患作 失援必斃 2-96
無欲實難 5-173
無威則驕 5-73
無威則驕 驕則亂生 亂生必滅 5-73
無衣之賦 7-149
無以復加 2-454
無瑕者 可以戮人 5-329
無好無惡 2-76
文不犯順 2-299
文不犯順 武不違敵 2-299
文以足言 4-375
門階戶席 7-13
文物聲明 1-268
問諸水濱 2-30
問鼎輕重 3-36
問鼎之大小輕重 3-36
物莫能兩大 1-428
美錦學制 5-200, 201
尾大不掉 6-59
未亡人 1-454, 3-275, 327
彌縫策 1-287
美疢不如惡石 4-319
民棄其上 不亡何待 6-290
民保於信 7-251
民不可逞 度不可改 5-333
民不堪命 1-264
民生在勤 勤則不匱 3-104
民生厚而德正 3-345
民之多幸 國之不幸也 3-155

【ㅂ】

博物君子 5-263
博碩肥腯 1-294
班荊道故 5-34
班荊道舊 5-34
拔戟成一隊 4-110
髮短心長 5-307
跋履山川 5-88
拔本塞原(源) 6-25
跋山涉水 5-88
跋涉山川 5-88
背城一戰 3-195
背城借一 3-195
背施無親 2-96
背施幸災 2-97
背天不祥 2-110
背惠食言 2-238
百年河淸 4-77
翻賀爲弔 6-15
犯霜露 5-88
犯順不祥 4-370
凡有血氣 皆有爭心 6-40
犯天下之不韙 1-250
辯而不德 必加於戮 5-144
兵不戢 必取其族 4-337
病入膏肓 3-285
輔車相依 2-47
輔車相依 脣亡齒寒 2-47
輔車脣齒 2-47
報施救患 2-217
報者倦矣 施者未厭 2-190
普天之下 5-392
腹心之疾 7-314

復而不厭 5-136
卜晝卜夜 1-427
蜂(蠭)目豺聲 2-313
封豕長蛇 7-149
奉如神明 4-189
蜂(蠭)蠆有毒 2-155
封豨脩蛇 7-149
鳳凰于飛 1-427
夫學無他 唯善所在 親疏一也 7-38
夫旣登而求降階者 知人也 4-344
負羈妻 2-169
不道不共 不昭不從 6-56
夫夫婦婦 所謂順也 5-243
夫上之所爲 民之歸也 4-265
父義母慈兄友弟共子孝 2-469
富而不驕者鮮 7-240
父慈子孝 1-192, 6-353
不自量力 1-248
不藏賄 不從欲 6-107
夫戰 勇氣也 1-387
夫和妻柔 6-353
北門之管 2-279
分貧振窮 6-136
不可教訓 2-471
不可踰越 5-187
不葢不義 6-223, 224
不敬則禮不行 禮不行則上下昏 2-85
不軌不物 1-202
不禽(擒)二毛 2-157
不寧唯是 5-214
不能如辭 7-161
不逞之人 4-122
不犯非禮 6-224
不辨菽麥 3-402
不備不虞 不可以師 1-207
不索何獲 7-12
不信以幸 不可再也 6-51
不讓則不和 7-158
不義而彊 其斃必速 5-234
不二味 7-271
不以一眚掩大德 2-291
不貪爲寶 4-204
非德 莫如勤 3-83
備嘗艱苦 2-234
非所怨 勿怨 5-18
非我族類 其心必異 3-232
卑讓禮之宗也 5-279
備豫不虞 2-354
非知之實難 將在行之 6-45
非宅是卜 唯隣是卜 5-298
賓至如歸 5-188

【ㅅ】

事君不辟難 有罪不逃刑 4-32
舍舊謀新 2-239
師克在和 不在衆 1-321
舍其舊而新是謀 2-239
使能 國之利也 2-349
死得其所 2-321
事無二成 3-269
事無不濟 6-147
四方之志 2-168
事不善 不得其極 6-75
史不絶書 5-128
事死如生 8-30
辭順而弗從 不祥 2-423
思而不懼 5-130
死而不義 非勇也 2-322
死而不朽 4-331
死且不朽 3-223
思則有備 有備無患 4-146
師直爲壯 2-238
師直爲壯 曲爲老 2-238
俟河之淸 4-78

山藪藏疾 3-142
山有木 工則度之 賓有禮 主則擇之 1-242
山河表裏 2-240
殺老牛 莫之敢尸 3-398
殺敵致果 3-20
三不知 2-327
三不朽 4-331
三折肱 知爲良醫 7-239
相驚伯有 5-408
相敬如賓 2-294
相待如賓 2-294
上思利民 1-294
相時而動 1-248
象有齒以焚其身 4-333
相忍爲國 5-241
牀笫之私 5-69
牀笫之言不踰閾 5-69
桑中之喜 3-204
上之所爲 民之歸也 4-265
賞僭則懼及淫人 刑濫則懼及善人 5-35
象齒焚身 4-333
上下其手 5-23
上下無怨 6-227
上下猶和 衆庶猶睦 7-201
上下和睦 3-345
璽書 5-119
塞井夷竈 3-351, 4-174
生死肉骨 4-293
生於亂世 貴而能貧 民無求焉 可以後亡 4-289
生在敬戒 不在富也 4-289
生聚教訓 7-265
筮短龜長 2-35
恕而行之 德之則也 禮之經也 1-249
噬臍莫及 1-369
誓泉之譏 1-169
釋縛焚櫬 2-55
析骸以爨 3-145
先國後己 5-279
善鈞從衆 3-250
善不可失 惡不可長 1-215
先聲奪人 6-250
先王之樂 所以節百事也 5-263
善爲國者 賞不僭而刑不濫 5-35
善人富 謂之賞 淫人富 謂之殃 5-104
善人在上 則國無幸民 3-155
善自爲謀 1-298
善敗由己 2-144
聲明文物 1-268
城下之盟 1-326
世濟其美 2-469
小國忘守則危 6-196
昭德塞違 1-265
所樂必卒焉 6-152
小之能敵大也 小道大淫 1-294
損怨益仇 2-358
損怨益仇 非知也 2-358
松柏之下 其草不殖 5-118
宋襄之仁 2-156, 157
送往事居 2-73
修己而不責人 則免於難 1-495
樹德莫如滋 去疾莫如盡 7-264
雖有挈缾之知 守不假器 禮也 5-402
酬魏顆 3-149
數典忘祖 6-149
夙興夜寐 5-35
脣亡齒寒 2-47
脣輔相連 2-47
順時而動 1-248
習以爲常 6-168
承事如祭 2-294
視民如傷 7-269
視民如子 4-379
施舍不倦 6-107

施舍不倦 求善不厭 6-107
時順而物成 3-345
施而不德 5-123
施而不費 5-136
侍執巾櫛 2-153
食毛踐土 5-392
食言而肥 8-99
食肉寢皮 4-280
食指動 3-44
神福仁而禍淫 3-236
信不由中 質無益也 1-186
臣義而行不待命 7-141
信以守禮 禮以庇身 3-332
信而有徵 6-12
信以行義 3-262
信以行義 義以成命 3-262
臣一主二 6-130
信者 言之瑞也 善之主也 4-104
室怒市色 6-208
實蕃有徒 7-30
室不崇壇 7-271
悉索敝賦 4-81
室於怒 市於色 6-208
室如縣罄 2 208
失援必斃 2-96
實偪處此 1-245
深谷爲陵 7-93
心苟無瑕 何恤乎無家 1-480
甚美 必有甚惡 7-32
心腹之疾 7-370
心腹之患 7-370
深山窮谷 5-319
深山大澤 4-276
心長髮短 5-307
審行信令 6-306
甚囂塵上 3-354
十年生聚 而十年教訓 7-265
十世宥 4-274

【ㅇ】

我德則睦 否則攜貳 4-44
我食吾言 背天地也 2-110
我以不貪爲寶 爾以玉爲寶 4-204
惡不去善 7-304
惡之來也 已則取之 3-131
惡直醜正 7-30
安忍無親 1-197, 4-124
泱泱大風 5-130
哀樂失時 殃咎必至 1-420
哀樂而樂哀 皆喪心也 6-303
哀而不愁 5-136
愛子 敎之以義方 弗納於邪 1-191
愛之如父母 而歸之如流水 5-291
愛鶴失衆 1-489
若可尋也 亦可寒也 7-381
弱不好弄 2-76
若敖鬼 3-46
若敖鬼餒 3-46
良禽擇木 7-376
量力而動 其過鮮矣 2-144
量力而行 1-248
量力度德 1-248
言歸于好 2-71
言不由衷 1-186
言猶在耳 2-366
言以足志 4-375
言以足志 文以足言 4-375
言以知物 5-225
言之無文 行而不遠 4-375
如舊相識 5-143
厲(勵)兵秣馬 2-285
與惡而棄好 非謀也 1-395
餘勇可賈 3-185
與人而不固 取惡莫甚焉 4-174

易子而食 3-145
燕夢徵蘭 3-39
燕巢於幕 5-144
宴安酖毒 不可懷也 1-476
裂冠毁冕 6-25
染指於鼎 3-44
盈必毁 天之道也 7-370
禮國之幹也 5-165
禮無所逆 4-19
禮失則昏 名失則愆 8-46
禮也者 小事大 大字小之謂 7-65
禮人之幹也 5-415
隸子弟 1-273
惡不去善 7-304
五世其昌 1-427
惡直醜正 實蕃有徒 7-30
五侯九伯 2-30
蘊利生孼 6-40
翫歲愒日 5-250
玩火自焚 1-197
聊以卒歲 4-272
要之以禮 1-186
外彊內溫 6-75
外彊中乾 2-105
畏首畏尾 2-454
妖由人興也 1-401
繞朝策 2-413
欲加之罪 其無辭乎 2-80
欲蓋彌彰 7-79
欲求得人 必先勤之 3-413
用利而事節 3-345
用師 觀釁而動 3-92
用而不匱 5-136
耦俱無猜 2-73
牛馬風 2-29
尤物移人 7-33
又弱一介(個) 5-309
優游卒歲 4-272
憂而不困 5-130
尤而効(效)之 2-182
尤人而效之 非禮也 7-165
牛折齒 7-318
雄雞自斷尾 6-264
遠禮不如死 2-435
怨而不言 5-135
遠而不攜 5-135
遠至邇安 4-333
違强陵弱 7-145
魏顆結草 3-149, 150
爲善者 不改其度 故能有濟也 5-333
爲政者 不賞私勞 不罰私怨 5-350
違天 必有大咎 2-172
唯力是視 2-178
唯利是求 3-314
唯利是視 3-314
唯命是從 6-80
唯命是聽 3-90
有備無患 4-146
有備不敗 3-112
有死無二 2-119
有恃無恐 2-208
唯食忘憂 7-44
唯有德者 能以寬服民 6-239
柔而不犯 2-411
唯則定國 2-76
唯天所相 5-313
戮力壹心 6-323
戮力同心 3-307
融融泄泄(洩洩) 1-170
邑中黔 4-221
衣衫藍縷 3-104
義以成命 3-262
以德和民 1-197
螭魅罔兩(魍魎) 3-36

利不可强 思義爲愈 6-40
以不濟可 6-234
嫠不恤緯 6-297
爾詐我虞 3-145
以私害公 非忠也 2-358
以疏間親 1-192
以小人之腹 爲君子之心 7-44
以水濟水 6-234
二五耦 1-452
以欲從人則可 以人從欲鮮濟 2-144
邇而不偪 5-135
邇而不偪 遠而不攜 5-135
利人之難 不知其私 5-357
以爲後圖 1-293
以荷析薪 5-406
以險徼幸者 其求無饜 8-54
二惠競爽 5-309
匿瑕含垢 3-142
人各有能有不能 7-161
人各有耦 1-298
人莫予毒 2-249
人生幾何 誰能無偸 5-180
人所以立 信知勇也 3-393
人誰無過 過而能改 善莫大焉 3-25
人心如面 5-201
人心之不同 如其面焉 5-201
隣於善 民之望也 5-123
仁言利博 5-298
仁而不武 無能達也 3-44
一个(介)行李 4-83
一見如舊 5-143
一鼓作氣 1-387
一鼓作氣 再而衰 三而竭 1-387
一過不父 6-210
一國三公 2-43
一國兩君 其誰堪之 5-391
一問三不知 8-114
一夕三遷 7-339
一成一旅 7-265
一與一 4-359
一日縱敵 數世之患 2-289
一日必葺 6-280
一臧一否 5-369
一之謂甚 2-47
一薰一蕕 2-35
一薰一蕕 十年尙猶有臭 2-35
臨禍忘憂 1-420

【ㅈ】

資侔卜郊 3-36
自詒伊慼(戚) 3-30
作事威克其愛 雖小必濟 6-284
殘民以逞 3-20
剗草除根 1-215
藏垢納汙 3-142
杖莫如信 4-80
張脈僨興 2-105
長木之斃 無不摽也 7-382
長惡不悛 1-215
長惡不悛 從自及也 1-215
再衰三竭 1-387
在約思純 7-38
敵不可縱 2-289
積不相能 4-269
適野謀 5-197
赤鳥夾日 7-314
敵惠敵怨 不在後嗣 2-358
專欲難成 4-124
顓頊之虛 6-36
鄭國三良 2-61
整軍經武 3-93
挺鹿走險 2-454
鄭昭宋聾 3-135
靖言庸違 2-471

政如農功 4-380
鋌而走險 2-454
政以治民 1-248
政以治民 刑以正邪 1-248
政以賄成 4-128
靖譖庸回 2-471
政出多門 3-375
除舊布新 6-179
齊大非偶 1-298
齊壘啼烏 4-229
齊聖廣淵 2-469
除惡務盡 7-264
濟河焚舟 2-332
操刀傷錦 5-200, 201
趙盾日 2-369, 370
朝不及夕 2-57
朝不謀夕 5-239
曹社之謀 7-332
鳥獸猶不失儷 3-290
鳥則擇木 木豈能擇鳥 7-376
助天爲虐 5-280
存亡有命 7-256
從善若流 3-264
從善如流 3-264
從善如流 下善齊肅 6-107
從長計議 2-35
晝伏夜動 4-327
鑄鼎象物 3-36
鑄刑書 5-375
衆怒難犯 4-124
重怒難任 2-110
重怒難任 陵人不祥 2-110
重怒難任 背天不祥 2-110
衆怒如水火焉 不可爲謀 6-100
衆叛親離 4-124
衆散爲弱 3-98
趾高氣揚 1-328
止戈爲武 3-122
知難而有備 乃可以逞 3-175
知難而退 2-234
知無不爲 2-72, 73
知臣莫若君 2-58
志以發言 言以出信 信以立志 5-62
知(智)者 除讒以自安也 7-24
志在四方 2-168
地主之誼 7-383
咫尺天顔 2-70
地平天成 2-192
直而不倨 5-135
直而不倨 曲而不屈 5-135
進不見惡 退無謗言 8-79
秦人策 2-413
秦庭之哭 7-149
執巾櫛 2-153
執牛耳 8-72
懲惡勸善 3-326

【ㅊ】

斬草除根 1-215
采葑采菲 2-294
策名委質 2-163
嘖有煩言 7-125
處而不底 5-136
凄風苦雨 5-329
瘠牛僨豚 6-121
天假之年 2-234
天經地緯 6-307
天經地義 6-306
天道不諂 6-351
川壅爲澤 3-98
天誘其衷 2-251
遷而不淫 5-135, 136
天之所啓 人弗及也 2-170
天之所壞 不可支也 衆之所爲 不可奸也

7-105
天奪之魄 3-152
川澤納汙 山藪藏疾 瑾瑜匿瑕 3-142
踐土食毛 5-392
天平地成 2-192
轍亂旗靡 1-387
聽言則對 誦言如醉 2-316
體仁足以長人 4-92
椒擧班荊 5-34
楚囊之情 4-196
楚材晉用 5-35
招攜以禮 懷遠以德 2-58
寸草銜結 3-149, 150
錐刀之末 5-375
醜類惡物 2-471
推亡固存 4-195
築室反耕 3-145
祝有益也 詛亦有損 6-229
祝幣史辭 3-237, 6-172
出口入耳 6-210
出門如賓 2-294
忠善以損怨 5-198
忠信禮之器也 5-279
忠信禮之器也 卑讓禮之宗也 5-279
取而不貪 5-136
取才傷錦 5-200, 201
取精用宏 5-410
就直助强 5-163
治絲而棼 1-197
親仁善隣1-214
親仁善隣 國之寶也 1-214
寢苫枕草 4-223
寢皮食肉 4-280

【ㅌ】

度德量力 1-248
度德而處之 量力而行之 1-248
嘆爲觀止 5-140
貪得無厭 7-32
貪惏無饜 7-32
貪愛不祥 2-96
貪人敗類 2-316
貪天之功 2-182
怠禮失政 失政不立 4-279
大(太)史簡 4-359
大(太)上有立德 其次有立功 其次有立言 雖久不廢 此之謂不朽 4-331
擇善而擧 5-148
擇子莫如父 擇臣莫如君 6-59
退避三舍 2-171
痛心疾首 3-317

【ㅍ】

罷於奔命 3-257
敗材傷錦 5-200, 201
鞭長莫及 3-142
鞭長不及馬腹 3-142
廢常不祥 4-247
幣重言甘 2-83
包藏禍心 5-214
表裏山河 2-240
風馬牛 2-29
風馬牛不相及 2-29
彼竭我盈 1-387
辟(避)君三舍 2-170
彼驕我怒 而後可克 2-444
避君三舍 2-171
疲于奔命 3-257
皮之不存 毛將安傅 2-96
篳路藍縷 3-104
篳門閨竇 4-128
匹夫無罪 懷璧其罪 1-316
匹夫一爲不信 猶不可 單斃其死 5-62

【ㅎ】

下陵上替 6-193
下善齊肅 6-107
河魚腹疾 3-128
夏日可畏 2-369, 370
河淸難俟 4-78
含垢納汙 3-142
含垢匿瑕 3-142
含垢藏疾 3-142
啣環結草 3-149, 150
亥有二首六身 5-154
行而不流 5-136
行將就木 2-167
幸災樂禍 1-420, 2-96
幸災不仁 2-96
行則思義 7-79
獻可替否 6-234
軒中鶴 1-489
險阻艱難 2-234
兄愛弟敬 1-192, 6-353
刑以正邪 1-248
蕙蘭夢 3-39
蹊田奪牛 3-84
呼庚癸 7-396
狐裘羔袖 4-187
狐裘蒙戎 2-43
狐裘尨茸 2-43
好物樂也 惡物哀也 6-307
好不廢過 7-304
好不廢過 惡不去善 7-304
好惡不愆 民知所適 事無不濟 6-147
怙惡不悛 1-215
好整以暇 3-364
火龍黼黻 1-268
禍福無門 4-316
禍福無門 唯人所召 4-316
火烈民望而畏之 故鮮死焉 水懦弱民狎而翫之 則多死焉 6-239
華而不實 2-345
禍至之無日 3-103
環列之尹 2-313
皇天后土 2-108
回祿之災 6-190
懷璧其罪 1-316
懷璧有罪 1-316
懷與安 實敗名 2-168
懷必貪 貪必謀人 3-137
鄶下無譏 5-131
效尤禍也 2-311
後悔無及 7-311
毁家紓難 1-462
恤病討貳 3-129
喜怒 以類者鮮 易者實多 3-163
喜生於好 怒生於惡 6-306
譆譆出出 5-160

附 錄

1. 諸侯名號 年表

	隱公 元年	隱公 2	隱公 3	隱公 4	隱公 5	隱公 6	隱公 7	隱公 8	隱公 9	隱公 10
周	平王 49		桓王							
鄭	莊公 元年									
齊	僖公 9									
宋	穆公 8									
晉	昭侯				哀侯 光	鄂侯(翼)	曲沃莊伯, 曲沃武公			
衛	桓公 13			宣公 晉						
蔡	宣公 28							桓侯 封人		
曹	桓公 35									
滕							滕侯卒			
陳	桓公 23									
杞	武公 11									
薛										
莒										
邾										
許										
小邾										
楚	武王 19									
秦	文公 44									
吳										
越										

	隱公 11	桓公 元年	桓公 2	桓公 3	桓公 4	桓公 5	桓公 6	桓公 7	桓公 8	桓公 9
周		桓王 9								
鄭		莊公 33								
齊		僖公 29								
宋		殤公 9	莊公 馮							
晉		(翼)哀侯7, (曲沃)武公5		(翼)小子侯					(翼)緡	
衛		宣公 8								
蔡		桓侯 4								
曹		桓公 46								
滕										
陳		桓公 34				陳佗	厲公 躍			
杞										
薛	見來朝									
莒										
邾										
許	許莊公, 許叔									
小邾										
楚										
秦										
吳										
越										

	桓公 10	桓公 11	桓公 12	桓公 13	桓公 14	桓公 15	桓公 16	桓公 17	桓公 18	莊公 元年
周						莊王				莊王 4
鄭		昭公 忽, 厲公 突				昭公歸鄭		子亹	子儀	子儀 元年
齊					襄公 諸兒					襄公 5
宋										莊公 18
晉										(翼)緡12, (曲沃)武公23
衛			惠公 朔				公子 黔牟			黔牟3, 惠公7
蔡								哀侯 獻舞		哀侯 2
曹	莊公 射姑									莊公 9
滕										
陳			莊公 林							宣公 杵臼
杞										
薛										
莒										
邾										
許						許叔入于 許				
小邾										
楚										武王 48
秦										
吳										
越										

	莊公 2	莊公 3	莊公 4	莊公 5	莊公 6	莊公 7	莊公 8	莊公 9	莊公 10	莊公 11
周										
鄭										
齊								桓公 小白		
宋	閔公 捷									
晉										
衛					惠公					
蔡										
曹										
滕										
陳										
杞										
薛										
莒										
邾										
許										
小邾				郳犁來來朝						
楚			文王 熊貲							
秦										
吳										
越										

	莊公 12	莊公 13	莊公 14	莊公 15	莊公 16	莊公 17	莊公 18	莊公 19	莊公 20	莊公 21
周	僖王					惠王				
鄭			厲公							文公
齊										
宋	桓公 御說									
晉						獻公 佹諸				
衛										
蔡								繆侯 肹		
曹										
滕										
陳										
杞										
薛										
莒										
郳					郳子克卒, 郳子瑣		文公 蘧篨			
許										
小郳										
楚								堵敖熊囏		
秦										
吳										
越										

	莊公 22	莊公 23	莊公 24	莊公 25	莊公 26	莊公 27	莊公 28	莊公 29	莊公 30	莊公 31
周										
鄭										
齊										
宋										
晉										
衛				懿公 赤						
蔡										
曹		僖公 夷								
滕										
陳										
杞						杞伯來朝				
薛										薛伯卒
莒										
邾										
許										
小邾										
楚	成王 熊惲									
秦										
吳										
越										

	莊公 32	閔公 元年	閔公 2	僖公 元年	僖公 2	僖公 3	僖公 4	僖公 5	僖公 6	僖公 7
周		惠王 16		惠王 18						
鄭		文公 12		文公 14						
齊		桓公 25		桓公 27						
宋		桓公 21		桓公 23						
晉		獻公 16		獻公 18						
衛		懿公 8		文公 元年						
蔡		穆公 14		穆侯 16						
曹	昭公 班	昭公 元年		昭公 3						共公 襄
滕										
陳		宣公 32		宣公 34						
杞										
薛										
莒										
邾		文公 5		文公 7						
許		穆公 37		穆公 39			僖公 業			
小邾										小邾子
楚		成王 11		成王 13						
秦				穆公 元年						
吳										
越										

	僖公 8	僖公 9	僖公 10	僖公 11	僖公 12	僖公 13	僖公 14	僖公 15	僖公 16	僖公 17
周	襄王									
鄭										
齊										無虧
宋		襄公 玆父								
晉		奚齊, 卓子	惠公 夷吾							
衛										
蔡							莊公 甲午			
曹										
滕										
陳					穆公 款					
杞										
薛										
莒										
邾										
許										
小邾										
楚										
秦										
吳										
越										

	僖公 18	僖公 19	僖公 20	僖公 21	僖公 22	僖公 23	僖公 24	僖公 25	僖公 26	僖公 27
周										
鄭										
齊	孝公 昭									昭公 潘
宋						成公 王臣				
晉						懷公 圉	文公 重耳			
衛								成公		
蔡										
曹										
滕		宋執滕宣公								
陳										
杞						杞成公卒				
薛										
莒									見莒兹丕公	
邾										
許										
小邾										
楚										
秦										
吳										
越										

	僖公 28	僖公 29	僖公 30	僖公 31	僖公 32	僖公 33	文公 元年	文公 2	文公 3	文公 4
周							襄王 26			
鄭					穆公 蘭		穆公 2			
齊							昭公 7			
宋							成公 11			
晉					襄公 驩		襄公 2			
衛	公子 瑕		成公				成公 9			
蔡							莊公 19			
曹							共公 27			
滕										
陳	共公 朔						共公 6			
杞		杞桓公來朝								
薛										
莒										
邾							文公 41			
許							僖公 29			
小邾										
楚							成王47, 穆王 商臣			
秦							穆公 34			
吳										
越										

	文公 5	文公 6	文公 7	文公 8	文公 9	文公 10	文公 11	文公 12	文公 13	文公 14
周				頃王						匡王
鄭										
齊										舍, 懿公 商人
宋			昭公 杵臼							
晉		靈公 夷皐								
衛										
蔡										
曹					文公 壽					
滕								滕昭公來朝		
陳									靈公 平國	
杞										
薛										
莒										
邾									定公 貜且	
許	昭公 錫我									
小邾										
楚									莊王	
秦		康公 罃								
吳										
越										

	文公 15	文公 16	文公 17	文公 18	宣公 元年	宣公 2	宣公 3	宣公 4	宣公 5	宣公 6
周					匡王 5	定王				
鄭					穆公 20		靈公 夷	襄公 堅		
齊				惠公 元	惠公 元年					
宋		文公 鮑			文公 元年					
晉					靈公 13	成公 黑臀				
衛					成公 27					
蔡	文侯 申				文侯 4					
曹					文公 10					
滕										
陳					靈公 6					
杞					桓公 29					
薛										
莒				莒大子僕弑紀公庶其, 子季佗立	季佗 元年					
邾					定公 6					
許					昭公 14					
小邾										
楚					莊王 6					
秦					共公 元年			桓公		
吳					成公 元年					
越										

	宣公 7	宣公 8	宣公 9	宣公 10	宣公 11	宣公 12	宣公 13	宣公 14	宣公 15	宣公 16
周										
鄭										
齊				頃公 無野						
宋										
晉			景公 獳							
衛			穆公 遫							
蔡										
曹								宣公 廬		
滕										
陳				成公 午						
杞										
薛										
莒										
邾										
許										
小邾										
楚										
秦										
吳										
越										

	宣公 17	宣公 18	成公 元年	成公 2	成公 3	成公 4	成公 5	成公 6	成公 7	成公 8
周			定王 17				簡王			
鄭			襄公 15			悼公 費		成公 睔		
齊			頃公 9							
宋			文公 21	共公 固						
晉			景公 10							
衛			穆公 11	定公 臧						
蔡	景侯 固		景公 2							
曹			宣公 5							
滕			文公 10							
陳			成公 9							
杞			桓公 47							
薛										
莒										
邾			定公 24							
許	靈公		靈公 2							
小邾										
楚		共王	共王 元年							
秦			桓公 15							
吳									吳子 壽夢(乘)	
越										

	成公 9	成公 10	成公 11	成公 12	成公 13	成公 14	成公 15	成公 16	成公 17	成公 18
周										
鄭										
齊	靈公 環									
宋							平公 成			
晉		厲公								悼公 周
衛						獻公 衎				
蔡										
曹					成公 負芻					
滕								成公 原		
陳										
杞										
薛										
莒						見莒子朱卒(渠丘公), 黎比公密州立(買朱鉏)				
邾									宣公 牼	
許										
小邾										
楚										
秦						景公				
吳										
越										

	襄公 元年	襄公 2	襄公 3	襄公 4	襄公 5	襄公 6	襄公 7	襄公 8	襄公 9	襄公 10
周	簡王14, 靈王									
鄭	成公 13	僖公 髡頑					簡公 嘉			
齊	靈公 10									
宋	平公 4									
晉	悼公									
衛	獻公 5									
蔡	景公 20									
曹	成公 6									
滕	成公 3									
陳	成公 27			哀公 弱						
杞	桓公 65					孝公 匄				
薛										
莒	黎比公 5									
邾	宣公 2									
許	靈公 18									
小邾							穆公來朝			
楚	共王 19									
秦	景公 5									
吳	壽夢 14									
越										

	襄公 11	襄公 12	襄公 13	襄公 14	襄公 15	襄公 16	襄公 17	襄公 18	襄公 19	襄公 20
周										
鄭										
齊									莊公 光	
宋										
晉					平公 彪					
衛				殤公 (公孫剽)						
蔡										
曹								武公 滕		
滕										
陳										
杞										
薛										
莒						晉執黎比 公				
邾						晉執宣公	悼公 華		晉執悼公	
許										
小邾										
楚			康王 昭							
秦										
吳		諸樊(遏)								
越										

	襄公 21	襄公 22	襄公 23	襄公 24	襄公 25	襄公 26	襄公 27	襄公 28	襄公 29	襄公 30
周								景王		
鄭										
齊					景公 杵臼					
宋										
晉										
衛						獻公			襄公	
蔡										靈公 般
曹										
滕										
陳										
杞			文公 益姑							
薛										
莒										
邾										
許						悼公 買				
小邾										
楚								郟敖麇		
秦										
吳					餘祭(載)				夷昧 (餘昧)	
越										

	襄公 31	襄公 32	昭公 元年	昭公 2	昭公 3	昭公 4	昭公 5	昭公 6	昭公 7	昭公 8
周			景王 4							
鄭			簡公 25							
齊			景公 7							
宋			平公 35							
晉			平公 17							
衛			襄公 3						靈公 元	
蔡			靈公 2							
曹			武公 14							
滕			成公 35		悼公 寧					
陳			哀公 28							楚滅陳
杞			文公 9					平公 郁釐		
薛										
莒		展輿	展輿元年, 公子去疾 (著丘公)							
邾			悼公15, 莊公穿							
許			悼公 6							
小邾			穆公 21							
楚			靈王 圍(虔)							
秦			景公 36				哀公			
吳			夷昧 3							
越							始見經			

	昭公 9	昭公 10	昭公 11	昭公 12	昭公 13	昭公 14	昭公 15	昭公 16	昭公 17	昭公 18
周										
鄭				定公 寧						
齊										
宋		元公 佐								
晉		昭公 夷						頃公 去疾		
衛										
蔡			楚滅蔡, 蔡侯廬 (平公)							
曹						平公 須				悼公 午
滕										
陳					陳侯 吳 (惠公)					
杞										
薛										
莒						效公, 共公(庚 輿)				
邾										
許										
小邾									小邾穆公 來朝	
楚						平王 居 (棄疾)				
秦										
吳							王僚			
越										

	昭公 19	昭公 20	昭公 21	昭公 22	昭公 23	昭公 24	昭公 25	昭公 26	昭公 27	昭公 28
周				王猛, 敬王						
鄭										獻公 蠆
齊										
宋							景公 頭曼			
晉										
衛										
蔡		大子 朱	悼公 東國		昭公 申					
曹									聲公 野	
滕										頃公 結
陳										
杞						悼公 成				
薛										
莒					郊公					
邾										
許	斯									
小邾										
楚								昭王 軫		
秦										
吳								闔廬(光)		
越										

	昭公 29	昭公 30	昭公 31	昭公 32	定公 元年	定公 2	定公 3	定公 4	定公 5	定公 6
周					敬王 11					
鄭					獻公 5					
齊					景公 39					
宋					景公 8					
晉		定公 午			定公 3					
衛					靈公 26					
蔡					昭侯 10					
曹				隱公(通)	隱公 元年			靖公 露		
滕					頃公 4					
陳					惠公 21			懷公 柳		
杞					悼公 9			隱公 乞, 僖公 過		
薛			見薛獻公 穀卒, 襄公定		襄公 2					
莒					郊公					
邾					莊公 33		隱公 益			
許					許男 斯 14					鄭滅許, 元公 成
小邾										
楚					昭王 7			惠王		
秦					哀公 28					
吳					闔廬 6					
越					允常					

	定公 7	定公 8	定公 9	定公 10	定公 11	定公 12	定公 13	定公 14	定公 15	哀公 元年
周										敬王 26
鄭			聲公 勝							聲公 7
齊										景公 54
宋										景公 23
晉										定公 18
衛										靈公 41
蔡										昭侯 25
曹		伯陽								伯陽 8
滕										頃公 16
陳		閔公 越								閔公 8
杞										僖公 13
薛						比, 惠公 夷 (寅)				惠公 3
莒										郊公
邾										隱公 13
許										元公 10
小邾										
楚										昭王 23
秦			惠公							惠公 7
吳								夫差		夫差 2
越								句踐		句踐 3

	哀公 2	哀公 3	哀公 4	哀公 5	哀公 6	哀公 7	哀公 8	哀公 9	哀公 10	哀公 11
周										
鄭										
齊				安孺子 荼, 悼公 陽生					簡公 壬	
宋										
晉										
衛	出公 輒									
蔡			成侯							
曹							宋滅曹			
滕			隱公 虞母							隱公卒
陳										
杞							閔公 維			
薛										
莒										
邾										
許										
小邾										
楚					惠王 章					
秦		悼公								
吳										
越										

	哀公 12	哀公 13	哀公 14	哀公 15	哀公 16	哀公 17	哀公 18	哀公 19	哀公 20	哀公 21
周								元王		
鄭										
齊			平公 驁							
宋										
晉										
衛				輒出奔, 莊公蒯聵		莊公出, 立公孫般師, 立公子起	衛侯輒復入			
蔡										
曹										
滕										
陳					楚滅陳					
杞										
薛										
莒										
邾										
許			元公卒							
小邾										
楚							惠王卒			
秦							厲共公			
吳										
越										

	哀公 22	哀公 23	哀公 24	哀公 25	哀公 26	哀公 27
周						
鄭						
齊						
宋						
晉						
衛						
蔡						
曹						
滕						
陳						
杞						
薛						
莒						
邾						
許						
小邾						
楚						
秦						
吳	越滅吳					
越						

2. 韓·中·日 春秋左氏傳 硏究圖書 및 論文 目錄

(1) 韓國

古文輪讀會 譯註, ≪左傳≫〈鄭伯克段于鄢〉外 7篇, ≪中國語文學譯叢 제16집≫, 영남대 中國文學硏究室, 2002.

―――― 編, ≪左傳≫〈季梁諫追楚師〉外 10篇, ≪中國語文學譯叢 제17집≫, 영남대 中國文學硏究室, 2002.

過常寶, 〈因果和象徵：左傳的二元敍事邏輯〉, ≪中國學論叢 제18집≫, 고려대 中國學硏究所, 2005.

權五惇 譯解, ≪(新譯)春秋左氏傳≫, 弘新文化社, 1977.

―― ――, ≪春秋左傳≫(新譯版 四書五經 8), 敎育出版公社, 1986.

近藤則之, 〈漢朝初期的儒敎與春秋左氏傳的編成〉, ≪中國學報 29≫, 韓國中國學會, 1989.

金國會, 〈春秋左氏傳 凡例 分析을 통한 記注體 연구〉, 공주대 교육대학원 석사논문, 1998.

金東敏, 〈茶山 春秋考徵의 杜預에 대한 비판과 변론〉, ≪東洋哲學硏究 제71집≫, 東洋哲學硏究會, 2012.

金相立, 〈春秋史觀에 對한 硏究：杜預의 春秋左氏傳 주석을 중심으로〉, 성균관대 대학원 석사논문, 1985.

金錫佑, 〈杜預 左傳學의 政治的 背景：焦循의 春秋左傳補疏를 중심으로〉, ≪中國史硏究 제31집≫, 中國史學會, 2004.

――, 〈杜預의 春秋左氏傳序와 史의 분리〉, ≪中國學報 제54집≫, 韓國中國學會, 2006.

――, 〈先秦時期 國家의 '政'의 범위와 판도〉, ≪동북아문화연구 제11집≫, 동북아시아문화학회, 2006.

金聖基,〈左傳의 禮사상 연구〉, ≪韓國의禮節 제5호≫, 韓國禮節學會, 2003.
———,〈左傳의 人文思想 연구 : 禮를 중심으로〉, ≪儒教思想研究 제20집≫, 韓國儒教學會, 2004.
———,〈淸代의 左傳 研究〉, ≪東洋學國際學術會議論文集5≫, 성균관대 大東文化研究院, 1995.
金榮奇,〈崔述의 春秋 논설에 대한 검토〉, ≪中國學研究 제33집≫, 中國學研究會, 2005.
金永德,〈左傳의 人物形象을 論함〉, ≪中國語文學 18≫, 嶺南中國語文學會, 1990.
김영우,〈春秋左氏傳의 占辭解釋研究 : 朱熹 · 毛奇齡 · 丁若鏞을 중심으로〉, ≪韓國實學研究 제21호≫, 民昌社, 2011.
김월회 풀어씀, ≪춘추좌전≫, 풀빛, 2009.
金 鍾,〈左傳 속의 禮也 · 非禮也 小考〉, ≪中國人文科學 제33호≫, 中國人文學會, 2006.
———,〈左傳의 引詩賦詩에 관한 연구〉, 한양대 대학원 석사논문, 2005.
金鍾善,〈左傳 敍事文 研究〉, 국민대 대학원 석사논문, 1994.
金眞喆,〈孟子의 六經觀 研究〉, 연세대 대학원 석사논문, 2005.
金學權,〈春秋左傳을 통해서 본 春秋時代 周易에 대한 고찰〉, ≪汎韓哲學 제59집≫, 汎韓哲學會, 2010.
金亨中,〈'德' 개념의 초기 演變 過程에 대한 고찰 : 今文尙書 · 詩經 · 左傳을 중심으로〉, 고려대 대학원 석사논문, 2002.
金惠貞,〈春秋左氏傳의 天文觀 研究〉, ≪中國學論叢 제23집≫, 韓國中國文化學會, 2007.
남기현 해역, ≪春秋左傳 上 · 中 · 下≫, 자유문고, 2003.
文璇奎 역저, ≪(新完譯)春秋左氏傳 上 · 中 · 下≫, 명문당, 2009.
朴健柱,〈左傳 僞作說 문제에 대한 一考〉, ≪中國古代史研究 제12집≫, 中國古代史學會, 2004.
朴晟鎭,〈左傳 戰爭描寫試論〉, ≪中國文學研究 제23집≫, 韓國中文學會, 2001.
———,〈左傳의 思想傾向〉, ≪中國文學研究 제21집≫, 韓國中文學會, 2000.
———,〈春秋와 左傳의 成書問題 : 楊伯峻 春秋左傳注 前言을 중심으로〉, ≪中國語文

論譯叢刊 제8집≫, 中國語文論譯學會, 2001.

———, 〈古文의 敍事 기법에 대한 전통시기 文人의 분류고찰 : 左傳을 중심으로〉, ≪中國文學研究 제46집≫, 韓國中文學會, 2012.

———, 〈杜預의 春秋經傳集解에 나타난 春秋筆法과 褒貶의 원칙 분석 : 左傳의 凡例·變例를 중심으로〉, ≪人文科學論叢 제29집≫, 순천향대 산학협력단, 2011.

朴永鎭, 〈左傳·國語中的'性''人性'思想考釋〉, ≪儒教文化研究국제판 제11집≫, 성균관대학교출판부, 2009.

배수찬, 〈고전문학에 나타난 인물의 생애 原形 연구 : 春秋左氏傳을 중심으로〉, ≪겨레어문학 제40집≫, 겨레어문학회, 2008.

———, 〈현대 독서물로서 춘추좌씨전 읽기방법 연구〉, ≪開新語文研究 제29집≫, 開新語文學會, 2009.

白恩姬, 〈左傳 명령문에 보이는 否定詞의 用法 考察〉, ≪中國文學 21≫, 韓國中國語文學會, 1993.

———, 〈左傳의 '不'과 '弗'의 用法에 대한 考察〉, ≪中國言語研究 제2집≫, 학고방, 1993.

———, 〈左傳의 文末虛詞 '矣'字의 用法考察〉, ≪中國文學 25≫, 韓國中國語文學會, 1996.

———, 〈左傳的否定詞'莫'字考〉, ≪中國文學 22≫, 韓國中國語文學會, 1994.

邊瀅雨, 〈左傳에 나타난 '必'의 용법 및 관련 문장의 특성 고찰〉, ≪中國學報 제57집≫, 韓國中國學會, 2008.

卜大亨, 〈左氏傳 史評에 나타난 政治思想 研究, 공주대 대학원 석사논문, 2007.

———, 〈左傳 '季札觀周樂' 조에 대한 고찰 : 詩에 대한 인식을 중심으로〉, ≪漢文學論集 제29집≫, 槿域漢文學會, 2009.

———, 〈左傳에 나타난 禮의식의 변화 고찰〉, ≪한문고전연구 제20집≫, 한국한문고전학회, 2010.

成均館大學校 師範大學 漢文教育科 編, ≪春秋左氏傳≫, 성균관대학교, 1975.

宋源燦, 〈左傳의 神秘記錄에 관한 연구 1 : 神秘記錄의 성격에 관하여〉, ≪중국어문학논집 제25호≫, 中國語文學研究會, 2003.

신동준 옮김, ≪春秋左傳 1≫, 한길사, 2006.

――― ――, ≪春秋左傳 2≫, 한길사, 2006.

――― ――, ≪春秋左傳 3≫, 한길사, 2006.

辛恩卿, 〈동아시아 散・韻 혼합담론의 시원으로서의 春秋左氏傳에 관한 연구〉, ≪東洋學 제47집≫, 東洋學硏究所, 2010.

신재식, 〈徐有榘의 左傳 저자 辨證과 日知錄의 수용사례에 대하여〉, ≪韓國實學硏究 제23호≫, 民昌社, 2012.

신정근, 〈'分裂'과 '結束'의 서사구조와 철학적 조응 : 左傳 '仁' 개념의 형상화를 중심으로〉, ≪大東文化硏究37≫, 성균관대 大東文化硏究院, 2000.

―――, 〈고대 중국의 사람(人)에서 仁의 발견 : 左傳의 仁 의미와 論語의 仁 의미의 단초를 중심으로〉, ≪哲學 53≫, 韓國哲學會, 1997.

심재훈, 〈출토문헌과 전래문헌의 조화 : 子犯編鐘 명문과 左傳에 기술된 晉 文公의 패업〉, ≪東洋學 제40집≫, 東洋學硏究所, 2006.

沈秋雄, 〈春秋左氏傳所程現的人文精神〉, ≪人文科學 제80집≫, 연세대 人文科學硏究所, 1999.

―――, 〈從左傳中着春秋時代之思想及其對後世之影響〉, ≪人文科學 제52집≫, 연세대 人文科學硏究所, 1984.

梁桂鳳, 〈春秋左氏傳의 내용과 편성에 관한 제 논의〉, ≪論文集 16≫, 강남사회복지대학, 1986.

―――, 〈正祖朝刊本 春秋左氏傳 編成과 그 附錄의 索引性에 관한 硏究〉, 중앙대 대학원 석사논문, 1981.

吳瑛植, 〈春秋・左傳 介詞硏究〉, 서울대 대학원 박사논문, 1993.

吳濟仲, 〈春秋屬辭比事考 : 以'周鄭交惡'爲例〉, ≪中國人文科學 제28호≫, 中國人文學會, 2004.

오현수, 〈나츠메소오세키(夏目漱石)와 春秋左氏傳〉, ≪日本言語文化 제2집≫, 韓國日本言語文化學會, 2003.

翁其斌, 〈左傳揚晉文抑齊桓析〉, ≪아시아문화 제24호≫, 한림대 아시아文化硏究所, 2007.

禹根泰, 〈中國 先秦時代 '夷夏' 觀念의 形成과 展開 : 左氏傳에 나타나는 夏王朝의 傳承意識을 中心으로〉, 서강대 교육대학원 석사논문, 2008.

劉家和, 〈論淸代的左傳硏究〉, ≪東洋學國際學術會議論文集 5≫, 성균관대 大東文化硏究院, 1995.

兪德朝, 〈左傳初期卜筮豫言論理考〉, ≪論文集(The Journal of Kongju national university) 21≫, 사회과학편, 공주대학교, 1983.

———, 〈春秋左傳 初期進言의 思想傾向 : 神秘主義의 克服을 中心으로〉, 충남대 대학원 석사논문, 1983.

———, 〈春秋左傳의 君務論硏究 : 藏哀伯諫曰條의 一分析〉, ≪忠南史學 4≫, 충남대 史學會, 1989.

———, 〈春秋左氏傳硏究 : 政論의 思想史的 分析〉, 충남대 대학원 박사논문, 1992.

劉性銀, 〈'左傳'과 '國語'에 나타난 '爲'자 용법 연구〉, 연세대 대학원 석사논문, 1994.

柳志信, 〈春秋左傳의 人文精神에 관한 硏究〉, 성균관대 유학대학원 석사논문, 2003.

柳賢雅, 〈左傳에 나타난 類義語硏究 : '공격하다'류 동사를 중심으로〉, 숙명여대 대학원 석사논문, 1998.

李　開, 〈春秋經和左氏傳的若干名例和思想〉, ≪韓中言語文化硏究 제15집≫, 韓國現代中國硏究會, 2008.

李謙魯, 〈癸未字와 春秋左傳〉, ≪圖書 제10호≫, 을유문화사, 1966.

李東述 編, ≪春秋左氏傳≫, 景文社, 1981.

李美瓊, 〈춘추좌전 동의어 연구〉, 성균관대 교육대학원 석사논문, 2009.

李相宜, 〈公羊傳과 左傳의 解釋體系 硏究 : 隱公·桓公·莊公·閔公을 중심으로〉, 서울대 대학원 석사논문, 2004.

———, 〈의미작용의 관점에서 본 公羊傳과 左傳의 해석체계〉, ≪中國文學 제41집≫, 韓國中國語文學會, 2004.

李相昊, 〈左傳의 成立에 관한 硏究 : 左傳 僞作說 批判을 中心으로〉, 성균관대 대학원 석사논문, 1988.

李成珪 編譯, ≪左傳選≫, 三星美術文化財團, 1980.

이수진·양회석, 孔孟의 생사관과 그 문학적 수용, ≪中國人文科學 제40호≫, 中國人文學會, 2008.

李容誠, 〈左傳 義例中 '舍·信·次'의 分析〉, ≪中國語文學 22≫, 嶺南中國語文學會, 1993.

이욱근, 〈춘추시대의 정치적 사유에 대한 연구 : ≪詩傳≫과 ≪春秋左氏傳≫을 중심으로 '권력과 통치(governing) 중심의 정치적 사유'와 '규범중심의 정치적사유' 간 갈등적 지형형성과 전개과정 탐색〉, ≪동양정치사상사 제8권 1호≫, 한국·동양정치사상사학회, 2009.

이은호, 〈左傳 杜預注를 통해 본 秦漢 이후의 東夷인식 : 西周시기 銘文의 東夷諸國考釋을 중심으로〉, ≪유교문화연구 제20집≫, 성균관대학교출판부, 2012.

이종락 編, ≪春秋左氏傳 : 附 頭注≫, 학민문화사, 2000.

李春植, 〈左傳 中에 보이는 事大의 意味〉, ≪史叢 14≫, 고려대 史學會, 1969.

李賢貞, 〈左傳에 사용된 詩經 詩 연구 : 外交辭令을 중심으로〉, 숙명여대 대학원 석사논문, 2004.

이화승, 〈左傳 '見'의 통사적 특징 및 意味擴張機制〉, 단국대 대학원 석사논문, 2012.

張炳漢, 〈19세기 白雲 沈大允의 春秋四傳續傳에 관한 일고찰 : '公正·實利'의 春秋 해석 관점에서〉, ≪韓國實學研究 제16호≫, 民昌社, 2008.

張世厚 옮김, ≪춘추좌전 상권≫, 을유문화사, 2012.

張永伯, 〈左傳에 나타난 '德論' 연구〉, ≪中國語文學論集 제73호≫, 中國語文學研究會, 2012.

———, 〈左傳에 나타난 民本思想研究〉, ≪中國語文學論集 제7호≫, 中國語文學研究會, 1995.

———, 〈左傳에 나타난 正名思想研究 1〉, ≪中國語文學論集 제9호≫, 中國語文學研究會, 1997.

田美英 譯, 〈經書淺談 4 : 春秋〉, ≪中國語文學譯叢 13≫, 영남대 中國文學研究室, 2000.

諸海星, 〈左傳 敍事의 小說的 特徵에 관하여〉, ≪中國語文學 제37호≫, 嶺南中國語文學會, 2001.

———, 〈左傳의 著者와 著作時期에 관한 검토〉, ≪中國語文學論集 제64호≫, 中國語文學研究會, 2010.

———, 〈試論左傳人物描寫的小說因素〉, ≪中國語文學 제40호≫, 嶺南中國語文學會, 2002.

조성열, 〈춘추시대 德개념의 형성과 의미 분화과정 연구〉 : ≪尙書≫·≪左傳≫·≪國

語≫를 중심으로〉, 서울대 대학원 석사논문, 2012.

趙秀晩, 〈春秋左傳에 나타난 卜筮占에 관한 硏究 : 周易 筮占을 中心으로, 공주대 대학원 석사논문, 2007.

池滿玉, 〈左傳的'拿'義類同義詞硏究＝좌전의 "들다"류 동의어 연구〉, 성균관대 교육대학원 석사논문, 2008.

千英美, 〈孔子의 책임적 자아론의 형성과정 : 左傳과 論語를 중심으로〉, 성신여대 대학원 박사논문, 2008.

최종례 편저, ≪고사성어로 읽는 춘추좌전≫, 현음사, 2004.

≪春秋左氏傳≫, 杜預 注, 景文社, 1975.

≪春秋左氏傳≫, 保景文化社, 1983.

洪淳昶, 〈左傳에 引用된 詩 : 國風을 中心으로〉, ≪論文集 4≫, 대구대학교, 1964.

洪承賢, 〈고대중국 華夷觀의 성립과 성격 : 春秋三傳의 검토를 중심으로〉, ≪中國史硏究 제57집≫, 中國史學會, 2008.

黃鎬植, 〈춘추시대의 公・私관념 : 春秋左氏傳을 중심으로〉, 고려대 대학원 석사논문, 2001.

(2) 中國

(唐)孔穎達 等 奉 敕 撰, 春秋正義殘本, 吳興 劉氏嘉業堂, 1919.

———— 撰, 左傳注疏, 臺北 臺灣中華書局, 1968.

(明)高 拱 撰; (淸)錢熙祚 校, 春秋正旨1卷 / (淸)惠棟 撰; (淸)錢熙祚 校, 春秋左傳補註6卷, 上海 博古齋, 1922.

(明)傅遜撰, 春秋左傳屬事, 臺北 商務印書館.

(明)王介之 撰, 春秋四傳質 / (淸)馬驌 撰, 左傳事緯, 臺北 臺灣商務印書館.

(明)王道焜; 趙如源 同編, 左傳杜林合注, 臺北 商務印書館.

(明)王夫之 著, ≪春秋稗疏; 春秋家說; 春秋世論; 續春秋左氏傳博議, 長沙 嶽麓書社, 1993.

(宋)杜 預 注; (唐)陸德明 音義; 孔穎達 正義, 春秋左氏傳注疏, 長春 吉林人民出版社, 1997.

(宋)呂祖謙 撰, 東萊呂太史春秋左傳類編, 上海 商務印書館, 1934.

———— —, 左氏傳說, 臺北 藝文印書館, 1968.

———— —, 左氏傳續說, 臺北 藝文印書館, 1972.

———— —, 左氏傳續說12卷 / (明)童品 撰, 春秋經傳辨疑1卷, 出版地不明 永康胡氏夢選廔, 1924.

———— —, 左氏傳續說12卷, 出版地不明, 永康胡氏夢選廔, 1924.

———— —; (宋)張九成 撰, 東萊呂太史春秋左傳類編, 臺北 : 臺灣商務印書館, 1966.

(宋)葉夢得 撰, 春秋讞, 上海 商務印書館.

(宋)魏了翁 撰, 春秋左傳要義, 上海 商務印書館.

(隋)劉 炫 撰, 春秋左氏傳述義, 臺北 藝文印書館, 1970.

———— —, 春秋左氏傳述義, 臺北 藝文印書館, 1972.

(晉)杜 氏 註, 春秋經傳集解, 臺北 臺灣中華書局, 1965.

———— 撰, 春秋左氏傳 30卷, 皕忍堂, 1927.

(晉)杜 預 注; (唐)孔穎達 疏; (唐)陸德明 釋文, 春秋左傳正義, 臺北 臺灣中華書局, 1965.

———— 集解, 春秋左氏傳杜氏集解, 臺北 臺灣中華書局, 1966.

————; (宋)林堯叟 註釋; (唐)陸德明 音義, 春秋左傳, 上海 商務印書館.

(淸)高士奇 撰, 左傳紀事本末, 臺北 臺灣商務印書館.

———— —, 左傳紀事本末, 臺北 臺灣商務印書館.

(淸)顧炎武 著, 亭林遺書, 上海 文瑞樓, 1916.

———— 撰, 左傳杜解補正 / (淸)陶正靖 撰, 春秋說, 上海 上海博古齋, 1920.

———— —, 左傳杜解補正 臺北 藝文印書館, 1967.

———— —, 左傳杜解補正, 上海 上海博古齋, 1920.

(淸)黎庶昌 撰, 春秋左傳杜注校勘記, 臺北 藝文印書館, 1970.

(淸)李文淵 撰, 左傳評, 臺北 藝文印書館, 1966.

(淸)李調元 撰, 左傳官名考, 臺北 藝文印書館, 1968.

(淸)馬 驌 撰, 左傳事緯, 臺北 商務印書館.

———— —, 左傳事緯, 臺北 藝文印書館, 1968.

———— 編, 左傳事緯, 香港 龍門書店, 1966.

(淸)張聰咸 撰, 左傳杜註辨證, 臺北 藝文印書館, 1970.

(淸)丁　晏 撰, 左傳杜解集正, 臺北 藝文印書館.
(淸)程廷祚 撰, 左傳人名辨異, 臺北 藝文印書館, 1968.
(淸)朱元英 撰, 左傳博議拾遺, 臺北 藝文印書館, 1966.
(淸)沈　淑 撰, 左傳器物宮室, 臺北 藝文印書館, 1968.
――――― 一, 左傳列國職官, 臺北 藝文印書館, 1968.
――――― 一, 春秋左傳分國土地名, 臺北 藝文印書館, 1968.
(淸)惠　棟 撰, 春秋左傳補註, 臺北 藝文印書館, 1966.
(淸)洪亮吉 著, 春秋左傳詁, 臺北 臺灣中華書局, 1965.
――――― 撰, 春秋左傳詁, 臺北 臺灣中華書局, 1966.
(漢)賈　逵 撰, 春秋左氏傳解詁, 臺北 藝文印書館, 1970.
(漢)服　虔 撰, 左氏傳解誼, 臺北 藝文印書館, 1970.
――――― 一, 春秋左氏傳解誼, 臺北 藝文印書館, 1972.
Bernhard Karlgren 著; 陸侃如 譯, 左傳眞僞考及其他, 上海 商務印書館, 1936.
≪慶祝楊向奎先生敎硏六十年論文集≫編委會編, 慶祝楊向奎先生敎硏六十年論文集, 石家庄 河北敎育出版社, 1998.
簡宗梧; 周何編 輯, 左傳春秋公羊傳春秋穀梁傳春秋總義論著目錄, 臺北 洪葉文化事業, 2000.
故宮博物院 編, 春秋公羊穀梁傳合纂; 春秋左傳類對賦; 春秋左傳姓名同異考; 麟傳統宗, 海口 海南出版社, 2000.
顧炎武 著, 左傳杜解補正 / 馬驌 撰, 左傳事緯, 北京 中華書局, 1991.
郭　丹 著, 左傳國策硏究, 北京 人民文學出版社, 2004.
――― 編著, 春秋左伝直解, 南昌 江西人民出版社, 1993.
郭院林 著, 淸代儀征劉氏左傳家學硏究, 北京 中華書局, 2008.
管燮初 著, 左傳句法硏究, 合肥 安徽敎育出版社, 1994.
龜井昱 著, 左傳纘考, 出版地不明 龜井千里, 1917.
駱成駫 撰, 左傳五十凡, 出版地不明, 出版者不明, 1927.
南充師氾學院歷史糸 編繪, 中國古代歷史地圖集, 成都 四川人民出版社, 1981.
魯　迅 輯錄·校訂, 春秋左氏傳嵇氏音, 北京魯迅博物館; 上海魯迅紀念館合編, 上海 上海古籍出版社, 1986.

單周堯 著, 左傳學論集, 臺北 文史哲出版社, 2000.
陶鴻慶 著, 讀禮志疑; 左傳別疏, 北京 中華書局, 1963.
童書業 著, 春秋左傳研究, 上海 上海人民出版社, 1980.
——— —; 童教英 校訂, 春秋左傳研究, 北京 中華書局, 2006.
毛遠明 著, 左傳詞彙研究, 重慶 西南師範大學出版社, 1999.
方朝暉 編著; 陳光林 主編, 春秋左傳人物譜, 濟南 齊魯書社, 2001.
方孝岳 著, 左傳通論, 上海 商務印書館, 1934.
徐仁甫 著, 左傳疏証, 成都 四川人民出版社, 1981.
徐中舒 編注, 左傳選, 北京 中華書局, 1963.
孫綠怡 著, ≪左傳≫与中國古典小說, 北京 北京大學出版社, 1992.
施 瑛 選譯, 左傳故事選譯, 上海 上海古籍出版社, 1985.
——— 譯, 左傳故事選, 上海 上海文化出版社, 1956.
沈玉成 譯, 左傳譯文, 北京 中華書局, 1981.
———; 劉寧著春秋左傳學史稿, 南京 江蘇古籍出版社, 1992.
沈秋雄 著, 三國兩晉南北朝≪春秋左傳≫學佚書考, 臺北 國立編譯館, 2000.
沈欽韓 注, 春秋左氏傳補注, 上海 商務印書館, 1937.
——— 撰, 春秋左氏傳補注, 臺北 藝文印書館, 1967.
——— —, 春秋左氏傳地名補注, 臺北 藝文印書館, 1967.
安本博 著, 春秋左氏伝, 東京 角川書店, 1989.
梁 寬; 莊 適 選註, 左傳, 上海 商務印書館.
楊伯峻 編著, 春秋左傳注, 北京 中華書局, 1981.
——— 編著, 春秋左傳注, 北京 中華書局, 1990.
———; 徐 提 編, 春秋左傳詞典, 北京 中華書局, 1985.
楊向時 著, 左傳賦詩引詩考, 臺北 中華叢書編審委員會, 1972.
燕几圖及其他四種, 上海 商務印書館, 1936.
吳闓生 撰; 白兆麟 校, 注左傳微, 合肥 黃山書社, 1995.
吳峥嵘 著, ≪左傳≫索取、給予、接受義類詞匯系統研究, 成都 巴蜀書社, 2009.
吳靜安 撰, 春秋左氏傳舊注疏證續, 長春 東北師范大學出版社, 2005.
吳曾祺 評注, 左傳菁華錄, 上海 商務印書館, 1915.

王銘基; 張蕾繪 圖; 馬小方 今譯; 李玉良 英譯, 左傳名言, 濟南 齊魯書社, 2006.
王伯祥 選注, 春秋左傳讀本, 北京 中華書局, 1957.
王守謙; 金秀珍; 王鳳春 譯注, 左傳全譯, 貴陽 貴州人民出版社, 1990.
王叔岷 著, 左傳考校, 臺北 中央研究院中國文哲研究所籌備處, 1998.
——— —, 左傳考校, 北京 中華書局, 2007.
劉文淇 撰, 春秋左氏傳舊注疏證, 北京 科學出版社, 1959.
李啓原 編著; 國立編譯館 主編, 左傳著述考, 臺北 國立編譯館, 臺北 鼎文書局(發賣), 2003.
李夢生 整理, 春秋左傳集解, 南京 鳳凰出版傳媒集團 鳳凰出版社, 2010.
——— 撰, 左傳譯注, 上海 上海古籍出版社, 1998.
——— —, 左傳譯注, 上海 上海古籍出版社, 2004.
李文淵 撰, 左傳評, 北京 中華書局, 1991.
——— —, 左傳評, 北京 中華書局, 1991.
李新霖 著, 從左傳論春秋時代之政治倫理, 臺北 文津出版社, 1991.
施 瑛 選譯, 左傳故事選譯, 上海 上海古籍出版社, 1978.
李祖望 撰, 禮記集義; 春秋左氏傳集義, 臺北 聯經出版事業公司, 1976.
——— —, 春秋左氏傳集義; 五經解, 臺北 聯經出版事業公司, 1976.
李宗侗 註譯; 王雲五 主編, 春秋左傳今註今譯, 臺北 臺灣商務印書館, 1971.
李解民 點校, 春秋左傳詁, 北京 中華書局, 1987.10.
林新樵 編, 左傳選, 福州 福建教育出版社, 1985.
張高評 著, 傳導讀, 臺北 文史哲出版社, 1982.
——— —, 左傳文章義法撢微, 臺北 文史哲出版社, 1982.
——— —, 左傳之文韜, 臺南 麗文文化實業股份有限公司, 1994.
——— —, 左傳之文學價值, 臺北 文史哲出版社, 1990.
——— —, 春秋書法與左傳史筆, 臺北 里仁書局, 2011.
——— —, 春秋書法与左傳學史, 臺北 五南圖書出版公司, 2002.
——— —, 春秋書法与左傳學史, 上海 上海古籍出版社, 2005.
張 猛 著, ≪左傳≫謂語動詞研究, 北京 語文出版社, 2003.
張明林 主編, 四書五經大系, 北京 中央民族大學出版社, 2002.

張文國 著, 左傳名詞研究, 北京 中國社會科學出版社, 1998.
章炳麟 箸, 春秋左傳讀叙錄, 杭州 浙江圖書館, 1917-1919.
張素卿 作, 淸代漢學與左傳學：從「古義」到「新疏」的脈絡, 臺北 里仁書局, 2007.
——— 著, ≪左傳≫經解硏究, 臺北 書林出版公司, 1998.
——— 一, 左傳稱詩硏究, 臺北 國立臺灣大學文學院(發賣), 1991.
張樹國 著, 春秋貴族社會衰亡期的歷史叙事：以≪左傳≫爲例, 北京 中國社會科學出版社, 2008.
趙生群 著, 春秋左傳新注, 西安 陝西人民出版社, 2008.
左丘明 原著; 陸成 編寫, 左傳故事, 北京 京華出版社, 2005.
左氏傳說及其他一種, 上海 商務印書館, 1937.
左傳文法硏究, 香港 商務印書館, 1964.
左傳, 臺北 藝文印書館, 1955.
左傳, 北京 中華書局, 2009.
左傳職官及其他二種, 上海 商務印書館, 1939.
朱東潤 選註, 左傳選, 上海 上海古典文學出版社, 1956.
朱元英 撰, 左傳博議拾遺, 北京 中華書局, 1991.
中國科學院哲學硏究所中國哲學史組 編, 中國哲學史資料選輯, 北京 中華書局, 1959.
中國文化硏究所中國古籍硏究中心主編; 何志華等編, 先秦兩漢 古籍國際學術硏討會論文集, 香港中文大學中國語言及文學系, 北京 社會科學文獻出版社, 2011.
中國社會科學院哲學硏究所中國哲學史硏究室 編, 中國哲學史資料選輯, 北京 中華書局, 1981-1990.
中華書局上海 編輯, 所編輯左傳故事選譯, 北京 中華書局, 1961.
曾勤良 著, 左傳引詩賦詩之詩教硏究, 臺北 文津出版社, 1993.
陳克炯 著, 左傳詳解詞典, 鄭州 中州古籍出版社, 2004.
陳新雄; 于大成 主編, 左傳論文集, 臺北 木鐸出版社, 1976.
陳才訓 著, 源遠流長：論≪春秋≫≪左傳≫對古典小說的影響, 中國社會科學出版社, 2008.
春秋左氏傳地名補注及其他一種, 上海 商務印書館, 1936.
春秋地名辨異及其他一種, 長沙 商務印書館, 1939.
馮時可 纂, 左氏釋 / 朱元英 撰, 左傳博議拾遺, 北京 中華書局, 1991.

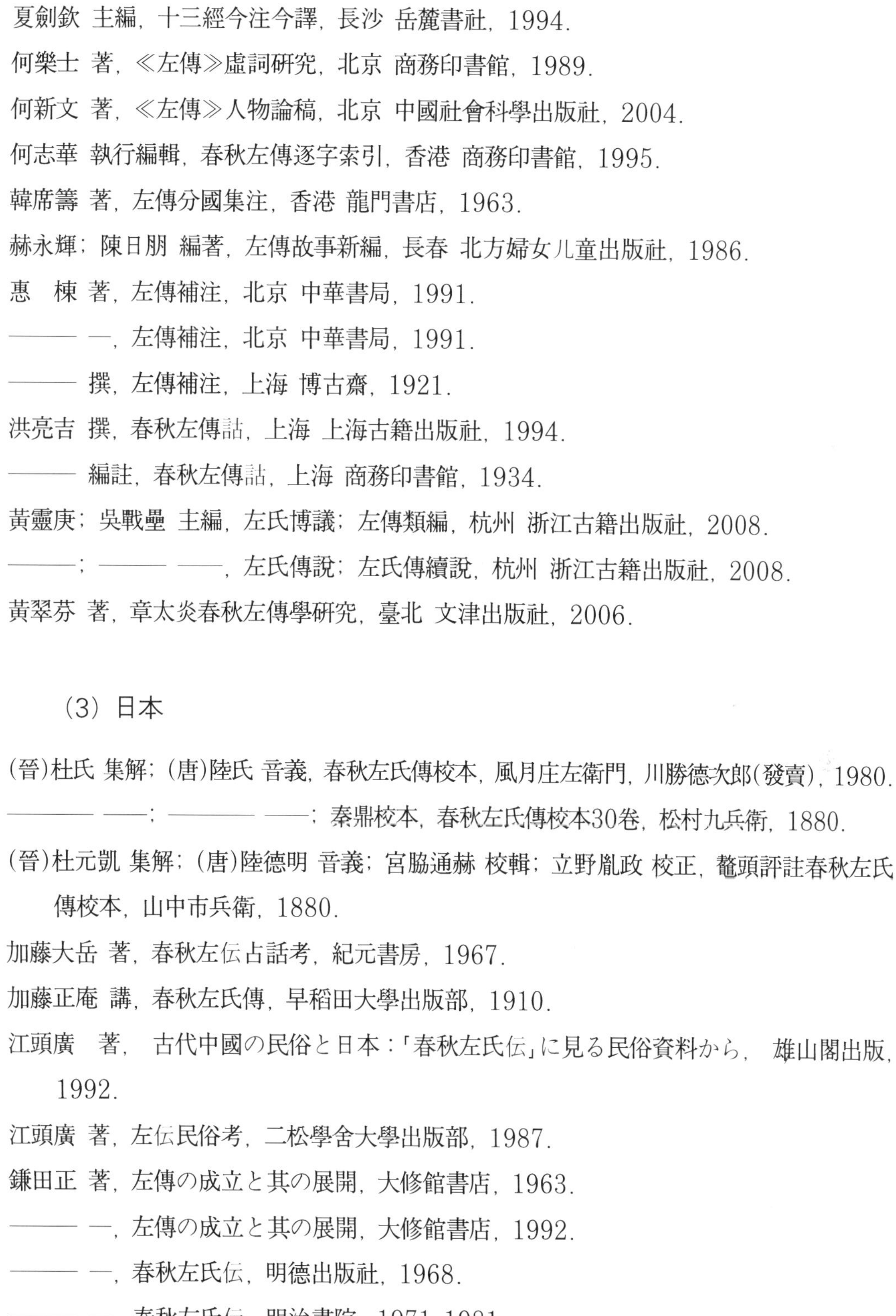

夏劍欽 主編, 十三經今注今譯, 長沙 岳麓書社, 1994.
何樂士 著, ≪左傳≫虛詞硏究, 北京 商務印書館, 1989.
何新文 著, ≪左傳≫人物論稿, 北京 中國社會科學出版社, 2004.
何志華 執行編輯, 春秋左傳逐字索引, 香港 商務印書館, 1995.
韓席籌 著, 左傳分國集注, 香港 龍門書店, 1963.
赫永輝; 陳日朋 編著, 左傳故事新編, 長春 北方婦女儿童出版社, 1986.
惠 棟 著, 左傳補注, 北京 中華書局, 1991.
——— 一, 左傳補注, 北京 中華書局, 1991.
——— 撰, 左傳補注, 上海 博古齋, 1921.
洪亮吉 撰, 春秋左傳詁, 上海 上海古籍出版社, 1994.
——— 編註, 春秋左傳詁, 上海 商務印書館, 1934.
黃靈庚; 吳戰壘 主編, 左氏博議; 左傳類編, 杭州 浙江古籍出版社, 2008.
———; ——— ——, 左氏傳說; 左氏傳續說, 杭州 浙江古籍出版社, 2008.
黃翠芬 著, 章太炎春秋左傳學硏究, 臺北 文津出版社, 2006.

(3) 日本

(晉)杜氏 集解; (唐)陸氏 音義, 春秋左氏傳校本, 風月庄左衛門, 川勝德次郎(發賣), 1980.
——— ——; ——— ——; 秦鼎校本, 春秋左氏傳校本30卷, 松村九兵衛, 1880.
(晉)杜元凱 集解; (唐)陸德明 音義; 宮脇通赫 校輯; 立野胤政 校正, 鼇頭評註春秋左氏傳校本, 山中市兵衛, 1880.
加藤大岳 著, 春秋左伝占話考, 紀元書房, 1967.
加藤正庵 講, 春秋左氏傳, 早稻田大學出版部, 1910.
江頭廣 著, 古代中國の民俗と日本:「春秋左氏伝」に見る民俗資料から, 雄山閣出版, 1992.
江頭廣 著, 左伝民俗考, 二松學舍大學出版部, 1987.
鎌田正 著, 左傳の成立と其の展開, 大修館書店, 1963.
——— 一, 左傳の成立と其の展開, 大修館書店, 1992.
——— 一, 春秋左氏伝, 明德出版社, 1968.
——— 一, 春秋左氏伝, 明治書院, 1971-1981.

經營思潮研究會, 中國の思想 8-11, 1965.

國民文庫刊行會 編, 春秋左氏傳, 國民文庫刊行會, 1921.

近藤元粹 講述, 春秋左氏傳講義, 出版社不明.

大東文化學院志道會研究部 編, 綜合春秋左氏傳索引, 汲古書院, 1981.

大東文化學院志道會研究部 編, 綜合春秋左氏傳索引, 大東文化協會, 1935.

渡邉義浩 編, 兩漢における詩と三伝, 汲古書院, 2007.

稻垣眞久章講述, 春秋左氏伝講義, 興文社; 石川商店, 1893.

上野賢知 著, 日本左傳研究著述年表並分類目錄, 無窮會東洋文化研究所, 1957.

———— —, 春秋左氏伝雜考, 東洋文化研究所, 1959.

小野忍 譯, 左傳眞僞考:附支那古典籍の眞僞について; カールグレン原著, 文求堂書店, 1939.

小野澤精一 著, 中國古代說話の思想史的考察, 汲古書院, 1982.

小倉芳彦 譯, 春秋左氏伝, 岩波書店, 1988.

———— 著, 古代中國を讀む, 論創社, 2003.

———— —, 中國古代政治思想研究:「左伝」研究ノート, 青木書店, 1970.

———— —, 春秋左氏伝研究, 論創社, 2003.

松枝茂夫; 竹內好 監修, 中國の思想 8-13, 德間書店, 1965.

狩野直喜 著, 春秋研究, みすず書房, 1994.

安本博 著, 春秋左氏伝, 角川書店, 1989.

岩本憲司 著, 春秋左氏傳杜預集解, 汲古書院, 2001.

野間文史 著, 春秋正義を讀み解く:劉文淇≪左傳舊疏考正≫を通して, 東洋古典學研究會, 1995.

———— 著, 春秋左氏伝, 研文出版, 2010.

————, 五經正義の發展的研究, 科學研究費補助金基盤研究; 研究成果報告書; 平成21年度~平成23年度, 2011.

瀧川龜太郎 編, 春秋左氏傳鈔, 金港堂書籍, 1905.

原田種成 校訂; 東條一堂 著, 左傳標識, 書籍文物流通會, 1963.

齋藤要 著, 春秋左氏傳講義; 上・中・下卷, 厚生閣, 1938-1941.

前田捨松 著, 左傳解釋, 前田捨松.

諸橋轍次 編; 白橋康秀 校正, 春秋左氏傳人名索引, 出版者不明, 1928.

竹內照夫 譯, 春秋左氏伝, 平凡社, 1958.

――――― 一, 春秋左氏伝, 平凡社, 1968.

――――― 著, 春秋左氏伝, 集英社, 1974.

竹添進一郎 著, 左氏會箋, 富山房, 1974.

津田左右吉 著, 左傳の思想史的硏究, 岩波書店, 1958.

塚本哲三 編, 春秋左氏傳, 有朋堂書店, 1921.

春秋左氏傳, 東洋文化協會, 1955-1956.

春秋左氏傳校本30卷, 山內屋五郎助; 象牙屋治郎兵衛; 內田屋宗兵衛, 1871.

春秋左傳註疏表目, 書寫者不明, 1878.

貝塚茂樹 編, 春秋左氏伝, 筑摩書房, 1970.

平凡社 編, 中國古典文學全集 第1-5卷, 平凡社, 1962.

平山政濆 編, 春秋左氏傳字類便覽, 九如堂.

平勢隆郎 著, ≪春秋≫と≪左伝≫ : 戰國の史書が語る「史實」, 「正統」, 國家領域觀, 中央公論新社, 2003.

――――― 一, 左傳の史料批判的硏究, 汲古書院, 1998.

譯者 鄭太鉉 略歷

慶北 尙州 化北 出生
止山 林聖武 先生과 鳳西 吳禹善 先生 師事
民族文化推進會 國譯硏修院 卒業, 國譯部長, 國譯硏修院 教授
한국고전번역원 부설 고전번역교육원 名譽漢學敎授(現)
傳統文化硏究會 理事 겸 副會長(現)

論文 및 譯書

〈栗谷의 改革思想〉
譯書 《孝經大義》 《同春堂集》
共譯 《五洲衍文長箋散稿》 《星湖僿說》 《宋子大全》 《茶山詩文集》
《陽村集》 《高峯集》 《寒水齋集》 《朝鮮王朝實錄》 등 多數

東洋古典譯註叢書 7-1
譯註 春秋左氏傳 8　　30,000원

2009년 12월 30일 초판 발행
2022년 10월 31일 초판 4쇄

譯　註　鄭太鉉
編　輯　東洋古典飜譯編輯委員會
發行人　朴洪植
發行處　社團法人 傳統文化硏究會
서울시 종로구 삼일대로 428 낙원빌딩 411호
전화 : (02)762-8401　전송 : (02)747-0083
전자우편 : juntong@juntong.or.kr
홈페이지 : juntong.or.kr
사이버書堂 : cyberseodang.or.kr
등록 : 1989. 7. 3. 제1-936호

인쇄처 : 한국법령정보주식회사(02-462-3860)

ISBN 978-89-91720-87-9 94140
978-89-85395-71-7(세트)